中青年经济学家文库

三元经济下劳动力
流动的分析框架

张宏伟　著

经济科学出版社

责任编辑：吕　萍　游　泳
责任校对：王苗苗
版式设计：代小卫
技术编辑：邱　天

图书在版编目（CIP）数据

三元经济下劳动力流动的分析框架/张宏伟著.
北京：经济科学出版社，2008.12
（中青年经济学家文库）
ISBN 978 - 7 - 5058 - 7816 - 7

Ⅰ. 三… Ⅱ. 张… Ⅲ. 劳动力流动—研究 Ⅳ. F241

中国版本图书馆 CIP 数据核字（2008）第 205705 号

三元经济下劳动力流动的分析框架
张宏伟　著
经济科学出版社出版、发行　新华书店经销
社址：北京市海淀区阜成路甲 28 号　邮编：100142
总编室电话：88191217　发行部电话：88191540
网址：www. esp. com. cn
电子邮件：esp@ esp. com. cn
汉德鼎印刷厂印刷
永胜装订厂装订
880 × 1230　32 开　12.75 印张　270000 字
2008 年 12 月第 1 版　2008 年 12 月第 1 次印刷
印数：0001—4000 册
ISBN 978 - 7 - 5058 - 7816 - 7/F · 7067　定价：20.00 元

序

劳动力流动理论是刘易斯二元经济理论的核心。它通过揭示农村剩余劳动力不断向工业部门转移，说明了发展中国家工业化、城市化的实现机制和道路。刘易斯创立的二元经济理论因而被广泛接受，并成为指导发展中国家实现经济发展的基本理论。中国 30 年的工业化基本上是沿着二元经济的逻辑向前推进的，并取得了经济发展的"世界奇迹"。

但是，中国经济如何在新的时代续写新的发展奇迹，就需要依据变化了的环境做出新的选择。就总体而言，中国经济的发展条件与刘易斯二元经济理论假定条件的最大差别就在于经济全球化和知识经济的发展。就二者的关系来看，知识经济是经济全球化的必要基础和条件。因此，以信息技术为先导的高新技术产业的发展，使知识经济成为一个不同于工业经济的独立经济形态，并在世界范围内迅速发展，这是当今经济结构诸多变化中最根本性、最基础性的变化，因为它彻底改变了经济发展的基本框架和运行轨迹。它使经济增长建立在知识的生产、流通、分配和使用（消费）的基础之上，其影响已经远远超出了发达国家的范围，对发展中国家的经济发展也形成了巨大的挑战，特别是在经济全球化迅速发展的背景下，这种对发展中国家的挑战，意义更加深远和重大。中国作为一个最大的发展中国家，要赶超发达国家，实现强国之梦，就必须探索知识经济下的中国工业化、现代化发展理论和道路。

刘易斯等创立的二元经济理论一直被推崇为指导发展中国家实

现工业化的经典模式。但这一理论是以工业经济和农业经济的二元结构为基本框架的，这就构成了该理论的历史局限性。因为知识经济的出现和快速发展，突破了二元经济的结构框架，从而使二元经济的理论解释力和实践指导性大打折扣。知识经济作为独立的经济形态的出现和发展，对发展中国家而言，将彻底改变传统的二元经济结构，形成由农业经济、工业经济和知识经济相并存的三元经济结构。因此，探讨和构建三元经济的发展模型和框架，是摆在中国乃至所有发展中国家的经济学人面前的一个尖端性课题。

我的博士生张宏伟以博士论文的形式就这一尖端性课题做出了自己独到的艰难探索，得到了令有关专家学者好评的创新性成果，即针对刘易斯二元经济下劳动力流动理论的历史局限性，提出了三元经济下劳动力流动的"双峭壁"模式，而且有理有据，很有说服力。可以不夸张地说，这一模式是对劳动力流动理论的丰富和深化，具有学术价值和实践价值。我也为学生的成绩而激动过，今喜闻该博士论文要整理出版，邀我写序，欣然同意，并向有志于在此领域攀登高峰的人们推荐此书。我坚信：刘易斯的二元经济理论一定会被有待于我们创造的三元经济理论所替代，而且中国新型工业化道路的成功也将验证三元经济理论的存在。

黄泰岩

2008 年 12 月 1 日于中国人民大学

前　言

　　知识经济的出现使得发展中国家的经济结构在传统农业部门、工业部门的基础之上出现了新的部门——知识部门，从而形成了发展中国家的三元经济结构。然而，发展中国家与发达国家的不同之处在于，发达国家已经完成了传统的工业化，而发展中国家尚未完成。因此，一方面，经济结构中知识经济一元的介入打破了发展中国家工业化和现代化演进的一般规律，在知识具有话语权的今天，发展中国家要想获得持续的经济增长，就必须在进行传统工业化的基础上发展知识部门，而工业和农业部门也要接受知识部门的改造，这一过程相应的被称之为农业知识化和工业知识化。而另一方面，从发展中国家的现实状况来看，巨大的人口压力的存在依然要求这些国家发挥比较优势、重视就业和社会稳定，因此，三元经济下利用劳工成本优势进行发展和稳定的需要也使我们认识到，发展中国家绝不能盲目地忽视广大低层次劳动力的存在从而摒弃吸纳广大农村人口就业的劳动密集型工业和服务业。

　　不难看出，这一经济结构的变化导致了劳动力流动的复杂性，劳动力的流动不再是单纯的两个部门之间的问题，而是三个部门之间的问题；也不再是单纯的就业问题，更包括发展问题。无论如何，刘易斯等人建立和发展的二元经济的劳动力流动模式已经难以适应当今发展中国家理论和现实的需要，因此，探索和建立三元经济下的劳动力流动模式势在必行。

　　本书立足于三元经济结构，以马克思主义的基本理论和方法为指导，运用发展经济学、劳动经济学、人力资本理论、西方经济学、投资学等学科知识，深入研究三元经济的形成对劳动力流动的影响，提出了三元经济下劳动力流动的新模式，并基于此模式进行了经验验证和实证分析，详细分析了个人、企业和国家面对新模式的行为决策和政策选择，以期提供一个三元经济下劳动力流动的分析框架。

限于作者的学识，书中难免存有不妥之处，恳请读者批评指正。

张宏伟

2008 年 10 月

摘　要

　　阿瑟·刘易斯在《劳动力无限供给条件下的经济发展》中指出，在发展中国家的经济中存在着两种部门，一是维持生计的传统部门（以农业为主）；二是资本主义现代部门（以制造业为主的工业）。发展中国家的发展就是现代部门不断扩张、不断吸收传统部门的劳动力的过程。在工业社会的背景下，刘易斯的二元经济理论模型较好地符合了发展中国家的现实，其劳动力流动理论也极具现实意义。

　　然而，随着信息技术的迅速发展，知识经济开始出现和形成，进而彻底改变了以制造业为基础的工业经济模式。在这种情况下，尚未完成传统工业化的发展中国家形成了农业经济、工业经济和知识经济并存的三元经济结构。新的知识部门的出现推动了整体产业的升级和工业内部的升级，强化了人力资本的作用，给劳动力流动设置了障碍，这使得劳动力的流动无法用二元经济中的劳动力流动理论来解释。因此，发展中国家应当尽快转变传统的二元经济观念，树立三元经济的发展思维，积极探索三元经济条件下的劳动力流动问题。

　　本书以二元经济劳动力流动理论为基础，分析了三元经济结构下，工业化过程对劳动力的新要求以及劳动力流动的新模式，并构建了劳动力流动的新分析框架。全文共分为七个部分。

　　第1章，导论明确提出本书的研究主题和研究价值，对二元经济下劳动力流动的国内外研究现状进行了梳理，进而给出本书的研究思路和研究方法，最后指出了本书的创新和不足。本书以三元经济的形成对二元经济的劳动力流动机制的改变为出发点，提出了建立三元经济下劳动力流动的分析框架的观点，指出三元经济下的劳动力流动已经不再仅限于农业和工业两部门，而是农业、工业和知识三部门之间的流动，劳动力的流动也不再是简单劳动力的转移，而是具备一定人力资本需求门槛的劳动力的流动。而对发展中国家来说，三元经济下劳动力流动模式的形成向整个社会的就业和发展提出了挑战，如何平衡两者的关系是摆在发展中国家面前的重大问题。

第2章，二元经济下的劳动力流动理论及其历史局限性。通过对二元经济劳动力流动经典理论的简要回顾，我们知道，二元经济的劳动力流动模式是以传统农业和资本主义工业为基础建立的劳动力流动理论，由于传统农业部门存在着大量剩余劳动力，因此，工业部门可以在不变工资下以低成本获得无限供给的劳动力，随着工业部门的不断扩张，剩余劳动力被吸纳，经济发展就在这一工业化过程中得到实现。然而，知识经济的出现使得发展中国家的经济结构在传统农业部门、工业部门的基础之上出现了新的部门——知识部门，从而形成了发展中国家的三元经济结构。而20世纪90年代以来对劳动力流动的研究，无论是在新古典框架下的修正和补充，还是新劳动力流动经济学、社会网络理论、制度理论等，都没有深入地对三个部门的劳动力流动进行系统的分析，也没有将知识部门知识变化的速度以及对其他部门的渗透充分地考虑到劳动力流动中去。面对这种状况，二元经济下的劳动力流动理论已经难以适应经济发展的需要，急需探索三元经济下的劳动力流动机制。

第3章，三元经济下的劳动力流动模式——"双峭壁"模式。本章以二元经济下的劳动力流动模式为基础，在引入知识经济一元的条件下，提出并构建了三元经济下的"双峭壁"劳动力流动模式。该模式分为两个层面，"峭壁Ⅰ"过程是指农业和工业部门的劳动力向人力资本密集的知识部门的流动，"峭壁Ⅱ"过程是指农业部门的劳动力向正在知识化的现代资本密集或技术密集的工业部门的流动。在三元经济形成的发展中国家，知识部门和工业部门的持续快速发展都是与低素质劳动力格格不入的，这两个层面对广大的农村劳动力、城市低素质劳动力乃至新生劳动力来说，就像两个峭壁一样，如果没有一定的人力资本积累，劳动力就无法超越障碍实现部门之间的顺畅流动。同时，由于知识部门的发展以及知识对农业和工业部门的改造程度是不断发展和不断变化的，劳动力流动的"双峭壁"模式不是一成不变的，而是动态发展的。针对这一劳动力流动模式，本章提出了发展中国家"发展与就业的可能性悖论"，即发展中国家在短期内有可能无法兼顾发展和就业两大目标，为了实现经济的持续发展，将会在一段时间内付出就业无法大幅度增长甚至恶化的代价。最后，本章根据发展中国家的现实，提出了三元经济下劳动力流动的新表现形式。

第4章，三元经济下"双峭壁"劳动力流动模式的经验验证。本章以第3章提出的"双峭壁"模式为基础，利用国内和国际发展经验对就业量、工资差距、工资率变化、失业率变化、职业表现、非正式部门规模等指标依次从两个峭壁层面对"双峭壁"模式中的劳动力流动和峭壁约束进行了经验验证。本章的分析表明，在存在着两个层面的劳动力流动的同时，峭壁的约束作用是明显的，甚至对具有新二元结构的发达国家也是如此，例如，以美国信息产业为代表，本文通过数据推测出，"峭壁Ⅰ"过程中的劳动力市场在一个知识创新周期内的调整时间大致为十年。由于"双峭壁"的长期存在对国家、社会和个人的发展存在着许多负面影响，因此，社会各界应当正确地看待"双峭壁"模式给发展中国家带来的机遇和挑战，努力减少和削弱峭壁持续的时间和峭壁存在的强度，尽快使劳动力更加顺畅地流动。

第5章，中国劳动力流动的实证分析。通过对中国制造业、高技术产业、服务型知识产业的劳动力流动现状的考察，本章指出，尽管包括制造业在内的一些产业已经实现了产业结构的转型，但是，产业的技术升级和效益转型却落后于产业结构本身的转型，从而导致了在劳动力流动的"峭壁Ⅱ"模式隐现的同时，许多地区的劳动力流动却对"峭壁Ⅱ"模式有所偏离。然而，随着三元经济结构的加强和产业升级的加快，"双峭壁"劳动力流动模式开始越来越明显，大规模的技工短缺标志着"峭壁Ⅱ"模式的正式显化和形成。而从知识产业（高科技产业和知识型服务业）来看，"峭壁Ⅰ"模式相对明显，劳动力向知识部门的流动是增加的，趋于集中的，同时，峭壁的制约作用也是存在的，较为明显的。另外，从中国劳动力的国际流动来看，劳务人员较低的素质阻碍了劳动力向国际劳务市场的流动，而尽管高层次人才依然主要表现为外流，但是，从近几年的情况来看，国内技术人才的短缺以致收益的大幅度提高已经开始吸引许多人才内流和回流。在分析劳动力流动现状的基础上，本章从职业选择和行业选择的角度对中国劳动力流动过程中的人力资本约束进行了考察，结果表明，人力资本对劳动力的职业或者行业选择具有很强的约束作用，这直接证明了二元经济理论中劳动力流动无障碍这一假设的非现实性。而从中国农村劳动力流动的新趋势来看，多年来的"民工潮"已经演变成"民工荒"乃至"技工荒"，劳动力流动的速度有所放缓，规模也有所减小。而另一方面，中国的劳动力现状却不容乐观，低素质劳动力比重过大、高层次人才和技术人才短缺、生产率低下等导致了中国现有的人力资源供给结构与产业的人力资本需求结构的不对称，这一不对称增强了各级主体加快进行人力资本投资从而推动劳动力流动的必要性和紧迫性。

第6章，克服"双峭壁"的劳动力流动微观决策分析。三元经济的出现推动了"双峭壁"劳动力流动模式的形成，该模式提供了促使劳动力流动的更强拉力，劳动力要想获取比原有部门更高的收益就必须实现部门间的流动，而个人要想实现流动就必须进行人力资本的积累，且积累的唯一途径就是加大对人力资本的投资。本章从多个角度运用多种方法分析了个人和企业的人力资本投资行为和决策，获取净收益的动力推动人们进行人力资本投资，从而为劳动力在部门间的流动提供了前提，而在不确定条件下，人力资本投资收益可能会相应减少，因此，个人和企业试图通过各种方法来分散风险，以更好地确保自己获得投资回报。

　　第7章，克服"双峭壁"的宏观政策选择。"双峭壁"模式使得人力资本投资成为劳动力流动的中间环节，而由于收入预算约束、信息成本、外部性、非理性、自发性和投资风险等问题的存在，个人和企业可能无法或者不愿意进行某些内容的人力资本投资，这就要求政府出面解决他们无法解决或者不愿意解决的问题，从而建立起良好的人力资本投资、使用和更新的基础设施环境，改善和促进人力资本投资，使"双峭壁"条件下的劳动力流动更加顺畅。首先，政府应当加大教育和培训的供给，尤其注重资源向农村的更大倾斜。其次，完善市场体系和各种制度，积极地解决教育资源短缺和个人投资约束问题，防范和化解投资风险。其三，建立有利于人力资本积累和使用的收入分配机制，营造尊重知识、创造知识和使用知识的良好氛围。最后，根据人力资本和产业状况制定长期和中短期的人力资本投资发展规划，平衡大众教育和精英教育、就业与发展之间的关系，在大力吸引人才扩大人力资本增量的同时，合理有效地开发和使用现有的人力资本存量。

Abstract

William Arthur Lewis figures out, in the "Economic Development with Unlimited Supplies of Labor", that the developing countries' economy includes two distinct sectors: classical subsistence sector (mainly agriculture) and capitalistic modern sector (mainly manufacturing-based industry). The development of developing countries is just the process that modern sector continues expanding and adobes labors from the classical sector. In industrial society, Lewis's dual-sector model properly fits to the reality of developing countries, and his labor migration theory is of practical significance.

However, along with the development of information technology, the emergence and formation of knowledge economy have changed the manufacturing-based industry economic model. In this case, a new economic structure, tri-economy, composing of agriculture, industry and knowledge economy, is formed in those developing countries where industrialization has not been finished. As a consequence, the new knowledge sector promotes the upgrading of the entire economy and the internal upgrading of industry, strengthens the role of human capital and places obstacles for the labor migration. This results in the invalidation of applying dual-sector labor migration theory to interpret the labor migration in tri-economy. Therefore, the developing countries need build tri-economic development thinking and abandon the traditional dual-sector thinking, and actively explore the labor migration in tri-economy.

This book, based on the dual-sector labor migration theory, ana-
lyzed the new request to the labor migration and new migration model
during the industrialization in tri-economy, and created a new analytical
framework for the labor migration. It is composed of seven chapters:

Chapter 1: Introduction, where research theme and research value
of the book are first introduced and explained. Then, it studies the exist-
ing researches carried on labor migration of dual economy both in China
and foreign countries, discusses the research thoughts and research
methods, and points out the creations as well as weakness of the
book. Beginning from the alterations made by the tri-economy's formation
to the labor migration mechanism of dual economy, the author figures
out an idea of establishing an analytical framework for labor migration in
tri-economy, and points out that labor migration in tri-economy happens
not only between farming sector and industry sector but also in knowledge
sector. Furthermore, labor migration is no longer considered as ordinary
labor's transfer, but migration of labors that possess certain human cap-
itals. As for developing countries, the formation of labor migration model
in tri-economy is making challenges to employment and development of
the entire society; hence, how to balance the relations of both is an im-
portant problem faced by the developing countries.

Chapter 2: Labor Migration Theory in Dual Economy and its Histor-
ical Limitations. From the brief summary on classical labor migration the-
ories of dual economy, we can see that labor migration model of dual e-
conomy is a labor migration theory that is created based on the traditional
farming and capitalistic industry. Because there exist lots of surplus la-
bors in the traditional farming sector, the industry sector can gain unlim-
ited quantities of labors with a low cost at a fixed price. As the industry
sector continues its expansion, those surplus labors will be adopted. The
economic development is then being realized in this so-called industriali-

zation process. However, the emergence of knowledge economy has made a new sector, knowledge sector, in addition to the farming sector and industry sector in the economic structure of developing countries, and consequently formed the tri-economy structure. All researches carried on the labor migration after 1990s, including corrections and complementarities to labor migration theories under the neoclassic framework, or new labor migration theory, social network theory and institutional theory, neither deeply conducted a systemic analysis on the labor migration in the three sectors nor sufficiently considered the changing speed of knowledge in the knowledge sector as well as infiltration to other sectors when the study on labor migration was conducted. In this case, labor migration theory of dual economy has difficulties to adapt to the needs of economic development. Thus, it is unavoidable to explore a labor migration mechanism in tri-economy.

Chapter 3: Labor Migration Model in Tri-economy- "Double Cliff" Model. Under the condition of using labor migration model of dual economy as a basis and considering knowledge economy as one element, this chapter figures out and constructs the "double cliff" labor migration model in tri-economy. It includes two levels: "cliff I " process shows a migration of labors from both farming sector and industry sector to the human-capital-intensive knowledge sector; "cliff II " process is for the migration of labors from farming sector to modern capital-intensive or technology-intensive industry sector which is being knowledgeabilized. In those developing countries where tri-economy has formed, the persistent and fast development of knowledge sector and industry sector is against the grain of low-quality labors. For plenty numbers of rural labors, low-quality labors of urban areas and newly introduced labors, these two levels work as cliffs, and it is impossible to overcome the obstacles and realize the smooth migration among sectors without some human capital accumulations. Meanwhile, since the development of knowledge sector and how deep the knowledge impacts farming sector and industry sector are continuously developing and keep changing, the labor migration's "double cliff" model is not static but dynamic. For this labor model, this chapter figures out a "possibility paradox of development and employment" in developing countries, i. e. , developing countries may not be able to give attention to both development and employment aims simultaneously in short run, they may pay a price of insignificant employment increment or even a worse employment situation for a persistent economic development for some period of time. In the final part of this chapter, a new form of labor migration in tri-economy is figured out according to the reality of developing countries.

Chapter 4: Experiential Validation on "Double Cliff" Model in Tri-economy. In this chapter, using the "double cliff" model constructed in chapter 3 as a basis and utilizing development experience of China and foreign countries, experiential validation has been conducted for labor migration and cliff restriction of "double cliff" model from two cliff levels in sequence at factors of employment quantity, wage difference, wage rate change, unemployment rate change, career performance, scale of informal sectors etc. This chapter points out, when there exist labor migrations in these two levels, the role of cliff restriction is obvious, which is also the same for developed countries that have new dual structure. For example, using the information industry of USA as an instance, this chapter estimates that the labor market's adjustment time in "cliff I" migration process within one knowledge creation cycle is about 10 years based on the collected data. The long-run existence of "double cliff" may have negative impacts on development of nations, society and individuals. Thus, all communities should positively consider the opportunities and challenges generated by the "double cliff" model in developing countries, and try to reduce the time that the cliff may last and mitigate its strength so as to make labors migrate smoothly as soon as possible.

Chapter 5: Positive Analysis on Labor Migration of China. By researching the current status of labor migration in manufacturing industry, hi-tech industry and service-oriented knowledge industry, this chapter points out that, although some industries have completed their transforms, including the manufacturing industry, the technology upgrading and efficiency transform of China's industries are slower than the industry structure transform itself, which results in a phenomenon that labor migrations in many regions are slightly inconsistent with the "cliff Ⅱ" model while "cliff Ⅱ" model of labor migration is looming. However, the "double cliff" model of labor migration becomes more and more obvious as the tri-economy structure gets strengthened and industry upgrading becomes faster. The large-scale lack of technical workers reveals that the "cliff Ⅱ" model is finally showing and formed. For knowledge industry (hi-tech industry and knowledge-oriented service industry), we can see that the "cliff Ⅰ" model is relatively obvious and the labor migration to knowledge sector is incremental and tends to be concentrative; meanwhile, the restriction of "cliff" is also existing and regarded obvious. Additionally, for the international labor migration of China, low quality of labor has made the labor migration to international labor market uneasy. In recent years, although major migration for high-level labor is still from China to foreign countries, significant increase in benefits due to lack of technical labors has started attracting many high-quality persons with ability to migrate back to China. Based on the analysis on the current status of labor migration, this chapter investigates the human capital restriction in the labor migration process of China from views of career selection and industry selection. The result reveals that human capital has a strong restriction on labor's career selection or industry selection, which directly proves the unreality of an assumption of dual-economy theory that labor can migrate without any obstacles. According to the new trend of rural labor migration, "tide of migrant workers" existing for many years has evolved to "shortage of migrant workers" or even "shortage of technical workers", the speed of labor migration now becomes slow and its scale is becoming small. On the other hand, the current labor status of China is not optimistic, high proportion of low-quality, lack of high-level and technical labors and low productivity have made the current human resource supply structure asymmetric with human capital demanding structure of industry. Such asymmetry increases the necessity and urgency for all communities of any levels to fasten human capital investment so as to promote labor migration.

Chapter 6: Analysis on Microcosmic Decision for Labor Migration to Overcome the "Double Cliff". The emergence of tri-economy has promoted the formation of "double cliff" labor migration model, which provides stronger pulling force of promoting labor to migrate. If labor wants to obtain higher benefits than that obtained in previous sector, inter-sector migration must be realized. For an individual, if he/she wants to migrate, human capital accumulation must be made where the only way is to increase his/her human capital investment. From different views, this chapter has analyzed the behavior and decision of the human capital investment of individuals and enterprises using various methods. Motivation to pursue net benefit makes people to make human capital investment, which then provides preconditions for labor's inter-sector migration. Under uncertain conditions, the return of human capital investment may decrease accordingly. Thus, individuals and enterprises may try to disperse the risks via various methods in order to well ensure the investment return they can achieve.

Chapter 7: Macroscopical Policy Choice to Overcome the "Double Cliff". The "double cliff" model makes human capital investment become the middle part of labor migration. Because of the existence of budget restriction, information cost, externality, irrationality, spontaneity and investment risk etc, individuals and enterprises are not able to or are not willing to make some kinds of human capital investment, it thus needs the government to settle those problems that they cannot or don't want to solve so as to build up a good infrastructure environment of investing, employing and updating the human capital, thus to improve and promote human capital investment to make the labor migrate more smoothly under the circumstances of "double cliff" model. Firstly, the government should enlarge the supply of education and training; especially pay attention to provide more resources to rural areas. Secondly, the government should consummate the market system and various institutions, actively solve the problems of educational resource shortage and investment restriction on individuals, and prevent or disperse investment risks. Thirdly, it is necessary to build up the income distribution mechanism in favor of accumulating and utilizing human capital, and create a good environment of respecting knowledge, creating knowledge and using knowledge. Finally, the government should set up long-run, mid-run and short-run development proposal of human capital investment according to the real situations of human capital and industry; balance the relations between the mass education and elite education, and those between employment and development; develop and utilize existing human capital stock properly and effectively while attracting persons with ability to enlarge human capital increment.

目　　录

第 1 章

导　论

1.1

问题的提出

1954 年，阿瑟·刘易斯发表了《劳动力无限供给条件下的经济发展》一文，明确刻画了发展中国家的二元经济特征，客观分析了发展中国家存在大量剩余劳动力的现实，并以两部门劳动力转移为核心开创性地提出了发展中国家的经济增长模型。他指出，在发展中国家的经济中存在着两种部门，一是维持生计的传统部门（以农业为主），劳动边际生产率较低；二是资本主义现代部门（以制造业为主的工业），劳动力边际生产率较高。发展中国家的发展就是现代部门不断扩张、不断吸收传统部门劳动力的过程，直到两部门的边际劳动生产率相同为止，工业部门的扩张结束，工人工资开始上涨。而吸收劳动力的过程表现为，在工资率不变的条件下，农业剩余劳动力从农业向工业的转移。

由于包括中国在内的大多数发展中国家的工业化是在资本积累不足、人口基数庞大、科学技术普遍落后、人均资源占有稀缺的前提下进行的，刘易斯的二元经济理论模型较好地符合了发展中国家的现实，其劳动力流动理论也极具现实意义。

随后，经济学家对刘易斯的劳动力流动模式做出了进一步的补充和完善，例如，农业剩余对劳动力转移的促进问题、隐蔽失业问题、劳动边际生产率是否为零、城市失业等问题，这些补充和修订使二元经济理论日益完善，也使得劳动力转移理论更加符合现实，具有更强的解释力和指导作用。不过，这些劳动力转移模式或者理论都是在工业社会的背景下建立的，所揭示的劳动力流动的机制和分析框架是以基本劳动、土地、资本要素为背景，以凸显资本要素的地位为核心的。

　　然而，20 世纪 80 年代以来的高科技革命，尤其是信息技术的迅速发展，导致了知识经济的出现和形成，从而彻底改变了以制造业为基础的工业经济模式。据联合国经济合作组织（OECD）报告，在近十多年来，该组织成员国的高技术产品在制造业中的份额翻了一倍，达到了 20% ~ 25%。知识、技术密集部门，如教育、通讯、信息等产业迅速发展，知识和技术创新对经济增长的贡献率，已从 20 世纪初的 5% ~ 20% 提高到现在的 70% ~ 80%，预计在全球信息高速公路建成后将高达 90%。所有这一切都表明，世界经济正处在工业经济向知识经济转变的阶段，以知识为基础的知识经济的强大生命力将支配 21 世纪的世界经济，并将对人类社会生活的各个方面产生深远的影响。[1] 发达国家也因此形成了工业经济和知识经济并存的新二元经济结构，而发展中国家在尚未完成传统工业化的情况下形成了农业经济、工业经济和知识经济并存的三元经济结构。

　　对发展中国家而言，在知识经济广泛存在的今天，发展知识产业、鼓励技术进步无疑成为他们在发展经济和推进工业化进程中不可回避的现实问题，同样，在这一过程中，城市化的进程不仅不能停止，反而更要加速进行。特别地，对中国而言，我们更不可能像西方国家那样花两百多年的时间，先后进行工业化、服务业化和知识化的演进。中国有机会、有条件也有能力在农业劳动力占一半的条件下，加快工业化、服务业化和知识化的进程。为了达到这一目

---

　　① 谭崇台：《发展经济学》，山西经济出版社，2001 年，第 89 页。

的，使工业化、知识化和城市化同时向前推进，作为经济发展重要内容的劳动力流动就更需要加以重视。

与工业经济不同的是，知识经济的兴起大大改变了经济增长的规则，使人力资本的作用越来越重要。一方面，在三元经济框架下，经济发展的核心要素不再是工业社会的资本，而是知识。所有的知识以及知识的形成、使用和推广都可以看做是人力资本的物质内容。另一方面，在三元经济框架下，产业结构存在着调整和升级的压力。农业不仅要工业化还要知识化，工业不能只在刘易斯设置的低级循环经济规模中发展，也需要在知识化的过程中提升利润空间。毫无疑问，这两个知识化的推进都需要人力资本的大量积累，而劳动者是人力资本的物质载体，因此，从需求角度来看，产业结构的变化要求更多具有人力资本的劳动者进入知识部门和正在升级的现代工业部门，而不仅仅是简单劳动力的流动。

不难看出，知识经济的出现使得劳动力流动出现了新的内容，其自身所具有的特点决定了原有的二元经济下的劳动力流动机制已无法完全涵盖知识经济条件下发展中国家的工业化以及劳动力流动问题，发展中国家一直奉行的二元经济条件下的劳动力流动理论已经难以适应实践的需要。在二元经济框架下，发展中国家一般是在传统农业非常落后的情况下开始进行工业化的，各产业部门的经济增长率的差异和变化，决定了农业劳动力的流向。由于传统农业部门的人口多集中在农村，而较发达的现代工业部门或者服务业部门的人口多集中在城市，因此，发展中国家的劳动力流动就主要表现为农村剩余劳动力由农村向城市转移，也就是城市化的过程。同时，由于刘易斯等人在二元经济框架下对劳动力转移的分析多假定劳动力是同质的，并且只要工业有需求就一定能获得所需的劳动力。因此，农民向工人的转变相对比较简单，一般不需要特别的培训，劳动力的转移基本上是顺畅的。但是，知识经济部门的出现使经济结构中出现了新的知识部门，推动了整体产业的升级和工业内部的升级，强化了人力资本的作用，给劳动力流动设置了障碍，这使得劳动力的流动无法用二元经济条件下的劳动力流动理论来解释。近年出现的"民工荒"现象也似乎打破了"劳动力无限供给"的神话，而从"民工荒"发展到"技工荒"就不再是单纯的二元经济理论所能够解释的。所有这些都使得人们对二元经济条件下的劳动力流动理论产生了怀疑，继续用二元经济的劳动力流动理论来指导中国和其他发展中国家的经济发展已经不能适应现实的需要。因此，面对知识经济的出现，发展中国家应当尽快转变传统的二元经济观念，树立三元经济的发展思维，积极探索三元经济条件下的劳动力流动问题。在中国，新型工业化道路的提出彻底否定了传统工业化道路。传统工业化道路是在二元经济的发展框架中向前推进的，在这一结构下，工业化就是现代化。而重视知识和人力资本的新型工业化道路则是在三元经济的发展框架中向前推进的。因此，探索三元经济下的劳动力流动也是与中国提出的新型工业化道路相一致的，只有切实地重视人力资本，尤其是重视农村的人力资本，才能有助于促进中国的劳动力实现更加顺畅地转移，才能更加有利于推进中国的城市化和新型工业化进程。

本书以二元经济下的劳动力流动理论为基础，立足于知识经济的出现对发展中国家提出的新挑战，力图对二元经济条件下的劳动力流动理论进行扩展和突破，具体分析了农业经济、工业经济和知识经济三元结构条件下，工业化过程对劳动力的新要求以及劳动力流动的新模式，从而积极地构建三元经济条件下劳动力流动的新分析框架。三元经济条件下劳动力流动的分析框架将更加符合发展中国家发展的现实和要求，对推动发展中国家的城市化进程以及实现持续、快速和健康的经济发展具有重要的理论意义和现实意义。需要指出的是，建立三元经济的劳动力流动模式的最终指导思想是在总量分析的传统之上重视结构的变化及其存在的问题，以期提出与发展中国家（尤其是中国）经济结构相适应的政策建议，从而最大限度地优化经济结构。同时，由于本书构建的三元经济下的劳动力流动模式突出强调了人力资本在劳动力流动过程中的地位和作用，本书试图将人力资本的相关理论纳入到劳动力流动的分析框架中，从三元经济条件下劳动力流动的角度去分析人力资本的相关理论，力图实现人力资本理论和产业结构调整、升级下的劳动力流动理论有机结合，相对于单纯的人力资本理论来说，这同样具有理论上的意义。

1.2
国内外研究现状分析

1.2.1　国外研究现状

在发展经济学中，伯克（J. H. Boek）在1953年就通过考察印度尼西亚的社会经济，最先提出了"社会二元结构"理论。希金斯（B. H. Higings）进而从"技术二元结构"的角度，用生产函数的异质性表示出落后部门和先进部门的区别，进一步指出了二元经济的结构特征。然而，尽管这些理论都揭示了发展中国家存在二元经济结构的现实，但是，他们或者将这些部门看成是相互独立存在的部门，或者忽视了发展中国家过剩劳动力存在的客观现实。因此，这些理论对发展中国家的指导性作用并不明显。

在这种背景下，刘易斯于1954年开始提出了发展中国家第一个著名的人口流动模式[①]，并且将人口流动与经济发展紧密地结合起来。在刘易斯的劳动力流动模式中，他把资本的积累看做是劳动力转移的唯一动力。

刘易斯的人口流动模式的提出，引发了发展经济学家的极大兴趣和热烈讨论。拉尼斯和费景汉于1961年发表了论文《一个经济

---

① 刘易斯：《二元经济论》，北京经济学院出版社，1989年。

发展理论》①，通过论证农业部门和工业部门之间的平衡增长以及农业增长、人口增长与劳动力转移之间的关系，指出了农业剩余对工业部门的扩张从而对劳动力转移的决定性意义。这次修正将刘易斯模式扩展为刘易斯－拉尼斯－费模式。同年，乔根森在《二元经济的发展》②中从一个新角度提出了二元模式，他从农业剩余的角度指出，农业剩余是工业部门形成与扩张的必要与充分条件，也是劳动力从农业部门向工业部门转移的必要与充分条件。20世纪60年代末70年代初，面对发展中国家普遍存在城市失业的现实，托达罗打破了以前几位重要发展经济学家提出的"充分就业"的假定，阐述了他的迁移决策的劳动力流动模式③，指出了城市失业的存在对农业劳动力向城市转移造成的阻碍。

在这些对二元经济劳动力流动的经典阐述之后，发展经济学关于劳动力流动理论的文献转向了更具体的讨论，开始以上述经典模式为基础，逐步探讨其基本命题（隐蔽失业和剩余劳动力）、流动机制、政策效果与发展中国家现实的相符性，这里有许多支持其发展的经验验证，也有关于其基本命题的激烈争论，更有根据发展中国家现实对劳动力流动的新探索。

总之，从20世纪中期刘易斯提出人口流动模式到目前关于劳动力流动理论的众多分析，无论是赞成的还是反对的，都对二元经济框架下的劳动力流动理论起到了完善和补充的作用。以至于丹尼斯（Gustav Ranis, 2003）④在近五十年后重新审视了一系列的批评和纠正之后，仍然指出，在许多发展中国家的早期发展阶段，农

①　拉尼斯、费景汉："一个经济发展理论"，《美国经济评论》，1961（9），第553～565页。

②　乔根森："二元经济的发展"，《经济学杂志》，1961（6），第309～334页。

③　John R. Harris and Michael P. Todaro, "Migration, Unemployment and Development: A Two-sector Analysis", The American Economic Review, Vol. 60, No. 1, 1970, pp. 126 - 142.

④　Gustav Ranis. "Is Dualism Worth Revisiting?". http://ssrn.com/abstract = 464240, 2003.

业和非农业部门的相互作用处于核心地位，集中于劳动力市场维度的二元主义继续在理论上为处理这一问题提供有效的、相关经验的、实际可行的框架。

1.2.2 国内研究现状

作为一个发展中国家，中国是带着庞大的农村人口和落后的农业部门开始工业化的，同时由于生产力水平较为落后，生产力发展不平衡，现代工业与农业脱离关系的独立发展导致了中国在工业化伊始就存在着较为明显的二元经济结构特征，而且与其他国家相比更为突出。刘易斯等人的劳动力流动理论的出现，开创性地为发展中国家（尤其是中国）提出了可供参考的理论，自从 20 世纪 80 年代刘易斯的二元经济理论引入中国以来，该理论得到国内学者的普遍重视，并在指导中国的工业化和农村劳动力转移方面逐渐占据了统治地位，政府也根据这一理论制定了许多发展政策。因此，国内学者对农村劳动力流动的研究内容之多也是必然的。他们不仅利用二元经济的劳动力流动理论为中国的工业化和城市化进程提供理论依据，而且也立足于中国的基本国情对二元经济下的劳动力流动理论进行了扩展。

首先，在既有的二元经济框架下，对二元经济的劳动力流动理论在中国的适用性以及发展现实对理论模型的偏离等进行分析和探讨。绝大多数分析（例如，梅建明，2003；胡铁成，2003）表明，二元经济下的劳动力流动理论对中国的农村劳动力转移具有一定的借鉴价值，并且对指导中国工业化和城市化的发展起到重要的作用，但由于中国现实情况的特殊，使得该理论在指导实践中也出现了很大程度的偏离。除此之外，许多文献还涉及剩余劳动力及其转移的定量估计、农村劳动力转移的对策、劳动力流动的影响效应、劳动力流动的时间和空间特征、劳动力转移的成本—收益分析等。

其次，在原有二元的基本框架下，进行细分，将二元结构下的农村劳动力转移扩展到"双二元结构"和"三元结构"下的农村劳动力转移。丁兆庆通过研究指出，当前中国农村剩余劳动力转移不仅仍处于原有的"行政主导型二元结构"（以户籍制度为核心的一系列制度造成的农村和城市的分割）之下，而且，20世纪末期以来，又陷于"市场主导型二元结构"（市场因素造成的农村和城市的断裂）之中。这种独特的"双二元结构"环境，不但表现在城乡隔离的户籍制度上，而且造成了城乡居民在收入水平、生存环境、生活质量、文化素质、国民待遇等各方面的差异。[①] 陈吉元、胡必亮认为，中国自改革开放以来，已经形成了农业部门经济、农村工业部门经济以及城市部门经济所构成的经济体系，这样，发展中国家典型的、建立在资本主义工业部门与维持生计的传统农业部门主体基础上的"二部门模型"，在中国就变成一种新的"三部门模型"了。[②] 赵秀玲在农村和城市之间插入一极，提出了农村劳动力转移过程中"城市型、乡村型、城乡融合型"的三元社会经济结构发展模式，并且认为这一模式比二元结构下的劳动力直接从农村转移到城市的模式更加适合中国国情。[③]

最后，引入知识经济，将二元结构拓展为新三元经济结构。与以上三元经济理论不同的是，黄泰岩以二元经济理论为基础，开创性地提出了"农业经济、工业经济和知识经济"三元并存的三元经济理论，他指出，知识经济部门的出现，使劳动力的流动无法用二元经济中的劳动力流动理论来解释，因为人力资本的作用被凸显出来了。在二元经济结构下，农民向工业部门的转移并不需要经过较长时期的培训；而在三元经济结构下，无论是产业工人还是农民转向新经济部门都需要经过教育和培训，教育的地位和作用被凸显

---

① 丁兆庆："'双二元结构'下的农村剩余劳动力转移"，《调研世界》，2004年第5期。

② 陈吉元、胡必亮："中国的三元经济结构与农业剩余劳动力转移"，《经济研究》，1994年第4期。

③ 赵秀玲："三元结构——我国乡村城市化的现实选择"，《小城镇建设》，1995年第10期。

出来，人力资本和教育投资需要给予重新认识。乔根平分析了信息技术在传统产业的应用对劳动力就业的影响，指出信息技术的进步和升级促进了信息产业的发展，但同时也扩大了传统产业的规模，从而增加了对劳动力的需求。但是，长期工作在传统部门的劳动力无法快速适应信息技术带来的巨变，因此必然使劳动力供需之间产生"缺口"。要促进劳动力向信息产业部门的流动，只有通过教育投资才能实现。[①]

从上述文献中，我们可以看到，无论是实证性研究还是理论性研究，都对已有的经典二元经济劳动力流动理论进行了丰富和发展。但是，对已经面临知识经济的中国及其他发展中国家来说，二元经济的劳动力流动理论的适用性地位开始有所动摇。同时，尽管近年来一些研究提到了知识经济对中国二元结构的突破、人力资本对经济发展的重要性以及农村教育或者培训对劳动力转移的作用，但到目前为止，国内外学者并没有在三元经济的框架下对劳动力流动问题进行深入系统的研究和创新性分析修正，也没有将人力资本的有关理论与三元经济下的劳动力流动理论相融合，而从发展中国家自身分析人力资本与实际的经济发展或产业结构相结合的研究也很少。从现实情形来看，国家、企业和个人都需要相关的理论来解释、指导和解决知识经济引起的有关劳动力流动的一系列问题，这就要求新的劳动力流动分析框架的产生。

1.3

研究构想和研究方法

三元经济下的劳动力流动问题是摆在包括中国在内的广大发展中国家面前的重大问题，关系到经济的发展和社会的稳定，本书拟对这个问题进行尝试性的研究，希望能够为这一新的课题提供一个

---

① 乔根平：《建立三元经济发展的模型框架》，中国财政经济出版社，2003 年。

基本的分析框架。本书共分为七个部分。

第1章，导论。在明确提出本书研究主题和研究价值的基础上，对二元经济劳动力流动的国内外研究现状进行了梳理，进一步基于研究主题给出研究思路，介绍本书的内容框架和各章主要研究内容以及采用的研究方法，最后指出了本书的创新和不足之处。

第2章，二元经济下的劳动力流动理论及其历史局限性。在对二元经济劳动力流动经典理论进行简要回顾的基础上，本书对20世纪90年代以来劳动力流动理论的新进展进行了梳理，并指出知识经济的兴起以及三元经济的形成对二元经济下劳动力流动理论的新挑战。

第3章，三元经济下的劳动力流动模式——"双峭壁"模式。本章以二元经济的劳动力流动模式为基础，在引入知识经济一元的基础上，提出并构建了三元经济下的"双峭壁"劳动力流动模式。该模式以发展中国家的现实为出发点，紧密结合新型工业化道路的发展方向，将三元经济下的劳动力流动分为两个层面。接着对"双峭壁"模式进行了解释，并分析了这一模式的核心内容、动态发展状况以及发展中国家"就业和发展的可能性悖论"。最后，根据发展中国家的现实，提出了三元经济下劳动力流动的新表现形式。

第4章，三元经济下"双峭壁"劳动力流动模式的经验验证。本章以第3章提出的"双峭壁"模式为基础，利用国内和国际发展经验对"双峭壁"模式进行了经验验证，接着，本章对上述验证过程中工资问题的合理性进行了检验，最后指出了"双峭壁"的长期存在对发展中国家的负面影响。

第5章，中国劳动力流动的实证分析。本章首先对中国的制造业、高技术产业和服务型知识产业乃至跨国的劳动力流动现状进行了分析，认为中国劳动力流动的"峭壁Ⅱ"模式隐现的同时，许多地区的劳动力流动对"峭壁Ⅱ"模式有所偏离。而且，由于该模式发展的时间较短，劳动力流动在某些方面的表现也不及发达国家明显。相比之下，"峭壁Ⅰ"模式表现得比较明显。本书认为，随着中国经济发展和全球竞争的加剧，中国的产业已经加快了升级和调整的步伐，劳动力流动的"双峭壁"模式开始越来越明显。接着，本章从职业选择和行业选择两个方面对中国劳动力流动过程中的人力资本约束问题进行了实证分析。最后，本章考察了中国的劳动力现状，指出了中国人力资源供给结构与人力资本需求结构的不对称性。

第6章，克服"双峭壁"的劳动力流动微观决策分析。本章呼应第3章和第4章的内容，首先指出人力资本投资已经成为劳动力飞跃峭壁的中间环节。这就进一步引出了微观主体的人力资本投资决策分析，具体包括一般性分析和选择性分析。最后本章分析了不确定性条件下的人力资本投资决策、投资风险及其风险分散。这些分析的主要目的是使得劳动力在进行人力资本投资时更加理性，更好地克服劳动力流动过程中的"峭壁"。

第7章，克服"双峭壁"的宏观政策选择。本章以三元经济下的劳动力流动模式为基础，与第6章内容相对应，结合微观主体在人力资本投资过程中的非理性特征、外部性特征、风险性等提出了克服"双峭壁"的宏观政策选择，以进一步促进人力资本投资，使三元经济下的劳动力流动变得更加顺畅。这些建议包括大力发展教育产业，促进人力资本的形成、使用和更新；建立有利于人力资本积累和使用的收入分配机制以及根据人力资本和产业状况制定长期和中短期的人力资本发展规划等。

本书主要采用了以下四种研究方法：

1. 总量分析和结构分析相结合。本书在重视总量分析的基础上，充分运用了结构分析的方法，将三元经济的劳动力流动模式分为两个峭壁结构进行分析，同时，本书扭转了刘易斯的二元经济劳动力流动理论忽视劳动力供给结构的这一传统方法，进而在分析人力资本投资和收益的过程中突出强调了人力资本积累的结构要求。

2. 抽象分析和具体分析以及规范分析与实证分析相结合。本书在三元经济框架下抽象和规范地分析了发展中国家劳动力流动的一般理论，并利用发达国家和发展中国家的具体经验对这一模式进行验证。在这一分析过程中，本书将辅以大量的数据和事实加以论证。得出的结论是：在新的历史条件下，发展中国家必须切实地正视经济结构的改变，确立三元经济下劳动力流动的分析框架，重视人力资本的积累，以更好地促进劳动力的转移，进而推动发展中国家的工业化、城市化以及经济的发展。

3. 模型分析方法。本书以二元经济下的劳动力流动理论为基础，提出了三元经济下劳动力流动的基本理论模型——"双峭壁"劳动力流动模式，对两个峭壁的解析采取了图形和数理模型相结合的分析方法。另外，在微观主体的人力资本投资行为的分析中，本文也使用了数理模型分析方法来分析人力资本投资者在确定和不确定条件下的基本投资决策。

4. 比较分析方法。本书在分析传统工业化道路和新型工业化道路、二元经济的劳动力流动和三元经济的劳动力流动、人力资本投资以及政府的宏观政策选择等许多问题的过程中，都运用了比较分析方法。

1.4

主要创新和不足

笔者在本书写作的过程中，力求在借鉴前人成果和应用多学科知识的基础上进行创新，本书的创新之处主要包括以下五个方面：

1. 二元经济下的劳动力流动分析主要是劳动力总量的分析，严重忽略了劳动力结构的分析。本书在农业经济、工业经济和知识经济的三元经济框架下，结合产业结构的要求，创新性地提出了三元经济下劳动力流动的"双峭壁"模式，并结合发展中国家的特点，总结出劳动力流动的新表现形式。这一模式使得刘易斯二元经济的劳动力流动理论成为三元经济劳动力流动理论的一个特例，也使得发展中国家的劳动力流动理论得以进一步深化和拓展，并对发展中国家尤其是中国的现实起到更好的解释和指导作用。

2. 现有的人力资本理论往往是就理论而谈理论，不仅很少将人力资本理论与产业结构调整和升级相结合，而且通常将重点集中在人力资本对经济增长的作用、从国家和个人的角度考察社会收益率或者个人收益率等方面，这些仍然只是对人力资本的整体分析。本书试图扭转这一传统，不仅增加了人力资本投资风险的内容，而且力求从投资者的角度系统地考察微观主体的人力资本投资决策，并将这一分析从产业结构升级、劳动力流动机制中有机地引出，突出强调劳动力结构的重要性，与书中提出的三元经济的劳动力流动模式相呼应。同时，在克服"双峭壁"的宏观政策选择分析中，本书还类比经济增长、产业集群等理论，提出了有关人力资本投资、使用和更新的一些新内容。

3. 在三元经济的框架下，本书以部分发展中国家和发达国家为实例，寻找合适的指标并根据这些指标搜寻、整理、计算大量繁杂的数据从而对两个层次的劳动力流动模式进行了经验验证，这也是使三元经济下的劳动力流动模式更加符合现实的经验基础。

4. 在人力资本理论中，劳动力流动过程中的人力资本约束是一个难以量化的问题，绝大多数的研究使用多元线性回归、多项选择等计量模型进行分析，所基于的角度也基本上是微观个体的，无法给出人力资本对产业或者经济发展的整体约束概况。而本书试图利用行业或产业工资率、失业率、劳动力转移指数等指标来分析宏观经济部门之间劳动力流动的人力资本约束程度，甚至推测出发达国家某些行业的劳动力市场从开始受到峭壁约束到约束基本消失的时滞期，既提供了一个中宏观层面较为清晰的人力资本约束轮廓，也为进一步分析发展中国家的"双峭壁"模式打下了基础。

5. 从产业重点、产业政策和发展轨迹来看，同样是发展中国家的印度走了一条与中国具有差别的工业化道路，本书以新的视角从人力资本投资战略的角度运用印度经验与中国做比较，考察人力资本投资与产业发展的有关状况，这对中国在三元经济下克服"双峭壁"的负面影响有重要的意义。

当然，由于数据资料、研究方法、个人涉猎领域和知识的不足以及时间的限制，本书也存在一些不足之处，诸如模型表达、数据选取和验证难免有欠准确和全面的地方，还有些问题也有待进一步挖掘和研究。首先，数据搜集的困难使得本文无法一一量化一些指标并进行计量分析，例如，在对中国劳动力流动的人力资本约束进行实证分析时，由于我们缺乏大规模的实地调查数据，无法采用本书选取的多项 Logit 模型进行计量分析，只能采用前人有关的阶段性成果来加以验证。其次，在对劳动力流动的"双峭壁"模式进行验证的过程中，本书选取的某些衡量指标，是多种因素共同作用的结果，无法排除其他因素的影响，因此我们只能假设其他因素不变或者影响不大，尽管我们已经做了简单的合理性验证，但在以后的研究中还需要进行更深入的探索和完善。其三，在现实生活中，经济结构和经济发展是复杂的，个体行为决策也是受到多种因素影响的，鉴于分析的需要，本书在建立模型时，做出了一些基本假设，这就无法涵盖经济发展或者个体行为的全部内容，只能做既定条件下的分析，这可能会限制模型对某些具体内容的解释力。最后，现有的关于知识部门或者工业、农业部门的产业分类是不完善的，国内外也缺乏较为一致的口径，因此，在利用大量的统计数据进行经验验证和实证分析时，本书尽可能地选取了某些或者某一产业来代表相应的部门，而将一些具有争议和缺乏统计数据的产业排除在外。随着部门和产业分类的不断修正和补充，我们还可以继续做更为完善的分析。

第2章

二元经济下的劳动力流动
理论及其历史局限性

2.1

二元经济下的劳动力流动理论的简要回顾

2.1.1 刘易斯－拉尼斯－费模式

从历史经验来看，人口流动是经济发展的必然现象。正因为在西方发达国家的工业化时期，人口流动曾对经济发展起到了积极的作用，发展经济学家对人口流动的研究非常重视。他们认为，随着人口从生产率低的部门转移到生产率高的部门，整个经济的生产率都得以提高，从而促进了经济增长和发展。在这种思想的支配下，当时的发展经济学家非常关注人口流动的发生机制，希望提出相应的政策加速这种流动，更好更快地促进经济发展。同时，传统的古典经济学理论认为，发展中国家是以人口众多、技术水平低、土地和资本稀缺、生活水平低下为特征的，从而相对于土地和资本来说，劳动力是过剩的，在供给大于需求的前提下，其工资水平是固定的。在这种背景下，劳动力流动理论多是以存在边际劳动生产率为零的剩余劳动为前提的，其中，刘易斯、拉尼斯和费景汉提出的人口流动模式最为著名。由于拉尼斯－费模式在刘易斯模式的基础上进行了修正和补充，将刘易斯模式向前推进了一大步，因此，它们通常被合称为刘易斯－拉尼斯－费模式，这一模式是属于古典经济学传统的。

1. 刘易斯人口流动模式。

刘易斯在1954年发表的《劳动无限供给条件下的经济发展》一文中，明确地将发展中国家的二元经济特征刻画了出来，建立了劳动力流动和经济发展的两部门模型。他指出，发展中国家的经济可以分为两个部门，一是用传统生产方法生产、劳动生产率较低、劳动力众多的维持生计部门，以传统农业部门为代表；另一个是以现代方法进行生产、劳动生产率较高、需要大量劳动力的资本主义部门，以现代工业部门为代表，两部门的根本关系是，当工业部门进行扩张时，将不断地从农业部门吸纳无限供给的劳动力。所谓"劳动力无限供给"是从发展中国家人口增长率高、人口密度大的特征考虑的，当资本主义部门按现行工资率提供额外的就业机会时，按现行工资率愿意并且能够提供就业的劳动力远远大于需求，因此，在现行工资率水平上，劳动力的供给曲线是具有无限弹性的。根据边际生产率递减的原理，农业劳动力的边际生产率必然非常低，有一部分劳动力的边际生产率甚至为零，在这种情况下，农业劳动力的收入水平也非常低，一般只能够维持自己和家庭的最低生活水平。按照刘易斯的观点，正是这种生存收入决定了现代工业部门的工资界限。而工业部门的工资水平既不可能低于这个界限，也不可能比这个水平高很多。这是因为，如果工业部门的工资水平比农业部门的水平高出许多，劳动力流动的规模就会增加，当流入城市的劳动力超过工业部门的就业创造能力时，工资就会下降。因此，只要现代工业部门扩大生产规模，它就可以按现行工资水平雇到所需的劳动力。

刘易斯的劳动力转移过程通常用下图来进行描述，见图2－1所示。

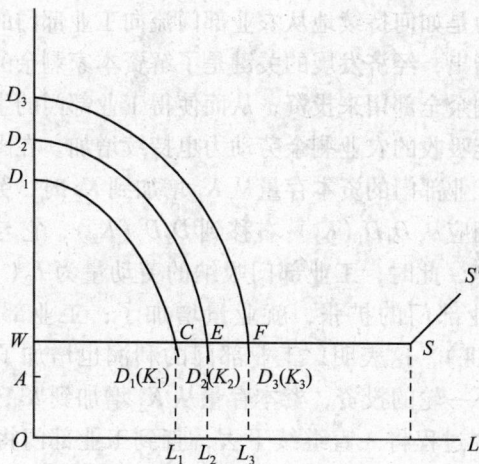

图 2 - 1 刘易斯模式的劳动力流动过程

图中，OL 轴表示劳动的数量，纵轴表示工资率或者边际产品。OA 为农业部门的生存工资，OW 为资本主义工业部门的工资，在刘易斯看来，两部门之间的工资差距大约在 30% ~ 50% 之间，WS 为无限供给的劳动供给曲线，$D_iD_i(i=1，2，3)$ 为劳动边际生产率曲线，$K_1 < K_2 < K_3$。

假定工业部门只使用资本和劳动两种生产要素，劳动是无限的，而资本是稀缺的，因此，对应于每一个固定的资本量都存在着一条特定的劳动边际生产率曲线（或者劳动需求曲线），该曲线是向右下方倾斜的，表示在既定的资本存量下，随着劳动投入的增加，劳动的边际生产率递减。

在刘易斯模式中，现代工业部门以追求利润最大化为根本目标，根据西方经济学原理，利润最大化的条件是边际成本（工资）等于边际生产率。如图 2 - 1 所示，当资本存量为 K_1 时，劳动边际生产率曲线 $D_1D_1(K_1)$ 和 WS 曲线相交于 C 点，此时雇佣的劳动的数量为 L_1，工业部门获得的利润为 D_1CW，工人的工资为 $OWCL_1$。

那么，劳动力是如何持续地从农业部门流向工业部门的呢？

刘易斯指出，经济发展的关键是了解资本家剩余的使用，他假定资本家的剩余全部用来投资，从而使得工业部门的生产规模不断扩大，其所能吸收的农业剩余劳动力也持续增加。在图中，我们可以看到，当工业部门的资本存量从 K_1 增加到 K_2 时，劳动的边际生产率曲线也相应从 $D_1D_1(K_1)$ 右移到 $D_2D_2(K_2)$，它与劳动供给曲线相交于 E 点，此时，工业部门吸纳的劳动量为 $L_2(>L_1)$，这表明，随着工业部门的扩张，就业量增加了；工业部门的利润为 $D_2EW(>D_1CW)$，这表明，工业部门的利润也增加了，资本家可以继续进行下一轮的投资，资本存量从 K_2 增加到 K_3，就业量再增加到 L_3。这个过程将一直继续下去，直到工业部门将农业部门的剩余劳动吸干为止。

刘易斯把发展中国家的经济发展分为两个阶段。第一个阶段为劳动力无限供给阶段，如图 2-1 中的劳动供给曲线的水平部分 WS 所示。当剩余劳动消失时，经济就进入了第二个发展阶段，农业部门的劳动边际生产率就会提高，农业部门的收入也会增加，如果工业部门想要继续获得劳动力就不得不提高工资，这时，劳动供给曲线不再是水平的，而是向右上方倾斜的曲线 SS'。正如刘易斯所说，"在这里所有生产要素都短缺，这意味着，他们的供给是无弹性的。随着积累的进行，工资不再保持不变；技术进步的利益并不总是增加利润，边际利润也不一定总是增长的。"[①] 按照他的观点，发展中国家都还处在第一个发展阶段。

从以上的劳动力转移过程可以看出，刘易斯把工业部门的资本积累看成是经济发展和劳动力转移的唯一动力。尽管刘易斯认为，在经济发展的第二阶段，古典经济学就不再适用了，我们将处在新古典经济学的世界里，但是，属于结构主义理论的刘易斯模式仍然是古典经济学传统的。这是因为在正统的新古典经济学中，所有的

---

① 阿瑟·刘易斯：《二元经济论》，北京经济学院出版社，1989 年，第 70 页。

生产要素都是稀缺的，工资水平也是可变的，经济增长的利益也要在资本家和劳动工人之间进行分配，而在刘易斯模式中，在发展中国家发展的主要阶段，劳动力是无限供给的，工资水平也是固定不变的，工业利润也将全部归资本家所有。

2. 拉尼斯 - 费模式。

我们知道，在刘易斯模式中，为了使劳动力的转移顺利而持续地进行，重要的是不能让工业部门的工资水平提高太多，以至于资本家的利润得到削弱，从而阻碍了工业部门的扩张。在刘易斯看来，任何提高农业部门劳动生产率的做法都会造成工业部门工资水平的提高，从而使资本积累的速度下降，劳动力转移受到抑制。可见，在刘易斯模式中，传统农业部门除了向工业部门提供廉价的劳动力之外，对经济发展是不能做出更大贡献的。

1961 年，美国发展经济学家古斯塔夫·拉尼斯和美籍华人发展经济学家费景汉发表了《一个经济发展理论》一文，通过明确地指出工业部门和农业部门之间的关系，对刘易斯模式进行了修正，其基本结构可以用图 2 - 2 来描述。

首先，如图 2 - 2（b）所示，拉尼斯 - 费模式假定在初始期，一国的人口总数为 OA，没有资本主义工业部门，所有人口就业于农业部门，全部农产品由农业劳动人口消费。他们指出，即使农业部门中存在着剩余劳动，他们的边际生产率低于平均收入，假定农业部门的劳动力获得平均产品收入也是合理的，因为如果低于这个水平，劳动力就不能生存下去。这个收入水平叫做"固定制度工资"，由 OA' 的斜率表示，其在剩余劳动消失之前是固定的。RK 是斜率等于制度工资的直线，R 点表示农业劳动的边际生产率等于制度工资。ORA' 为农业总生产率曲线。图 2 - 2（a）代表工业部门，基本上与刘易斯模式相同，但由于拉尼斯 - 费模式比较强调技术进步的劳动偏向，因此，劳动的边际生产率曲线要比刘易斯模式的曲线更偏向劳动。图 2 - 2（c）代表农业部门，WU 表示固定制度工资线，AW 为制度工资，$AFYV$ 表示农业部门的劳动边际生产率曲线，它与图 2 - 2（b）中的总生产率曲线 ORA' 是对应的，水平部分表示劳动的边际生产率为零，与拉尼斯 - 费模式中的"冗余劳动力"AF 对应；上升部分分为两段，FY 是生产率大于零小于制度工资的部分，其所对应的劳动力 FH 与"冗余劳动力"统称"隐蔽失业"劳动力，YV 是生产率大于制度工资的部分。另外，拉尼斯和费景汉把农业总产出和农民总消费之间的差额称为总农业剩余，在图 2 - 2（b）中可以用总生产率曲线 ORA' 和 OA' 之间的垂直距离来表示，同理，平均农业剩余为撤出的农业劳动力的平均总农业剩余，在图 2 - 2（c）中用曲线 WXZ 表示。

与上述假定和分析相对应，拉尼斯 - 费模式将劳动力的转移过程分为三个阶段，第一个阶段是劳动边际生产率为零的区域，这与刘易斯模式一致，在接受刘易斯的观点的同时，拉尼斯和费景汉指出，只有在农业生产率提高，劳动力转移的速度高于人口增长速度时，这个转折点才能达到。实际上，在发展中国家农业发展缓慢、人口增长过快的现实条件下，这一转折点不可能很快达到，这也是拉尼斯 - 费模式对刘易斯模式的重大发展。第二个阶段是劳动的边际生产率大于零小于制度工资的区域，在这个阶段，农业部门劳动力的收入依然由制度工资决定，但是，平均农业剩余低于制度工资，这意味着提供给工业部门消费的农产品不足以按基本的制度工资满足工人的需要，因此，第一阶段和第二阶段的边界，即图 2 - 2（c）中的 X 点被称为短缺点。当劳动的边际生产率超过制度工资时，劳动力转移就进入了第三个阶段，农业部门就完全商业化了，其工资水平就由市场来决定，从而这一阶段的劳动供给曲线比第二个阶段上升得快，H 点被称为商业化点。如此，图 2 - 2（c）中的曲线 AFV 就构成了农业部门对工业部门的劳动供给曲线，表明在每一工资水平上，农业部门所能释放和转移的劳动力数量。

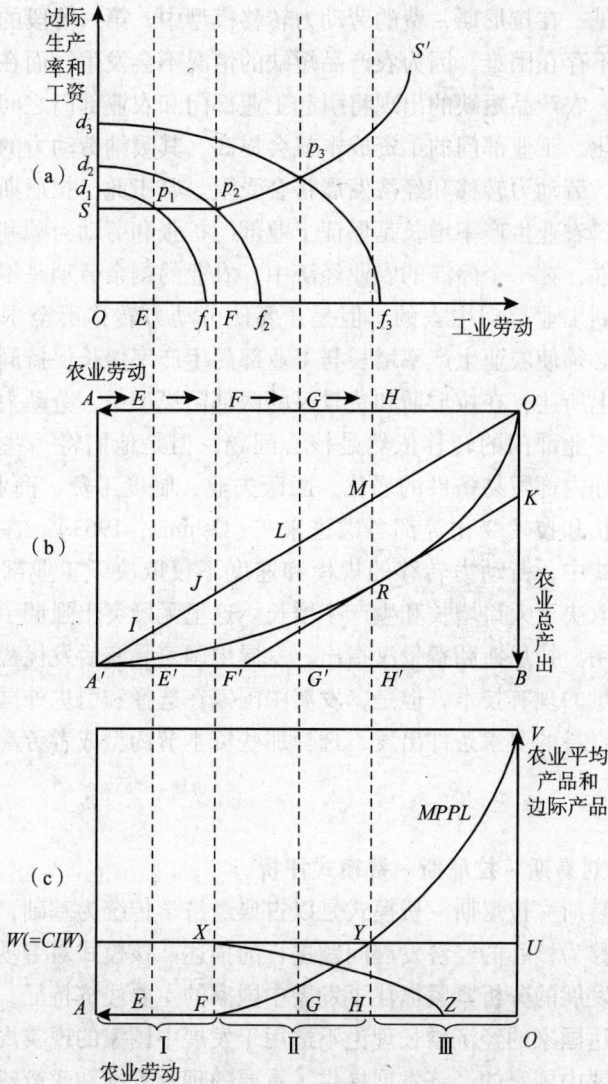

图 2-2　拉尼斯-费模式的劳动力转移过程

可见，在拉尼斯－费的劳动力转移模型中，第一阶段的劳动力转移并不存在困难，因为农产品短缺的情况不会发生，而在第二个阶段中，农产品短缺的出现将引起工业部门和农业部门之间贸易条件的恶化，工业部门的工资成本就会提高，其吸纳劳动力的能力就会下降，劳动力转移和经济发展将会受阻。鉴于此，拉尼斯和费景汉指出，农业生产率增长是保证工业部门扩张和劳动力顺利转移的必要条件，在一个停滞的农业经济中，农业的剩余劳动是不可能完全转移到工业部门中去的。但是，要使劳动力转移不至于受到阻碍，还必须使农业生产率增长与工业部门生产率增长保持同步。

综上所述，在拉尼斯和费景汉的两部门模型中，劳动力从农业部门向工业部门的转移依然是核心问题，但是他们将一些基本问题，例如内部贸易条件的恶化、隐蔽失业、制度工资、商业化点、平衡增长和技术变化等都考虑进来[1]（Oshima，1963）。在拉尼斯－费模式中，劳动力转移的规模和速度不仅取决于工业部门的扩张，还取决于人口增长和生产率增长。这里无疑突出强调了技术进步的作用。拉尼斯和费景汉指出，发展中国家具有后发优势，可以使用大量的现有技术，但是，发展中国家在选择和引进外国技术时必须从自身的要素条件出发，选择那些资本节约型或者劳动使用型技术。

3. 刘易斯－拉尼斯－费模式评析。

刘易斯－拉尼斯－费模式是以古典经济学传统为基础，对以劳动力转移为核心的经济发展问题进行的描述。该模式对劳动力流动和经济发展的分析紧紧抓住了发展中国家的主要经济特征，扭转了之前发达国家的经济增长理论不适用于发展中国家的现实局面，从而为发展中国家的经济发展提供了重要的理论支撑和政策建议。然

---

[1] Harry T. Oshima. "The Ranis-Fei Model of Economic Development: Comment". The American Economic Review. Vol. 53, No. 3, Jun. 1963, pp. 448 –452.

而，意义的重大并不能掩饰它所存在的缺陷。

第一，刘易斯 - 拉尼斯 - 费模式假定农业部门存在着边际生产率为零的剩余劳动，然而，这一假设的基础条件和现实性受到了来自多方面的挑战。一方面，当劳动力转移走时，要想使农业总产出保持不变，剩下的劳动力必须付出更多的劳动，这将减少劳动量的闲暇。因此，该假设若要成立，还必须满足以下三个条件：（1）存在着闲暇厌足；（2）闲暇是低档品，其收入弹性是负的；（3）闲暇和食品之间存在着完全替代关系①。然而，实际上，这些条件都是极其严格的，很难得到满足。另一方面，许多发展经济学家认为，尽管发展中国家传统农业部门的生产率很低，但资源配置还是具有一定效率的，不可能存在零值生产率的隐蔽失业。舒尔茨（1964）研究了 1918～1919 年印度流行感冒传染病的效果，通过比较土地面积减少和劳动力减少的程度指出，从数据来看，印度各省份中受传染病影响死亡人口最多的省份也是农业耕种面积减少最多的省份，因此很难找到证据支持印度农业在传染病发生前有大量边际产出为零的剩余劳动力。除此之外，派派拉西斯和夭特普洛斯（Pepelasis and Yotopoulous，1962）、帕格林（Paglin，1965）也都通过经验性研究指出，剩余劳动力是不存在的。

第二，刘易斯 - 拉尼斯 - 费模式的重要假设是工资外生决定和工资收入无储蓄，然而这两个主要假设都是经不起事实检验的。刘易斯、拉尼斯和费景汉关于人口模式的建立和发展以古典经济学的两个有名假设，即工资外生决定和工资收入无储蓄为前提的，在他们的证明里，起关键作用的概念是生存工资。这一生存工资有三个性质：（1）不通过劳动边际收益决定（外生性）；（2）只够劳动力维持基本需求（最低生存水平）；（3）在整个发展过程中不变（稳定性）。其中，第三个性质保证了前两个性质即古典假设的长

---

① 参见 "Surplus Labor: Theory and Empirical Evidence". http://faculty.babson.edu/ahussain/Papers/topics2.pdf.

期有效性。这是因为，如果工资率可以上升，最低生存水平假设就不能长期存在，古典理论以及刘易斯－拉尼斯－费模型就将失效①。而从发展中国家的现实来看，即使存在着剩余劳动力，在很多情况下，许多劳动力的收入和生活水平也没有像该模式所描述的那样仅够维持基本的生活需要，乡村和城市的收入水平也不是固定不变的。另外，劳动力除了将工资收入用于消费之外，还进行了大量的储蓄。这些都是与模型的假设相背离的。

第三，由于传统农业集中于乡村地区，刘易斯－拉尼斯－费模式中的剩余劳动力只是针对乡村地区的，城市地区并不存在剩余劳动。因此，只要存在着工业对劳动力的需求，劳动力就能顺畅地从乡村流向城市流动，这也暗示了城市工业部门资本积累的速度至少与就业机会增长的速度是同比率的，否则，就会造成城市的大量失业现象。而仅就乡村内部的劳动力转移来说，"劳动力从农场移向工厂，绝不是直接的、立即的、畅通无阻的。首先，我们要承认，乡村工业的劳动者常常有先行转移的机会。其次，乡村家庭的青年人通常是移入城市的劳动者的主要部分，而年老的人则多半留在农场上。这批青年人在城市里接收教育和训练，结业后，他们大都可能不回到农场去。最后，这种劳动力转移并不是一个'一劳永逸'的步骤。很多农场劳动者只是暂时移到城市里去，而且经常仅在一定的季节。一个农场劳动者要在城市里定居下来，并且牢固地保持着他的新职业，需要经历一个长期而艰难的阶段。"②

第四，刘易斯－拉尼斯－费模式假设劳动力市场是完善的，资源配置是通过市场实现的，产品实现也是有市场的，然而，就发展中国家的经济发展水平来看，这些都是不太可能的。

---

① 胡景北：《工资增长的发展经济学导论》，上海财经大学出版社，1997年。
② 张培刚：《农业与工业化（上卷）——农业国工业化问题初探》，华中科技大学出版社，2002年。

2.1.2 乔根森模式

1961 年，美国经济学家乔根森创立了一个新的二元经济发展模式，他明确地指出，该理论不承认农业有边际生产率为零的剩余劳动存在，工资水平也不是固定不变的，因此，他认为该模式是属于新古典经济学传统的。

1. 模型基本结构。

在乔根森模式中，他将经济分为先进部门和落后部门。先进部门以工业部门为代表，其生产要素包括资本和劳动；落后部门以农业部门为代表，其生产要素只有土地和劳动，而土地被假定为不变，两部门的技术进步都是中性的。乔根森模式的基本结构如下：

(1) 农业部门：农业产出增长与人口增长

假定在初始状态时，发展中国家的经济中没有工业，所有的生产活动都集中于农业部门。于是，农业部门的柯布－道格拉斯生产函数为：

$$Y = e^{at}L^{\beta}P^{1-\beta} \tag{2-1}$$

其中，Y 为农业总产出，P 为总人口，e^{at} 为 t 期的技术贡献因子，a 表示农业部门的技术进步率，β 表示土地产出弹性，$1-\beta$ 表示劳动产出弹性。由于土地是固定不变的，因此，上述农业生产函数可以改写为：

$$Y = e^{at}P^{1-\beta} \text{或者} \ y = Y/P = e^{at}P^{-\beta} \tag{2-2}$$

两边对时间 t 求导，然后再除以 y 得到人均农业产出增长率为：

$$y'/y = a - \beta P'/P \tag{2-3}$$

乔根森接受了马尔萨斯主义的观点，将人口增长率公式表示为：

$$\frac{P'}{P} = \min \left\{ (\gamma y - \delta), \ \varepsilon \right\} \qquad (2-4)$$

其中，γ（常数）为与人均农业产出相关的人口出生率的增长率，δ（常数）为人口死亡率，ε 代表社会现行制度水平上所能够达到的生理最大人口增长率。该函数表明，在达到最大人口增长率之前，总人口增长率将随着人均农业产出的增加而增长。

在此基础上，农业发展被分为两种情况：

①人口增长率低于生理最大值时

人口增长率函数为：$\quad \dfrac{P'}{P} = \gamma y - \delta \qquad (2-5)$

将其代入农业生产函数为：

$$y'/y = a + \beta\delta - \beta\gamma y \qquad (2-6)$$

从而农业发展的基本方程为：

$$y' = (a + \beta\delta)y - \beta\gamma y^2 \qquad (2-7)$$

当人均农业产出增长率为零时，解得：

$$y_1 = 0; \ y_2 = (a + \beta\delta)/\beta\gamma \qquad (2-8)$$

显然，$y_2 = (\alpha + \beta\delta)/\beta\gamma$ 是方程的有效解，代入人口增长方程得：

$$P'/P = \gamma[(a + \beta\delta)/\beta\gamma] - \delta = a/\beta > 0 \qquad (2-9)$$

由此可见，人口增长和农业产出增长保持同比，也就是说人均农业产出保持不变。这一水平被乔根森称做是"低水平均衡陷阱"，他认为，如果一个经济处于这一陷阱中，那么，农业总产出的增加就被新增人口消耗掉，所有的人就必须从事农业，根本不可能存在着从农业到工业的劳动力流动问题。

②人口增长率达到生理最大值时

人口增长函数为：

$$\frac{P'}{P} = \gamma y^+ - \delta = \varepsilon \qquad (2-10)$$

其中，y^+ 为人口增长率达到生理最大值的最低人均产出，解得：

$$y^+ = (\varepsilon + \delta)/\gamma \qquad (2-11)$$

当人均农业产出达到 y^+ 时，人口增长率达到生理最大值，于是，人均农业产出增长率为：

$$y'/y = a - \beta\varepsilon \qquad (2-12)$$

很明显，当 $y > y^+$，即 $a - \beta\varepsilon > 0$ 时，农业剩余产生。

这说明，只有当人口增长率达到生理最大值时，农业总产出的增长才有可能超过人口增长率，进而产生农业剩余，工业生产部门才会出现，y^+ 叫做临界人均收入水平。可见，在乔根森模式中，农业剩余是工业部门出现与扩张的必要与充分条件，也是劳动力从农业部门向工业部门转移的必要与充分条件。

（2）工业部门：农业剩余与工业发展

根据上述农业部门的发展状况，当农业剩余产生时，工业部门就开始形成并且发展，此时，农业人口就有一部分被释放出来向工业部门转移。

如果用 S 表示农业剩余，则：

$$S = y - y^+ \qquad (2-13)$$

如果农业人口为 A，向工业转移的人口为 M，则：

$$P = A + M \qquad (2-14)$$

假定此时人们只消费 y^+ 的农产品，其他收入全部用于工业品的消费，则：

$$y \cdot A = y^+ P \qquad (2-15)$$

两边同除以 y，然后再将 S，P 的表达式代入上式，得：

$$S/y = M/P \qquad (2-16)$$

上式说明，劳动力从农业向工业转移的规模必须与农业剩余在农业总产出中的比例相适应，从而明确刻画了农业剩余在劳动力转移过程中的作用。如果 $S = 0$，表明没有农业剩余，则劳动力转移数量为零；当 $S > 0$ 时，劳动力转移的规模随着农业剩余规模的增加而增加。

为了进一步分析工业部门的发展状况，乔根森首先推导出工业劳动力的增长方程为[①]：

$$M = P(0) \left[e^{\varepsilon t} - e^{\left(\frac{\varepsilon - a}{1 - \beta} \right) t} \right] \tag{2-17}$$

式中，$M(0) = 0$ 与 $A(0)$ 和 $P(0)$ 相对应，表明 0 期向工业转移的人口为零。

由 $a - \beta \varepsilon > 0$ 得知，

$$\varepsilon > \frac{\varepsilon - a}{1 - \beta} \tag{2-18}$$

这表明，在存在农业剩余从而存在工业部门的条件下，工业人口的增长快于总人口的增长，也就是说，劳动力从农业向工业转移的速度快于人口增长的速度。

接着，他假定工业部门的生产函数依然为柯布－道格拉斯生产函数，从而工业总产出为：

$$X = e^{\lambda t} K^{\sigma} M^{1 - \sigma} \tag{2-19}$$

式中，X 为工业部门总产出，K 为工业部门的资本量，M 为工业劳动力，λ 为工业部门的技术进步率，σ 为资本产出弹性，$1 - \sigma$ 为工业劳动力的产出弹性。

对方程两边进行求导，可以得到工业产出增长率方程：

$$\frac{\dot{X}}{X} = \lambda + (1 - \sigma) \frac{\dot{M}}{M} + \sigma \frac{\dot{K}}{K} \tag{2-20}$$

假定工业部门的利润全部用于投资，则工业部门的投资方程为：

$$\dot{K} = \sigma X \tag{2-21}$$

将 (2-17)、(2-19) 式代入上式，得：

$$\dot{K} = \sigma K^{\sigma} P(0)^{1 - \sigma} e^{\lambda t} \left[e^{\varepsilon t} - e^{\left(\frac{\varepsilon - a}{1 - \beta} \right) t} \right]^{1 - \sigma} \tag{2-22}$$

乔根森把上述投资方程称做二元经济的基本微分方程，此投资

---

① 推导过程参见乔根森："二元经济的发展"，《经济学杂志》，1961（6）。

方程表明，第一，工业投资乃至经济增长取决于资本产出弹性、资本存量规模、初始总人口、农业剩余等。第二，只要存在着正的上升的农业剩余，工业投资将不断增加，工业部门也因此得以扩张，从而经济发展也将持续下去。第三，不存在促使经济发展的最小临界努力，只要存在正的上升的农业剩余，经济就可以发展下去。

由于工业人口增长率先增加，然后趋于接近最大人口增长率水平，资本存量始终以正数比率增长，因此，工业产出开始将增长得很快，然后逐渐接近它的长期均衡值。长期内，工业产出增长率与资本积累率趋于相等。

最后，乔根森对工资水平进行了推导，在他看来，并不存在刘易斯－拉尼斯－费模式中的固定工资水平，工业工资率取决于劳动的边际生产率，从而：

$$w = \frac{\partial X}{\partial M} = (1-\sigma)\frac{X}{M} = (1-\sigma)x \qquad (2-23)$$

其中，x 为人均工业总产出，在上式中，对 w 求导，然后再除以 w，得：

$$\frac{\dot{w}}{w} = \frac{\dot{x}}{x} \qquad (2-24)$$

同时，乔根森指出，人均工业总产出增长率等于工业总产出增长率与工业人口增长率之差，于是，有：

$$\frac{\dot{w}}{w} = \frac{\dot{x}}{x} = \left[\frac{\dot{X}}{X} - \frac{\dot{M}}{M}\right] = \left[\frac{\lambda}{1-\sigma} + \varepsilon\right] - \varepsilon = \frac{\lambda}{1-\sigma} \qquad (2-25)$$

从上式中，我们可以看出，工资增长率取决于 λ 和 σ 两个参数，也就是取决于技术进步和资本产出弹性或者资本贡献。当 $\lambda = 0$ 时，工资增长率为 0，工资水平保持不变，恰好符合刘易斯－拉尼斯－费模式的观点。当 $\lambda > 0$，工业部门的实际工资就是上升的，而且，技术进步越大，工资增长就越高。另一方面，工资增长率与资本贡献度 σ 或者资本积累率成正比，与劳动贡献度 $(1-\sigma)$ 成反比。乔根森指出，由于工业部门扩张总是伴随着技术进步和资本积累率的上升，从而工业部门的工资水平不是固定不变的，而是不断上升的。同时，他还认为，工业部门和农业部门的工资差距是固定的，因此，随着工业工资水平的上升，农业部门的工资也是按照同一比例上升的。这些都是对刘易斯－拉尼斯－费模式中工资不变的内生假定的否定。

2. 乔根森模式评析。

按照乔根森的观点，他所提出的二元模式是新古典传统的。对此，他还对古典方法和新古典方法的不同作了明确的区分。他指出，"这两种方法的主要不同在于支配工业部门供给劳动的条件不同。在古典方法中，实际工资率是被假定不变的，用农业产品来表示，工业可以以固定的实际工资获得无限的劳动。而在新古典方法中，隐蔽失业是不存在的，工业部门如果不牺牲农业产出就不可能获得劳动力，工业部门的工资率是稳步上升的，其上升的速度取决于两个部门技术进步的速度以及资本积累的速度。这些是两种方法的基本不同。由于古典方法在隐蔽失业阶段过后就转变到新古典阶段，因此，两种方法的不同仅仅体现在隐蔽失业阶段。"[1]

通过对乔根森模式和刘易斯－拉尼斯－费模式进行比较，我们能够看出它与刘易斯－拉尼斯－费这一古典模式的显著不同。（1）在乔根森模式中，农业劳动力可以增加、减少或者保持不变；而在刘易斯－拉尼斯－费模式中，在隐蔽失业阶段结束之前，农业劳动力是绝对减少的。（2）在乔根森模式中，先进部门对落后部门的贸易条件可能改善也可能恶化，而在古典方法中，贸易条件是外生的，固定不变的。（3）从劳动生产率来看，在乔根森模式中，工业就业增长的速度慢于产出和资本的增长，从而先进部门的劳动生产率是提高的；而在后者中，只要落后部门存在着隐蔽失业，先进部门

---

① Dale W. Jorgenson. "The Development of a Dual Economy". The Economic Journal, Vol. 71, No. 282, Jun. 1961, pp. 309－334.

的产出和就业就会以相同的速度增长，也就是说，先进部门的劳动生产率保持不变。（4）从资本产出比来看，在乔根森模式中，先进部门的产出和资本以相同的速度增长，因此，资本产出比是保持不变的；而在后者中，资本增长的速度小于总产出和劳动增长的速度，从而资本产出比是下降的，这一结果也是与拉尼斯－费模式相对应的。（5）从产出和就业来看，在乔根森模式中，工业产出和就业增长的速度在整个发展过程中是下降的。而在古典理论中，当经济发展处于隐蔽失业阶段时，工业产出增长率、就业增长率和资本增长率都会增加。

尽管乔根森本人将自己的理论归为新古典增长理论，但是，由于他的模式依然以承认剩余劳动为前提，因此，这一理论并不能算是真正的新古典主义分析框架，在发展经济学上，通常将乔根森的理论看做是古典和新古典发展理论的分水岭。尽管如此，乔根森模式将长期以来的古典分析传统引领到新古典分析上来，对经济发展理论做出了转折性的贡献。然而，乔根森模式也存在着明显的缺陷。

第一，乔根森模式忽略了农业资本积累。在农业生产函数中，生产要素仅包括土地和劳动，资本对农业生产的作用被忽视了。而从现实来看，在农业生产中，不使用资本几乎是不可能的。乔根森自己也承认，"这个关于二元经济的理论并不是整个事实的全部。从一开始，模型就把农业资本积累的可能性给排除了。尽管这一假定对亚洲农业（包括日本经济中的高产农业部门）来说是显著可行的，而美国、加拿大、阿根廷、澳大利亚和新西兰这些国家的农业通过资本注入，劳动生产率得到了迅速的提高。我们已经注意到，在我们的二元经济模型中，工业部门的资本和劳动的替代是可行的，不需要存在投资的'最小临界努力'，也不需要存在农业的资本积累。"[1]

第二，乔根森模式关于粮食需求收入弹性的假定受到质疑。我们可以看到，在乔根森模式中，当 $y < y^+$，即人均粮食产出低于最低临界水平时，乔根森假设所有的收入都用于农产品的消费，也就是说，粮食需求的收入弹性为1。一旦人均粮食产出超过 y^+，人们就会将多余的收入全部用于工业品的消费，对农产品的消费依然保持最低生活水平，此时粮食需求的收入弹性为零。这些假定显然是与人口统计或粮食消费行为不一致的。一般地，当粮食需求收入弹性远高于零时，人口增长率就开始下降。而且，甚至在最高收入国家，粮食需求的收入弹性也没有下降到零[2]。

第三，尽管在乔根森模式中，他分析了技术进步对资本积累、工资增长率等变量的作用，但是，他假定技术进步是中性的，而在绝大多数发展中国家，纵然政府希望推行劳动偏向性或者中性的技术进步，而在实际经济发展过程中，随着现代资本主义部门的扩大，资本家或者企业主越来越倾向于采用资本密集型的技术。因此，在乔根森模式中，不变的资本产出比在现实中也是站不住脚的。

第四，乔根森模式指出，只有当人口增长率达到生理最大值时，农业总产出的增长才有可能超过人口增长率，进而产生农业剩余，工业生产部门才会出现。可见，农业剩余或者说农业总产出增长率超过人口增长率成为劳动力转移和工业部门扩张的必要条件。同时，随着工业部门的扩张，农村收入将随着工业工资水平的增加而增加。然而，大多数欠发达国家的事实却显示了另一种情况。在非洲（撒哈拉北部），1960~1967年人均收入每年下降0.3%；在印度的某些地区（巴德汉，1970年左右），在通用西班牙语的所有美洲国家（格里芬，1969）和巴基斯坦（博斯，1968），农村人均

① Dale W. Jorgenson. "The Development of a Dual Economy" The Economic Journal, Vol. 71, No. 282, Jun. 1961, pp. 309-334.

② 速水佑次郎、拉坦：《农业发展的国际分析》，中国社会科学出版社，2000年。

收入也下降了；在 1957～1966 年许多国家的人口增长率高于粮食生产的增长率（格里芬，1969）①。这说明模型的结果是不符合历史事实的。

第五，同刘易斯 – 拉尼斯 – 费模式一样，乔根森模式也忽视了城市失业问题。在模式中，总人口等于农业人口与工业人口的总和，而工业人口就是总人口中从土地上释放出来的一部分劳动力，这部分劳动力直接转移到工业部门就业，工业部门不存在失业人口。这也就是，任何一个愿意迁移到城市的劳动力，都能在城市现代工业部门找到工作，而这与发展中国家存在大量的城市失业现象相矛盾。

2.1.3　托达罗模式

20 世纪 60 年代末 70 年代初，面对发展中国家失业规模不断扩大的事实，托达罗提出了一个新的人口流动模式，对文献中仅仅注重工资差别的分析传统进行了修正和扩展。他指出，城市失业问题在理论上并没有得到应有的重视，即使刘易斯等人曾经提及城市失业问题的重要性，但是，他们对城市失业问题的探讨都是定性的，并没有提供严密的分析框架来分析劳动力转移机制和城市失业机制。在他看来，城市大量失业和劳动力就业不足的存在一定会对迁移者在城市现代工业部门找到工作的概率产生影响。因此，在分析城市劳动力供给的决定因素时，人们必须考虑的不是现行工资差距，而是城乡预期收入差距，即通过就业概率调整的工资差距。在构建人口迁移行为模式的同时，托达罗还运用这一方法建立了基于城市劳动力供给和需求的城市失业动态均衡模型。

---

① 参见苏布拉塔·贾塔克：《发展经济学》，商务印书馆，1989 年。

1. 人口迁移行为模式。

托达罗假定传统农业劳动者迁入城市的动机不仅仅决定于城乡的实际工资差异，因为大量失业人口的存在，降低了流动人口在城市中找到工作的可能性。因此，迁移动机取决于城乡预期收入，即经过概率修正了的收入差别。他认为，这种收入差距越大，流入城市中的人口就越多，其关系表示如下：

$$M = f(d) \qquad f' > 0$$

公式中，M 表示人口流动规模，d 表示城乡预期收入差异，f 的导数大于零说明人口流动规模是城乡预期收入差异的增函数。

根据托达罗的观点，农业部门的预期收入直接等于农业部门未来某年的实际收入，而城市现代工业部门的预期收入等于未来某年的预期实际收入与就业概率的乘积。因此，城乡预期收入差异可以表示如下：

$$d = \omega \cdot \pi - r$$

公式中，ω 表示城市实际工资率，r 表示农村平均实际收入，π 表示就业概率。如果城市不存在失业，农业人口就可以立即在城市中找到工作，这时的就业概率等于1。此时劳动者的迁移行为就取决于城乡实际工资收入差异，这就与刘易斯－费景汉－拉尼斯的人口流动模式一致。因此，从这点来看，刘易斯－费景汉－拉尼斯的人口流动模式是托达罗模式的一个特例。

在托达罗看来，无论在哪个时期，迁移者在城市现代部门的就业概率是由现代部门新创造的就业机会和城市失业人数两个因素决定的，它与就业机会成正比，与城市失业人数成反比，可以表示为：

$$\pi = \frac{\gamma N}{S - N}$$

公式中，γ 表示现代部门就业创造率，N 表示现代部门的总就业需求人数，S 表示城市总劳动力人数。因此，γN 表示就业机会，

而 $S-N$ 则表示城市现代部门的失业人数。

为了更加接近现实，托达罗还考虑了较长时期的人口流动模式，于是，一个人口流动者在现代部门找到工作以前的 n 期净收入的贴现值为：

$$V(0) = \int_{t=0}^{n} [p(t)Y_u(t) - Y_r(t)] e^{-rt} dt - C(0)$$

其中，$C(0)$ 表示最初迁移和在城市安置下来的固定成本，$Y_u(t)$ 和 $Y_r(t)$ 分别表示 t 时期城市和乡村的实际工资率，n 代表计划范围内的时期数，r 表示贴现率，反映迁移者的时间偏好程度。$p(t)$ 表示 t 期一个迁移者累加的就业概率，π 表示迁移者作为城市传统部门的工人中的一员在 t 期被选雇的概率。$p(t)$ 和 π 之间的关系可以描述如下：

$$p(0) = \pi(0)$$
$$p(1) = \pi(0) + [1 - \pi(0)]\pi(1)$$

也就是说，在 0 期获得工作的概率等于直接从劳动力大军中被选择的概率，而在 1 期能够获得工作的概率等于在 0 期被选择的概率加上 1 期被选择的概率与 0 期未被选雇的概率之乘积。

因此，依此类推，这个迁移者在任何时期被选聘的概率为：

$$p(t) = p(t-1) + [1 - p(t-1)]\pi(t)$$

或者，

$$p(t) = \pi(0) + \sum_{i=1}^{t} \pi(i) \prod_{j=0}^{i-1} [1 - \pi(j)]$$

其中，$\prod_{i=1}^{n} a_i = a_1 a_2 a_3 \cdots a_{n-1} a_n$。

按照托达罗的观点，建立这样一种工作选择过程的一个好处是它抓住了一个典型迁移者的收入历史的一个本质特征。也就是说，在其他条件不变的情况下，城市预期收入路径与迁移者在城市中所呆时间的长短是成正比的。对一个迁移者来说，在城市待的时间越长，他就越有可能与城市建立联系，越有可能在特定的时间之后找到工作。因此，从长期来看，城市预期收入还是比农村预期收入高。

由于乡城人口流动规模是城乡预期收入贴现净值的函数，因此，乡城人口流动的规模可以表示为：

$$M = f[V(0)] \qquad f' > 0$$

从公式中，我们可以看出，当 $V(0) > 0$ 时，迁移者的预期收入净值为正，愿意从农村迁往城市，乡城人口流动数量开始增加；当 $V(0) < 0$ 时，迁移者预期收入净值为负，不愿意从农村迁往城市，于是，城市净流入人口就不会增加，甚至减少。在托达罗看来，当前发展中国家的城市中存在大量失业的同时却依然有为数众多的人迁往城市的主要原因就是城乡预期收入差异扩大。

2. 城市劳动力市场结构和机制的分析模型。

在建立人口迁移行为模式的基础上，托达罗进而构建了城市劳动力市场结构和机制的分析模型。

假设新创造就业以稳定的指数率增长，那么，城市劳动需求方程可以表示为：

$$N(t) = N_0 e^{(\lambda - \rho)t}$$

式中，$N(t)$ 为现代部门第 t 期的总就业；λ 是工业产出增长率；ρ 为现代部门的劳动生产率增长率。

令 $\gamma = \lambda - \rho$，表明工作创造率等于工业产出增长率和现代部门的劳动生产率增长率之差，则上式可以改写为：

$$N(t) = N_0 e^{\gamma t}$$

两边对 t 求导，再除以 $N(t)$，得：

$$\frac{N'}{N}(t) = \gamma$$

托达罗认为，城市劳动供给主要由城市劳动力自然增长率 β 和城乡人口流动规模决定，因此，城市劳动供给增长率方程可以表示为：

$$\frac{S'}{S}(t) = \beta + \pi(t) F[\alpha(t)]$$

其中，$\alpha(t) = \dfrac{Y_u(t) - Y_R(t)}{Y_R(t)}$，表示城乡收入差距的百分比；

$\dfrac{dF}{d\alpha} > 0$；$\pi(t) F[\alpha(t)]$ 是人口流动造成的城市劳动力增长率。

为了分析的简便，托达罗假定城乡收入差距是固定的，即 $\alpha(t) = \alpha$，因此我们可以得到：

$$h(t) = \frac{\gamma N(t)}{S(t) - N(t)}$$

可以看出，$S(t) - N(t)$ 衡量了城市传统部门的就业规模，将 π 代入劳动供给增长率方程，得：

$$\frac{S'}{S}(t) = \beta + \frac{\gamma N(t)}{S(t) - N(t)} F[\alpha(t)]$$

令第 t 期现代部门就业占城市部门就业比例为 $E(t)$，则：

$$E(t) = \frac{N(t)}{S(t)}$$

两边对 t 求导，然后同时除以 $E(t)$，得到现代部门第 t 期的就业率增长率：

$$\frac{E'}{E}(t) = \frac{N'}{N}(t) - \frac{S'}{S}(t)$$

由此，我们就可以来描述城市劳动力市场的调整过程。假定经济处于工业化早期阶段，几乎所有的人都生活在农村地区。由于城市失业率相对较小，获得工作的概率相对较高，因此，在存在城乡收入差距的条件下，劳动力流动开始加速，这样，城市劳动供给增长率就会逐渐地超过劳动需求增长率，进而就业概率也将逐渐减小，即 $\pi(t+1) < \pi(t)$。假设 α 和 γ 不变，那么，π 的下降将最终导致城乡劳动力流动的速度放缓，最终使得城市劳动供给增长率下降到等于劳动需求增长率，这时，城市就业率或者失业率就维持在一个特定的水平上，托达罗称这个失业率为均衡失业率 $1 - E^*$。

令 $\dfrac{E'}{E}(t) = \dfrac{N'}{N}(t) - \dfrac{S'}{S}(t) = 0$，解得均衡失业率方程为：

$$E^* = \frac{\gamma - \beta}{\gamma F(\alpha) + \gamma - \beta}$$

相应的，均衡失业率方程为：

$$T^* = 1 - \frac{\gamma - \beta}{\gamma F(\alpha) + \gamma - \beta}$$

可见，在某种程度上，就业概率起到了调节城市劳动力市场的作用。

3. 托达罗模式评析。

托达罗曾经指出，"刘易斯模型大体符合西方国家经济增长的历史经验，但其三个关键性假说与发展中国家的现实不符，即（1）假定劳动力进入城市部门的速度和规模与就业机会创造的速度和物质资本的积累成正比；（2）假定农村地区存在着剩余劳动力，而城市地区则处于充分就业状态；（3）假定城市实际工资不变，直至农村剩余劳动力被吸收完毕。"而托达罗模式的主要创新是引入了一个新的观点，即劳动力的配置不仅受到部门之间的工资差距的影响，而且还受到在正式非农业部门找到工作的概率的影响。他将两部门理论单独应用于分析城市，认为城市中也并存着传统部门和现代部门，一国经济由"农业部门"、"城市中的传统部门"、"城市中的现代部门"所构成。同时，在政策含义方面，托达罗模式旨在提出如何阻止城乡人口流动的速度和规模，以解决日益严重的城市失业问题。在托达罗看来，即使城市工业部门的扩张和就业保持一致，即使通过更多地采用劳动密集型技术来发展工业，也不能解决城市失业问题。一切人为地扩大城乡实际收入差异的措施必须消除，只有大力发展农村经济才是解决城市失业问题的根本出路。

不过，托达罗模式也受到了一些指责和批评。首先，托达罗模式假定不存在农村剩余劳动力，这与发展中国家的现实极为不符。实际上，由于发展中国家中农村人口占绝大多数，而土地又非常有限，因而存在剩余劳动是在所难免的。其次，尽管托达罗提到过教育对劳动力流动的影响，但是，无论是在需求方面还是在供给方面，托达罗模式依然假定劳动力是同质的，忽略了人力资本在劳动力流动中的重要性，也忽略了人力资本对劳动力流动的制约作用。其三，托达罗模式假定，进入城市的劳动者如果无法在现代部门中找到工作，他们宁愿待在城市传统部门做临时性工作甚至完全失业。尽管这些情况也存在于发展中国家的现实中，但实际上，发展中国家的劳动力回流现象已经越来越明显。最后，托达罗模式提出的某些政策建议也值得商榷。"这一传统理论对于发展中国家的迁移政策产生过巨大的影响，造成抑制城乡人口迁移的政策偏向。其主要的缺陷有两点：其一，这种理论模型忽视了城市非正规部门或传统部门对于解决失业和增加生产的作用；其二，它没有注意到市场不完善对于迁移过程的影响。由于这两个缺陷，托达罗模型既不能帮助发展中国家的政府正确地理解城乡迁移在经济发展中的意义，也不能指导他们有效地解决迁移所带来的或与之相伴随的各种问题。"①

2.2
20世纪90年代以来劳动力流动理论的新发展

上述二元经济下的经典劳动力流动理论都是属于古典和新古典传统的。自从以H-T（哈里斯-托达罗）模型为代表的新古典劳动力流动理论提出后，劳动力流动理论曾一度在新古典的框架下得到了丰富和发展，在20世纪七八十年代甚至直到21世纪仍有许多学者致力于这方面的研究。同时，20世纪90年代以来，由于新古

---

① 蔡昉："人口迁移和流动的成因趋势与政策"，《中国人口科学》，1995年第6期。

典劳动力流动模式已无法解释劳动力流动中的许多新趋势和新现象，新的劳动力流动理论如雨后春笋般地发展起来，对经典的劳动力流动理论进行了扩展、修正和革新。

2.2.1 新古典劳动力流动理论框架下的扩展和修正

1. 托达罗对劳动力流动理论的重新表述。

与 20 世纪 70 年代提出的迁移行为模型有所区别的是，托达罗（1997）集中分析了城市化、乡城转移和经济发展过程中的观念、经验和政策相关性问题，将先前的劳动力流动过程或者说个人迁移过程植入了一个分析性框架中。

托达罗将劳动力流动理论用图形（见图 2 - 3）进行了一般性

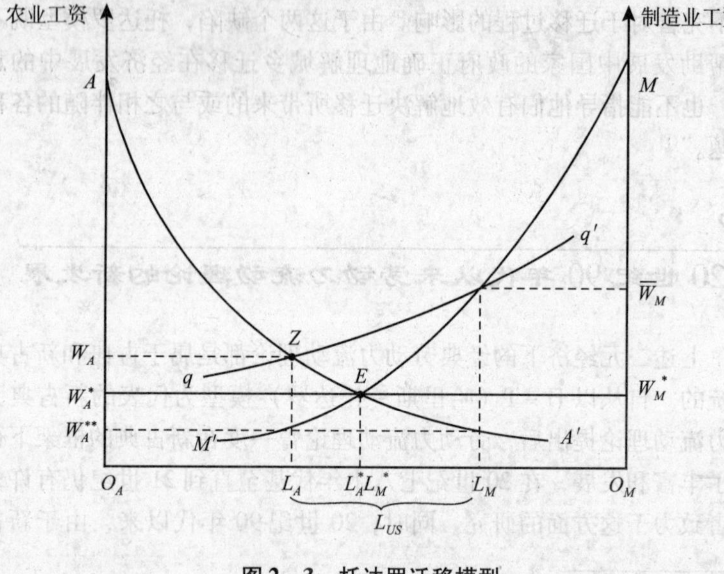

图 2 - 3 托达罗迁移模型

的描述，他指出，劳动力流动是在城市预期工资和平均农村收入之间而不是相等的乡城工资之间（传统的新古典自由市场模型）达到失业均衡的。

假定经济体中只存在两个部门，农村农业和城市制造业。农业对劳动力的需求（劳动边际成本曲线）用具有负斜率的曲线 AA' 来表示，MM' 表示制造业对劳动力的需求（从右向左）。O_AO_M 表示所有的劳动力。在一个新古典、工资可变、充分就业的市场经济中，均衡工资将在点 $W_A^* = W_M^*$ 达到，农业和制造业的就业工人分别为 $O_AL_A^*$ 和 $O_ML_M^*$，所有的工人都被雇佣。

但是，如果城市工资由于制度的原因而固定在 $\overline{W}_M$（远在 W_A^* 之上），情况又会如何呢？（这一假定的有效性最近由加纳城市正式部门工资决定的计量经济案例所证实。）如果我们继续假定没有失业，有 O_ML_M 工人将获得城市工作，剩下的 O_AL_M 将不得不在农村就业，工资为 $O_AW_A^{**}$（低于自由市场水平 $O_AW_A^*$）。现在我们得到了城乡真实工资差距 $\overline{W}_M - W_A^{**}$，$\overline{W}_M$ 是在制度上固定的。如果农村工人是自由流动的，那么，尽管只有 O_ML_M 数量的工作机会，他们也将尝试到城市中找工作，期待"中奖"（被选雇）。如果他们获得一项城市工作的机会用制造业中的就业 L_M 和城市总劳动力为 L_{US} 的比例来表示，那么表达式 $W_A = (L_M/L_{US})(\overline{W}_M)$ 就表示了成功获得城市工作的概率使得农业收入 W_A 和城市预期收入 (L_M/L_{US}) $(\overline{W}_M)$ 相等，从而引起潜在的迁移者认为工作的地点是无关紧要的。这种无差异点的轨迹用曲线 qq' 来表示。新的失业均衡在点 Z 处达到，其实际城乡工资差距是 $\overline{W}_M - W_A$，O_AL_A 数量的工人依然在农业部门，O_ML_M 数量的工人在现代正式部门工作，工资为 $\overline{W}_M$。

剩下的 $L_{US} = O_ML_A - O_ML_M$ 或者失业，或者在非正式部门从事低收入的工作。这就解释了在城市失业甚至高失业条件下乡城劳动力流动持续存在的个人经济理性。也就是说，尽管存在着高失业率，劳动力向城市的转移可能从个人的成本—收益角度看是理性的，但是，不难发现，劳动力流动的社会成本却是很高的。最后，托达罗提出，如果没有假定所有的城市迁移者都是相同的，那么，模型还应当考虑劳动力具有不同人力资本的现实性，因此，我们就可以理解为什么农村受教育迁移者的比例要多于未受过教育的，因为他们比非技术迁移者更容易获得工资较高的城市工作。

通过以上分析，托达罗总结了劳动力迁移模型有四个基本特征：第一，劳动力流动基本上是由理性的经济考虑—相对成本收益决定的。第二，迁移决策取决于预期的而不是实际的城乡工资差异，这种预期的差异是由两个变量相互决定的，即实际城乡工资差异和在城市部门获得就业机会的概率。第三，获得城市就业的机会与城市就业率正相关，因此，与城市失业率负相关。第四，迁移率高于就业机会增长率不但是可能的，而且也是理性的，在存在城乡预期收入差距的情况下则更是可能的。因此，绝大多数非洲国家的城市高失业率不可避免的是城乡经济机会严重不平衡的结果。

然而，在笔者看来，托达罗的这篇文章依然没有脱离原来的劳动力流动模式，依然忽视了劳动力的风险偏好和就业市场的不平等。此外，尽管他在分析中提到了前提将劳动力看成是异质的，认为劳动力的受教育水平将是迁移概率的影响因素，但他仍然没有将此因素放到重要的地位，也没有将人力资本投资决策放入劳动力迁移的考虑之中。

2. 加入新的迁移决定因素的扩展研究。

以哈里斯－托达罗模型（H－T模型）为代表的新古典劳动力流动理论几乎将劳动力流动的决定因素唯一地盯住了城乡预期收入差距和失业率等。然而，许多经验研究发现，即使在城乡预期收入差距减少甚至为负的情况下，依然存在着大规模的劳动力流动。这就说明收入差距并不能完全解释劳动力的迁移行为，因此，一些学者开始寻找决定迁移的其他重要因素，对 H－T 模型进行了修正。

（1）多关键变量的实证研究。

除了城乡收入之外，文献中涉及的关键变量还有年龄、性别、教育、婚姻状况、人均土地面积、人均生产资产等。在这些研究中，有的是从个人层面出发的，有的是从家户（household）层面分析的，二项和多项选择模型以及计量回归是文献分析最常用的经济模型和实证分析方法。

蔡昉（1996）使用1990年的普查数据对当地农村人口占全部农村人口的比重、当地人均土地面积占全部人均土地面积的比重、当地乡镇企业雇佣的农村人口占全部农民的比重等几个变量进行了分析，结果表明，这些因素对劳动力流动都具有正面的影响。

由于人均土地耕地面积通常作为剩余劳动力的指标，因此，人均土地耕地面积也是影响劳动力流动的重要因素。赵耀辉（1997a、1999a和1999b）、诸建芳（2002）和姚先国（2001b）对土地变量对劳动力流动的影响进行了考察。赵耀辉和诸建芳的研究均表明，土地大小对劳动力流动具有显著的负面影响。如果决策模型是基于个人的，那么，每增加一亩土地，劳动力流动的概率就减少4.4%（赵耀辉，1999a）；如果决策模型是基于家户的，那么，将减少2.8%（赵耀辉，1999b）。姚先国采用了托宾模型，关注的是土地分配和流动之间的关系，其研究结果表明，平均的土地分配能够促进劳动力流动。

赵耀辉（1999）使用了Logit概率模型分析了中国农村劳动力的迁移选择问题，对个体特征、家庭特征、土地数目等因素进行了实证分析。研究表明，第一，年轻人、男性和未婚人士倾向于迁移。女性迁移的概率比男性小得多，平均的迁移概率为8.5%，而女性工人的迁移概率比平均概率要低55.3%。已婚人士迁移的概率比平均概率低37.6%。第二，迁移概率随着年龄的增加而减少，以平均年龄（35.6岁）为起点，年龄每增加一年，迁移概率就减少0.3个百分点。第三，家庭中学龄前儿童的数目对迁移决定没有显著的影响。这可能是大家庭在养育孩子的过程中起到了重要的作用。第四，可使用土地对家庭迁移决定有显著的影响，来自土地稀少家户的工人往往具有更高的迁移概率。家户人均土地拥有量每减少一亩，迁移的概率就增加 4.4 个百分点。这是因为土地是决定农业收入的重要因素，减少土地就等于减少了农业收入，就增加了迁移的动机。第五，令人惊讶的是，正式教育对迁移决定的影响很小。与没有接受正式教育的工人相比，小学和初中毕业生的迁移概率只高出 1.9 个百分点。这一结果与大多数有关教育影响的研究结果相矛盾。而在赵耀辉（1995）的另一篇文章中，教育对永久性迁移有显著的影响，它也提高了农村工人从农业向非农业部门迁移的概率。

段等人（Tuan，2000）将迁移决定转化为就业选择问题，综合考察了多变量对就业选择从而对劳动力流动的影响。他们利用一般多项 Logit（Generalized Polytomous Logit，GPL）函数来处理离散的非有序的就业选择问题。函数假设个人在 m 个就业中选择一项的概率 φ_i，$i = 1, \cdots, m$，为：

$$pro\left(\frac{\varphi_i}{\varphi}\right) = \frac{\exp[U(\varphi_i)]}{\sum_{j=1}^{m}[U(\varphi_j)]} = \frac{\exp(x_i\beta)}{\sum_{j=1}^{m}\exp(x_{ij}\beta)}(i \neq j)$$

其中，$U(\cdot_i)$ 是选择 $\cdot_i$ 的效用，x_i 是影响就业类型的一系列变量的向量，$\cdot$ 是参数向量。农民选择某类就业的概率用选择该类就业的效用大于其他选择的概率来表示。换句话说，农民选择能够最大化预期效用的经济活动类别。

在他们的研究中，农民可以做出的选择分为三种：全职农业活动、全职就业但是兼职农业活动或者非农业活动、全职非农业活动。尽管还有其他的分类方式，但是这三个分类可以解释大部分农业人口的选择。解释变量包括：年龄、性别、教育水平、家户规模（用人数表示）、可耕土地。

反应变量的 Logit 函数用所选择就业类别的概率除以选择参照组的概率：

$$\log it_{hijk} = \frac{\log(\eta_{hijk})}{\log(n_{hijk})}$$

其中，$k = 1, 2, \cdots, (r-1)$，表示就业选择类别，r 是用来进行比较的选择，h，i 和 j 表示解释变量，$\cdot_{hijk}$ 表示第 k 个选择的概率，表示为：

$$\eta_{hijk} = \frac{\exp(\alpha_k + x_{hij}\beta_k)}{1 + \exp(\alpha_k + x_{hij}\beta)}。$$ 因此，$\log it_{hijk} = \alpha_k + x_{hij}\beta_k。$

利用 GPL 模型，他们将解释变量分为三组：第一组年龄为 16 ~ 22 岁；第二组年龄为 23 ~ 35 岁；第三组年龄为 35 岁以上。土地分为四组：第一组小于 1 亩；第二组在 1.1 ~ 3 亩之间，第三组在 3.1 ~ 5.0 亩之间，第四组是大于 5 亩。家户人数变量也分为三组：组 1 有 2 人，组 2 有 3 人，组 3 有 4 人以上。根据他们的教育水平分为三组：第一组是初等教育人口（包括文盲），第二组是中等教育人口，第三组是大学教育人口。

实证结果表明，教育水平对就业类别有显著的影响。土地变量的大小是解释就业区别的最重要因素，在对农业和非农业兼职与全职农业就业的两种选择中，教育水平和年龄的影响次之；在全职非农业和全职农业就业的比较模型中，年龄的影响次之，然后是教育。另外，土地拥有量和教育水平对劳动力流动起到了重要的作用，这说明，土地所有制度的变化和教育机会的增加能够在很大程度上提高农村劳动力从农业活动向非农业活动的流动，而且，这些变量与年轻人的相关性更大。同时，家户的规模也增加了劳动力向非农业活动流动的压力。

（2）纳入人力资本因素的研究。

在解释劳动力迁移问题的过程中，一个被忽略的问题就是技能的获得或者说是人力资本因素的考虑。实际上，获得和学习适应于在经济现代部门就业的教育和技术通常需要从农村转移到城市。因为在许多发展中国家，政策和现实状况是不利于农村穷人的，城市地区的人往往能够更多地从公共基础设施投资中获益。正如 2001

年农村贫困报告中所说，穷人缺少有利于获得高薪工作的人力资本。因此，获得人力资本的动机有助于解释人们迁往城市。马松（Masson，2001）将人力资本获得、财富遗赠等重要特征加入到哈里斯－托达罗的乡城经济模型中，以建立一个正式的模型来共同检验收入不公和迁移决策。实际上，迁移过程可能伴随着技能获得，但是一段时间的失业可能会导致他们陷入贫困，此时财富不足以让他们的子女获得教育、获得高技能的工作。因此，在那些没有迁移到城市的人中可能导致永久的城市和农村贫困。

马松指出，哈里斯－托达罗模型忽略的一个特征是，迁移不仅仅是要获得高工资的工作，而且也是要获得技能以便能够使父母和孩子获得更好的工作。① 他在模型中假定，经济中生产三种产品——乡村农业产品、城市工业品和城市非正式部门产出（产品的价格是固定的，贸易条件是外生的，因此可以看成是一种产品）。农村产品用土地（固定）和非熟练劳动力（L_a）来生产，而城市工业部门使用资本和熟练劳动力 L_s 进行生产。城市企业可以以固定的世界利率 r 进行借贷。城市非熟练劳动力或者失业的熟练工人不使用资本进行生产，使用固定收益的技术，获得稳定的较低的边际收益 W^n。

我们知道，在托达罗模型中，迁移决策取决于预期收入和修正的失业概率。然而，在马松的模型中，要获得预期较高的城市工资需要对技术进行投资，因此只有那些具有一定财富的人才有动力迁移。这样，超过农村工资的城市工资不仅仅反映失业（从而在城市非正式部门获得较低收入）的概率，还要反映人力资本投资的成本。

假定总人口量 N 是固定的。每个人只生存两个时期，在第 2 个时期有一个孩子。当孩子出生的时候，第 t 代的每个个体 i 可以

---

① 而在笔者看来，这主要是针对比较富裕的人来说的，而且这也是拉力因素的一个方面，当然也是 H－T 模型所忽略的。

继承父母在 $t-1$ 时期留下的遗产 x_t^i。在每人的第一期，他可以决定是否迁移。在第二期，他提供劳动供给，或者就业或者失业；只有城市劳动力面临着失业的概率，只有生活在城市的人能够进行人力资本投资。

如果出生在 t 时期的人在他的第一个时期决定留下或者迁移，那么他在第二期就具有一个单位的劳动力，挣得农村工资 w_{t+1}^a。如果土地是既定的，农村劳动力市场是竞争性的，农村工资就等于劳动的边际产出，它将随着农村劳动力数量的下降而下降。具体地，农产品的生产函数是：

$$Q_t = A(L_t^a)^\alpha \qquad (2-26)$$

当 $\alpha < 1$，那么：

$$w_{t+1}^a = \alpha A(L_{t+1}^a)^{\alpha-1} \qquad (2-27)$$

如果一个人决定迁往城市地区，或者他出生在城市并决定待在城市，他也要做出是否进行人力资本投资的决定，这需要一笔固定的不可分割的投资。如果城市的人决定不进行人力资本投资或者他在 $t+1$ 时期本身就具有技术却未被雇佣，他只能获得非技术工人的工资 w_{t+1}^n。如果他进行人力资本投资并获得就业机会，他就会挣得技术工人工资 $w_{t+1}^s (>w_{t+1}^n)$。既然这两种工资率是固定的，就用时间下标来分别表示。

在加洛尔（Galor）和莱尔（Zeira）的模型中，对所有的人来说，人力资本投资 h 都是大于 0 的，而马松的研究容许人们存在与生俱来的不同能力，因此在模型中获得人力资本的成本 h_t^i 对不同的人来说是不同的（Galor and Tsiddon，1997a），同时，这些不同的能力被假定为适用于一个时代的所有人，因此在任意时期，$h_t^i = h^i$。

个人在他们生命的第二期消费，他们也从给孩子们遗留的财产中获得效用。个人效用最大化同加洛尔和莱尔（1993）的描述是相似的。个人 i 的终生效用表示如下：

$$u_t^i = \beta \log C_{t+1}^i + (1-\beta) \log b_{t+1}^i \qquad (2-28)$$

C_{t+1}^i 是对复合消费品（composite consumption good）的第二期的消费，b_{t+1}^i 是留给 $t+1$ 时期出生的后代的遗产。柯布-道格拉斯效用函数确保了人生过程中的稳定份额，实现的收入全部分配给消费和遗赠。父母的遗产 b_{t+1}^i 成为下一代的禀赋 x_{t+1}^i，为个人 i 和 j 之间提供了联系。由于我们不需要跟踪上代人的消费，所以为了表示的方便，我们可以同时使用指数 i 指代孩子和父母，从而 $x_{t+1}^i = b_{t+1}^i$。

只有当当事人继承的财产 $x_{t+1}^j \geq h^i$，并且生活在城市的时候，他们才能够进行人力资本投资。如果进行储蓄，就可以以世界利率 r 获得利息。

当事人在收入的约束下最大化效用，其中，收入来自储蓄和第 2 个时期的就业。这样，如果某一农村劳动力的财富足以进行人力资本投资，那么他将决定迁移，即：

$$x_t^i \geq h^i$$

$$-h^i(1+r) + (1 - u_{t+1}^e)w^s + u_{t+1}^e w^n > w_{t+1}^{a,e}$$

第二期的实际收入 Z_{t+1}^i 不同于预期收入，但是在柯布-道格拉斯效用函数的前提下，当事人会将实际收入稳定地分为 β 和 $1-\beta$ 部分，分别用于消费 C_{t+1}^i 和遗产 b_{t+1}^i。他们的实际收入取决于他们是居住在乡村还是城市，是否获得雇佣。第二期在乡村度过的人的终生实际收入为：

$$Z_{t+1}^i = x_t^i(1+r) + w_{t+1}^a$$

投资于人力资本的城市劳动力的实际收入为：

$$Z_{t+1}^i = (x_t^i - h^i)(1+r) + (1 - \delta_{t+1}^i)w^s + \delta_{t+1}^i w^n$$

其中，δ_{t+1}^i 为失业的概率。

最后，还需要考虑从城市返回农村的概率。如果父母在 t 时期失业了，那么其子女就可能无法获得能够使他们在城市就业所需的人力资本，因为此时 $x_t^i < h^i$，如果假定 $w^n < w^{a,i}$，那么，在这种情况下，劳动力将返回乡村。然而，模型依然考虑到流动成本 c 的存

在，因此，只有当 $w^n + c < w_{t+1}^{a;e}$ 时，在 t 时期无法进行技能投资的城市居民才有可能返回乡村。

在城市居住而没有进行人力资本投资的劳动力的实际收入为：

$$Z_{t+1}^i = x_t^i \ (1 + r) \ + w^n。$$

从而，劳动力 i 的消费和遗产为：$C_{t+1}^i = \beta Z_{t+1}^i \quad b_{t+1}^i = (1 - \beta) Z_{t+1}^i$

（3）纳入人口异质性的研究。

在工业资本主义向管理资本主义的转变中，资本的流动性提高了。固定资本的较少投资使得规模相对大的商业可以在没有巨大资本损失的前提下进入和退出市场。这使得资本能够充分利用当地剩余劳动力，又或者从工会组织更加有力、劳动力成本更加昂贵的劳动力市场上转移。劳动相对资本的流动性缺乏意味着劳动力失去了讨价还价的能力。随着当地市场在本质上变成全球的，资本就利用工资的差异性进行流动，而较高的资本流动性意味着劳动力市场更大的竞争。如果资本就此待在美国的话，劳动力将追随着工作机会、资本的流动和经济的重新构造将导致更高水平的劳动力流动。乔治（George，1992）分析了迁移决定，评价了美国结构变动下内部劳动力流动的作用，涉及劳动力如何调整去适应市场的内容，特别考察了当地失业状况在激励劳动力流动方面的作用以及人口异质性的存在是否对转移的偏好有所影响。该研究的主要结论是，在激励劳动力迁移决定方面，失业比空间工资差异起到更大的作用；人口中存在关于迁移的异质性，只要转移的成本不超过收益，个人将倾向选择最能匹配他们的特征的省份转移。

（4）纳入信息不对称因素的研究。

有些学者将信息不对称的内容引入了两部门模型，这一改变影响了部门之间的劳动力流动的平衡。班纳吉和纽曼（Banerjec and Newman，1998）[1] 认为，现代部门尽管生产率高，但是信息不对

---

① Banerjee, A., Newman, A. "Information, the Dual Economy, and Development". Review of Economic Studies 65, 1998, pp. 631 – 653.

称程度是巨大的，传统部门尽管生产率低，但是信息不对称程度小。因此，现代部门的代理成本使得消费信贷变得困难，而传统部门却相对容易。结果是，信贷易得性和生产率存在此消彼长的关系，从而并不是任何人都愿意迁移到现代部门。他们的研究表明，第一，最穷的人、最没有生产能力的人和最富的人最有可能离开传统部门转移到现代部门，因为最富的人不需要贷款就可以自我维持消费，而最穷的人和最没有生产能力的人则没有什么可以失去的；第二，利率在很低或者很高时，将有更多的人从传统部门转移到现代部门；第三，人们从传统部门转移出的平衡率应当比社会最优平衡率低。

3. 利用新方法的多角度研究。

（1）劳动供给与劳动需求的双向选择模式。

有关劳动力流动理论的研究一般都是从劳动供给方面去考察的，从而通常将需求方的情况看做是外生的和确定的。约翰等人（John，2003）从劳动力供给者和劳动力需求者两个方面分析了劳动力流动问题，建立了劳动力供给和劳动力需求的双向选择模式，并且实证分析了影响就业迁移的因素和效应。

在决定工作机会的需求和供给从而形成就业机会分配的过程中有两条原则。劳动需求方关注交易成本、兴趣等，雇主从劳动力中选择希望转移的人。他们的招聘原则涉及自己认为有价值的生产性特征或者个人特征。这可能包括诸如教育、培训和就业经验等人力资本变量，诸如性别、种族等歧视变量。具有资本和相关技能的工人可能更容易加入非农业就业大军中。而对工人来讲，如果潜在的工资超过他们的供给价格，他们就会提供劳动；雇主将雇佣那些与工资相联系的最具有生产价值特征的工人。

关于工人和企业偏好的讨论产生了活动选择的可检测模型。用 P_i 代表工人对活动 i 给予的不可观测的价值评价，V_i 代表雇主对活动 i 给予的不可观测的价值评价。那么，我们可以给出两个指示函数：

$$P_i = a'X + u \qquad (2-29)$$

$$V_i = b'Z + v \qquad (2-30)$$

其中，X 是影响工人选择的个体特征向量，Z 是工人特征向量，u 和 v 是误差项。X 可能包含代表生产率和偏好的特征，这些生产性特征可能在不同部门得到不同的补偿。同样，如果雇主有歧视倾向，Z 可能包含了个人本身的特征或者个人的生产性特征。在扣除相关机会成本后，令 P_i^* 和 V_i^* 表示净值 P_i 和 V_i 的效用。就工人而言，机会成本对应的是"保留工资"，由主观评价来解释；就雇主而言，它们代表的是雇佣工人的成本。

如果 P_i^* 是正的，那么工人将选择进行活动 i，如果 V_i^* 是正的，雇主会选择活动 i。令 E_i 为表示经济活动部门的虚拟变量，那么决定的原则是：

$$E_i = 1 \quad \text{if} \quad P_i^* > 0 ; \ V_i^* > 0$$

$$E_i = 0 \quad \text{if} \quad P_i^* < 0 ; \ V_i^* < 0 \qquad (2-31)$$

四种结果只有一种是可知的，只具有部分的可观测性。

如果 u 和 v 具有标准特性，工人选择活动 i 的概率是 $F(a'X)$，而被选择的条件概率是 $F(b'Z)$，其中，$F(\cdot)$ 是标准正态概率分布函数。假定工人的选择和雇主的条件选择都是独立的，那么，观察到工人选择进行活动 i 的概率就是 $F(a'X)F(b'Z)$（希伍德和莫汉迪，1994）。在缺乏分配的情况下，只有 $F(a'X)$ 是相关的：除了常数项之外，其他 $b'Z$ 的参数都为零。识别这一分离方程是有争议的，因为两个决策都受到绝大部分相同变量集的影响。

这一选择在多大程度上是理性的呢？还有没有其他非农业活动决定因素可以单独地由劳动力供给决策或者劳动力需求决策解释呢？劳动供给选择意味着工人可以自由地选择，劳动需求选择意味着企业可以在工人中进行选择。

利用多项式 Logit 方法，文章对双方的影响因素进行了分析。结果表明，较差的健康状况不利于劳动力流动，但却提高了劳动力在当地非农业就业的机会。女性的非农就业机会也较低，转移的机会尤其低，而单身因素却提高了两方面的就业概率。肩负家庭责任减少了转移概率。最重要的个人变量是年龄和教育。对劳动力流动来说，年龄是一个非常大的阻碍因素，根据统计，20岁的人的流动概率比40岁的人高3.5倍。教育激发了劳动力流动和就业于乡镇工业。具有中高级教育水平的工人进行流动或者在乡镇企业获得工作的机会比那些未受过教育的工人高3倍。先前游历过大中城市的人往往伴随着迁移，而不是在乡镇企业工作。同样，拥有好的城市契约也加速了流动。

另外，劳动力所在地也对非农业就业机会产生影响。村中乡镇企业工人的比例提高了劳动力在乡镇企业就业的机会，反映了更大的地域优势。相比之下，在当地没有工业的乡村，工人为了获得非农业就业机会不得不迁移，迁移网络的存在减少了迁移的交易成本。最后，省份虚拟变量对转移概率有很大的影响。在经济繁荣的广东，乡城迁移的概率是最高的，而在人口众多的四川，转移人口是最多的。

（2）工作搜寻框架分析。

赛西勒（Ce'cile，2004）等人将空间纬度纳入工作搜寻框架，把迁移看做是工作搜寻过程的一部分，分析了劳动力流动对工资的影响。当劳动力在当地劳动力市场上寻找工作时，他既面临着不同的工作分配也面临着不同的搜寻成本。而在外部市场找工作时，转移成本就成为一个因素。他们将收入决定引入工资方程，先是采用两项决定，后是采用多项决定（即停留、转移出省到巴黎、省际之间的转移）。研究发现，在低层次教育水平上，没有选择影响，而较高层次上具有积极的选择影响。当考察较高教育水平的人向不同地点迁移时，研究发现了一个等级型的影响，也就是说，选择影响对迁移到巴黎的人来说要比对转移到其他省份的人大。

另一方面，赛西勒等人集中讨论了进入劳动力大军的年轻人进行迁移对工资的影响。在工作机会分配、搜寻成本和转移成本这三个纬度下，模型试图预测谁会迁移，谁会留在原地，补偿工资水平如何。在这种情况下，迁移和工资的关系将取决于个人面对的劳动力市场的种类。尤其是，选择的影响将取决于当事人是在工资分配类似、空间异质性小的劳动力市场搜寻工作还是在工资变化大、就业机会分配变化大的地方搜寻。

结论是，受过较高教育的工人要比受过较低教育的工人更多地进行迁移。前者有47%的人变换了部门，后者只有19%，两者之间的月工资差距约为4 000法郎。在具有较高教育水平的工人中，迁移者和非迁移者的工资差距要比较低教育水平的工人高，分别为10%和近2%。①

（3）非随机样本的自我选择模式。

撒哈拉沙漠以南的许多发展中国家面临的一个显著的人口统计现象是，劳动力的乡城流动在加速。尽管城市地区的生活成本和失业率相对较高，这一现象还是不可遏制地发生了。而且，事实也证明了试图减轻流动发生的政策干预是无效的。因此，劳动力流动过程中的一个关键的问题就是，在存在相对高的失业率和生活成本的前提下，为什么一些乡村的劳动力依然选择向城市流动？关于劳动力流动的研究为这一现象提供了两种对照鲜明的解释。其一，许多研究指出，非经济因素可能会影响迁移决策。有研究指出，乡村地区较高的人口密度导致一些乡村人口涌向城市地区。还有的研究认为，更好的生活条件的诱惑（例如社会基础设施、更好的住房条件等）吸引了乡村的流动者。另一种解释认为，经济刺激吸引了乡村劳动力向城市地区转移（例如城乡工资差距、更好的就业机会）。理查德（Richard，2001）扩大了后者的研究，他认为，在非洲的许多乡村地区，可能存在一种自我选择的机制，这一机制将迁移者和非迁移者分开，最有可能从迁移中受益的人选择迁移，而不

---

① 调查数据来自 CEREQ 主持的两个关于法国年轻人的调查。一个调查是关于低水平教育标准的，另一个是关于高教育水平的，分别有 4 624 和 8 360 个样本。

太可能从迁移中受益的人将不选择迁移。例如，具有更多人力资本技能的乡村劳动力很有可能迁移，因为乡村的非技术工作无法充分利用他们的技能，而城市地区的技术工作可以更好地运用他们的技能，这就造成了城乡工资更大的差异。因此，对具有较高技能的劳动力来说，城乡收入差别将是正的，从而他们迁移的可能性也是较高的。

尽管 Richard 不是第一个提出收入差别影响迁移的人，但是，他利用肯尼亚的数据通过使用联立方程的方法引入了以往研究忽略的新角度。原来的文献没有考虑劳动力非随机样本的可能。也就是说，在给定城市工资高于农村工资的前提下，如果现在的迁移者具有不可测量的特征，而这些特征导致了迁移者更有可能获得城市工作，那么这些劳动力就更可能迁移。

在这里，迁移被模型化为劳动力的一项谨慎的选择，其选择取决于一系列决定个人向城市地区迁移的变量。这一模型可以具体表示为：

$$\Pr ob(M_i g_i) = \varphi[a + bMale + dZ + \omega(\ln W_{i,u} - \ln W_{i,r}) + \varepsilon_i]$$

$$(2-32)$$

其中，φ 是正态概率密度分布函数。因变量 $\Pr ob(M_i g_i)$ 是虚拟变量，如果个人是到城市的迁移者，则取值为 0；如果是乡村地区的非迁移者，则取值为 1，i 表示个人。向量 Z 包括了近似代表决定个人由乡村向城市迁移的决定变量，具体包括：年龄、乡村土地拥有量、人力资本、子女数量、迁移距离和城市失业率、性别。$\ln W_{i,u} - \ln W_{i,r}$ 是城乡工资对数的差距，ω 表明迁移收入的差别是否会对迁移决定产生影响。正如我们所指出的，城市地区的工作需要劳动力具有较高的教育水平，因此，具有最大潜在优势的人会选择向工资更高的城市地区迁移。从而，如果 ω 是正的、显著的，就表明城乡之间的工资差距会对个人从乡村向城市地区迁移的概率产生积极的作用。

本模型还通过不同的估计收入方程来考察迁移者和非迁移者不

同的收入结构。公式表示如下：

$$\ln W_{i,u} = \delta + \beta_u X_u + \mu_u \qquad (2-33)$$

$$\ln W_{i,r} = \gamma + \beta_r X_r + \nu_r \qquad (2-34)$$

矩阵 X_u 和 X_r 分别是个人特征的一组向量；向量 β_u 和 β_r 分别为到城市地区的迁移者和在乡村地区的非迁移者的回归系数；μ_u 和 μ_r 是随机误差项。

为了纠正数据的非随机性，上述方程可以通过 Heckman 和 Lee 步骤改写为：

$$\ln W_{i,u} = \delta + \beta_u X_u + c_u \lambda_u + \mu_u \qquad (2-35)$$

$$\ln W_{i,r} = \gamma + \beta_r X_r + c_r \lambda_r + \nu_r \qquad (2-36)$$

其中，λ 为选择性变量，用来调整数据。

另外，利用 probit 分析方法，（2-32）式改写为：

$$\text{Pr} ob(M_i g_i) = \varphi[\, a + bMale + dZ + \omega(\ln \hat{W}_{i,u} - \ln \hat{W}_{i,r}) + \varepsilon_i\,]$$

$$(2-37)$$

现在，整个的经验模型包括方程（2-35）、（2-36）、（2-37）。

数据验证的结果表明，城市失业率对迁移的影响在统计上是不显著的，这一结果与哈里斯-托达罗模型是相似的，表明非洲地区的高失业率在阻止流动方面的作用是有限的。年龄和男性性别变量的系数都是正的和显著的，另一个有趣的结果是，城乡地区距离的系数并不显著。另外，土地拥有量的系数是负的和显著的，一个可能的解释是拥有土地为就业和生活提供了来源，这一结果也与现有的劳动力流动理论相一致。子女人数的系数也是负的和显著的，这说明较大的家庭可能阻碍了流动，可能是因为人数多导致了人口在乡村的集聚效应，增加了保留工资。最重要的发现是，收入差别的系数是正的，也是最显著的，这与个人根据特征变量进行分类的自我选择机制的观点也是相符的。除了经济因素以外，非经济因素也存在。因为非熟练劳动力也会迁移到城市地区。人力资本变量的系数是正的和高度显著的，已婚变量阻碍了流动。

有趣的发现是，在城市地区的迁移劳动力的收入方程中，选择变量 λ 的系数是正的、显著的，这表明，熟练劳动力具有正的迁移选择的概率。这也进一步证实了自我选择的观点，即乡村居民根据各自的特征变量进行迁移或不迁移的选择分类。相比之下，在乡村地区非迁移劳动力的收入方程中，λ 是不显著的，这表明具有较低技能的劳动力不太可能做出迁移的自我选择决定。

可以看出，与以前的研究不同，理查德建立了城乡收入差别和样本选择偏向以及非洲经济中日益增加的劳动力流动之间的关联。这就为劳动力流动的增加提供了一种可能的解释，即劳动力流动的增加是因为在农村经济不发展的同时，乡村劳动力技能的增加所导致的一种自然的结果。如前所述，乡村经济的相对不发展为就业提供的选择也寥寥无几。因此，乡村人口教育的提高意味着更高的潜在收入无法在农村经济中实现。同时，在乡村居民教育水平提高的情况下，如果乡村无法提供收入更高的就业机会，这就意味着扩大了乡村收入与城市潜在收入的差距，从而将会提高劳动力流动的可能性。所以，大量的熟练劳动力的迁移可能会对乡村经济的发展造成负面影响。

这一研究的重要含义是，对促进乡村地区的经济发展来说，乡村地区教育水平的提高也许是必要的，但却不是充分的。实际上，乡村人口教育水平的提高必须与就业机会的增加（例如通过发展通讯设施、基础设施、住房等来发展乡村经济）相一致。简单来看，促进农村经济的发展似乎是减缓农村人口流动的一个可行战略。然而，这种政策在过去已经失败了。与此相反，通过提供吸引高盈利企业到乡村地区投资的经济激励措施，可能要在一个较长的时间里才能缩小城乡收入差距，从而才可能减缓熟练劳动力从乡村地区向城市地区的流动。

从这些内容来看，该研究的政策含义与托达罗的政策观点是相似的，其主要目的不是加快劳动力的流动，而是减缓劳动力的流动。

（4）运用基尼系数的分析。

较早的将基尼系数运用到劳动力流动理论中的研究表明，向外迁移的年轻人要比年长者（高度集中）的迁移在空间上分散。大卫和戈登（David and Gordon，1997）也将基尼系数方法运用到劳动力流动理论中，并对一些劳动力流动问题的分析方法进行了评价。他们指出，迁移矩阵的特殊结构（元素与具体迁入地和迁出地的对应）为检验空间集中提供了一种方法，其中矩阵可以分解为行、列、配对（paired，ij 和 ji）等元素，并与总迁出、总迁入和净流动相对应。鉴于这种目的，他们认为基尼系数是能够衡量劳动力流动体系中不同流动之间比较的唯一指标，而这一方法应当加入到劳动力流动的分析中去，因为它对研究潜在的劳动力流动结构是非常有用的。同时，这一方法比其他方法例如方差（variance）和熵标准（entropy measure）方法（Plane and Rogerson，1994）要好，空间集中的概念也与人口影响或者效率的概念显著不同。这里对基尼指数的应用与以前的研究也不同。他们并不认为需要将流动矩阵的行或者列进行标准化，而仅仅是比较了同一行或者列的不同总体流动的规模。罗斯曼和麦克休（Roseman and McHugh）提出的交易流（transactionflow）分析方法有利于将流动规模的作用从距离对流动的影响分离出来。相比之下，他们的方法考虑了更一般意义的集中概念。流入和流出规模的影响以及规模和距离的较强的经验关系也体现在流动系统的相对流量中。此外，相对流动量还包括了许多研究（例如，Mulligan，1990；Amey 等人，1992）中提到的"空间结构影响"。他们提出的基尼指标的分析框架并不是要分离出促使劳动力流动出现空间集聚的影响，而是将其作为一种有用的统计描述方法，可以用来比较相同地区间系统的流动，也可以比较这一系统中的流入和流出情况。

最后，他们还提出了不同方法的适用原则。第一，如果研究所要考察的是劳动力流动导致的流入地和流出地的人口变化，那么可以使用人口统计效应方法（demographic effectiveness measure）。第二，如果分析的目的是考察劳动力流动的空间或者距离，那么就可以使用交易流方法（transaction flow analysis measure）。第三，如果研究的动机仅仅是比较劳动力流入和流出空间集中的程度，那么就应当使用他们提出的基尼指数方法。

4. 不确定条件下的劳动力流动研究。

（1）收入不确定条件下的迁移决策。

西迭斯（Xidesas，2003）的研究明显地不同于以往研究，他明确地将风险作为一个潜在的迁移者面临的具体因素引入。但是，我们仍然认为这一方法是对 H－T 模式的延伸，因为他将 H－T 模式中的农村——城市的迁移行为扩展到从一个地方向另一个地方的迁移行为，并且区别出两地间不同的就业机会。首先，与 H－T 模型相同，劳动力流动是收入差别的函数，即：

$$m_{ij}(t) = F\Big[\frac{V_{j(t)} - V_{i(t)}}{V_{i(t)}}\Big], \quad F' > 0$$

由于实际收入差别随着时间保持稳定，所以经验估计模型可以简化为一个时期的模型：

$$m_{ij} = F[Y(t)], \quad F' > 0$$

$$Y(t) = \Big[\frac{E_j}{L_j}Y_j(t) - \frac{E_i}{L_i}Y_i(t)\Big]\Big/\frac{E_i}{L_i}Y_i(t)$$

由于就业率 $U = 1 - E/L$，方程变为：

$$m_{ij}(t) = H[Y(t), U(t)], \quad H'_y > 0, \quad H'_u > 0，其中，U(t) = \frac{U_j(t) - U_i(t)}{U_i(t)} < 0$$

如果将推力因素从拉力因素中分离出来，模型的公式变为：

$$m_{ij}(t) = f[Y_i(t), Y_j(t), U_i(t), U_j(t), m_{ij}(t-1)]$$

然后，迁移被看做是投资决策，风险被作为一个具体因素引入潜在迁移者面对的目标函数。假定个人一个时期的效用函数方程为：

$$U = a - ce^{-b\delta}$$

其中，b，$c > 0$，$a < 0$，δ 是迁移的净收益，净收益是随机变量，因为迁移的收益和成本具有不确定性。

假定收益的概率分布是正态分布，即 $\delta \sim N(\mu_\delta, \sigma_\delta^2)$；假定迁移者最大化预期效用，则上述效用函数转化为：

$$E(U) = a - c\left[exp\left(-\frac{b}{2}\mu_\delta + \left(\frac{b}{2}\right)^2 \sigma_\delta^2 \right) \right]$$

$$\max E(U) \doteq \max\left(\mu_\delta - \frac{b}{2}\sigma_\delta^2 \right)$$

其中，参数 $b(R)$ 可以被解释为风险厌恶系数，如果 $b > 0$，说明是风险厌恶的，等于零是中性的。

同时，每个行为人面临着两个劳动力市场（A 和 A 以外的地区），在每个时期，总人数（T）的一部分（$L_{1t} = \lambda_1 T_t$）将流动到另外的地区，剩下的人口为 $L_{2t} = \lambda_2 T_t$，很明显，$L_{1t} + L_{2t} = T$。

由于每个单位都在最大化自己的效用，因此，模型的目标是最大化总效用函数 $V(Y)_t$：

$$Y_t = Y_{1t} + Y_{2t} = L_1 w_{1t} + L_2 w_{2t}$$

同时，w_1 和 w_2 是服从正态分布的随机变量，那么，效用最大化就等价于最大化预期效用：

$$E[V(Y)]_t = G$$

$$E(Y) = \overline{w_1}L_1 + \overline{w_2}L_2$$

$$var(Y) = \sigma_{w_1}^2 L_1^2 + \sigma_{w_2}^2 L_2^2 + 2L_1 L_2 Cov(w_1, w_2)$$

那么，一阶条件就是：

$$\frac{\partial G}{\partial L_1} = \overline{w_1} - R\sigma_{w_1}^2 L_1 - RL_2 cov(w_1, w_2) = 0$$

$$\frac{\partial G}{\partial L_2} = \overline{w_2} - R\sigma_{w_2}^2 L_2 - RL_1 cov(w_1, w_2) = 0$$

求得：

$$L_{1t} = \frac{\overline{w_{2t}}\,Cov(w_1,\ w_2)}{R\,[\,Cov(w_1,\ w_2)\,]^2 - \sigma_{w_1}^2 \sigma_{w_2}^2} - \frac{\overline{w_{1t}}\,\sigma_{w_2}^2}{R\,[\,Cov(w_1,\ w_2)\,]^2 - \sigma_{w_1}^2 \sigma_{w_2}^2}$$

上述方程决定了 t 时期迁移者的数量，这样就得到了由两个劳动力市场的平均工资决定的迁移模型。为了完善这个模型，研究者另外引入了失业变量（可能包括推拉因素），因为它们影响迁移决定，如果它在短时期内是稳定的，迁移就可以表示为：

$$m_{ijt} = f(\overline{w_i},\ \overline{w_j},\ U_i,\ U_j)$$

该模型考虑了不同地区收入的不确定性，引入了相对风险偏好。如果 $R = 0$，效用最大化就简化成 $\max G = E(Y)$。它也可以扩展到多个潜在地区的迁移（$j > 2$）。

（2）周期性风险条件下的劳动力迁移选择。

许多关于流动对真实工资差距反应的经验研究中令人迷惑的一个特点是，劳动力流动的工资差距弹性非常低。例如，从美国历史上农村转移的数据来看，劳动力转移的工资差距弹性确实是很低的。为了解释传统的新古典劳动力流动理论无法解释的这一现象，本杰明和塔兰（Benjamin and Talan，2005）将工人面对的周期性不确定性和转移的固定成本两种因素纳入了一般均衡的框架，以检验劳动力从农村迁移到城市的决定。这一模型暗示到，尽管劳动力转移的工资差距弹性是很低的，但却显著地与宏观劳动力流动的经验回归估计一致。由于他们研究的时期与美国经济的迅速转型期相吻合，因此，文献中论及的低劳动力流动的工资差距弹性就可以通过局部劳动力流动性和风险的相互作用来进行解释。

本杰明和塔兰指出，固定成本和周期性风险的结合在部门工资之间插了一个楔形，劳动力流动将只在工资差距超过一定门槛的时候才可能发生。这表明，理性的转移行为与所估计的低工资差距弹性是完全一致的。首先，基本的劳动力流动方程为：

$$M(t) = a_0 + a_1 \ln W(t) + a_2 \ln L(t) + a_3 \ln P(t) + a_4 u(t) + \varepsilon(t)$$

$$(2-38)$$

式中，M 是农村劳动力的净转出率，用就业中的非农业份额

（L_N）除以就业中的农业份额（L_F）来表示，部门的相对工资为 $W = W_N/W_F$，相对就业份额为 $L = L_N/L_F$，部门的相对产出价格为 $P = P_N/P_F$，城市失业率为 u。

这一方程包含了文献中通常用来评价部门工资差距对劳动力转移影响的三个著名的方程。

首先，当 $a_1 > 0$，$a_2 < 0$，$a_3 = a_4 = 0$ 时，大致对应于芒得莱克（Mundlak，2000）估计时采用的劳动力转移的经验方程。

其次，当 $a_2 = a_3 = 0$ 时，大致对应于托达罗方程。

最后，当 $a_1 + a_3 = a_2$ 时，大致对应于哈顿和威廉姆森（Hatton and Wiliamson，1992）对农业劳动力转移的估计方程。

研究者提到，按照传统观点来看，表明工人对激励做出反应的 $a_1 > 0$ 的估计应当非常显著。但是，经验研究对劳动力转移的工资差距弹性的估计趋向于很小或者在统计上不显著，这就对转移劳动力的理性假设提出了质疑。而该研究的估计表明，农业劳动力转移率和城乡工资差距（LnW）之间的相关性在统计上是显著的，点估计的数值范围约在 0.12 到 0.04 之间。因此，工资差距对劳动力流动的影响非常大。

考虑到工资差距的内生决定和不完全劳动力流动，本杰明和塔兰将转移的固定成本加入到迁移决策中，并延伸迪希特和罗伯（Dixit and Rob，1994）的两部门模型。他们认为，固定成本将导致劳动力流动的迟缓性，从而处在一种"无行动区"（zone of inaction）。这些重置的固定成本代表迁移过程中的物质、个人和社会的障碍。同时，模型假定，工人遵循根据可观测工资差距进行决定的简单法则，以表明工资差距和部门劳动力份额在总体水平上对转移的影响。尽管这是程式化的，但是，模型也具有一些特殊的性质。首先，它是一个明确的具有周期性不确定性的一般均衡框架。一般均衡的视角使劳动力流动和部门工资差距依据经济原理做出反应。第二，这一模型是易处理的，而且可以分析内生工资差距。第三，它可以参数化，用来与美国的历史记录做比较。

假设劳动力在农业或者非农业部门无弹性地供给劳动以获取工资收入，他们可以随时转换部门，但是劳动力转移时存在固定成本和沉没成本，用 c 来表示。

工人偏好消费组合为 C，每个工人的最大化效用方程为：

$$E\left[\int_0^\infty e^{-\rho t}\ln C(t)\,dt - \sum_j e^{-\rho t_j}c\right] \qquad (2-39)$$

$$St.\ C(t) = \left[\eta^{\frac{1}{v}}C_N^{\frac{v-1}{v}}(t) + (1-\eta)^{\frac{1}{v}}C_F^{\frac{v-1}{v}}(t)\right]^{\frac{v-1}{v}}$$

$$I(t) \geq C_N(t)P_N(t) + C_F(t)P_F(t)$$

其中，C_i 和 P_i 分别代表第 i 个部门的消费和产品的单位价格，$i = F, N$。I 是名义收入，或者为 W_F，或者为 W_N，取决于在哪个部门就业。E 是条件预期算子，$\eta \in (0, 1)$ 衡量非农业物品的消费权重；$v > 0$ 是非农业部门产品和农业部门产品的替代弹性；$0 < \rho < 1$ 是主观折现率。我们注意到，由于存在着固定成本和沉没成本，工人在时期 t_j 进行迁移，$j = 1, 2\cdots$。

在两个部门中，劳动是唯一的生产因素，规模报酬不变，即有：

$$Y_N = z_N L_N,\quad Y_F = z_F L_F \qquad (2-40)$$

z_i 是部门 i 的劳动生产率。同时，令 $z = z_N/z_F$，并假定是外生的。z 的随机变化是模型中不确定性的最终来源，用几何中的布朗运动（Brownian motion）来近似表示：

$$\frac{dz}{z} = \mu dt + \sigma d\omega \qquad (2-41)$$

其中，μ 描述扩散过程的趋势，σ 是标准差，$d\omega$ 是标准维纳增量（Weiner increment）。

经济中的均衡被（非正式地）定义为当消费、农业部门和非农业部门货物的价格和部门获得的劳动力在一个独一无二的水平时的状态，包括：

（i）每个工人在充分知道生产率过程（方程2-41）的情况下最大化自己的效用（方程2-39）；

（ii）劳动力市场出清（$L_N + L_F = 1$）；

（iii）产品市场出清。

迪希特和罗伯（1994）分析了这一模型的另一种情形（$v = 1$，$\theta \neq 1$），他们的处理方法包括：（1）评价等待选择的价值（U_o）；（2）计算当工人在一个部门而不是在另一部门被雇佣时的消费差别的现值（U_Δ）；（3）比较这些数值与 c 的关系来计算变换部门的门槛，这一门槛形成了非活动区的边界。

当然，U_o 和 U_Δ 都是由 z 和 L_N（或者 L_F）决定的。

当出现以下条件时，工人从 F 更换到 N：$U_\Delta(z, L_N) + U_o(z, L_N) > c$

当出现以下条件时，工人从 N 更换到 F：$U_\Delta(z, L_N) + U_o(z, L_N) < -c$

相对生产率的数值是变换部门的门槛，Z_N 是离开农业进行迁移的相对生产率数值，Z_F 是留在农业部门的相对生产率数值。在这一生产率下，上述表达式满足相等的情况。

尽管这一门槛总体来说是这一模型变量和部门就业份额的函数，但是它们具有一个显著的特征，就是，在变换部门的门槛上，无论劳动力在部门的分配如何，工资差距的对数都是不变的。这就使得我们可以在最大持续工资差距（例如 $v < 1$）条件下表示出引发迁移或者阻滞迁移的变换门槛：

如果 $Ln(W_N / W_F) = \left(\dfrac{v-1}{v}\right)s > 0$，那么就从 F 变换到 N，

如果 $Ln(W_N / W_F) = \left(\dfrac{v-1}{v}\right)S < 0$，那么就从 N 变换到 F。

这些表达式简洁地总结了适用于迁移决策的直观原则：当（调整过的）两部门的工资差距 $v \cdot \ln(W_N / W_F)/v - 1$ 也就是 s 小于 0 个百分点时，劳动力就会从农业流出，非农业的就业份额就有所增加。相反，当这个差距 S 大于 0 个百分点时，就有劳动力流入农业，农业的就业份额就会增加。在（s，S）这一区间，尽管存在

着当前和预期的工资差距，工人是不会流动的。

正相关的转移工资差距弹性说明内生相对工资的下降不能完全补偿导致转移的最初相对工资的上升，该分析的一个关键特征是，经过转移的一个时期，工资差距刚好进入了门槛期。转移的程度取决于平均工资差距与转移出农业门槛的距离，即决定于结构变量。较高的（绝对的）μ 变量将使得平均工资差距更接近于劳动力转移出农业的门槛。给定 σ 的情况下，如果平均工资更接近于门槛的话，就能同时观察到工资差距扩大的可能性，转移将会增加。μ 的绝对值增加（农业部门的生产率增长率超过非农业部门的生产率增加），模拟的弹性系数在绝对值上增加。

从一般均衡角度说，如果部门间的工资差距是内生的话，模型是理性分析的出发点，从工人对当前和未来预期工资差距的反应来看，他们是理性的。当然还有其他潜在的影响迁移的重要因素，例如，工人和公司的异质性与匹配性、内在下降的工资差距、不同适宜设备的提供等。然而，即使在包括这些因素的模型中，该模型设定的机制还将继续成为劳动力转移的工资差距弹性的基本决定力量。

2.2.2 新劳动力流动经济学（New Economics of Labor Migration，NELM）

该劳动力流动经济学的基本观点主要是由斯达克（Stark，1991）在20世纪80年代末90年代初提出的。与新古典劳动力流动经济学不同，这一理论不是以个人分析为基础的，劳动力流动或者迁移行为被看做是更大范围——家户范围内的问题。家户是由不同偏好、不同获取收入能力的个人组成，并且受到社会环境的影响。

几乎所有对欠发达国家劳动力流动的研究（尤其是新古典劳动力流动经济理论）都将劳动力流动归因于相关迁移单位的绝对

收入水平。相比之下，Stark 提出，从乡村到城市的劳动力流动可能是为了改善个人或者家户相对于参照组其他个人或者家户的相对经济地位。而斯达克和泰勒（Stark and Taylor）的经验研究发现，家户初始的相对经济地位对影响他们从墨西哥向美国的流动起到了显著的作用。基于上述研究，斯达克提出了比较系统的相对经济地位下降（relative deprivation）假说，奠定了新劳动力流动经济学的基础。

斯达克通过分析绝对收入和相对经济地位对欠发达国家的国内和国际劳动力流动的激励效应扩展了早期的研究，他还将劳动力市场的连续性和非连续性也考虑进去。其分析的原则有三个：首先，对一国的国内和国际劳动力流动来说，相对经济地位的作用应当有所不同。第二，本国和东道国劳动力市场上人力资本收益的非连续性可能会影响具有不同人力资本禀赋家户的能力。第三，劳动力流动的相对经济地位下降假说对发展中国家的政策有重要的启示意义。相对经济地位下降假说的基本内容如下：

假定收入分配是连续的，每个收入单位的收入范围为 $[x, x + \Delta x]$，其中 $\Delta x \rightarrow 0$。令 $F(x)$ 为一个村庄收入的积累分布，那么，$1 - F(x)$ 就是收入高于 x 的家户的比例。因此，$1 - F(x)$ 代表具有足够收入（收入范围用 $[x, x + \Delta x]$ 表示）获得商品的家户的比例。根据这一假设，剥夺函数是收入高于 x 的家户比例的增函数。令 $g[1 - F(x)]$ 为没有 $[x, x + \Delta x]$ 收入时的剥夺函数，其中 $g(0) = 0$，$g' > 0$。收入为 x 的家户被剥夺了所有超过收入 x 的部分。因此，我们可以将家户 i（收入为 y_i）的相对经济地位下降表示为：

$$RD^i = \int_{y^i}^{y^h} g[1 - F(x)]dx$$

其中，y^h 表示乡村的最高收入。为了分析的方便，我们假定 $g[1 - F(x)] = 1 - F(x)$，出于运算的目的，该式右边可以分解为收入高于 y^i 的家户的平均多余收入的产品以及乡村内比收入为 y^i 的家户更富裕的家户的比例。如果所有级次不变的话，比家户 i 富裕的家户的收入增加，就会提高家户 i 的相对经济地位（或者剥夺程度），而家户 i 获得的任何一个等级（导致收入高于 i 的家户的比例的下降）都会减少家户 i 的相对剥夺程度。

在相对剥夺假定或者相对经济地位下降假说的前提下，如果 $U(RD_1^i) > U(RD_0^i)$，那么就会发生劳动力流动。RD_1 是劳动力流动后的相对经济地位，RD_0 是没有发生劳动力流动的相对经济地位。因此，位于收入分配上层之下的个人或者家户可能会决定进行迁移，因为他们将通过保证收入高于他们的初始收入而提高他们在乡村中的地位。

到目前为止，该理论依然假定相对经济地位下降函数是稳定的，也就是说，包括迁移者在内的家户继续将自己的村庄作为相关参照组。在一个劳动力流动的相对剥夺模型中，存在着一定的风险，即通过用一个新的东道国的参照组对原来的参照组进行替代，家户可能无法降低他们的相对剥夺感，即使他们的相对收入比过去在村庄的收入要高。家户的福利是所有成员福利的增函数，而不论他们身居何处。如果东道国成为新的参照组时，劳动力流动可能增加了家户的相对剥夺感。

国家之间劳动力市场的非连续性可能缓和了相对剥夺在迁移决定中的作用。其中最显著的区别就是人力资本的收益。国内的教育、技能和工作经历都可以提高内部劳动力流动的收益。但是，这些人力资本在国际转移中的结果却是不确定的。当国际流动采取非法的形式时，人力资本的收益是微乎其微的。

相对经济地位下降假说意味着，当我们控制家户初始绝对收入和人力资本时，家户初始的相对剥夺程度对迁移者向某些地点迁移的倾向有正面的影响，在这些目的地，迁移的收益足以显著地改变乡村的相对收入地位，同时，参照组的替代风险也很小。

在新古典劳动力流动理论中，各类市场被假定是完全的，家户是风险中性的并能够接近有效的保险市场，人们之间的相对经济地位并不影响效用,也不考虑家户变量对迁移的影响等等。因此,该理论将影响劳动力流动的主要因素集中到城乡预期收入差距和失业率上。然而,新劳动力流动经济学放松了上述假定,认为人们集体行动的目的不仅仅是收入最大化,还包括风险最小化。同时,考虑到社会经济环境对给定迁移者的影响不同,收入对效用的影响也可能不同,这就激发了相对经济地位假说的提出。这比新古典劳动力流动理论更加复杂,更具一般性,从某种角度上说,新古典劳动力流动理论可以看做是新劳动力流动经济学的特例。

泰勒和马丁(Taylor and Martin, 2001)明确指出了新劳动力流动模型与新古典劳动力流动模型的几个显著的不同:第一,劳动力的流动使得家户克服了生产的信贷或者风险约束,可能增加农业经济的生产而不是减少或者不变。第二,城乡之间的收入差别并不是劳动力流动的一个必要条件。第三,流动的劳动力并不必然是人力资本理论预言的那些人。个人流动对其他家庭成员的影响也是至关重要的。此外,当人们具有迁移动机时,资本市场和保险市场的非完全性也可能限制流动。第四,当考虑风险或者相对收入时,等量的预期收入并不意味着相同的迁移动机。从迁移政策的角度来看,NELM 将政策注意力从干预农村和城市的劳动力市场转向了干预其他的市场(例如,农村的资本市场和风险市场)。

按照新劳动力流动经济学的相对经济地位下降假说的观点,相对收入是一个人根据内在化的期望生活标准对收入做出的评价,或者说是一种社会决定的生存水平。如果个人在一定的环境中感受到相对经济地位下降,那么他就具备了迁移的动机。从一些研究来看,相对经济地位下降假说似乎比新古典劳动力流动理论更具有解释力。例如,樊平(2004)认为,绝对收入差距假说不能完全解释当前中国农村社会的迁移现象,例如,2000 年占全国 32% 农村人口的 6 个省份构成了全部迁出人口的 59%,而这些省份无一被列入最贫困的省份。因此,从微观角度来看,绝对收入差距假说也不能完全解释迁移现象。赵耀辉(1999)的调查发现,农村中人力资本禀赋最高者优先选择农村的非农产业，其 2000 年的调查也显示，最具迁移动机的家庭不是最贫困的农户。樊平指出，假定影响迁移的其他因素都一致的话，有两种因素决定了迁移动机即绝对收入和相对经济地位；如果迁移后的绝对收入上升，则迁移的动机会增加，而相对经济地位更低者，迁移的动机更强；如果上述两个条件都满足，迁移的动力会很强。而如果只满足其一，则需要依赖于经验判断来决定哪一种力量会更强。蔡昉和都阳（2000）的研究也表明，不仅城乡收入差距会造成劳动力迁移，农村内部的收入差距也会导致劳动力流动。在这样的双向选择条件下，素质高的劳动力向城市、向农村非农产业集中的过程，也就是农村从事农业生产的优势劳动力日益缺乏的过程。

2.2.3　社会网络理论（Social Network Theory）

在现有的文献中，劳动力流动网络（Migration Network）是指将迁移者与非迁移者联系在一个具有互惠责任与义务的网络中的人与人之间的循环联结系统，该网络系统可以促使劳动力进入到目的地，有利于劳动力进行调整和选择就业（Portes，1995 等）。

社会网络理论（Massey，1990 等）将促进劳动力流动的因素集中到微观层面的因素，即潜在迁移者与相关亲朋好友（已迁移者、城市亲戚等）之间的联系。这种亲朋好友之间的社会网络降低了新迁移者的风险和成本，从而导致了劳动力流动的初始地和目的地之间网络的扩张，造成了更多劳动力的迁移行为。解释社会网络运行的概念模型有许多，比较有代表性的有社会资本理论、风险多样化模型等等。其中，社会资本模型假定行为人迁移流动是为了最大化人力资本投资的收益，为了实现这一目的，行为人会借用植入人际网络的社会资本。根据波提斯（Portes）的理论，所谓社会资本，就是个人通过利用在网络或者更宽广的社会结构中的成员资格支配稀缺资源的能力。这些资源可能包括价格折扣、无息贷款等有形经济资源，也可能包括关于商业条件、就业技巧等无形信息资源。但是，这些资源本身并不是社会资本，个人根据需要动用资源的能力才是社会资本。从市场的观点来看，这些资源的关键特征是，他们对接受者是免费的。通过利用社会资本，个人流动的成本和风险降低了，因此，劳动力流动的概率提高了。风险多样化模型假定家户为决策单位，这一分析原则与新劳动力流动经济学的方法相同。该模型认为，劳动力迁移的目的不仅是将预期家户收入最大化，也希望将风险最小化。另外，家户利用他们的网络来多样化家户的收入，通过将家户的一员送往其他的金融市场，家户可以有效地分散它的金融风险。早期迁移出去的人可以看作是一个联结，如果条件发生改变，家户可以将其他成员继续送往相同的地点以充分利用前期迁移者搭建的网络（Massey and Palloni，1992）。总的来说，社会网络理论将注意力放在个人或者家户层面的迁移行为过程以及社会网络的规模、构成和特征等方面。马西（Massey，1990）详细分析了个人、家庭决策、社区结构和国民政治经济之间的相互关联，其研究表明，层间和跨期的依赖性是内生于劳动力流动过程的，并且给予劳动力流动内在的动力。网络框架发展和个体迁移劳动力、迁移汇款和当地收入分配动态的相互作用产生了强大的反馈机制，产生了促进劳动力流动的累积作用（cumulative causation）。在较大的政治经济体中，宏观层面的联系塑造并加强了这些机制。

正如费舍等人（Fischer，1997）所说，早期经典的经济模型几乎不能解释劳动力流动的具体内容和动力机制，而仅仅是将对劳动力流动的解释基于工资差别，并假定同质的经济人在完全确定、无成本、完全信息的条件下做出决策。同样，这些模型也无法解释为什么世界范围内大约 98% 的人依然没有迁移。而社会网络理论试图通过"链式流动"以及劳动力流动中网络的嵌入（马西等人，1993）来解释迁移决策的动态机制。卡林顿（Carrington，1996）和戈登（Gordon，2000）在社会网络理论的基础上进行了修正和进一步的分析。

早期的社会网络理论通常将劳动力流动网络中的迁移成本固定化，或者说假定劳动力流动的成本是外生的。随着研究的不断深入，劳动力流动网络理论开始假定劳动力流动的成本将随着在迁移目的地定居下来的迁移者数目的增加而下降。因此，卡林顿等人（1996）建立了一个将劳动力流动成本内生化的动态劳动力流动模型。他们认为，劳动力流动的成本随着时间的推移呈现递减趋势，而这一观点是有证据支撑的。第一，迁移者通常将工作或者住房市场的信息告知初始地的亲戚朋友。信息网络的存在以及信息传播的通畅可以不断地减少后来者的信息搜寻成本。第二，较早的迁移者通常为后来的迁移者提供搜寻工作的帮助。第三，较早的迁移者降低了后来的迁移者适应新环境、文化或者语言的成本。这些因素都表明，当较早的迁移者建立了流动网络时，后来的劳动力向该地区迁移的成本会减少。因此，在内生劳动力流动成本的条件下，劳动力流动是逐步进行的。但是，一旦劳动力流动开始进行，它的发展就非常迅速，即使在初始地和目的地的工资差距减少的情况下，劳动力流动也可能增加。此外，劳动力流动还倾向于遵循地理渠道，具有较低迁移成本的个人将首先选择迁移，通过迁移网络的建立带动来源地的劳动力持续不断地依赖原有的地理路径向外流动。研究者指出，劳动力流动网络理论涉及的这些模式与历史上 1915～1960 年黑人大迁移的实际经验是一致的，而这一过程却是现有的劳动力流动理论不能解释的。例如，在新古典劳动力流动理论中，劳动力流动成本或者迁移成本是随意的或者稳定的，在 1915～1960 年黑人的大迁移中，尽管新古典模型可以解释劳动力最终还是向较富裕的地区迁移，但却无法解释劳动力迁移的时机和迁移的加速过程。

另外，这一动态模型对经济增长也有更深刻的含义。长期以来，经济学家认为，贫穷地区可以通过将劳动力输出到更富裕的地区来提高他们的经济地位，至少在确定条件下如此。这是因为，贫穷地区可以通过减少劳动力供给提高工资，也可以通过迁移者汇款获得更高的收入。这一观点已经促使更多的国家将输出劳动力作为一项经济发展策略。在他们的劳动力流动模型中，较早的迁移者对未迁移的劳动力具有外部性，但是，未迁移的个人可能并未将外部收益纳入个人的成本收益分析中。因此，卡林顿等人指出，一定的政府行为可以提高迁移的帕累托改进的可能性。特别是，如果政府支持迁移者从贫穷地区向富裕地区迁移的话，可能会增加该地区的总收入，例如，在 20 世纪黑人向北部迁移的过程中，他们获得了巨大的收益。

从实证研究来看，许多研究已经表明，与具有迁移经验的人相联系的个人比没有这种联系的人更可能选择迁移。当家户在目的区域有亲朋关系或者家庭成员在该地区具备一定的经验时，家户则更有可能推动成员向外流动。例如，斯皮泰尔（Spittel，1998）检验了有无迁移网络对劳动力流动行为的影响，尤其是具体考察了父子之间的社会关系对解释迁移的作用，研究结果支持了网络理论的观点。然而，戈登（2000）的研究却表明，迁移网络没有显著地解释迁移行为的发生。下面详细介绍这一研究。

戈登（2000）在社会网络理论的框架下总结了劳动力流动或者迁移的一般模型理论，对迁移行为和迁移意图进行了比较严格的区分，并加入了新的影响因素，尤其是纳入了限制社会网络理论解释的因素——家庭迁移准则。在理论分析的基础上，他利用泰国的数据进行了实证研究，提出了新的观点。其迁移行为决策的一般模型见图 2-4。

从图 2-4 中可以看出，与一般的社会网络理论不同的是，戈登在他的研究中加入了劳动力迁移决策中性别、家庭准则、预期的作用，建立了一个综合性的迁移决定的行为模型。在模型中，他将主观预期、性别概念、家庭迁移准则、网络、人力资本、家庭资源、社区特征等因素作为迁移行为的决定因素。

戈登的实证研究考察了以上因素对迁移的影响，并注重进行了对迁移意图和迁移行为的区分，结果表明，第一，意图变量对整个样本来说，是更具永久性迁移行为的预测指标，但却不是短期迁移行为的决定变量，这与短期迁移决定更多是对短期危机做出的家庭生存策略的解释是一致的。第二，未来获得价值目标的预期以及对当前社区较低的居住满意度是男性和女性决定迁移的重要决定因素。第三，性别变量也是重要的影响变量。第四，一般而言，先前的迁移经历是迁移意图和迁移行为的强预测变量。第五，当控制了预期或者价值、满意、性别等模型变量时，文献中提到的迁移意图的有用解释变量（人力资本、家户收入水平、土地所有权或者社会环境变量）在统计上是显著的。他指出，根据以上发现，普遍地认为迁移意图的决定因素和迁移行为的决定因素是相同的观点明显是错误的。

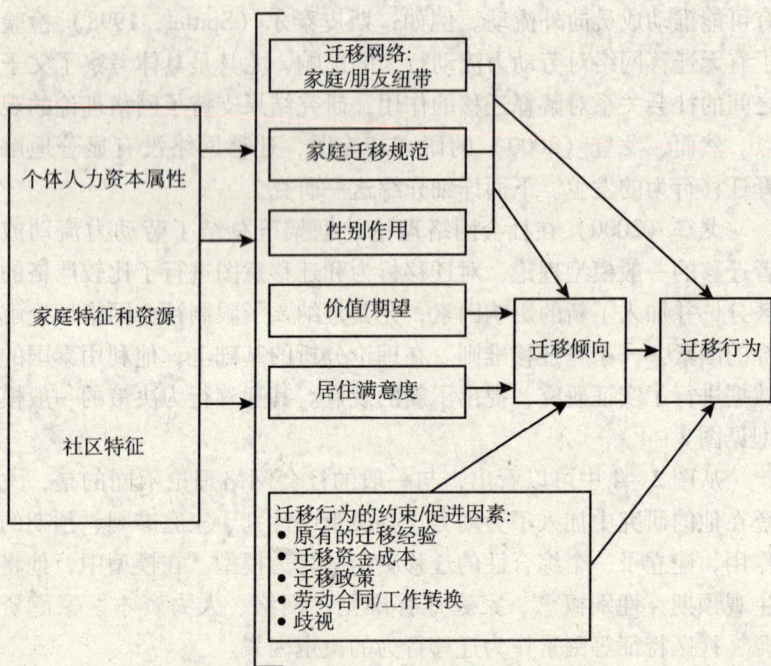

图 2-4 迁移行为决策的一般模型

另外，从性别变量看来，尽管男性和女性的迁移意图具有明显的不同，但是决定实际迁移行为的因素却基本上是相同的。而从暂时性和永久性的迁移行为决策来看，计划行为理论对意图预测行为的前提假设在统计上对解释永久性的迁移更有效。这可能是因为"意图——行为"模式适用于社会流动性迁移行为但是不适用于危机诱发性迁移，这与低收入家户更多的是选择暂时性迁移的研究结果是一致的。

最后，这一研究还对迁移决定研究的微观和中观层面的理论探讨（Faist，1997；Massey，1998）提供了一些证据，也特别指出了家庭准则的存在对社会网络理论解释劳动力流动行为的限制作用。从整个样本来看，当个人预期或价值、满意度、家庭迁移准则在模型中得到直接衡量时，亲戚朋友迁移网络的规模并不是显著决定暂时性和永久性迁移行为意图的决定因素。鉴于相当多的文献都支持迁移网络是迁移的原因（Massey，1998），研究者认为一个可能的解释就是，迁移网络提供了信息流动的方向和结构，但是，家庭迁移准则提供了"迁移——留守"的社会控制。因此，当它们在基于预期的模型中出现时，迁移网络不能解释迁移行为。这种情况可能发生在许多欠发达国家的农村地区，例如泰国，在这些地方，先前的个人迁移经历变得非常普遍。

从以上的分析中我们可以看到，社会网络理论有助于解释劳动流动的方向问题，也让我们很容易理解为什么劳动力会向某些地区流动，为什么会在某些地区产生集聚现象。同时，社会网络理论也有助于解释劳动流动过程中收入差距等因素无法解释的内容，还可以解释劳动力在不同时期的流动速度和迁移动力。然而，正如法伊斯特（Faist，1997）指出的，社会网络理论的这些研究的确更好地解释了迁移方向问题，但却不是劳动力流动的规模和数量问题，尤其是，我们不清楚诱发人们滞留、流动、回流的迁移网络和迁移集体中究竟发生了什么事情。

2.2.4 劳动力流动的制度理论（Institutional Theory）

劳动力流动的制度理论是基于宏观层次的，讨论了有助于劳动力流动的私人制度和非官方组织的作用，它们由迁移者所了解，并且当它们被制度化时，就构成了另一种形式的社会资本。与迁移者相关的非正式的和非法的劳动力流动循环和组织促成了劳动力的持久流动。制度理论指出了劳动力跨国流动一旦开始，私人的或者非官方制度就会发展起来支撑和维系迁移运动的事实。这些制度包括提供运输、劳动契约、住房、法律和其他服务的合法与非合法实体。实践证明，许多实体是很难由政府控制的。克里斯托费和弗雷德里克（Christophe and Frederic，2001）采用制度经济学的方法对劳动力流动进行了分析，突出了制度经济学（在迁移过程中的应用）的新视角。在这里，劳动力流动被看做是一种制度，包括它的建立、规则以及组织。从文献来看，以前的论述对这一范式并没有进行系统的应用。这一新方法有两方面的贡献，一是在理解当地劳动力流动的动力机制上更加严密，比传统的分析能更好地进行预测；二是由于具有很好的力量框架和重要的经验分析，研究可以推测出一定的前提，为发展中国家劳动力流动的研究提供一些新的视角。个人特征或者宏观约束一直以来成为发展中国家研究劳动力流动的方法。然而，这些层次的分析并没有让劳动力领会中介实体对迁移决策的作用。经济学和制度学的新发展为分析劳动力流动提供了新的方法，从而劳动力流动可以更好地被重新诠释。这一框架对详细观察人口流动的经济学家、社会学家或者人口学家来说更加现实。

他们认为，在劳动力决定迁移与否的时点上，关键的内容是劳动力希望最小化自己所面临的风险。更进一步讲，他们必须考虑社会中具体的以及与迁移过程相关的制度环境的传统、规则、规范和价值系统。特别地，正是制度背景的分析使得行为人理解、建立和使用流动网络。发展中国家具有不完全的市场，环境具有不确定性，信息成本高昂。行为人试图防范风险而不是最大化他们的收入，这是指导劳动力流动的中心准则。发展中国家的劳动力流动是一个复杂的交易过程。它不能仅仅被看做是受制于地理或者政治约束的空间或者部门间的劳动力配置。

在发展中国家，市场的缺乏和不完全使得交易和协调成本非常高，这妨碍了交易。因此，发展中国家是以交换的交易成本类型为特征的，而不是以生产的本质为特征的，这说明人们很难将劳动力的流动简化为劳动力在不同地区之间的机械交换。在一个充满不确定性的环境中，制度试图提供一种交易环境。

如果将劳动力流动看做是对风险的反应，也就是说作为风险多样化战略的组成部分，那么，流动本身也是一种风险活动。实际上，个人迁移是一项冒险行为，迁移者所在的社会控制着这些流动，有些时候甚至禁止它们。参与迁移的劳动力数量的增加和迁移交易的复杂特征很快地导致了迁移在发展中国家的农业社会的制度化。

在劳动力流动被制度化的过程中，劳动力流动并不取决于一种理想的行为模式，而是取决于劳动力流动的网络，一种非常有效的社会制度，一些文献（Skeldon，1990；Massey，1993）已经强调了它的关键作用。而这里使用的是更具体的方法，依据的也是制度方法的另一种原则。正如社会网络理论指出的，迁移网络或者渠道是维持劳动力流动的最有力的支持因素。而该研究将其看作是一种对向交流的基础设施，这一网络既包括人类组织，覆盖劳动力从迁出地向目的地流动的所有阶段，也包括一种由一系列有关网络功能的实际规则形成的制度内容。

如此看来，这些解释试图将劳动力流动的社会和经济方面联系起来，模糊了迁移制度的相对效率及其长期存活性。实际上，在一定的经济和历史背景下，如果这些制度令人满意，它们就是稳定的，我们就无法说它们在长期内会被取代。这是因为，网络自身是变化的，它对内部和外部因素的作用及时地做出反应。

他们的研究说明，新制度经济学解释了劳动力流动的网络，使我们更好地理解劳动力流动网络的形成和动力机制。尽管迁移系统建立的初始条件可能是偶然的，但降低交易成本、学徒期期限的作用，常规和准则的形成以及在长时期内的自治化，与当地其他制度的相互作用等都表明一个迁移网络的动力机制反映了内生的条件，而这又反过来约束个人、家庭和其他社会经济组织。通过提供行为准则，这些网络本身成为减少不确定性的有效力量。

劳动力流动制度的内生演化可以被描述为几个阶段。最初的阶段发生在没有网络的时候；接着，第一批成功迁移的倍增作用是非常大的，制度很快地在成功的迁移路径周围被建立起来。迁移的成本因此趋于下降，迁移加速。在接下来的阶段，迁移者的价值系统与移入地的价值系统越来越接近。这时，迁移制度的作用可能被稀释。长期内，劳动力流动的增长可能侵蚀了与初始地的劳动力的团结性和同质性以及保留原有价值系统的能力。这就是乡村组织为了不受到迁移者机会主义影响而必须以连续的方式确保迁移网络良好管理的原因。

那么，即使不受变化的经济、社会或者政治条件的影响，劳动力流动的过程也将由于它自身的发展和自我管制的作用而受到阻碍。同时，迁移的历史依然受制于外部的影响，无论它们是经济的、政治的还是社会的现象。在经济领域，劳动力流动制度的功能受到劳动力市场变化、价格修正（汇率、农业价格、城市工资）或者结构变化的影响。地区之间的经济不平衡的缓慢变化将抵消迁移成本下降的作用（卡林顿等，1996）。

2.2.5 劳动力跨国流动研究

1. 劳动力跨国流动系统理论（International Migration System Theory）

克里茨和兹洛特尼克（Kritz and Zlotnik, 1992）提出了劳动力跨国流动系统理论来检验当代劳动力跨国流动以及其他类型的人口流动。他们认为，劳动力跨国流动及其类型应当与其他诸如资本、货物、技术和信息的流动相联系。迁出国和迁入国之间劳动力的流动和相反流动有助于这一系统的形成。随着时间的流逝，这些系统根据迁移过程本身的动力机制和其他力量进行演化和发生变化。国际经济和政治秩序的转型正在进行，政府、公司、私人组织和其他机构的跨国活动的规模也在不断扩大，劳动力流动的社会网络也不断增强，这些都促进了劳动力流动的系统的形成和成长。

劳动力流动系统理论将注意力集中到宏观和微观层面的因素上，试图将先前的一些理论统一起来。该理论的关键问题是鉴别和检验初始地和目的地之间稳定的劳动力流动以解释引发和持续推动劳动力流动的原因。"劳动力跨国流动系统"包括一系列目的地国家的核心接收地和初始地国家的发送地，主要任务是识别、检验和描述劳动力流动过程。

2. "劳动力流动——社会资本——贸易"分析

众多文献的研究表明，劳动力的跨国流动在许多方面都具有正面的影响。例如，博扎斯（Bojas，1995）考察了劳动力流动的积极影响，包括对东道国市场大小和生产率的作用。劳动力流动还通过减少相继迁移的迁移成本而被认为是存在正面的作用（卡林顿等，1996）。然而，一些研究认为，劳动力在流动的过程中存在着许多负面的影响。扎克和纳克（Zak and Knack，2001）认为，高程度的劳动力流动性倾向于减弱社会联结，不太熟悉的个体之间的交易很可能导致更高的交易成本。格莱泽（Glaeser）也发现居住的稳定性与较大的市民参与是相一致的，而劳动力流动扰乱了人们的正常生活，减少了市民参与率（civic participation）。斯切夫（Schiff，2004）也指出，劳动力流动将产生负的外部效应，因为流动会对社会资本产生影响，为此，他对劳动力流动、贸易和社会资本之间的关系进行了分析。

斯切夫（2004）构建了一个一般均衡模型，考察了劳动力市场和产品市场结合度、社会资本和福利之间的关系。研究发现，劳动力市场的统一导致了过度的劳动力流动，劳动力也过度消耗了社会资本，对福利水平产生了不确定的影响。这一研究对劳动力市场比较发达的西方国家可能是非常重要的，然而，这一结果不得不令我们惊讶，因为完善劳动力市场，促进劳动力流动一直是我们追求的目标。

具体来说，如果劳动力市场综合的福利影响越有可能是正的，那么，劳动力从市场多样化中取得的收益就越大，生产的产品以及劳动力技能的差别就越大。只要贸易成本低于私人的迁移成本（包括社会资本的私人损失），贸易就有可能发生，并且要优于在国家或者地区间的劳动力流动或者迁移。否则，劳动力流动就会发生，而其是否优于贸易的发生是不确定的。

3. 动态劳动力跨国流动的综合理论解释。

马西（2003）将劳动力跨国流动看做是一个动态的过程，并将不同的劳动力流动理论运用到劳动力流动的不同阶段中，用以解释劳动力流动的动力和发展。

从任何一个输送国来看，在劳动力跨国流动的初始阶段，市场扩张、市场失灵、社会网络和累积原因的作用在解释劳动力流动方面占支配地位，但是，当劳动力向外迁移达到较高的水平时，劳动力跨国流动的成本和风险开始下降，劳动力流动与否逐渐开始由国际工资差别和劳动需求决定，这些是新古典经济学和劳动力市场分割理论可以解释的内容。随着输送国经济的不断发展，国际工资差距逐渐减少，完善的资本、信贷、保险和期货市场也开始形成，逐渐降低了劳动力跨国流动的激励。如果这些趋势持续下去，该国最终将成为一个发达国家并融入国际经济中去。如此一来，该国经历了劳动力流动的转型，即从劳动力的净输出国逐渐转变为劳动力的净输入国。

因此，迁移的转型表现出一种有特点的弹道轨迹，移出率从低到高再到低，呈现倒 "U" 型曲线的特征，被马丁和泰勒（Martin and Taylor）称之为 "迁移驼峰"（migration hump）。在历史上，这个转变需要 80 ~ 90 年的时间，但是最近关于亚洲的研究表明，这一时间已经压缩到 30 ~ 40 年。哈顿和威廉姆森（1998）使用了 15 个欧洲国家从 1850 ~ 1914 年的历史数据构建了一个程式化的迁移转变曲线。这一迁移类型是某些国家在经济发展中所经历的。他们发现了一个历时八九十年的从低到高再到低移民率的标准转变类型，其近似的简单二次方程为：$ER = -0.35 + 2.66t - 0.27t^2$。其中，$ER$ 表示年迁移率，t 表示从开始移民经历的 10 年时间段的个数。

4. 基于社会资本和人力资本的两国劳动力流动的均衡分析。

从劳动力跨国流动的实际来看，移民政策似乎支持移民国与本国居民之间的多样化特性，而另一方面，它也趋向于支持相似性，这使得移民政策看起来是矛盾的。斯切夫（2004）对此做了很好的解释，在他看来，对相似性的要求是与两者之间的社会资本特征相关的，而多样化的考虑是与两者之间的人力资本特征相关的。他从移民国和本国居民的比较出发，集中分析了劳动力流动的人力资本特征以及社会资本特征，从而对两国的劳动力流动的一般均衡进行了比较。

模型将社会资本和人力资本融合于生产函数中，建立了一个两个国家的一般均衡分析框架。它假定社会资本可以提高生产率，但会随着劳动力的流动和迁移下降（斯切夫，2004 等提供了这方面的证据）。本书考察了在移民和贸易的前提下，移民和本国居民之间不同程度的多样化以及相似性的福利内涵。

研究结果表明，（1）均衡解有三个，其中的一个内解是每个国家一半的人口分别流动到另一个国家，两个角解是每个人最后在两个国家的同一个国家中。（2）每个均衡解下的福利水平都随着移民与本国居民之间的社会资本多样化的下降而增加，而随着两者之间的人力资本多样化的上升而增加。（3）任何一个角解都最大化世界福利水平。如果移民不受限制，两国之间的人力资本差别明显或者两国的社会资本的差别很大，而移民受到完全的限制，那么，这些解就可以达到。（4）在内部均衡解的条件下，劳动力流动的福利影响是模糊的。（5）自由贸易提高了福利水平，并且比在实现内解的情况下高，但是低于角解的情况。因此，贸易和劳动力流动在存在社会资本的前提下，是不对等的。（6）贸易和劳动力流动都减少了两个国家人口之间的不平等现象。

5. 劳动力跨国流动的消费选择模型。

现有的工作搜寻模型假定劳动力流动发生在搜寻工作之前，或者工作搜寻发生在流动之前。库尔森，莱恩和王（Coulson, Laing and Wang, 2001）构建了一个在大城市寻找工作的模型，允许当事人在中心商业区或者郊区寻找工作，但是不能同时进行，他们认为，全球范围的工作搜寻状况永远不可能出现。比林伯格和伍必达（Spilimbergo and Ubeda, 2002a）也发展了一个新的流动模型，他们将注意力集中到劳动力市场和社会环境的双匹配问题上。他们假定，失业工人一旦迁移就能找到工作，从而迁移之后并不伴随着工作搜寻。与上述研究不同的是，埃梅克·巴斯克（Emek Basker, 2002）假定，失业工人既可以在当地也可以在全球范围内搜寻工作，相应的，工人迁移的目的是寻找工作或者接受一项工作。他指出，对于不同教育水平的人来说，工作搜寻和迁移行为也是不同的。埃梅克·巴斯克的研究从理论和实践上考察了不同教育水平的劳动力的流动和工作搜寻之间的不同。他首先提出了两个程式化的现实。第一，接受过一定教育的劳动力的流动倾向提高；第二，具有工作机会（而不是到新的地点寻找工作）的劳动力的迁移概率随教育水平的提高而提高。接着他又提出了一个简单的个人最优化问题，这一问题抓住了上述事实特征，并且对劳动力流动对教育观测变量的不同敏感性进行了预测，目的是研究工作搜寻和迁移决定的相互作用，集中分析教育对劳动力流动方式以及对迁移过程的改变。

根据上述观点，埃梅克·巴斯克建立了一个简单的消费选择模型，在模型中，劳动力具有三种选择：一是在本地寻找工作；二是在全球（同时在多个地区）搜寻工作；三是迁移到另一个地区搜寻工作。模型的基本结构如下：

假定一个工人，如果受雇的话，其生产的产品总量为 y，工资为 w，如果失业的话，工资为 0。

假定只有一个时期，开始时，工人失业并搜寻工作。工人是风险中性的，追求预期收入最大化，减少搜寻成本。他具有搜寻工作的几种技能。在工人的居住地（地区 1）寻找工作是无成本的，但是比在全球范围内搜寻工作的机会要低。在全球范围内搜寻工作具有较高的就业概率，但是需要花费成本（c）；如果在其他地区（地区 2）找到工作，还会产生迁移成本。最后，工人可能优先选择转移到地区 2，但是一旦达到该地就只在当地寻找工作。进行迁移的工人花费的成本为 m，无论是搜寻一个工作还是选择一份已经找到的工作。

令 h 为工人在任何一个地方发现工作的概率，h 代表全球商业周期条件。令 ph 为工人在地区 1 发现工作的概率，$(1-p)h$ 为在地区 2 发现工作的概率。因此，如果工人在地区 1 本地寻找工作，那么，成本为 0，获得工作的概率为 ph。在全球范围寻找工作的成本为 c，获得工作的概率为 h，迁移成本为 m，概率为 $(1-p)h$。迁移到地区 2 找工作的成本为 m，找到工作的概率为 $(1-p)h$，从而，在三种行为条件下，工人的预期效用分别为：

$$U^L = phw \qquad (2-42)$$

$$U^G = hw - c - (1-p)hm \qquad (2-43)$$

$$U^M = (1-p)hw - m \qquad (2-44)$$

其中，U^L 为在当地搜寻的预期效用，U^G 是在全球范围内搜寻工作的预期效用，U^M 是迁移到地区 2 寻找工作的预期效用。

为了分析的简单，我们假定 $h = 1$（即全球搜寻工作是确定的），此时，上述效用方程为：

$$U^L = pw \tag{2-45}$$

$$U^G = w - c - (1-p)m \tag{2-46}$$

$$U^M = (1-p)w - m \tag{2-47}$$

给定这些预期效用函数，地区 1 的工人将选择：

$$A = \begin{cases} G, & if\, w > \bar{w} = \max\left\{\dfrac{1}{1-p}c + m, \ \dfrac{1}{p}c - m\right\} \\[3mm] L, & if\, w < \underline{w} = \min\left\{\dfrac{1}{1-p}c + m, \ \max\left\{\dfrac{1}{1-2p}m, \ 0\right\}\right\} \\[3mm] M, & if\, w \in \left[\underline{w}, \ \bar{w}\right] \end{cases} \tag{2-48}$$

因此，工人从地区 1 迁移的概率为：

$$P\,(move) = \begin{cases} 0, & if\, w < \underline{w} \\[2mm] 1, & if\, w \in \left[\underline{w}, \ \bar{w}\right] \\[2mm] 1-p, & if\, w > \bar{w} \end{cases} \tag{2-49}$$

举例来说，如果 $m = c = 2$ 和 $h = 1$，那么，工人的决策区间为 (p, w)。如果 w 低的话，那么，足够低的 p 也会使劳动力选择在本地搜寻工作。无论 p 有多大，足够高的工资会使劳动力在全球范围内寻找工作。如果工资中等，本地就业的概率足够低，那么，工人就会转移到地区 2 找寻工作。有关该模型的研究表明，（1）高技能工人比低技能工人更可能迁移。（2）对于发展十分不好的地区，不同技能的迁移倾向并不是无变化的。中等技术水平的工人比高等技术水平的工人的迁移率更高。这种情况对应于模型中 p 接近于零的条件。（3）劳动力流动趋向于针对失业率差别进行"套利"。（4）总体经济条件的波动作用对不同技术水平的人是不同的。低技能的工人从来不是最可能流动的人，在全球搜寻工作的高技术工人只会稍微改变自己的行为。而中等技术水平的劳动力对周期循环波动是最敏感的。换句话说，技术和商业周期的迁移弹性之间的关系很有可能不是一成不变的。（5）在给定国家或者地区经济条件（p,h）的前提下，在找到工作之前迁移的迁移者比在找到工作之后迁移的迁移者的技术水平低。（6）在迁移者中，即使控制了技术变量，在全球范围内寻找工作和只在找到工作之后才迁移的人比先迁移再找工作的人的就业概率要高。

正如所预想的，通过使用美国的数据对这些前提进行检验发现，高技能的工人比低技能的工人更可能在全球范围内搜寻工作，从而因为工作的相关原因进行流动。高技能的工人也最不可能为了从高失业率的国家向低失业率国家迁移而参与劳动力市场的套利机会。劳动力流动在总体上同经济周期呈正向变化，在国家层次上同经济周期呈反向变化。换句话说，劳动力倾向于迁移出高失业率的国家或者地区。当允许经济变量的作用根据教育水平变动时，研究发现，高中毕业生比更高教育水平和更低水平的人对整个商业周期更加敏感。然而，具有较低教育水平的劳动力是对国家或者地区的失业率的套利机会最为敏感的。

6. 跨国劳动力流动的新趋势。

克里斯·曼宁（Chris Manning, 2000）集中讨论了东亚内部的劳动力流动，并将其作为亚太经合组织（APEC）成员国之间经济发展更广泛类型的一部分。在过去的 10 年中，这一地区的劳动力流动有所加强，并且成为 APEC 地区之间日益广泛的贸易和投资流动的补充。尽管非技术工人的流动还是占据主导地位，但是，技术工人、专业和商务人才的流动也开始有所加强。在有些情况下，这是由于在发展缓慢的经济中，尤其是那些具有很好的人力资本的经济中，技术人才供给过度。第二个问题讨论的是，亚洲经济危机对经济发展和劳动力流动的影响，并评估了危机对劳动力流动的长期影响。研究认为，亚洲经济危机并没有改变地区之间劳动力流动的基本趋势，泰国、马来西亚和韩国等劳动力进口国继续依赖非技术工人的转移，而商务和专业人才的转移有助于增强工业化地区技术和资本的流动，对贸易和经济的发展有积极的作用。

无论是在全球层面上，还是在 APEC 内部，技术工人、专业和管理人才的流动通常都伴随着贸易，尤其是投资流动的发生。在更加发达的国家，越来越多的技术和专业人才的流动已经成为劳动力转移的主流。正如克里斯·曼宁的文章所提到的，流动人口中的非熟练工人比例在最近几年里已经开始下降，这是因为国家已经越来越重视商务流动和高技术人才的流入。高技术人才向发达国家的大量流动和高工资的获得首先说明了发达国家对高级人才的需求旺盛，也说明了发达国家对高级人才的需求供不应求。与国内高失业率和发展技术密集型出口的需要相对应的是，技术人才而非非技术人才的流入在澳大利亚、新西兰和加拿大等国家日益增加。可以看出，随着全球化和知识经济的不断发展，劳动力的跨国流动已经开始表现出较强的技术化趋势。

2.3
知识经济的兴起以及三元经济的形成

2.3.1 知识经济的兴起

在人类社会发展的历史长河中，技术进步不断地带来了社会结构的重大变革，而每一个新的经济时代的来临又对整个社会的生产方式产生了巨大影响。17～18 世纪的产业革命使经济结构由农业经济走向工业经济；20 世纪 70 年代以来高科技的发展又使发达国家的工业经济发展为"后工业经济"；20 世纪 80 年代以来，高技术革命尤其是信息技术的发展则使得全球经济尤其是发达国家的经济从以制造业工业为基础的工业经济模式逐步转变为以知识为基础的知识经济模式。这一转变表现为，一方面知识因素以前所未有的程度融入经济活动中，另一方面知识和技术成为一国提高国际竞争优势的主要因素，产品和服务中的知识含量也不断提高。一国经济的增长和发展比以往任何时代都更加依赖于知识的生产、更新、扩散和使用。20 世纪 90 年代以来，以美国为代表的发达国家进入了前所未有的快速发展阶段，出现了高增长、低通胀、就业机会增加的新现象。同时，美国正进一步以巨资注入信息基础设施的更新升级；日本正在急起直追，平均每年投资 100 亿美元以实现 2010 年前建成全国信息基础设施的目标；法国投资 300 亿~400 亿美元以便在 2015 年每个家庭实现光纤联网。另据有关资料显示，自 1993 年以来，美国工业生产的 45% 是由信息产业带动的。① 所有这些都表明，知识经济已经来临，并以旺盛的生命力不断发展，21 世纪将是知识经济时代。

"知识经济"一词最早于 1990 年由联合国研究机构提出，1996 年经济合作与发展组织（OECD）在《以知识为基础的经济》报告中指出，知识经济是以知识为基础的经济，是建立在知识和信息的生产、分配和使用之上的经济。

那么，究竟什么是知识？对此，OECD 在 1996 年指出，知识是蕴含在人（人力资本）和技术中的重要成分；世界银行在 1998 年的《世界发展报告》中提到，知识是用于生产的信息（有价值的信息），信息是以有意义的形式加以排列和处理的数据（有意义的数据），而数据是指未经组织的数字、词语、声音和图像。从构成上看，知识主要包括四个方面的知识：知道是什么的知识（know-what）、知道为什么的知识（know-why）、知道怎么做的知识（know-how）和知道是谁的知识（know-who）。

可见，知识经济是和农业经济、工业经济相对应的一个概念，是当今世界一种新型的、富有生命力的经济，知识经济正以势不可挡的气势融入我们的生活中，成为不同于工业经济的新形态。在知

---

① Air："知识经济的兴起及其启示"，http://www. tagriver. com/viewpost. php? group_id = 31&postid = 2621，2005 - 10 - 19。

识经济中，知识的积累和使用成为经济发展的核心。知识作为生产要素不仅可以扩大传统生产要素的生产能力，而且可以提供调整生产要素、创造和革新新产品和新工艺的能力，具有与传统生产要素不同的边际生产率递增的特征，从而使整个经济具有递增的规模收益，并为经济发展提供持续和永久的动力。简言之，知识经济的时代特征①具体表现在以下五个方面：（1）知识成为经济发展中最核心、最关键的资源；（2）高技术产业成为经济发展的支柱产业；（3）知识产品和知识服务以及传统产品和服务中的知识含量将大大增加；（4）一国的技术和制度创新体系对经济发展提供了源源不断的动力；（5）无论对国家、企业还是个人来说，知识学习及其终身学习有着极其重要的意义。

2.3.2 知识经济成为独立的一元以及三元经济的形成

1. 工业经济成为独立一元的原因剖析。

在二元经济中，工业经济为什么能够独立于农业经济成为一元呢？只有弄清楚这一点，才能够使知识经济成为独立的一元的论断更加令人信服。

最初，刘易斯将经济部门按照是否使用再生产资本分为"维持生计"部门和"资本主义"部门（后来用传统部门和现代部门来表示），用来指出发展中国家的二元经济结构。维持生计部门主要指农业部门，不使用再生产性资本，从而不产生剩余，人均产量也比资本主义部门低。资本主义部门主要指工业部门，使用再生产性资本，是资本雇用劳动的，其所追求的目标是利润最大化，劳动生产率要远远高于维持生计部门，从而能够提供比维持生计部门更

---

① 参考 Air："知识经济的兴起及其启示"，http://www.tagriver.com/viewpost.php?group_id=31&postid=2621，2005-10-19。

高的工资。因此，在刘易斯对二元经济的论述中，也曾用高工资经济和低收入经济作为对第二元经济和第一元经济的另一种表述。

由于资本主义部门主要指工业部门，因此发展中国家的工业化也就是"资本主义化"。"资本主义化"，从生产力的角度来看，就是机器大工业生产，是有别于传统手工业生产的新生产方式。如此看来，所谓的二元经济结构，实际上就是二元的生产方式并存。如果部门未被"资本主义化"，那么，该部门依然是传统部门，谓之第一元；如果部门被"资本主义化"，那么，该部门就成为现代部门，谓之第二元。在发展中国家，由于工业部门通常采用机器大工业的生产方式，而农业部门多采用传统手工业生产方式，农业部门和工业部门就成为二元经济结构的代名词。

但是，农业部门和工业部门并不等同于农业和工业两种产业。在刘易斯看来，"资本主义化"的部门既包括"资本主义化的工业"，也包括"资本主义工业化的种植园"。因此，刘易斯所说的第二元即"现代部门"，既包括工业产业，也包括农业产业，只要产业被"资本主义化"了，它就是现代部门。即使是工业产业，如果不被"资本主义化"，同样不属于现代部门，而是传统部门。例如，刘易斯指出，"经济发展的早期阶段的大多数国家，其经济不是一元的，而是二元的，即高工资经济和低收入并存。广义地说，在高工资经济中，往往发现人们受雇于大农场、工厂、矿山、大规模运输业等领域，而在低收入经济中，往往发现人们集中于家庭农场、手工业、家庭服务业、小商业、临时性工作等领域。"[1]可见，刘易斯对二元经济的划分与对产业的划分是两码事。现代部门或者工业部门既包括第二产业，也包括第一产业和第三产业；传统部门或者农业部门既包括第一产业，也包括第二产业和第三产业。

---

[1] 威廉·阿瑟·刘易斯：《二元经济论》，北京经济学院出版社，1989 年，第 75 页。

那么，在发展中国家，当现代部门尚未得到较快和普遍发展的情况下，现代部门是否还能构成独立的第二元呢？对此，刘易斯指出，"我们所面临的并不是被维持生计的工人的汪洋大海包围着的应该扩大资本家雇佣的孤岛，而是许多这样的小岛。这是处于发展早期阶段的那些国家的极其普通的情况。""虽然资本主义化的部门可以分成一些小岛……它仍然是一个单独的部门"①。这就是说，两部门力量的强和弱，在整个经济中所占比重的多少并不重要，那只是量的概念，只要有这样性质的部门存在就意味着经济是二元的。

从二元经济的发展归宿来看，刘易斯认为，发展中国家的二元经济最终将走向一元经济，也就是工业化或者现代化。二元经济一元化的过程就是农业部门接受工业化改造的过程，而不是农业产业消失的过程。

2. 知识经济成为独立的一元。

同工业经济一样，知识经济使生产力、生产方式、经济结构等发生了改变，从而形成了独立的一元。

（1）知识经济使经济发展的核心资源发生改变。

知识经济的首要特征就在于知识经济中的"知识"二字。知识不仅成为生产材料、劳动工具和劳动对象，更成为生产产品和服务，成为整个经济发展的核心。知识已经被称为提高生产率和实现经济增长的驱动器。在传统农业社会，土地、自然资源是主要的生产要素，到了工业社会，资本成为经济发展的核心要素，而在知识社会，知识则成为经济发展的核心资源。土地、资本、知识所代表的劳动生产率是不一样的，资本能够提供比土地更高的劳动生产率，所以马克思指出，资本主义社会能用几百年的历史创造封建社

---

① 威廉·阿瑟·刘易斯：《二元经济论》，北京经济学院出版社，1989 年，第 8～9 页。

会几千年的劳动生产率。同样，现在的知识社会能比工业社会创造更高的劳动生产率。

（2）知识经济使生产方式发生革命性变革。

生产方式，就是生产产品和服务的方式。在工业社会，工业经济对农业经济发生革命性的改变，其生产方式由传统耕作、传统销售转变为工业化生产、工业化销售、工业化的产业组织等内容，农业产业化就是农业工业化，但是农业仍然存在，所以三次产业不会因为从二元转变到一元就消失了，而是农业生产方式的消失，从二元到一元，改变的是两个产业之间的关系。同样，在知识社会，信息化为经济发展提供了一个新的平台，工业化的生产方式变成网络化的生产、销售、采购、虚拟企业的外包、大规模的定制等。

（3）知识经济使经济结构发生革命性的改变。

信息技术的发展为资源配置得以在全球范围内完成提供了重要的基础和手段，从而彻底改变了世界经济的格局。凭借信息化这一平台，企业能够在全球范围内进行生产、分配和销售，从而大大提升了其在全球的竞争力。中国新型工业化道路的提出，也意味着工业化必须在新的经济结构中才能继续向前推进。

（4）知识经济使知识部门成为高利润的新部门。

工业经济之所以独立于农业经济成为独立的一元，就是因为它是一个高效、高利润部门，而知识经济形成后，知识部门由于其边际报酬递增、附加值高等特征，能够获得更高的利润空间，并支撑知识部门的持续扩张以及农业和工业部门的知识化。而与此同时，如此大的收入差距为劳动力流动提供了更大的吸引力，继续构成部门间劳动力流动的互动状态。

（5）知识经济使人力资本变得越来越重要。

劳动力流动在二元经济中一直是一个核心问题。在二元经济条件下，由于工业经济的发展主要是依赖资源投入进行的，因此对劳动力的要求相对比较低，农业劳动力向工业部门的流动或者农民向工人的转变比较简单，不存在太多的障碍。但是，知识经济的出现使得知识成为经济发展的核心要素，而知识创造、使用、更新的物质载体就是劳动力，这就使得人力资本的概念被突出，劳动力的流动也无法用二元经济中的劳动力流动理论来解释。也就是说，在传统经济中，劳动投入是均质简单劳动的数量投入；到了工业经济时代，劳动投入在某种程度上可以说是趋于异质化的一定人力资本投入，正如二元经济理论所说，熟练工人的短缺并不能成为扩张过程中的难题；而到了知识经济时代，劳动投入已经变成高智力人力资本的大量和主要投入，对于人口众多、经济发展不平衡的绝大多数发展中国家来说，具有适合经济发展的人力资本已经成为经济扩张的主要"瓶颈"。有研究表明，体力劳动和智力劳动消耗的比例正不断变化，机械化初期阶段，二者比例为9:1，机械化中期阶段为6:4，生产全部自动化后，这种比例倒置为1:9。智力劳动消耗在直线上升要求劳动者的知识化①。

（6）知识经济使制度发生革命性的变化。

社会生产力发展的基本规律是社会生产力以升级换代为形式的不断智能化。人类社会在经历农业经济、工业经济再到知识经济，这是社会发展规律所决定的。知识经济一旦产生，对各方面的社会经济制度都产生了一定的影响。例如，从金融制度角度讲，工业所依存的金融制度是大银行制度，而银行制度的关键是必须有抵押品。但高新技术企业的发展使得传统意义上的银行无法给予支撑。为了促进高新技术产业的发展，就需要金融制度的创新。所以，风险投资，以及与此相关的二板和三板市场，就构成了一个新的金融体系。

既然知识经济部门的出现，如同工业经济部门出现一样，使生产方式、经济结构、劳动力流动、金融制度、产权制度等发生了革命性变化，那么，工业经济能够独立于农业经济，被公认为新的经

---

① 赵玉勤：《知识经济条件下的人力资本问题研究》，湖北科学技术出版社，2002年，第231页。

济形态，与农业经济构成二元经济结构，知识经济也就同样能够成为新的独立的经济形态，与农业经济、工业经济在发展中国家构成三元经济的新结构。如前所述，无论知识部门经济所占的比重多少，只要存在就是一元，一国的经济就在原来二元的基础上形成了三元经济结构。显然，许多发展中国家诸如中国、马来西亚、菲律宾、泰国、印度尼西亚和印度等都已经形成了三元经济结构。例如，印度的知识产业起步早，产业比较成熟，已经成为名副其实的软件业大国，成为世界知识产业转移的中心和受益者，在 2004 年亚洲最佳知识型企业的评选中，印度企业表现优异，有 4 家企业入围。马来西亚也提出了"建设知识社会"的知识战略决策，目前，马来西亚正在建设"多媒体超级走廊"，走廊将拥有世界最先进的信息技术硬件设施，以带动马来西亚进入信息技术时代。我国的研究人员根据一套自行设计的指标体系进行的研究结果表明，我国目前正处在知识经济的萌芽阶段，从产业上看，我国将在一段较长时间内走三元经济（农业、工业和知识）并行发展的道路[①]。

2.3.3　发展中国家在三元经济下面临的"双升级"选择

众所周知，对绝大多数发展中国家来说，经济发展走的是一条工业化和城市化的道路，工业化是在传统农业的基础上发展起来的，为了充分利用丰富的劳动力资源，经济发展是以扩大生产规模，投入更多资源，或者采取简单劳动偏向性的技术从而吸纳更多的农村劳动力来进行的。然而，知识经济在发达国家出现并向全球开始扩散了，工业经济的话语权已经不得不让位于知识经济。在当今世界，谁拥有了知识的话语权，谁就可以拥有竞争优势，并获取高额利润和附加值。因此，对发展中国家来说，从长期来看，为了

---

① "中国离知识经济究竟有多远"，新华社讯，http://www.niec.org.cn/gjxxh/xsyjbw06.htm。

保持发展，发展知识产业进行产业升级势在必行，而对工业来说，其重点必须从劳动密集型产业转向技术密集型产业和高附加值产业。而这个转型的成功与否取决于企业治理、金融制度、竞争、研发、基础建设、人力资本发展和其他的基础条件。

因此，在三元经济条件下，发展中国家不得不面临着"双升级"的选择，即经济结构的升级和工业化自身的升级。经济结构的升级，是指在原来农业经济和工业经济的基础之上，生发出知识经济部门，而由于知识经济的生产率要比工业经济要高得多，生产方式要比工业经济先进得多，因此，知识经济对经济发展具有无可比拟的推动力。工业化自身的升级，是指传统的工业和农业自身需要革新原有的生产方式，利用知识经济带来的先进技术和先进生产方式对工业和农业经济进行改造。

在知识经济来临的情况下，当中国许多农村还在经历从农业社会向工业社会的痛苦转变时，中国能否在工业化程度不高的情形下也发展知识经济？中国能否顺利地进行"双升级"？中国的农业和工业将在多大程度上依靠信息和生物技术？……由于很多问题尚在摸索中，我们还无法对所有的问题都进行正确无误的回答。但是有一点我们可以肯定的是，中国完全可以在工业化的进程中同时发展知识经济，中国也完全可以利用知识化的生产方式对农业和工业进行改造。因此新型工业化道路的提出无疑是非常契合时机的，它是在三元经济的框架下推进的，新型工业化道路的本质就是工业化与信息化或知识化的互动发展，即信息化带动工业化，工业化促进信息化，新型工业化明确表明了中国主动地进行"双升级"的政策导向。这就为中国经济的发展指明了道路，即加快知识产业的发展，实现长期的工业更新和发展。同时，"科技含量高"、"经济效益好"、"环境污染少"都是以利用信息技术等先进手段、提高生产效率为前提的，而这些目标的达到必须充分发挥人力资源优势，进行"双升级"而选择新型工业化道路并不是要抛弃人力资源优势，而是要把"人力资源优势"转化为"人力资本优势"，也就是要在高层面上发挥人力资源优势。

总之，"双升级"的选择是发展中国家提高产品和服务附加值的过程，是向全球价值链攀升的过程，更是提高一国竞争力和实力的过程。中国只有正确和积极地面对三元经济，走新型工业化道路，才能在竞争中求得发展。

2.4

二元经济下的劳动力流动理论的历史局限性

三元经济结构的形成使发展中国家的发展环境发生了彻底的变化，也使发展中国家面临着"双升级"的选择。这一变化和选择不仅表现在知识部门的快速发展和规模的急剧增加上，更表现在对传统农业和工业的改造上。知识的渗透使得工业化的过程发展成为知识化的过程，而知识化的进程是以知识要素的快速和大量积累为基础的，这不仅仅是一般意义上的技术进步，而且对劳动力素质的要求越来越高，并且远远高于以往历史上任何一个时期。

首先，三元经济下的技术进步方向和速度远远不同于并高于二元经济，而二元经济下的劳动力流动理论忽视了技术进步或者知识要素对劳动力流动的作用。在二元经济理论中，刘易斯并没有把资本积累与技术进步区分开来，因此，技术创新的要素偏向被他忽略了。同时，刘易斯暗含的假定是资本积累与劳动吸收是同步的，也就是说，如果他关注了技术进步的话也只是假定技术进步为中性。拉尼斯和费景汉认识到刘易斯的缺陷，他们强调发展中国家技术进步的劳动偏向，并告诫说，发展中国家在选择和引进外国先进技术时一定要考虑本国劳动力丰富这一点。同样，乔根森也假定技术进步是中性的……无论是新古典框架下对二元经济下劳动力流动理论的修正理论，还是 20 世纪 90 年代以来新的劳动力流动理论基本上都是基于技术进步不变或者中性或者资本密集假定的，但是知识经济条件下技术进步的速度和程度远远超出这些研究的假定。

其次，技术进步和知识积累、运用是通过人力资本的积累来完成的，三元经济下知识要素的核心地位凸显了人力资本的地位，而二元经济下的劳动力流动理论将劳动力视为同质的低水平的劳动力，忽视了人力资本对劳动力流动的制约作用。尽管在后来的多个影响变量的分析中，许多学者提出，劳动力的教育特征对劳动力流动起到了显著的影响作用，但是他们的分析没有涉及工业部门劳动需求的现实变化，更没有考虑到经济结构的迅速变化对技能劳动力需求与现有劳动力供给之间的错位对劳动力流动机制的影响。他们虽然也探讨了劳动力流动过程中的人力资本的作用，但是，这种探讨最多也只是在农业和工业的框架内进行的，而且即使有人分析了知识经济下的人力资本的作用，也仅仅只是出于知识产业的需要，对农村劳动力流动中教育投资的作用和人力资本的作用等也只是在一般技术进步的前提下进行了分析。总之，这些讨论基本上没有在三元经济下对劳动力流动理论进行发展，他们的分析依然局限于二元经济的分析框架，因此也就无法更好地解释尽管发展中国家存在劳动力需求，劳动力仍然无法实现迅速流动的现实困境。

最后，三元经济的形成及发展与中国继续接受二元经济理论的指导产生了现实矛盾。在三元经济形成的今天，知识产业是高利润和高附加值部门，一国要获得持续、健康、快速发展就必须进行"双升级"，而"双升级"的经济发展需要具有技能、知识等人力资本的劳动力。然而，在二元经济理论的长期指导下，发展中国家的劳动力尤其是农村劳动力只是一味地向简单技能要求的工业转移，没有提高自身技能的压力，整体素质依然不高，难以满足三元经济的发展对劳动力的需求，从而造成了低素质人力资源的过剩供给与技能性劳动力短缺的矛盾，使现有的人力资源无法良好地支撑"双升级"对优质劳动力的需求。如果继续以二元经济下的劳动力流动理论来指导中国的经济发展，那么，中国的产业将无法顺利实现跃升。

由于有效的劳动力流动（从生产率低的部门向生产率高的部

门的劳动力流动）是支撑经济发展的必要前提，因此，在三元经济下，经济要取得快速和持续的发展，劳动力的流动不仅是必要的，而且还必须是快速和高效的，高素质的劳动力应该源源不断地供给知识部门和满足正在经历知识渗透的工业和农业部门的需要。此时，二元经济下劳动力流动模式的历史局限性更加表露无遗。根据刘易斯的劳动力流动模式，资本主义现代工业和维持生计部门（主要是传统农业）之间 30% ~ 50% 的工资差距可以吸引农业剩余劳动力向城市工业部门转移，由于他暗含假定城乡之间不存在制度、市场和城市失业方面的障碍，因此，随着工业部门规模的不断扩大，剩余劳动力的转移是持续的、无障碍的。然而，到 20 世纪 60 年代初 70 年代末，发展中国家不仅存在大量的城市失业人口，而且还在城市现代化工业部门之外出现了庞大的非正式部门。一方面，尽管城市大量失业人口对劳动力流动造成了阻碍，但是城乡的劳动力流动依然无休无止；另一方面，非正式部门的工资非常低，不足以构成刘易斯设想的 30% ~ 50% 的工资差距，而为数众多的农村剩余劳动力仍然集聚在非正式部门，这就使得刘易斯等人的劳动力流动模式难以解释这一现象。托达罗提出的城乡迁移模式对此给予了解释，他首先指出，刘易斯等人高估了农村剩余劳动力顺利转移到城市现代部门的数量，工人迁移决策不仅取决于预期城乡收入差距，也取决于城市就业率。可以看出，托达罗提出的劳动力流动理论既增加了获得差距收入的概率内容，也指出了农村剩余劳动力迁移或者留在非正式部门的决定还取决于城市现代部门的工作创造率，尽管初始工资不高，但是他们在等待获得高收入的工作机会。由于托达罗的迁移决策模式和动态决策方程更好地符合了发展中国家的现实，因此，后来的劳动力流动理论中有很大一部分研究是基于这一理论框架的。令人意想不到的是，三元经济的形成使发展中国家的劳动力流动又出现了新的问题。从一些发展中国家的现实来看，在经济体存在无限劳动力供给的国家里，无论是新的知识部门，还是现代化工业和农业部门，或多或少地出现了劳动力短缺现象。也就是说，在排除了制度因素和市场因素之后，即使现代工业部门对劳动力存在很大的需求，即使现代工业部门的工资提高，劳动力却很难进行流动。刘易斯等人探讨的经济开始阶段的劳动力流动问题已经无法持续，而从托达罗模式的角度来看，即使城市现代工业部门的工作创造率非常高甚至达到100%，进入城市现代工业部门的劳动力（尤其在短期内）也没有他所估计的高。究竟是什么原因导致了这一现象？本书认为，并不是托达罗模式本身存在问题，而是经济发展环境的变化导致了托达罗模式出现了新的变量影响因素，从而高估了劳动力流动规模。这一因素就是在三元经济下，知识化和知识渗透的力量使得人力资本对劳动力流动的约束作用日益明显，这一约束不同于一般技术进步对劳动力流动的约束，其制约程度和制约速度是二元经济下的劳动力流动理论所难以涵盖的，这就使得传统二元经济下的劳动力流动理论出现了前所未有的尴尬，对三元经济下的劳动力流动失去了部分甚至全部的解释力，急切需要我们建立新的劳动力流动模式。

第 3 章

三元经济下的劳动力流动
模式——"双哨壁"模式

理论假设和基本命题

对许多发展中国家来说，由于在尚未完成工业化的基础上出现了新的"知识"经济一元，因此，发展中国家既存在着落后的维持生计部门（主要是农业），也存在着现代工业部门（以工业为主）和日渐发达的知识部门。尽管在某个或某些时期，有些国家的知识部门创造的产值或者就业的比重只占国民经济的一小部分，但它依然是一个单独的部门，也是国民经济中的重要组成部分。这就如同刘易斯在二元经济理论中阐述的一样，"虽然资本主义化的部门可以分成一些小岛，由于使资本收益趋于相等的竞争作用，它仍然是一个单独的部门"①。

在这种情况下，三元经济下的劳动力流动是三个部门的问题，而不单单是两部门的问题，为了构建三元经济下的劳动力流动模式，我们需要给出一些理论假设和基本命题，具体内容如下：

1. 劳动力在总量上是无限的，但是从结构上来说，具备一定技能的劳动力依然是短缺的。因此，相对低层次的劳动力依然存在

---

① 刘易斯：《二元经济论》，北京经济学院出版社，1989 年，第 9 页。

剩余，但是相对高层次的劳动力却存在短缺。

与刘易斯等人的剩余劳动力有所区别，我们这里的剩余劳动力有以下几层含义。首先，从发展中国家的大多数地区来看，尽管地区之间的经济发展不平衡①，但总的来说，农村地区依然存在大量的剩余劳动力。因此，农村的失业或者非充分就业现象依然很严重。其次，我们所说的剩余劳动力不仅仅指农业部门，还包括工业部门。在二元经济框架下，刘易斯认为劳动力流动的主要过程是农村剩余劳动力从落后的农业部门流向工业部门。在三元经济框架下，劳动力流动的最终过程将是农业和工业部门向知识部门的流动。这是因为，农业部门和工业部门在知识化的过程中，两部门的劳动生产率将不断提高，逐渐排出劳动力。尤其对工业部门来说，其资本有机构成还将不断提高，边际就业弹性逐渐下降，吸纳劳动力数量相对减少，最终排出劳动力。最后，剩余劳动力不仅包括乡村地区的劳动力，还包括城市地区的劳动力。刘易斯等人假定城市不存在失业，因此，农村剩余劳动力流向城市是自然而然的，然而，人口增长、社会转型、经济改革、工作创造减弱、供需结构失衡等因素导致城市地区存在着规模庞大的失业人口。

以上述分析为基础，我们放弃了古典二元经济理论关于劳动边际生产率等于零甚至为负的假设，尽管从发展中国家的广大农村地区来看，农业剩余劳动力的转出依然没有明显影响农业生产。我们从许多实证研究中可以看到，很多地区仍然存在着边际劳动生产率为零甚至为负的农村剩余劳动力，但是，不同的地区之间、不同的季节或者不同农业种类之间又是有差别的，有些地方在某个季节甚至缺乏劳动力。因此，对于一部分现代工业部门或者农业部门来

---

① 鲍鲁斯和斯卡拉（Bowlus and Sicular, 2000）在用面板数据研究我国农村劳动供给和需求决定的可分离性时，由于数据结果拒绝了存在可分离性的命题，因此他们认为，尽管典型的中国北方农村的要素市场依然不发达，但是，农村地区存在着剩余劳动力的传统观点却过分简单化了。这是因为，一些地区存在剩余劳动力的同时，另一些地区却缺乏农村劳动力。

说，发生转移的劳动力的边际生产率通常不为零，而且有的还可能比较高。实际上，即使在社会整体的劳动边际生产率为零的情况下，从个人的角度来看却很有可能大于零。因此，无论是从整体来说还是从个人来说，我们将假定劳动的边际生产率大于等于零。例如，由于劳动力对闲暇的偏好不同，我们往往假定农村劳动力对闲暇的偏好要远小于城市现代部门的劳动力，因此，他们的流动一般不会减少农业总产出，因为他们将更加努力地工作。但是，现代工业部门的劳动力往往不会如此，除非他们获得相应的报酬或者自我雇用。即使在其他工人愿意付出更大努力的情况下，由于技术、寻找替代工人时滞等因素的制约，一个工业部门技术工人的转出非常有可能在短期内影响工业部门的生产。尽管如此，根据帕累托改进原则，只要个人净收益和社会生产率整体水平有所提高，我们就认为，这一流动是具有效率的。

剩余的反面是短缺，这里的短缺来自于劳动力需求的变化。在三元经济下，劳动力的需求不再是对同质劳动力的需求，而是在不同的技术层面上都要求具有至少不低于此技术要求最低水平的有效劳动力供给。从发展中国家来看，各种产业对技术工人和高素质劳动力的需求日益增加，从而使许多产业的劳动力出现了相对短缺的情形。

2. 工人的工资是可变的。刘易斯等人将不变工资水平作为劳动力流动模式的分析基础，工业部门的工资比农业部门高出30%～50%，这一水平比较固定，不会提高很多，因为只要城市净收入水平提高，就会有更多的农村劳动力向城市流动，工资将被迫降低为原来的水平。在三元经济下，部门之间的工资不仅仅是生活成本和心理成本等因素的补偿，更是对劳动力技能等人力资本要素的补偿。这是因为，在三元经济条件下，经济发展对劳动者素质的要求提高，劳动力必须通过人力资本投资才能有机会找到合适的工作，而投资是要获得投资收益的，否则就不会有投资。同时，随着知识的不断积累、更新和各种知识的不断渗透，劳动力也必须不断地进行投资，这也是需要进行补偿的。因此，去除其他诸如物价水平和消费等因素之外，人力资本投资将推动工业部门和知识部门的工资不断上升，而相应层次的劳动力供求状况则影响均衡工资水平的达到程度和达到时间。同时，尽管工资水平上升了，但由于知识和技术要求的加入，产业的附加值也得以大幅度地提高，因此，产业的利润是可以保证的。需要指出的是，无论如何，与劳动生产率上升方向一致的工资增长才是合理的。也就是说，如果人力资本不能加以充分的运用，即使进行了投资也没有理由得到补偿，工资的增长最终会因劳动生产率的降低而降低。

3. 知识部门的效率高于工业部门。这一假定是建立在二元经济下的工业部门的效率高于传统农业部门的基础之上的。工业部门采用的是工业化生产方式，效率高于传统农业部门，而知识部门以知识要素为核心，技术水平先进，采取信息化生产方式，通过信息化构建了一个网络平台，在此基础上形成的网络销售、网络采购、网络生产以及企业的虚拟运作，减少了交易费用，大大降低了空间和时间对经济活动的限制。因此，其劳动生产率水平又高于工业部门。更为重要的是，工业部门的发展是以物质资本为核心的，而物质资本具有边际收益递减的特性，因此，在不变的技术层面上，资本的收益将最终出现下降的趋势。而知识部门是以知识为核心要素的，知识具有边际收益递增和更少依赖自然资源的特性，因此，其效率是可以持续维持和提高的，对经济发展的贡献也是逐渐增加的。从这里我们可以得到一个命题，即劳动力向相对高级化的部门流动应该是与劳动生产率的提高相吻合的。

4. 资本是相对过剩的，知识部门以及农业部门和工业部门知识化的发展有资金来源，其产品的实现有市场。尽管知识型企业可以是由几个人和较少的资本组建起来的企业，但是，企业最终的持续发展、知识积累和更新以及高人力资本含量人员的激励都是需要大量资金的。因此，知识部门的发展离不开充分的资金支持。与此同时，由于知识部门无法进行自我循环，必须依赖于现代工业部门和农业部门对知识、技术的利用来实现市场，因此，部门之间具有紧密的联系。而从农业部门和工业部门来看，无论是部门的自我发展，还是为知识部门的需要发展，都需要进行知识化，而知识化又是需要资金的，没有充足的启动资金就无法进行技术升级，农业和工业部门也就无从持续发展。所以，资本相对过剩的假设是必要的。实际上，从许多发展中国家的现实状况来看，以存款量、外资量等指标来衡量的资本充足度还是与这一假设相符的。同时，发展中国家风险投资、二板和三板市场的不断发展也为经济发展提供了资金渠道。① 与此相匹配的是，知识部门信息技术的出现，使得相对过剩的跨国资本可以更容易寻找到优质和相对低廉的劳动力，从而加强了资金的流动性。可以看出，知识部门为工业和农业部门提供技术，减少交易费用，工业和农业部门为知识部门的发展提供资金和市场支持，知识部门、工业部门乃至农业部门是相互促进、相互依赖的，必须注重三个部门的均衡发展。

5. 高利润不断地转化为投资。我们对企业家的假设依然遵循经济学最本质的经济人假设，他们具有追求利润最大化的动机，并不断地将高利润转化为投资，而不是将其全部进行消费。他们具有企业家精神，尽管存在着风险，尤其对知识部门或者工业部门的重大研发来说，他们依然不断地进行创新，扩张企业的规模，促进企业的升级和更新。同企业家将高利润转化为投资一样，劳动力为了获得更高的报酬，也不断地进行人力资本投资，劳动力在人力资本投资过程中进行成本——收益分析，也是典型的经济人。只有这样，知识部门才能不断地发展，劳动者才能不断地受到激励从而进行人力资本投资，并反过来支撑知识、工业和农业部门内部的持续高级化。

6. 资源的市场化配置没有阻碍。这主要是从制度约束的角度来说的，稀缺资源最根本的性质是逐利性，即资源受到更高利润的吸引就要发生流动，而这一流动过程也就是资源配置不断优化的过程，既有利于资源拥有者积极性的发挥，又有利于经济增长。严格

---

① 当然，这些渠道或者市场并不要求是隶属于本国的。

的户籍制度和地方保护主义的存在将限制劳动力的自由流动，而完善的金融制度和产权制度等推动了知识部门和工业部门的发展，有利于劳动力的自由流动。为了分析的需要，我们排除了影响资源（尤其是劳动力资源）流动的制度因素。从而，在存在劳动力需求的前提下，只要劳动力是有效供给，就能够顺畅地发生流动。

7. 劳动力的流动存在着人力资本约束。尽管我们在第6点中秉承了古典和新古典的二元经济劳动力流动理论关于市场配置资源的假设，认为劳动力受到高工资的吸引将自由地通过市场进行配置，发生流动，但是，劳动力流动却存在着内在的障碍——人力资本约束。只有具备了相应的人力资本含量，劳动力的流动才可能顺畅地发生，否则就存在着障碍，难以出现劳动力在部门之间的逾越。

3.2

"双峭壁"劳动力流动模式的构成

三元经济的形成导致了产业结构的迅速变化，而迅速变化的产业结构又导致了日益增加的部门间的劳动力流动。正如我们所要阐明的，不仅仅只有新的工人被很快地吸引到具有增长前景的行业中，很多具有经验或者能力的工人也转换了行业或者工作。因此，在三元经济的框架下，我们所要分析的劳动力流动不仅包括新增人口的流动，也包括既有存量人口的流动；不仅包括劳动力从农业和工业部门向新的知识部门的流动，也包括劳动力从农业部门向正在知识化的工业部门的流动。为了分析的方便，对于新生劳动力的流动和已就业劳动力部门的变换流动，我们可以把它看做是从相应的部门配置过去的①。

我们知道，在三元经济条件下，经济发展的核心要素是知识，

---

① 这跟费景汉、拉尼斯的假设相似，他们曾指出，"实际上，工业部门内部的人口增长构成了对工业部门劳动力供给的额外来源。然而，我们可以在概念上把全部人口增长当做发生在农业或自然经济部门，然后'配置'到工业部门。"参见费景汉、拉尼斯：《劳力剩余经济的发展》，华夏出版社，1989年第1版，第15页。

经济发展的中心事实是知识和技术的积累，而人是知识产生和形成的物质源泉，因此，人力资本作为人身上存在的体力和脑力，成为知识积累的最关键要素。尽管罗默（Romer，1990）认为，知识与人力资本是有重要区别的，例如，知识可以无限积累，而人力资本的积累受制于个体能力，是有限的。但是，正如李勇坚（2004）所指出的，人力资本与知识在本质上并无不同：第一，人力资本与知识均具有无限可积累性，而且这种积累可以通过外在性而抵消递减收益，产生经济的长期增长。第二，人力资本与知识均能提高资本对于不可再生要素的替代弹性，因而保证经济在有限的不可再生要素约束下能够长期持续增长。第三，知识与人力资本均存在正反馈，这意味着知识与人力资本的生产函数不同于普通生产函数。第四，人力资本与知识在量上有着重要的联系。如果社会中所有的个体均是异质的，其知识基础各不相同，则知识等同于人力资本的总存量；如果所有的个体均是同质的，其知识基础是相同的，那么，知识等同于人力资本的平均存量。如果个体之间既有异质性又有同质性，则知识等于所有人力资本的加权和或者所有人力资本的并集。第五，某些知识的扩散需要特定的人力资本。① 因此，鉴于知识的衡量比较困难和复杂，为适应本理论分析的需要，我们将用人力资本要素来代替知识要素进行分析，这并不影响我们分析的本质。

　　人力资本理论告诉我们，人力不同于人才，人力资源也不同于人力资本，它们既有联系又有区别。人力资源显然既有量的方面又有质的方面。人口数量、投身于有用工作的人口比例及实际劳动量，是基本的数量特征②；而技能、知识和影响人的生产能力的有关属性则属于人力资源质的特征。人力资源质的成分中，有些是与生俱来的，有些则是后天获得的。先天的能力在个体中存在差异，这主要是由遗传因素直接或间接引起的，但在人口中的分布是相同

　　① 李勇坚：《内生增长理论中的知识：定义与性质》，http://www.cass.net.cn/webnew/yanjiusuo/cms/show_news.asp? id = 4037，2004 - 08 - 01。
　　② 西奥多·W·舒尔茨：《论人力资本投资》，北京经济学院出版社，1990 年，第 8 页。

的，各国之间并没有较大的差异。[①] 人力资本是指凝结于劳动者身上、通过资本的投资转化而来、表现为劳动者技能和技巧的资本费用，主要是指人力资源质的部分，而且偏重人后天获得的能力、知识与素质（舒尔茨，1961、1981、1987、1993；明塞尔，1984）。"就人力资本而言，若从生产活动的角度看，人力资本往往与流量核算相联系，表现为产量的变化（增加或减少）和劳动者体能的损耗，经营的不断积累及技能的不断增进；若从投资活动结果看，人力资本与存量核算相关联，表现为投资活动的沉淀或积累，即知识的增多、技能的增强以及健康状况的改善等。人力资本量的规定性表现为投入于教育、培训和健康等的资本在人身上凝结的多少，换而言之，是指被投资者知识的多少、技能的高低和健康状况的优劣。"[②]在大多数研究中，人力资源更偏向于量的规定，而人力资本更偏向于质的规定。

在此基础上，我们认为，在三元经济条件下，相对资本和一般劳动来说，人力资本是稀缺的，知识部门和正在知识化的工农业部门都在争夺具有人力资本的劳动力。从发展中国家的现实情况来看，正是由于三元经济中的部门或者产业提高了对劳动力素质的要求，而人力资本的积累和升级无法在短期内达到经济发展的要求，才形成了三元经济下劳动力流动的"双峭壁"模式。顾名思义，"双峭壁"是指劳动力流动过程中存在着两个峭壁，图3-1描述了三个部门之间劳动力流动的方向和两个层面的峭壁。从图中我们可以看到，在三元经济条件下，经济体中存在着农业、工业和知识三个部门，三个部门由低到高的排列表明各部门劳动生产率、工资水平、人力资本要求依次提高，由于知识部门和正在知识化的工业部门所需劳动力的性质发生了变化，而且人力资本是相对稀缺的，因此，劳动力在从农业部门和工业部门向知识部门或者从农业部门

---

①② 赵秋成："人力资源研究中应注意的几个基本问题"，《河北经贸大学学报》，1998年4月，第36~38页。

向工业部门流动的过程中并不是无阻碍的，分别形成了两个具有人力资本约束的峭壁。下面我们分别阐述这两个峭壁。

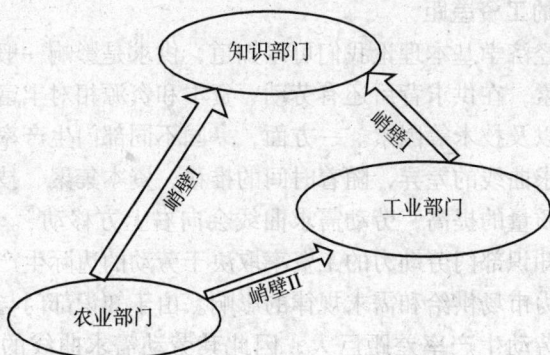

图 3-1　三元经济下劳动力流动的"双峭壁"

3.2.1　峭壁 I ——农业和工业部门劳动力向人力资本密集的知识部门的流动

由于知识部门的劳动生产率远高于农业和工业部门的劳动生产率，知识部门的工人工资也远高于其他部门的工资，劳动力受到高工资的吸引从其他部门向知识部门流动。然而，由于知识部门的产业属于人力资本或者智力密集型产业，从而对人力资本要求高，劳动力在进入知识部门劳动力市场时具有较高的门槛，因而是有障碍的，从而形成了从农业和工业部门向知识部门流动的第一个峭壁。这个峭壁是三元经济中最本质的劳动力流动峭壁，也是影响知识部门乃至现代工业部门发展的峭壁。需要进一步指出的是，尽管我们这里所说的流动既包括农业部门向知识部门的劳动力流动，也包括工业部门向知识部门的劳动力流动，但是，从现实情况来看，这种流动目前大量地来自劳动力从工业部门向知识部门的流动，这也主要是由人力资本约束产生的结果。以下具体介绍峭壁I的基本结构①。

1. 知识部门劳动力的工资决定以及同非知识部门（以工业部门为例）的工资差距。

根据经济学基本理论我们可以知道，供求是影响一般工资水平的重要因素，在供求背后还有劳动、资本和资源相对丰富程度和劳动力技能以及技术等因素。一方面，一国不同部门生产率的差异可以导致需求曲线的差异，随着时间的推移，资本集聚、技术进步以及劳动力质量的提高，劳动需求曲线会向右上方移动②。因此，我们认为，知识部门劳动力的工资率取决于劳动的边际生产率，同时受到劳动力市场供给和需求规律的影响。由于知识部门与农业和工业部门的劳动生产率差距巨大，因此其劳动需求曲线的位置比较高。另一方面，知识部门的劳动力必须通过人力资本投资才能成为该部门的有效劳动供给，因此，其供给成本即劳动供给曲线的位置也将比工业部门和农业部门的劳动供给曲线高。从而，知识部门的均衡工资水平也远远高于后两个部门。

图 3-2 刻画了知识部门和工业部门的工资差距，知识部门的劳动需求曲线为 DK_0，高于工业部门的劳动需求曲线 DI_0，同时，由于知识部门对劳动力人力资本水平的要求高于工业部门，因此，知识部门的劳动供给曲线 SK_0 的位置也高于工业部门的劳动供给曲线 SI_0，其斜率也相对较大。可以看出，两部门的工资差距为 $|WK_0\text{-}WI_0|$。同时，由于工资包含了对技能等人力资本投资的补偿，所以，从理论上说，知识部门与其他部门的工资差距也应该远远高于刘易斯所说的工业和农业或者城乡之间 30%～50% 的工资差距。

---

① 由于知识不同对劳动力的需求也是多层次的，因此，我们这里的分析都是以同一层次的劳动力市场或者具有代表性的劳动力市场为分析对象的。而相应产业的每次较大的创新将会提高对劳动力素质的要求，劳动力供给曲线的初始位置将有所不同。为了便于分析，图形中曲线的移动是以单次创新为前提的。

② 萨缪尔森、诺德豪斯:《微观经济学》(第十六版)，华夏出版社，1990 年，第 186 页。

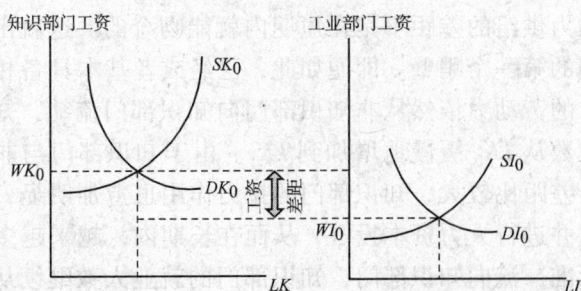

图 3 – 2   知识部门的工资决定及其与工业部门的工资差距

2. 峭壁 I 下的劳动力流动过程和均衡机制。

在某个初始状态下，知识部门的创新使得产业对高人力资本含量的劳动力的需求增加，在其他因素不变的情况下，劳动需求曲线向右上方移动（见图 3 – 3），即从 DK_0 右移到 DK_1，相应的，工资由 WK_0 上升到 WK_1。劳动力受到高工资的吸引，就会从其他部门流向工资较高的知识部门，由于人力资本的形成不是短期内就能达到的，因此，工资会保持较高的水平，如果这一需求的变动是持续的，那么，知识部门的工资水平就会持续地增加。但是，在长期内，劳动力通过调整自己的人力资本投资将源源不断地向知识部门流动，这就使得劳动的供给曲线向右外移，从而使知识部门的工人的工资由 WK_1 减少到 WK_2。随着知识部门不断地创新和扩张，劳动需求曲线将不断地向右上方移动，知识部门的工资将高幅度上涨，当供给超过需求时又会有所下降。而如果知识部门就此停止创新和扩展的话，在其他因素保持不变的情况下，知识部门的工资率将保持平稳。

从图 3 – 3 中我们可以看到，知识部门的创新和扩张引起了工资的大幅度上涨，非知识部门的劳动力受到高工资的吸引，从其他部门流向知识部门，以期获得更高的劳动报酬。然而，在短期内，尽管知识部门高速发展，却无法带来工业革命时期就业迅速大量增加的局面，这是因为，知识部门的高素质劳动力需求与

现有劳动力供给的差距不是在短期内就能吻合的。这就出现了劳动力流动的第一个峭壁。即便如此，已经或者基本具备相应人力资本要求的劳动力依然从非知识部门向知识部门流动，知识部门的就业人数从 LK_0 缓慢地增加到 LK_1。由于知识部门与非知识部门的工资差距比较大，知识部门的拉力作用也愈加明显，劳动力开始注重并进行人力资本投资，从而在长期内，越来越多的人达到这一标准，流向知识部门，知识部门的就业人数继续从 LK_1 增加到 LK_2。| $LK_2 - LK_1$ | 从就业数量上表明了某个层次的劳动力市场上，劳动力流动的峭壁从存在到消失的过程，其经历的时间长度也就是由于存在人力资本约束而导致的劳动力市场调整的时滞，即峭壁消失的时滞。只要知识部门创新的速度快于整个社会人力资本积累和更新的速度，峭壁就会存在，两者之间的差异决定了峭壁陡峭的程度。随着知识部门不断地以不同程度的创新进行扩张，峭壁不断地产生，不断地消失，其所吸纳的劳动力却持续地增加，直到三个部门实现一元化，知识部门的就业比重相对稳定。

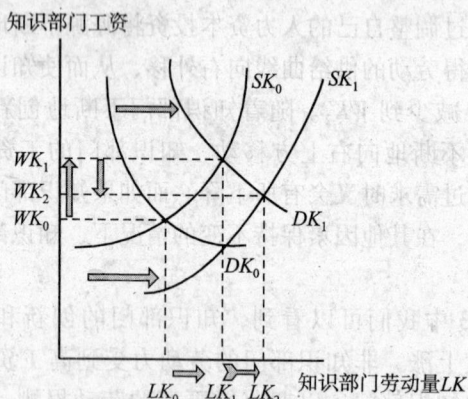

图 3 - 3　峭壁 I 下的劳动力流动

通过上述分析，我们可以得到关于峭壁Ⅰ下劳动力流动的均衡机制的几个命题：

第一，由于知识部门的创新是有周期性的，因此，只要在每个周期内，创新的速度快于人力资本形成的速度，峭壁就会不断地出现，工资的快速增长或降低也极有可能呈现周期性特征。

第二，在一个创新周期内，当其他影响工资水平的因素不变时，知识部门的工资增长率先迅速增加，然后趋于平缓，接着有可能出现下降的趋势。

第三，由于劳动力流动存在着较强的人力资本制约，因此，劳动力市场的供求状况无法在短时期内获得调整，从而知识部门劳动的长期供给曲线的斜率要比短期供给曲线的斜率小，曲线更加平缓，如图 3 – 4 所示，SK 为劳动的长期供给曲线，由于峭壁的存在，导致了 SK 的斜率要比短期供给曲线 SK_0 和 SK_1 的小，因此相对平缓，而从出现制约到劳动力市场基本达到平衡的时间就是峭壁变缓甚至消失的时滞期。

总之，由于劳动力流动峭壁的存在，劳动力向知识部门流动的均衡机制将在工资增长和就业增长方面表现出不同于其他要素市场调整的特征。短期内，工资增长呈上升趋势，劳动力受到高工资的吸引，具备条件的劳动力不断地向知识部门流动，就业逐渐增加，但其增加速度低于传统工业化时期（例如西方工业革命时期）工业部门就业增长的速度。通常情况下，劳动力经过长期的人力资本积累调整后，就业人数继续增加到更高的水平，劳动供给的增加导致工资增长的速度放缓，在没有大的创新和其他因素影响的条件下，工资增长速度下降，就业比重逐渐趋于稳定。

知识部门工资

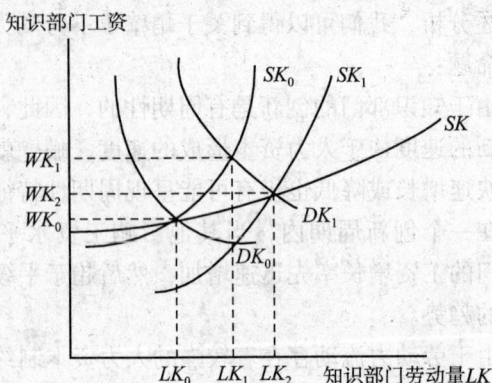

图 3 - 4　知识部门劳动的长期供给曲线和短期供给曲线

3. 知识劳动者的收益形式。

工资是支付给劳动存量（labor stock）所有者所提供的劳动服务（labor service）的报酬的主要部分。这一报酬的全部，应当叫做对劳动资源的"回报"（labor compensation）。不论是计时工资还是计件工资，一般而言的工资已经不足以反映劳动者的"知识"存量所获得的回报了。[①] 知识部门不同于其他两个部门，知识劳动者往往拥有企业的股份，或者与发明专利相关的知识产权，除了通过技能等获得一般工资之外，还存在着人力资本获取资本收益的现象，如股权收益、期权收益和专利权收益等。一部分具有特殊专长的人的工资还可以看做是一种纯租金收入，这是因为他们的劳动供给极其缺乏弹性。知识劳动者的特殊收益形式体现了知识劳动者的稀缺性，收益形式的不断变化也表明了知识部门吸引和激励劳动者在知识部门集聚的趋势。与此同时，越来越多的知识型企业正在向知识劳动者的"合伙人"所有制演变。

---

① 汪丁丁："知识劳动者的工资"，《IT 经理世界》，2002 - 05 - 14。

　　总之，在三元经济下，由于知识成为经济发展的核心要素，因此，作为知识形成、更新和使用的人力资本的回报急剧增加。例如，在英美经济的收入方面，劳动和人力资本的回报大约占国民生产总值的70%以上，物质资本及土地的回报只占30%以下。① 同时，拥有人力资本的知识劳动者在收入分配中也逐渐获得了优势地位。例如，在一个半导体芯片的价格中，至多3%归原材料和能源的主人，5%归拥有设备和设施的人，6%归常规工人，85%以上用于专门设计和工程服务以及相关的专利和版权。②

3.2.2　峭壁Ⅱ——农业部门的劳动力向正在知识化的现代资本密集型或技术密集型工业部门的流动

　　如前所述，在传统的农业——工业二元经济结构中，工业化不断推进的过程就是农村剩余劳动力不断转移的过程。随着工业规模的扩张，技术进步将保持中性，其对农村剩余劳动力的吸收是同比例的，因此，劳动力的转移规模越来越大。然而，三元经济的形成改变了发展中国家的产业结构，促进了产业的高级化，激烈的国内、国际竞争以及知识话语权的存在迫使许多大中型企业放弃了二元经济下"劳动无限供给"的思维定式，加大力度进行研发和技术升级，力图向价值链上游挺进。所以，在工业部门的内部，产业升级和调整不仅仅是一般技术范畴的边际改进，而是持续不断地知识化和数字化的渗透和扩散过程。例如，何传启在《第二次现代化——人类文明进程的启示》中详细分析了工业时代和知识时代的工业特点（见表3-1）。

　　① 汪丁丁："知识劳动者的工资"，《IT经理世界》，2002-05-14。
　　② 赵玉勤：《知识经济条件下的人力资本问题研究》，湖北科学技术出版社，2002年，第52页。

表 3-1　　　　　　工业时代和知识时代的工业特点比较

方面	工业时代	知识时代
生产	大规模标准化生产、自动化、计划性、集中型、生产者与用户相分离	宏大生产与小批量生产并存、网络化、虚拟化、及时性、分散性、用户参与设计和生产、工业生态学
产品	知识含量低、标准化、系列化、批量化、功能导向	知识附加值高、知识化、智能化、个性化、艺术化、多样化、文化内涵
技术	专业化、流水线、标准化、自动化、节时节能、环境污染、机器至上	知识密集、智能化、数字化、可视化、柔性制造、敏捷制造、电脑辅助设计和制造、虚拟设计和制造、微加工、环境友好、人机友好
市场	地区性、全球性、周期长、变化慢、有中介	国际化、无国界、周期短、变化快、中介退出、电子商务
管理	科学管理、成本管理、全面质量管理、战术管理、效率管理、"机械性"、"教条化"、"刚性"	柔性管理、知识管理、创新管理、战略管理、效益管理、信息化、人性化、灵活性
组织	所有者与管理者分离、金字塔型结构、等级森严、老板和雇员关系、命令式工作方式、"刚性"、生产型、效率型	专家之间网络关系、合作伙伴关系、网络化、虚拟化、扁平化、并行结构、跨部门工作小组、对话式工作方式、柔性、学习型、创新型
人力资源	体力劳动和脑力劳动相分离，蓝领工人比例高。分工、忠诚、竞争、物质奖励、员工培训	体力劳动和脑力劳动相统一，知识型劳动者比例高。参与、成功、合作、自我实现、终身学习
企业文化	效率、利润、成本中心、市场导向、用户满意、竞争对手、资本、自然资源、用户至上	学习、创新、价值网络、文化导向、供需双赢、战略联盟、知识、无形资产、知识劳动者

资料来源：何传启：《第二次现代化——人类文明进程的启示》，高等教育出版社，1999 年，第 86 页。

　　不难看出，三元经济下的现代工业部门在生产、技术、产品、市场、管理、人力资源等方面都表现出了与工业经济时代的重要区别，知识、创新、网络、信息、数字等字眼正逐渐渗透到工业部门的各个角落。因此，农业—工业的二元结构不再是传统二元结构，而是现代二元结构。然而，尽管工业部门开始了新一轮的扩张，不断地产生对劳动力的需求，而农村也存在着大量的剩余劳动力，但是，工业部门却出现了普遍的劳动力用工短缺现象。不仅仅发展中国家如此，发达国家的工业部门内部也出现了类似的现象。在这种条件下，刘易斯的"劳动无限供给"的神话似乎破灭了，其二元经济的劳动力流动机制也已经失去了部分的解释力，农业部门的剩余劳动力向工业部门的流动不再是顺畅的，出现了流动的峭壁。从农村剩余劳动力的一般状况来看，由于他们在教育、收入、公共服务等方面存在着相当大的劣势，因此，这一劳动力流动的峭壁是非常陡峭的。当然，如果我们假设工业部门的知识渗透度为零或者很小的话，刘易斯的劳动力流动模式依然是适用的，从这个角度说，刘易斯的二元经济的劳动力流动理论是三元经济下劳动力流动理论的一个特例。本书将从三个层次来介绍峭壁 II 的基本结构。

1. 三元经济下现代工业部门的人力资本密集性图解——从技术中性到劳动偏向性技术到人力资本偏向性技术* 的演变。

在刘易斯的人口流动模式中，尽管他注意到了技术进步和知识积累对经济增长的积极作用，但是他并没有把技术和知识作为一个单独的因素，生产资本的增长和技术知识的增长被看成是单一现象。因此，刘易斯把资本积累看成是劳动力流动的唯一动力，并且在大多数情况下，为了使生产工人的工资保持不变，这一转移过程中的技术进步呈现出中性特征。在图 3 - 5 中，随着工业部门的生产资本由 K_1 增加到 K_2 和 K_3，$D_1 D_1$ 相应地平行移动到 $D_2 D_2$ 和 $D_3 D_3$。由于技术进步是中性的，既不偏向劳动也不偏向技术，劳动边际生产率曲线是平行外移的，因此，就业的增加和工业部门规模的扩张是同比例的。

---

　　* 细心的读者应该能够注意到，技术图解的前两图和第三图中劳动供给曲线的形状是不同的，我们将在劳动力转移过程中作详细解释。

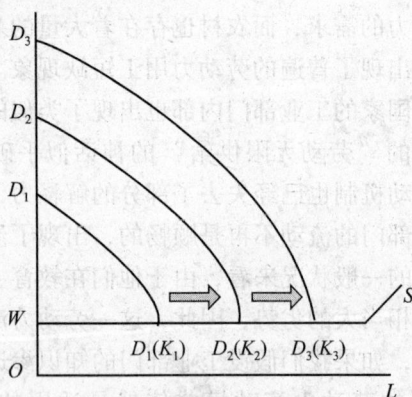

图 3 - 5　刘易斯模式中工业部门的技术中性图解

在拉尼斯 - 费模式中，人口增长与生产率增长是劳动力流动的两个关键变量，而生产率的增加主要有两个途径，即资本积累与技术进步。因此，与刘易斯不同的是，拉尼斯和费景汉将技术进步从生产资本积累中分离出来，并且认为，在发展中国家，工业部门提高生产率的途径是有所侧重的。尽管发展中国家在国际舞台上是后来者，有大量的技术可供自由使用，但是，他们在选择和引进国外技术时必须考虑发展中国家自身劳动力资源丰富的现实，从而更应当选择那些资本节约型或者劳动偏向性技术，或者根据本国的特点对国外先进技术进行改造使之能够吸纳更多的劳动力就业，而这对于绝大多数发展中国家来说是合理和明智的。因此，在拉尼斯 - 费模式中，工业部门的技术进步是劳动偏向性的。同刘易斯理论中工业部门的扩张一样，劳动边际生产率的增加将取决于资本积累量，但是，由于拉尼斯 - 费模式假设技术进步是劳动偏向性的，因此，工业创新的强度和偏向也影响了劳动边际生产率，并且使劳动边际生产率曲线右移的同时发生偏向劳动的转动。从图 3 - 6 中我们可以看到，随着工业部门的生产资本由 K_1 增加到 K_2 和 K_3，由于同时也采用了劳动偏向性技术，劳动的边际生产率曲线从 D_1D_1 移动

到 D_2D_2 和 D_3D_3，并发生转动。然而，我们也可以看到，与刘易斯的劳动流动模式相比，劳动偏向性技术的采用的确吸纳了相对多的剩余劳动力。

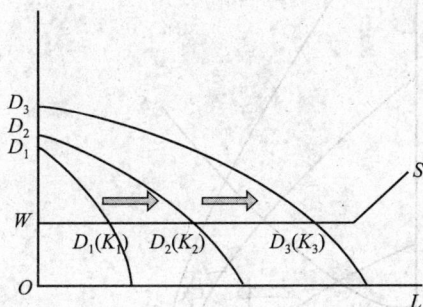

图3-6　拉尼斯-费模式中工业部门的劳动偏向性技术图解

　　然而，在三元经济条件下，工业部门将经历知识化或者信息化的渗透，其技术进步越来越偏向人力资本的集中，人力资本的拥有者逐渐获得较高的收益，资本在扩张过程中将更多地依赖技术工人[①]，而对低技术和非技术工人的依赖却大幅度减少，最终，整体而言，工业对劳动力的需求弹性不断下降，通过图3-7我们可以清楚地看到，在资本同样从 K_1 扩展到 K_2 和 K_3 的过程中，资本存量和知识化的强度导致劳动的边际生产率曲线从 D_1D_1 移动到 D_2D_2 和 D_3D_3，并且发生与拉尼斯-费模式相反方向的转动，转动的幅度与人力资本偏向性的强度成正比，从而工业部门对劳动力的吸收能力也逐渐下降。[②]

---

　　① 资本与人力资本的替代性要远远小于资本对简单劳动力的替代，从而有可能在一定的范围内增加工业部门的就业弹性。因此，在其他条件相同的条件下，人力资本密集型的工业部门的劳动生产率曲线应该比资本密集型的工业部门的劳动生产率曲线更偏劳动一些。

　　② 正好为工业部门向知识部门的流动提供了更多可供转移的潜在劳动力。

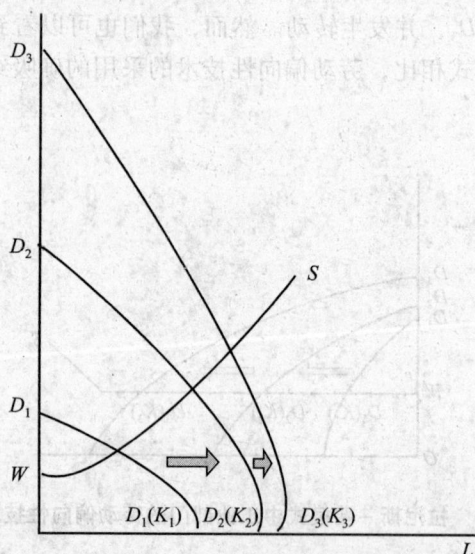

图 3 - 7 三元经济下"双峭壁"模式中工业部门的人力资本偏向性技术图解

2. 峭壁 II 下的劳动力流动过程。

从上述分析中可以看出，工业部门的技术偏向已经随着经济结构的变化相应发生了很大的改变，也正是由于技术的人力资本偏向，使得三元经济下农业和工业这一现代二元结构中的劳动力流动出现了障碍，形成了又一个流动的峭壁，我们称之为"峭壁 II"。无法适应工业部门人力资本要求的劳动力将被排斥在外，更多的非技术和低技术劳动力将处于失业或者不充分就业状态，或者继续滞留在传统农业部门。考虑到发展中国家传统农业部门或者说农村地区薄弱的教育、培训制度以及较低的收入水平，尽管这一个峭壁从本质上看不如第一个峭壁的层次高，但却是更难逾越的。由于二元经济下经典的劳动力流动模型忽略了三元经济下经济发展和劳动力流动的重要因素——人力资本，因此，刘易斯和托达罗等人建立的模式相对于当今的发展环境来说显然是有些理想化了，但这些创始

性的理论为进一步研究三元经济下农业和工业这一现代二元结构的
劳动力流动问题提供了基本的分析逻辑。所以，在承继经典劳动力
流动理论及前人研究的基础上，我们将通过分别修正刘易斯和托达
罗的劳动力流动模式来阐述三元经济下峭壁Ⅱ的劳动力流动过程。

（1）对刘易斯劳动力流动模式的修正。

毫无疑问，由于刘易斯模式忽略了经济发展的人力资本因素，
因此，人力资本因素的加入将导致劳动力的转移过程发生改变。一
方面，从工业部门的技术图解中我们知道，三元经济下工业部门的
人力资本偏向性技术使得劳动的边际生产率曲线的位置和形状都发
生了改变，越来越不倾向于吸收低技术或者非技术工人。另一方
面，刘易斯等人关于劳动力的假设是同质的，即使他们意识到知识
进而技术工人的重要性，他们也只是提到了熟练劳动力问题，并且
认为"熟练劳动，同资本或土地一样，也可能是扩张的难题。但
是，熟练劳动只是马歇尔可能已经称过的一个'准难题'。从资
本是可得到的这个意义上说，这只是非常短暂的难题；资本家或他
们的政府，都可以很快地提供培养更多熟练工人的设施"①。而在
考虑人力资本因素的前提下，发展中国家的劳动力市场逐渐地脱离
了刘易斯等人关于劳动力同质的分析框架。工业部门所需的劳动力
也不再是无限供给，反而出现了某种程度的稀缺，技术工人正逐渐
成为工业部门扩张的难题。同时，由于知识渗透的力量超过以往任
何一个时代对工业部门结构的改变，其对劳动力素质的要求也是较
高的，而且这一要求经常是快速变化的。因此，劳动力的供给不仅
是有成本的，而且由于人力资本的积累和形成是无法在短期内完成
的，劳动力的供给又是具有时滞的。因而，同知识部门的劳动力市
场一样，长期劳动供给曲线比短期供给曲线要相对平缓，工业部门
的劳动供给曲线也不再是水平的和具有无限弹性的，而是具有弹性
并向右上方倾斜的，其斜率随着不同层次人力资本的稀缺性程度而

---

① 刘易斯：《二元经济论》，北京经济学院出版社，1989 年，第 6 页。

变化，稀缺性越高的劳动力，其供给曲线的斜率越大，曲线也越陡峭。由新的劳动边际生产率曲线和劳动供给曲线决定的工资水平也不再是不变的，工资除了生活成本之外，还包括技术工资。

图 3-8 显示了峭壁 II 下的劳动力流动过程，即劳动力从传统农业部门向正在知识化的工业部门的流动过程，这一分析是对刘易斯模式的修正[1]。其中，A 为传统农业部门的制度工资或者生存工资，S_0 为原刘易斯模式中的劳动力供给曲线，由于工业部门在不变工资下可以获得所需的劳动力，因此其初始阶段是水平的，劳动力供给是无限的。又由于其技术进步是中性的，因此，工业部门扩张过程中对劳动力需求的弹性是不变的，当资本积累从 K_1 增加到 K_2 和 K_3 时，劳动的边际生产率曲线从 D_1D_1 平移到 D_2D_2 和 D_3D_3。在工资不变的情况下，工业部门吸纳的劳动力从 L_1 增加到 L_2 和 L_3。而在三元经济下，由于农业剩余劳动力的人力资本含量不同，不同质的劳动力也存在着显著的供给成本差异，在劳动供给成本上升的情况下，等待转移的农业剩余劳动力的供给曲线为一条向右上方倾斜的曲线 S'。另外，工业部门中技术进步的人力资本偏向使劳动的边际生产率曲线从 D_1D_1 移动到 $D_2'D_2'$ 和 $D_3'D_3'$。然而，工业部门所能吸纳的劳动力只从 L_1 增加到 L_2' 和 L_3'。相对于刘易斯模式下工业部门的吸纳能力来说，三元经济下工业部门对农业剩余劳动力的吸纳力显然减小了，两种情况之间存在着 $(L_2 - L_2')$ 和 $(L_3 - L_3')$ 的吸纳缺口。同时，这一缺口随着人力资本偏向的逐步加强而增大，图中 $(L_3 - L_3')$ 数量的缺口显然比 $(L_2 - L_2')$ 数量的缺口要大。如果我们从发展中国家存在着许多较低素质的劳动力的现实出发，我们就可以发现，这一被称之为吸纳缺口的就业量实际上衡量了在短期内人力资本通过对劳动力流动的制约而形成的峭壁及其陡

---

① 蔡新会在研究乡城劳动力流动时曾提到过类似的观点，但他强调的是人力资本二元结构和教育对劳动力市场分割对该流动模式的影响，而本书的研究是基于"双峭壁"模型下的现代二元结构的产生提出的，并且从短期和长期两个方面进行了修正和扩展。

峭程度。这些工业部门所未能多吸纳的劳动力就是人力资本含量达不到工业部门需要而碰到流动障碍的劳动力。

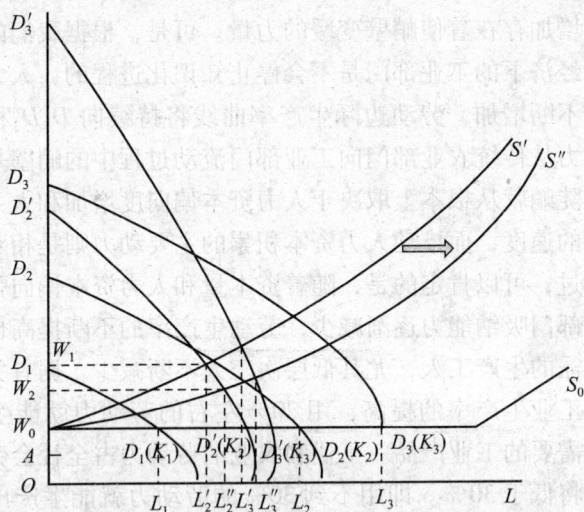

图 3 - 8　峭壁 Ⅱ 下的劳动力流动——对刘易斯模式的修正

　　然而，在长期内，劳动力通过人力资本投资将在某种程度上对这种峭壁存在的状况加以改善，这与知识部门的调整过程也是相同的。我们以劳动边际生产率曲线从 D_1D_1 移动到 $D_2'D_2'$ 为例来说明这一过程，在图中，我们还注意到，D_1D_1 移动到 $D_2'D_2'$ 导致工资从 W_0 陡然增加到 W_1，尽管工资的增长包含了对人力资本的补偿，但这一大幅度的增长也反映了技术工人短缺的劳动力市场供求状况。人力资本形成的长期性使劳动力在工资增长的情况下，无法在短期内调整到工业所需的水平，但是，经过一段时间后，在其他因素不变的情况下，劳动力的供给会增加，劳动供给曲线则从 S' 右移到 S''，供需状况的改善使得工资水平从 W_1 下降到 W_2，不过，整体而言，工资水平较之刘易斯模式依然提高了。工业部门所能吸纳的劳

动力从 L_2' 增加到 L_2''，吸纳缺口从（$L_2 - L_2'$）减少到（$L_2 - L_2''$），吸纳数量增加了（$L_2'' - L_2'$）。很明显的是，在技术的人力资本偏向强度不变的情况下，经过较长时期的调整，人力资本的形成从而有效劳动力的增加存在着使峭壁变缓的力量。可是，根据我们的基本假设，三元经济下的工业部门是不会停止知识化进程的，人力资本偏向强度将不断增加，劳动边际生产率曲线将持续向 $D_3'D_3'$ 移动。因此，劳动力从传统农业部门向工业部门流动过程中的峭壁是否趋于平缓或者陡峭就从根本上取决于人力资本偏向度增加和人力资本形成和更新的速度，而推动人力资本积累的主要动力则是相对较高的工资。不过，可以肯定的是，随着资本量和人力资本偏向强度的增加，工业部门吸纳能力逐渐减少，劳动生产率的不断提高也使得工业部门所需的生产工人，尤其低层次工人不断减少。据有关资料显示，随着工业生产率的提高，用 20% 左右的劳动力就能生产出满足全社会需要的工业产品。工业和农业的劳动力占全社会劳动力总数的比例将低于 30%。即用不到 30% 的劳动力就能生产出满足全社会物质需要的物质产品。[1]

（2）对托达罗劳动力流动行为模式的修正——持久收入差距假说模式。

在托达罗看来，刘易斯的劳动力流动理论不断地将我们的注意力集中到城市失业问题的严重性上，但是，刘易斯的讨论在很大程度上是定性的分析，并没有提供任何分析劳动力流动机制和城市失业问题的严格框架。正如我们在第 2 章中所介绍的，托达罗的劳动力流动模式（包括人口流动的行为模式和城市失业动态均衡模式）因较好地契合了发展中国家的现实而备受关注，并由许多经济学家或者学者进行了不断的修正。在此，我们也将对托达罗的劳动力流动行为模式进行修正，以考察工业部门技术升级的人力资本偏向对

---

① 何传启：《第二次现代化——人类文明进程的启示》，高等教育出版社，1999年，第 85 页。

劳动力流动的约束作用以及对劳动力流动规模的影响。

在托达罗的劳动力流动行为模式中，发展中国家的劳动力流动被看做是一种两阶段的现象。在第一个阶段，非熟练农村工人流动到城市地区，开始在所谓的"城市传统部门"度过一段时间。在第二个阶段，工人获得了更持久的城市现代部门的工作。这一两阶段的过程说明迁移者往往要等好几年才能在城市现代部门找到工作，标准的托达罗劳动力流动行为模式就是建立在较长时间范围基础上的。

与托达罗劳动力流动模式不同的是，在三元经济下，农业部门的劳动力流向工业部门的就业概率不仅仅是就业创造率和城市失业率的多少能够决定的，在更大的程度上还取决于劳动力的人力资本存量对工业部门需求的符合度。在这种情况下，托达罗所设想的"假若城市不存在失业，迁移者一迁入城市就可以找到工作，就业概率就等于1"的情景很有可能不会发生。本书认为，在存在峭壁 Ⅱ 的条件下，迁移者在现代工业部门找到工作的概率将主要取决于三个因素：现代部门的工作创造、城市失业人数以及迁移者的有效人力资本存量。就业概率与工作创造和有效人力资本存量成正比，与城市失业人数成反比，用公式表示为：

$$\pi = \frac{\eta \gamma N \Delta H}{S - N}$$

在公式中，π 表示就业概率；$\Delta H = H - \bar{H}$ 为迁移者具有的超过人力资本需求门槛的人力资本存量，为了分析的简便，我们假定 $\bar{H}$ 为一定时期内工业部门所要求的最低平均人力资本水平；η 表示迁移者在转换地点择业的过程中所具有的不利于被选雇的因素[1]（主要指一些除了人力资本因素之外的个人特征，例如性别、种族、地

---

① 这里，由于我们之前假设了不考虑户籍制度造成的劳动力流动的障碍，为了一致，我们依然没有将制度因素列人。同时，由于我们要强调的是人力资本因素，因此也未把 η 看做是影响就业概率的主要因素。

域、相貌、工作热情；也包括诸如他们在信息拥有量和生活经历上的劣势等因素），$S-N$ 表示城市失业人数，γN 是工作创造率与城市总就业人数的乘积，表示城市创造的就业机会。其中，$\gamma = g - \rho$，表示现代工业部门的工作创造率等于工业产出增长率减去现代工业部门的劳动生产率增长率。可以看出，就业创造率的多少取决于工业产出增长率和现代工业部门劳动生产率增长率的速度大小。根据经验研究，工业部门的就业创造率将呈现倒"U"型的变化，最终将减小。

尽管就业概率出现了上述改变，但是在短期内，现有的劳动力无法对此做出及时的反应，即使工业部门在增长，其所创造的就业机会已经不再是任何劳动力都能胜任的了，只有达到了工业部门标准的劳动力才更有可能进入城市现代工业部门，因此，低素质的劳动力被工业部门选雇的概率（即就业概率）将大大降低，从而导致了在其他条件不变的情况下，即使工业部门技术工人的工资出现了大幅度的上涨，迁移决策者的预期城市城乡收入和预期贴现净值也将减少，原本 $V(0) > 0$ 的比重就降低了，这些劳动力在流动过程中出现了阻碍，所以劳动力流动的规模将减少，出现了三元经济下劳动力流动的第二个峭壁。

但是，在长期内，受到较高工资这一经济收入的吸引，劳动力将通过进行人力资本投资来缓解这一矛盾。我们知道，托达罗的劳动力流动模式是建立在迁移者计划范围内的时期数 n 的基础上的，而从现实的情况来看，尤其值得注意的是，年轻人思想观念转变非常迅速，他们往往在年少时期就决定了要到城市工业部门工作，为了以更大的概率找到工作，他们通常会在迁移前和迁移期内乃至迁移后进行或者计划进行人力资本投资，他们中的许多人还计划做永久性迁移。无论是哪种情况，迁移者会把迁移决策分析扩展到通过对人力资本投资并获取收益的终身收入分析，而在一定计划期内的迁移决策分析便成了终生期迁移行为决策的一个特例。因此，我们修正的模式是一种持久收入差距假说模式。这种假说也是与发展中国家的城市化要求相一致的，在这种前提下，农民也才更有可能从本质上转变身份，真正地成为有持久工作的市民。

为了实现上述目的，迁移者有可能在迁移前就进行了人力资本投资，也可能在迁移期进行人力资本投资，他们希望通过投资能够在城市获得工作甚至获得报酬更高的工作。由于人力资本投资具有长期性和高成本性等属性，较长时间的预期和计划将有利于投资的进行和收益的实现，否则迁移者将没有动力进行较高层次的人力资本投资。

设 $V(0)$ 表示迁移者终身期的预期城乡收入差异的净贴现值；C_{H0} 为迁移前进行的人力资本投资，如果是多期进行的投资可以通过贴现率调整到 0 期；$C_H(t)$ 为迁移过程中迁移者在 t 期进行的人力资本投资，这一投资有可能是在非正式部门进行的，也有可能是找到正式工作后进行的。其中，C_0 表示最初迁移和在城市安置下来的固定成本；$Y_u(t)$ 和 $Y_r(t)$ 分别表示 t 时期城市和乡村的实际工资率；n 为终生期年限，通常情况下，实际期限最长为 40~50 年，随着人的寿命的延长和工作性质的变化，这一期限将有可能延长；r 表示贴现率，反映迁移者的时间偏好程度。$p(t)$ 表示一个迁移者 t 期累加的就业概率：

$$p(t) = \pi(1) + \sum_{i=2}^{t} \pi(i) \prod_{j=1}^{i-1} [1 - \pi(j)],$$

$$\pi(t) = \frac{\eta(t)\gamma(t)N(t)R(t)\Delta H(t)}{S(t) - N(t)}$$

尽管我们依然使用了托达罗模式中的累加概率，但在我们的模式中，这一累加概率既加入了影响每期就业概率的人力资本含量变量 $\Delta H(t)$，也包含了人力资本投资风险 $R(t)$（人力资本质量和市场系统共同决定的风险），即人力资本投资对产业需求以及经济结构变动的符合度。我们认为，无论是寻找工作期还是工作期，这一风险概率都存在，尤其是在知识和技术迅速变化的三元经济条件下。不过，可以推测的是，随着时间的推移，这一概率很有可能越来越收敛于1，其收敛速度受到人力资本含量和质量、工作性质、体制结构等因素的影响。为了便于分析，我们还假设人力资本的折旧率为零。于是，一个迁移者在终身期的净收入贴现值公式可以表示如下：

$$V(0) = \int_{t=0}^{n-1} \{p(t)[Y_u(t) - Y_d(t)] - Y_r(t) - C_H(t)\}e^{-rt}dt - C_0 - C_{H0}$$

由于 C_{H0} 从形式上也是迁移者在 0 期的人力资本投资，因此，可以并入到 $C_H(0)$ 中，从而公式进一步改写为：

$$V(0) = \int_{t=0}^{n-1} \{p(t)[Y_u(t) - Y_d(t)] - Y_r(t) - C'_H(t)\}e^{-rt}dt - C_0$$

上述公式中，$Y_d(t)$ 是 λ_1 在收入上的体现，表示迁移者在 t 期由于受到歧视、不公正待遇而相对同等工人减少的收入，而且我们假设 $Y'_d(t) \leqslant 0$，即 $Y_d(t)$ 是时间的非增函数，在很多情况下，将随时间的推移而消失。$C'_H(t)$ 包括除了迁移本身的全部人力资本投资的直接成本和机会成本。

到此为止，就业概率中的人力资本变量就可以相应表示为：

$$H(t) = C_{H0} + \int_0^t C_H(t)e^{-rt}dt，其中，H(t) 的衡量均以 0 期为$$

基期。

从公式中，我们可以看出，尽管人力资本投资增加了劳动力的预期就业收益和就业概率，但是也增加了就业的成本，所以，只有当总收益大于总成本时，个人才会决定投资和迁移。当 $V(0) > 0$ 时，迁移者的预期城乡收入差异的净贴现值为正，迁移者愿意从农村迁往城市，劳动力流动数目开始增加；当 $V(0) < 0$ 时，迁移者的预期城乡收入差异的净贴现值为负，劳动力不愿意从农村迁往城市，于是，城市净流入人口就不会增加，甚至减少。

实际上，这一永久性迁移模式也完全可以从人力资本投资模型的角度来理解。根据舒尔茨对人力资本投资的定义，人力资本投资包括正式教育、非正式教育、医疗保健和为合适工作机会进行劳动力转移的投资。在人力资本投资模型中，人力资本投资决策就是通过投资的成本—收益分析来得出结论的。当贴现净收益大于零时，劳动者决定投资，否则，不会投资。从上述公式中，我们可以很清楚地将这些不同的变量分别理解成人力资本投资的收益和成本。$C'_H(t)$ 包括除了迁移本身的全部人力资本投资的直接成本和机会成本（即使迁移者在城市现代部门获得了工作机会，但是在进行人力资本投资的过程中可能会减少当期的工资收入，这些收入就是投资的机会成本。例如，进入现代部门的学徒工很有可能在短期内接受师傅的技术辅导，其当期工资将减少，而减少的这部分工资就是机会成本；再如，迁移者在迁移前接受教育等于放弃了在家务农的收入，这一部分也是人力资本投资的机会成本），C_0 是迁移投资的直接成本，$Y_r(t)$ 和 $Y_d(t)$ 是迁移投资的机会成本，$Y_u(t)$ 是所有人力资本投资的收益。从这个角度说，这一模式本身就是为了纳入人力资本因素来考察劳动力迁移决定和迁移规模的，因此，永久性迁移模式也更加符合人力资本理论。

由于我们认为收入差异依然是乡城劳动力流动的主要推拉因素，所以，我们继续采用托达罗的观点，即乡城劳动力流动规模是城乡预期净收入贴现值的增函数，公式表示为：

$$M = f[V(0)] \qquad f' > 0$$

显然，经过修正的就业概率和城乡预期净收入贴现值函数表明，由于三元经济的形成导致了工业部门升级的人力资本偏向，在短期内，劳动力无法进行调整，出现了劳动力流动的峭壁，但是在长期内，劳动力通过进行人力资本投资，就会不断地增加他们在现代工业部门被选雇的概率，同时，工业部门的工资也在不断增长，只要通过投资获取的净收益贴现值大于零，峭壁就可能变缓，劳动力愿意并能够继续向工业部门流动。这一改变的发生同样需要较长时间的调整。

尽管如此，现实的情形依然比我们所要表达的劳动力流动行为模式要复杂得多。首先，虽然我们在模型中加入了风险因素，但模型的分析依然是以迁移者的风险中性偏好为前提的，而实际上，对许多农村地区的劳动力来说，他们都是风险厌恶的，即较多的预期概率收入不如较少量的固定收入对他们的诱惑力更大。因此，即使在 $V(0) > 0$ 的情况下，能够进行流动的劳动力也有可能不愿意流动。其次，我们构建的持久性收入差距假说模式是在无资金约束下的行为模式，但是，在现今城乡收入差距扩大和资金借贷比较困难的情况下，广大农村地区的收入不足以对先期的人力资本投资进行支付，也无法对当期和预期的收入进行综合考虑，因此，劳动力的贫困依然是制约人力资本投资从而缓解峭壁的障碍。最后，较低素质劳动力存在着非常大的"有限理性"的约束。有限的能力使他们在获取信息、进行决策时都无法理性地进行控制和及时调整。即使他们在接受教育或培训的时候，贫瘠的经历、较少的锻炼和较差的自然禀赋也使他们无法尽快地获得优势。所以，从经验研究来看，富有冒险精神、较富裕的人和较年轻的人比较容易迁移。无论如何，可以推测的是，在其他条件相同的前提下，峭壁 II 的存在使得劳动力流动的规模没有托达罗模式中的规模大。

（3）现代工业部门劳动力市场的动态调整。

在托达罗模式中，尽管托达罗所构建的城市劳动力市场结构和机制模型是以劳动供给和需求为基础的，然而，他假定工业部门需求和供给的劳动力都是低水平同质的。而在我们的模型中，峭壁 II 的存在使得工业部门对劳动力的技能、能力和知识水平都有了更高的要求，因此，只有具备了一定人力资本水平的劳动力才有可能进入现代工业部门。为了研究的方便，我们将这一基本要求统一规定为"人力资本需求门槛"，用 $\bar{H}$ 来表示。相应的，城市现代工业部门的劳动需求方程变为：

$$N_{\bar{H}}(t) = N_0 e^{\gamma t}$$

式中，$N_{\bar{H}}(t)$ 为第 t 期工业部门对人力资本超过 $\bar{H}$ 的劳动力的需求。

尽管城市劳动力在获得人力资本投资方面的条件要比农村人口

优越得多，但是由于个人特征、家庭背景、环境因素等的影响，城市劳动力并不能顺畅地获得工业部门所需的人力资本。因此，在影响城市劳动供给增长率的因素中，城市劳动力自然增长率必须经过一定的调整才能成为工业部门的有效供给。因此，城市现代工业部门的劳动供给增长率方程可以表示为：

$$\frac{S'}{S}(t) = \delta\beta + \pi'(t) F[\alpha(t)]$$

其中，δ 为城市劳动力自然增长率有效调整系数，我们假定在一定时期内，这一系数是比较稳定的，$\pi'(t) = \dfrac{\eta(t)\gamma(t)N(t)R(t)\Delta H(t)}{S(t) - N(t)}$，从而，城市现代工业部门的劳动供给增长率方程可以改写为：

$$\frac{S'}{S}(t) = \delta\beta + \frac{\eta(t)\gamma(t)N(t)R(t)\Delta H(t)}{S(t) - N(t)} F[\alpha(t)]$$

在托达罗模式中，他假定城乡实际收入差异是固定的，即 $\alpha(t) = \alpha$。但是，在我们的分析中，城乡实际收入差距不是固定的，而是外生的，其值是由现代工业部门的劳动力市场的供需状况决定的。

现在，我们就可以分析在哨壁 II 条件下，现代工业部门劳动力市场的动态调整过程了。在发展中国家三元经济形成并对工业部门进行知识渗透的初始阶段，尽管城市现代工业部门的收入水平较高，新产业的出现以及旧产业的改造提供了大量的工作机会，然而，劳动力的整体素质却不高，技术要求的骤然提高使得劳动力即使在面对城乡收入差距、工作机会的情况下，由于受到人力资本需求门槛的制约而无法顺利地流向现代工业部门。这样，城市现代工业部门的劳动需求增长率就会超过劳动供给增长率，即 $\dfrac{S'}{S} < \dfrac{N'}{N}$。

城市现代工业部门劳动力市场的恶化推动了部门工资水平的上升，而工资水平的上升使得劳动力进行人力资本投资就更加具有吸引力，当工资水平的上升使得劳动力在进行成本收益分析时，发现进行投资和迁移的贴现净值扭转为正且趋于上升时，越来越多的劳动力将积极地进行人力资本投资。从而，更多的劳动力逐渐突破了人力资本需求门槛，迁移者在城市现代工业部门找到工作的可能性 $\pi'(t)$ 也随着 ΔH 的增加而不断增大，同时，城市工资水平仍在增加或者至少不下降。这时，城乡劳动力流动速度将加快，城市劳动供给增长率逐渐上升，最终增加到等于城市劳动需求增长率，即 $\dfrac{S'}{S} = \dfrac{N'}{N}$。如果没有其他因素的扰动，城市工业部门的就业率将稳定在一个特定的水平上。假设由于某种原因，就业率上升或者下降，工资水平、人力资本投资水平进而就业概率将发生改变，使它恢复到这个稳定水平上。

通过让城市劳动供给增长率等于城市劳动需求增长率，我们可以求得均衡就业率方程，即：

$$\frac{S'}{S} = \frac{N'}{N} \text{ 或 } \frac{E'}{E}(t) = \frac{N'}{N}(t) - \frac{S'}{S}(t) = 0$$

将各变量代入得：

$$\frac{E'}{E}(t) = \gamma - \delta\beta - \frac{\eta(t)\gamma(t)N(t)R(t)\Delta H(t)}{S(t) - N(t)}F[\alpha(t)] = 0$$

整理得：

$$\gamma - \delta\beta = \frac{\eta(t)r(t)N(t)R(t)\Delta H(t)}{S(t) - N(t)}F[\alpha(t)]$$

由于 $E(t) = \dfrac{N(t)}{S(t)}$，则：

$$\gamma - \delta\beta = \frac{\eta(t)\gamma(t)R(t)\Delta H(t)F[\alpha(t)]}{1 - E^*}E^*$$

解得均衡就业率方程为：

$$E^* = \frac{\gamma - \delta\beta}{r(t)\eta(t)R(t)\Delta H(t)F[\alpha(t)] + \gamma - \delta\beta}$$

如果上式中的变量在第 t 时刻都保持稳定的话，那么，均衡就业率就不会变化，当这些变量发生变化时，均衡就业率也会相应地发生变化。

综上所述,在现代工业部门劳动力市场调整的过程中,劳动力市场的供需状况将导致工资水平发生变化,这是人力资本约束效应的集中体现,进而影响劳动力对人力资本进行投资的决策,然后就业概率将发生改变从而对劳动力市场起到调整和平衡的作用。另外,从劳动力流动规模的比较来看,尽管我们在上文指出,"可以推测的是,在其他条件相同的前提下,峭壁Ⅱ的存在使得劳动力流动的规模没有托达罗模式中的规模大",但这仅是从静态的角度去看的,从动态的过程来看,随着一国人力资本积累的加快,劳动力流动的规模将不断增加。可见,在峭壁Ⅱ条件下,在一定时期内,工资将呈现先上升然后再下降的趋势,劳动力市场上也将逐渐从劳动供给偏紧向劳动供给增加转变,而这一过程也恰恰就是劳动力流动受到人力资本约束的过程。

(3) 现代工业部门与传统农业部门的工资差距。

随着三元经济中现代工业部门知识化进程的推进,工业部门的劳动生产率不断提高,劳动需求曲线的位置也不断向右上方移动,对劳动力素质的要求也越来越高;与此同时,劳动的供给成本也不断提高。在这种情况下,工业部门的工人工资也不再是维持在比传统农业部门高 30% ~ 50% 的水平上(刘易斯指出,这是因为资本主义部门的生活费用和交通费用都比较高,心理费用的存在也要求实际工资仍有差额),而是包含补偿技能和知识在内的"补偿工资"。当然,与我们在理论假设中提到的一样,工资水平必须有劳动生产率作支撑,否则,工资的增长就是对经济无益的增长。

不断扩大的工资差距具体表现在农业与工业工人工资差距、城乡居民收入差距以及技术工人与非技术工人收入差距上。尽管我们在劳动力流动过程中提到的均衡机制会使得低素质的劳动力进行人力资本投资去获得知识和技术,从而引起缩小工资差距的劳动供给变动。但是,实证数据研究依然未能一致地证明这一事实是否会发生,要花多长时间才能完成。研究收入分配和收入差距的经济学者也因此提出了关于工资差距的倒"U"型假说,他们认为,在经济结构变动初期工资差距会逐渐扩大，中期阶段差距变动将比较平缓，最后差距将缩小。实际上，单纯从理论上说，这一假说是合理的。农业和工业在知识化的早期和发展阶段，工业部门对非技术或低层次劳动的需求会逐渐减少，对技术或高层次劳动力的需求将增加，从而不同技术层次的劳动力之间的工资确实会逐渐扩大。随着知识化的继续渗透并到达成熟阶段，工资的均衡机制不断发挥作用，劳动力也逐渐地被知识化了，工资差距开始缩小，直到农业和工业部门完全被知识化，实现了农业、工业和知识部门的一元化。当然，不同性质工作的工资差距也不可能缩小为零，这是由劳动力市场和劳动生产率以外的其他因素决定的①。图3-9刻画了技术工人和非技术工人的工资差距先扩大然后再缩小的过程，我们认为，这一机制不仅仅适用于考察工业部门与传统农业部门的工资差距（我们可以用非技术工人的工资近似表示传统农业部门的工资，用技术工人工资表示正在知识化的工业部门的工人工资，因为本书认为，非技术工人的工资并不比传统农业部门的劳动收入高出许多，即使差距为刘易斯所说的30%～50%），也适用于工业部门与知识部门的工资差距（可以用技术工人工资表示知识劳动者工资，用非技术工人工资表示低技术工人工资）。

在图3-9中，我们可以看到，技术劳动的需求曲线比非技术劳动的需求曲线高和陡峭，这体现了知识化的工业部门对技术工人的需求较大，资本对技术劳动的替代性较小；技术供给曲线的斜率也比非技术劳动的供给曲线大，这体现了技术劳动的相对稀缺性，同时也表明，即使技术劳动的工资上升，企业也很难大幅度减少对技术工人的需求，这是因为资本替代技术劳动的可能性也比资本替

① 根据经济学相关理论，当部门之间的劳动生产率趋于相同时，各个部门的工资应当是收敛的，然而，现实的情况是，即使我们认为，我们已经考虑了导致工资差异的主要原因，在很多情况下，我们仍能发现，各个部门甚至产业内部仍然存在着很大的差距。其原因是多种多样的，例如，劳动力市场有可能被分割，形成了一些非竞争性群体；个体差异的存在导致难以形成同样的人力资本；工作的非金钱和非货币特征的存在；等等。

代非技术劳动的可能性小。因此,在初始阶段,技术工人的工资为 WS_0,比非技术工人的工资 WU_0 要高,这是因为技术工人的生产率比非技术工人要高,缺乏技术的工人通常不能同质同量地完成与技术工人同样的工作,较高的工资是对技术的补偿。

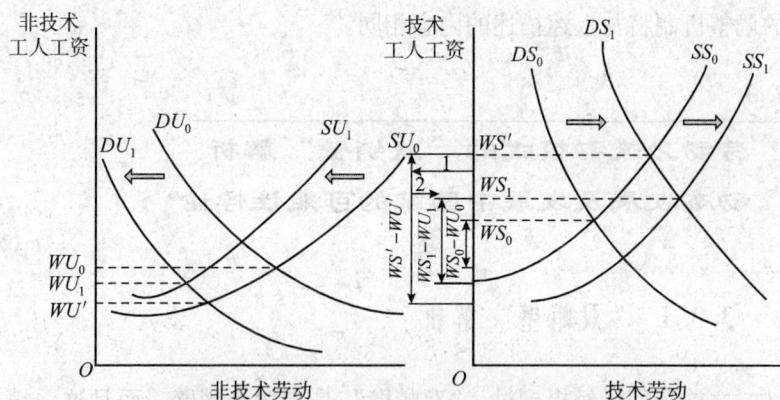

图 3-9 技术劳动力与非技术劳动力市场及其工资差距

如果技术升级引起技术劳动的需求曲线向右移动到 DS_1,并且使非技术劳动的需求曲线向左移动到 DU_1,技术工人的工资将从 WS_0 上涨到 WS',非技术工人的工资将从 WU_0 下降到 WU',这时,技术工人和非技术工人的工资差距将由 ($WS_0 - WU_0$) 扩大到 ($WS' - WU'$)。在长期中,不断扩大的工资差距将推动更多的劳动力进行人力资本投资以获得相应的技术,从而使技术劳动的供给曲线从 SS_0 向右移动到 SS_1,非技术劳动的供给曲线从 SU_0 向左移动到 SU_1。由于技术劳动供给的增加和非技术劳动供给的减少,技术工人的工资从 WS' 下降到 WS_1,非技术工人的工资从 WU' 上升到 WU_1,技术工人和非技术工人的工资差距从 ($WS' - WU'$) 又缩小到 ($WS_1 - WU_1$)。工资差距从过程 1 变动到过程 2 说明,劳动的长期供给减弱了工资短期变动的结果,技术和非技术劳动力市场的工资均衡机制存在着缩小工资差距的力量。更一般地说，在发展中国家，如果非技术劳动力市场完全是由简单劳动力组成的，在同质劳动力依然没有被大量吸纳完毕的情况下，劳动供给曲线将依然保持水平，实际工资 WU_0 还是由生存水平来决定，差距缩小的调整主要来自技术劳动力市场的力量，当简单劳动力变得稀缺时，两者的调整机制将与上述描述的内容相同。

3.3
劳动力流动模式的"双峭壁"解析、动态发展及发展中国家的可能性悖论

3.3.1 "双峭壁"解析

之前我们已经提到过，"双峭壁"是指两个峭壁，而且这一峭壁是劳动力流动的峭壁，是随着三元经济结构的形成而出现的。

然而，"峭壁"一词并不是凭空使用而是有其渊源的。在《二元经济论》中，刘易斯在说明资本主义现代工业部门的工资时曾经提到，"借用一个有关海洋的比喻，资本主义和农业劳动之间竞争的边界现在看来不是海滩，而是峭壁"[①]。如此来说，"双峭壁"模式中的"峭壁"范畴是借用刘易斯所指的峭壁，但却远远超过他所指的含义。按照刘易斯的观点，他所提到的"峭壁"是量的界定，具体是指维持生计的农业部门和资本主义现代工业部门之间30%～50%的工资差距。而本书界定的"双峭壁"中的"峭壁"是质的界定，是从劳动力流动过程中的技术制约角度分析的。当然，本书的"峭壁"也可以说是包含量的界定，而这一量的界定虽然也是部门之间的工资差距，但这一差距要比刘易斯所设想的大

---

① 刘易斯：《二元经济论》，北京经济学院出版社，1989年，第11页。

得多，相比起来，刘易斯所指的峭壁充其量只能是"陡坡"。同时，由于刘易斯所指的峭壁是没有技术制约的收入差距，因此，在吸引劳动力流动的过程中并不存在阻碍，正是因为这一峭壁才使得劳动力从维持生计部门流动到工业部门。而本书中量的"峭壁"尽管具有诱惑力，但是，要获得这一量必须实现劳动力"质"的飞跃，否则摆在劳动力面前的事实就只能是"望而却步"了。

　　总之，"双峭壁"模式是从发展中国家的现实出发的，由于庞大的非熟练劳动力的存在依然是我们不可忽视的现实，因此，双峭壁的含义主要是针对许多发展中国家的劳动力资源供给结构和产业发展的劳动力资源需求结构来说的。从劳动力资源总量来看，发展中国家的劳动力的确是无限供给的，但是由于经济发展要求劳动力资源的结构与经济结构相适应，因此只有适合经济结构的劳动力资源才是有效供给，在三元经济结构形成的发展中国家，技术劳动力和高层次劳动力不仅不是无限的，在某种程度上还是短缺的。如此来说，知识部门和工业部门的持续快速发展都是与低素质劳动力格格不入的，这两个层面对广大的农村劳动力、城市低素质劳动力乃至新生劳动力来说，就像两个峭壁一样，如果劳动力没有一定的人力资本积累，就无法超越障碍实现部门之间的顺畅流动。

3.3.2　"双峭壁"模式的动态发展

　　由于知识部门的发展以及知识对农业和工业部门改造的程度是不断发展和不断变化的，因此，劳动力流动的"双峭壁"模式不是一成不变的，而是动态发展的。

　　对处于不同发展水平的发展中国家和同一国家的不同时期来说，"双峭壁"中的峭壁Ⅰ和峭壁Ⅱ在构成和强度上也是不同的。当知识部门的发展处于萌芽状态时，工业部门知识化的程度是很弱的，在这种情况下，峭壁Ⅱ将比较平缓，甚至可以认为退化为刘易斯等人二元经济下的劳动力流动，同时，峭壁Ⅰ也没有那么陡峭和明显。但是，随着三元经济结构的不断强化，知识部门的发展以及对工业部门的渗透将不断提高，经济发展对知识、人力资本的需求也不断增加和提高，不仅峭壁Ⅰ变得愈加陡峭，峭壁Ⅱ也逐渐加强。当然，"更加陡峭"是建立在人力资本积累和更新的速度赶不上知识化对劳动力素质要求的速度这一前提下的。但是，无论峭壁是变得陡峭还是平缓，这都是劳动力的需求面和供给面的质的提高在量上的体现，就知识化进程而言，"双峭壁"模式都将不断发展，我们将这一过程称为"双峭壁"模式高级化的过程。所谓的高级化是质的高级化，不是量的高级化。随着知识部门达到成熟期，工业部门被完全知识化，人力资本在相当长的时间内的不断形成、积累和更新使劳动力流动变得顺畅，"双峭壁"模式也就退出了历史舞台，各产业的就业比重也相对稳定。

需要指出的是，这一高级化动态发展受到人口增长速度、人口基数、人力资本提升速度和质量、经济发展速度、国内政策等因素的制约。一个具有庞大规模的简单劳动力的国家不可能在很短的时间内走向"双峭壁"模式的高级化。

同时，这两个模式也是相互影响的，其影响来自部门之间平衡发展的需要。峭壁Ⅰ下的劳动力流动决定了知识部门的发展，从而影响着对工业部门的渗透程度，进而影响了峭壁Ⅱ的高级化与否和高级化的缓急。而如果峭壁Ⅱ下的劳动力流动阻碍很大，工业部门的发展就会受到影响，从而既会阻碍峭壁Ⅰ高级化的进行，也会影响峭壁Ⅱ下一阶段的高级化，这是因为，当一国的工业部门不能支持本国知识部门的发展时，两个部门的发展都会受到不利的影响，除非有来自国际的资本流入和其他实现途径。

3.3.3 发展中国家"发展与就业的可能性悖论"及其影响

无论是对发达国家还是对发展中国家来说，就业与发展都是一国所要追求的两大宏观经济目标。按照宏观经济学的理论，经济发展与就业是正相关的，当一国经济处于迅速发展时期时，本国的就业就会随之增长，因为快速的经济发展创造了更多的就业机会，从而既实现了经济增长又促进了整个社会的稳定。然而，现实情况并非如此简单。

从发展中国家的现实情况来看，非技术劳动力的供给是充裕的，因此，经典二元经济理论的经济学家要么支持发展中国家的技术进步中性，要么主张技术进步的劳动偏向，目的就是为了使工业部门更大限度地吸收剩余劳动力。在很长一段时间内，绝大多数发展中国家的政府或者企业都以此为指导思想，以压低劳动力成本来增加利润从而扩大企业规模为主要目标。然而，知识经济的出现以及三元经济的形成使得拥有知识、开发知识、利用知识的国家或企业拥有了当今经济发展的话语权，占据了一国或全球价值链的顶端，获得了附加值的绝大部分。相反，继续利用廉价劳动力忽视技术升级的企业成为其他发达国家的加工厂，只能获得一小部分利润，较小的利润规模降低了工业部门对剩余劳动力的吸纳能力，长期发展的速度也受到影响。到此为止，发展中国家的发展和就业已经同时受到了威胁。在这种情况下，无论是为了实现国家或企业的持续发展，提升利润空间主动地进行产业或技术升级，还是企业受到劳动成本上涨压力被迫进行产业和技术升级，产业结构都开始趋向高级化，无论是知识部门的发展，还是工业部门的产业升级都将推动发展中国家的经济发展走向一个新的阶段。然而，正当我们要拍手称快的时候，发展中国家却有可能出现"发展和就业的可能性悖论"，尽管长期内这个矛盾会有所缓解，但是，短期内一国极有可能经历持续不断的阵痛。

"发展与就业的可能性悖论"是指，发展中国家在短期内可能无法兼顾发展和就业两大目标，为了实现经济的持续发展，将会在一段时间内付出就业无法大幅度增长甚至恶化的代价。这是因为，在三元经济条件下，一国要想获得长期的竞争优势以谋求可持续发展，就必须加大知识和技术的创新和应用，因而知识部门和工业部门的技术进步也就更加偏向技术和智力，对农村人口占大多数的发展中国家来说，在人力资本无法迅速积累和形成的条件下，更多的就业就越是难以满足，从而出现了发展与就业的矛盾。

在这种情况下，劳动力市场的分割乃至二元结构也将更加明显，进而收入的马太效应就会形成，以致出现人力资本投资的恶性循环陷阱。如图 3 - 10 所示，由于发展中国家的劳动力素质比较低，因此，部门间的劳动力流动受阻，导致低素质的劳动力依然滞留在落后部门或者产业，因而出现了失业、就业不足或就业低级化现象，这就使他们的收入增长缓慢甚至停滞或下降，低微的收入使他们继续陷入贫困，只有很少或者几乎没有多余的收入进行人力资本投资，从而人力资本形成依然缓慢，继续导致落后部门的低劳动生产率和缓慢的经济增长，形成了人力资本投资的恶性循环。相反，在先进部门，由于劳动生产率高，经济增长快，高素质劳动力的职业逐渐高级化，收入增长快，越来越高的收入支撑了持续快速的人力资本投资，促进了高端劳动力市场人力资本的形成，而人力资本的快速形成和更新又推动了先进部门劳动生产率的继续提高，进入下一轮的经济增长。尽管单单从先进部门来看，这一人力资本投资循环是良性的，但是，从整个经济结构来看却是不合理的，它造成收入差距极化和职业差别极化的局面，导致了整个经济发展的低效率和不均衡。同时，这一恶性循环机制产生了"无限同质低素质劳动力的弱人力资本投资与有限高素质劳动力的强人力资本投资效应"，将使劳动力流动的峭壁持续存在，并且更加陡峭，延长了"发展与就业可能性悖论"存在的时间，最终将恶化部门之间的均衡发展，使经济发展的动力减弱。

对发展中国家来说，人力资本投资的恶性循环陷阱一旦形成，农村劳动力受到收入的限制就无法进行充分的人力资本投资，这不仅使农业部门的发展缺乏充足的人力资本存量，也使劳动力难以进入城市的工业部门或者知识部门，进而恶化了农业部门对工业部门或者知识部门的劳动力供给条件，为先进部门的发展设置了很大的障碍。同时，由于两类部门之间的职业地位乃至收入差距很大，无论是能够进入先进部门的农村劳动力，还是在先进部门不断进行人力资本投资的城市劳动力，都不愿意从事与农业相关的产业，更不愿意积极地对农业产业进行工业化或者知识化的改造，这就使得农业部门或者农村经济的发展失去了最根本的动力。如此看来，恶性循环陷阱不仅对工业部门和知识部门的发展造成了负面影响，还延缓了农业工业化和知识化的进程，这不利于整个经济的发展和社会的稳定。

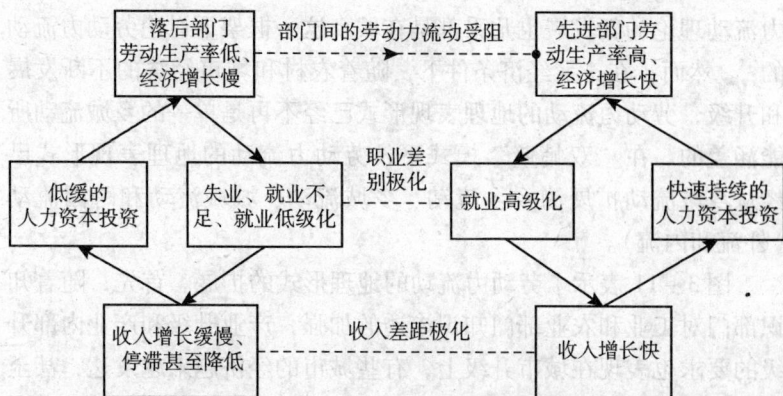

图 3 - 10　人力资本投资的恶性循环陷阱

3.4

"双峭壁"模式下劳动力流动的表现形式

　　由于"双峭壁"模式是以三元经济为基础建立的，因此，这一模式下劳动力流动的表现形式在地理、就业和职业等方面也表现出与二元经济的不同。

3.4.1 地理表现形式

在发展经济学中，二元经济下的劳动力流动通常简称为城乡劳动力流动或者转移，这是因为，在二元结构下，以农业为主的维持生计部门多集中在落后和贫困的农村地区，而以工业为主的资本主义现代部门多集中在较为发达的城市地区，因此，农村和城市分别成为农业部门和工业部门的代名词。这在刘易斯、拉尼斯、费景汉、托达罗等人的理论中都可以看到，20世纪90年代以来对劳动力流动理论的新发展也几乎是在城乡这一框架下讨论劳动力流动的[①]。然而，在三元经济条件下，随着农村和城市经济的不断发展和升级，劳动力流动的地理表现形式已经不再是单一的乡城流动所能涵盖的。在"双峭壁"模式下，劳动力流动的地理表现形式已经从乡城流动扩展为乡乡流动、乡城流动、城城流动和跨国流动（外流和内流）。

图3-11表示了劳动力流动的地理形式的扩展。首先，随着知识部门对工业和农业部门知识渗透的加强，产业升级和产业内部升级的要求也表现在城市升级上，有些城市的经济越来越发达，甚至成为周围地区的经济枢纽，这些城市逐渐将原有的许多工业转移到其他城市，而集中发展金融、服务、高技术、信息等产业，而这些产业实际上是知识部门发展的具体体现，这些城市也相应成为发达经济和知识经济的集中地。知识产业存在着高收益性特征，因此吸引着高人力资本含量的劳动力向这些城市流动，这些人既包括从农村地区转移来的，也包括从其他城市地区转移来的。因此，"峭壁Ⅰ"模式下的流动除了表现为原有的农村到城市之外，还出现了城市与城市之间的劳动力流动。其次，知识和信息技术的使用降低

---

① 出于一致性和便于分析的目的，本书的一些理论也是以此为基础的，但这并不影响分析的本质。

了交易发生的费用，加强了信息的及时交流，相对缩短了时间和空间，农村的基础设施也出现了相当程度的改进，一些具有创业意识的劳动力（包括很多城市回流的劳动力）在农村地区也进行了积极的创业，另外还有一些乡镇企业也得到了长足的发展，这使得某些农村的工业部门也相对扩张；另外，许多企业为了充分利用分工和成本优势，还积极地构建产业链，从而将许多工业产业转移到城市郊区或者农村地区。因此，"峭壁Ⅱ"模式下的流动除了表现为原有的农村到城市之外，也出现了乡村与乡村之间的流动。最后，三元经济的形成已经使发展中国家的知识部门和工业部门有更大的发展，从需求的角度来说，无论是知识企业还是工业企业都需要越来越多的具有技术、技能和知识的劳动力；从供给的角度来说，薄弱的人力资本基础以及人力资本形成的长期性导致了知识或技术劳动的供给无法在短时期内满足需求，知识劳动者的工资不断上升，人们对知识拥有者的尊重也不断增强。许多发展中国家的企业已经开始面向全球招聘。而与此同时，尽管发达国家已经比较成熟的知识产业依然具有很大的吸引力，但从劳动强度和收益的比较来看，发展中国家的劳动收益似乎越来越具有吸引力，对具有发展中国家背景的劳动者更是如此。所以，在国内流动的基础上，发展中国家不再只是劳动力的外流，也出现了内流，从而形成了跨国的双向流动。从这三个方面的变化我们还可以看出，在"双峭壁"模式下，劳动力流动的结果便是人力资本的集中或集聚。

当然，图3-11所表达的地理表现形式并不是一成不变的，它只描绘了一个初级阶段的变化。随着"双峭壁"模式的高级化发展，农村地区也将逐渐成长出知识产业，峭壁Ⅰ模式还可能出现从乡村到乡村，从城市到乡村的流动，峭壁Ⅱ模式也可能出现从城市到农村的流动。由于"双峭壁"模式的发展是动态的，所以劳动力流动的地理表现形式也是不断变化的。

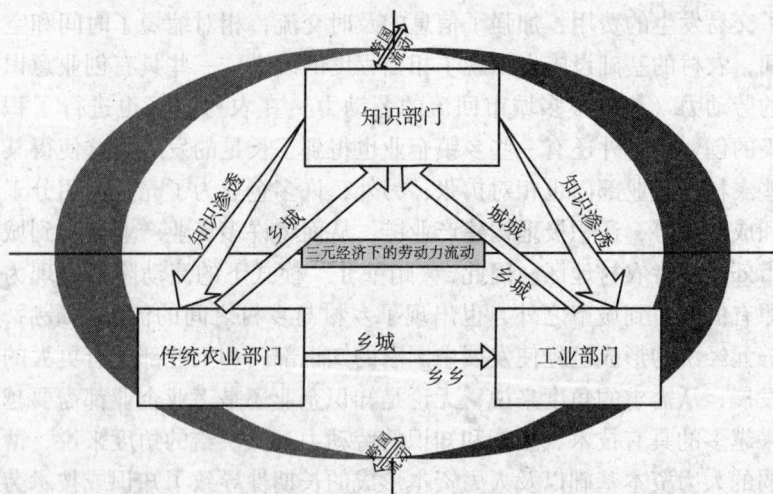

图 3 - 11 "双峭壁"模式下劳动力流动的地理表现形式

3.4.2 产业表现形式

经济发展中的产业多种多样，尽管有些产业的分类在不断地发生变化，有些产业的分类也比较模糊，但它们都是附着于或归属于农业、工业和知识部门的。例如，通常情况下，农业被认为属于农业部门，以制造业为主的工业被认为隶属于工业部门，知识产业被认为是知识部门的核心产业。因此，劳动力在不同部门之间的流动还表现在不同产业的就业变化上。根据"双峭壁"理论，知识部门将吸引越来越多的劳动力，工业部门在一定时期也将吸引越来越多劳动力，随着工业部门内部高度化的发展，一些产业将升级到知识部门，因此，最终，知识部门将吸纳绝大多数的人就业。可以推测，不同产业的就业比重变化将可以大致体现劳动力的流动过程。而这一就业表现形式将主要是农业、工业、服务业或者知识产业的就业比重，因为从产业经济学的角度来看，从农业到工业到服务业是产业高级化的体现,从而产业的就业构成的高级化也就是"双峭壁"模式高级化的体现。从现实情况来看,经过长期的劳动力流动的调整,劳动力流动的过程将使得高技术产业、IT 业和现代服务业的就业人数越来越多,而传统产业的就业比重将越来越小。

3.4.3　职业表现形式

所谓职业,是劳动力为获取主要生活来源而从事的社会性工作,是人类谋生的社会手段,它随社会进步和劳动分工而产生,随生产力提高和科技进步而发展,随着人们的生产生活实践而变化。从农业经济时代到工业经济时代,由于生产方式的改变和社会分工的发展,职业也表现出很大的变化,例如,一些手工操作的职业逐渐被工业模式所取代,运输、邮电也都变得越来越大型化和工业化。同样,知识经济时代的来临以及三元经济的形成也正逐步改变工业时代的生产和生活方式,而且,由于知识积累、技术进步以及劳动力市场的迅速变化,知识时代的职业发展、变迁及其复杂和专业化程度也是以往任何一个时代都无法匹敌的。毫无疑问,发展中国家三元经济下的劳动力流动状况可以很清楚地反映在职业变化上。

一方面,三元经济结构中各部门带来的产业和行业变化将带来职业变化,老行业的消失将引起原有职业的消失,新行业的产生将催生新职业的出现;另一方面,知识和信息技术供给导致的市场需求变化也带来人们职业实践的变化。在现代社会中,我们可以看到,一些新职业不断涌现,一些传统职业活动的内容不断发生变化,甚至有些职业已经或正在消失。与此相适应,由于新职业对劳动力的需求与日俱增,工资福利也高于传统职业,新职业尤其是高收益职业吸引劳动力发生转移,从业人员的队伍也在发生变化。因此,职业在结构和性质上的变化也就反映了劳动力流动的过程和结构。

然而，在三元经济下，职业的变化归根到底是由于知识本身的变化，随着知识部门的不断发展以及对工业部门的不断渗透，即使是工业部门最普通的职业也在发生变化，而新的发展对劳动力的知识结构、技能水平也提出更高要求，职业也不断地呈现出高级化趋势。因此，尽管新职业具有吸引力，但是，劳动力受到人力资本积累和更新的限制不可能迅速地进行流动，从而在目前的劳动力市场上，技能型职业的从业人员所占比例依然较低，高技能人才短缺的状况十分严重；即使在新兴职业的从业人员中，完全符合职业要求的劳动力也不足；在一些技术陈旧的传统职业的从业人员中，绝大部分人还在等待转换职业。

总之，职业的这种变迁及其变迁的速度都体现了"双峭壁"模式的影响。

第4章

三元经济下"双哨壁"劳动力
流动模式的经验验证

4.1
知识经济时代劳动力需求的迅速变化

　　无论是对发达国家还是对发展中国家来说，知识经济的到来都改变了一国既有的经济结构，并将持续地改变经济增长方式、产业结构和就业结构等，这一系列的改变无疑会对劳动力市场产生巨大的影响。

　　众所周知，知识经济的一个典型特征就是知识产品和知识服务所占的比重以及传统产品和服务中的知识含量将大大增加，这一现象被称为经济的"软化"。据有关资料显示，日本专家曾对日本整个产业的服务化和软件化程度做过定量分析，他们把服务、软件等非物质性投入所创造的附加价值在产品总附加价值中的比重称为"软件化率"。分析表明，1965～1980年间，软件化率低于20%的产品比重从58.9%减少到27.3%，而软件化率在60%～80%区间的产品比重却从1.5%增加到17%。信息产业发展到今天，各行业的软件化率还将进一步提高。① 另外，在知识经济时代，产品开发的速度也不断加快，库柏（Cooper）在1993年曾指出，在美国公司，推出时间不到5年的新产品已经占销售额的52%和利润的

①　朱玉杰："知识经济给国际经贸带来了什么"，《经济日报》，1998–05–19。

46％。从所有层面上看，竞争优势都似乎取决于技术创新。这些变化说明，知识经济的运行已经开始对各行业的发展产生巨大的影响。

与此相适应的是，20 世纪 80 年代以来，发达国家对非技术工人和低素质劳动力的需求直线下降，而对技术工人和高素质劳动力的需求直线上升。更一般地讲，在最富有的国家，绝大多数产业的新技术似乎是使用技术工人替代非技术工人原来从事的工作（Katz and Murphy，1992）。艾利·伯曼（Eli Berman）等人指出，他们在发达国家发现了广泛的技术使用偏向的相关证明，许多产业提高了使用技术工人的比例，而且，不同国家相同的制造业也同时提高了对技术的需求，许多发展中国家也表现了增加技术的趋向；在发达国家中，经历如此大的技术升级的制造业主要是那些微处理器技术广泛使用的产业，在他们的样本数据中，电子机械、机械设备（包括计算机）、印刷业对技能的需求增长了 46％。案例研究表明，伴随着对微处理器的应用，这三个产业经历了巨大的技术变迁。随机的经验验证也表明，在 20 世纪 80 年代，微处理器技术在这些产业以及其他制造业得到广泛的应用（艾利·伯曼等，1998）。而最近关于加拿大经济的证据也表明，加拿大经济正变得越来越富有创新性，也就是说，经济发展趋于知识、技术和技能密集。加拿大制造业部门的产出正开始从低技术、低技能、低工资和劳动密集型产业向中高技术和高技能、高工资产业转移（Gera and Mang，1997）。在工作岗位性质变化的同时，生产型工作岗位的工作组织形式变化也很大，许多国家正在改变过去根据严格的专业工作确定组织形式的传统体制。在美国，迄今对工作组织所进行的最大规模的调查表明，这些新工作方式似乎已得到了广泛的扩散。在 1992年和 1997 年期间，这种新工作方式和新工作组织形式都发展很快，增长率很高，以公司统计数字为基础，美国 1997 年新工作组织形式的采用率是 1992 年的 1 倍。欧洲改善生活和工作条件基金会在1996 ~ 1997 年进行的一项调查提供了一些关于欧盟 10 个国家新工作组织变化性质的信息，这 10 个国家当时采用新工作组织形式的比率大约为 33%。就美国而言，在采用新工作方式的公司中，78.5% 的雇员具有中高水平的技术，88.2% 的工人自采用了这种新工作方式以来所掌握的技术发生了变化，39.9% 的工人和 51.1% 的专业技术人员取得了更为复杂的技术。对产业工人（蓝领雇员）来说，其技术发展显然呈上升趋势，尽管这一趋势不如专业技术人员的那么明显[①]。总之，在过去的 20 年里，发达国家经济的发展和变化已经让大家看到，现代经济更加需要的是适应知识经济具有较高技术的工人，而不是只能运用常规知识的非技术工人或者低技术工人。另一方面，发展中国家的知识部门也逐步发展起来。以我国为例，五大高技术产业产值从 1995 年的 1 008.52 亿元增加到 2001 年的 3 094.81 亿元，其中增长最为迅速的是电子计算机及办公设备制造业，7 年来增加了将近 4 倍，电子及制造业和医药制造业增长的也比较迅速。电子及通信设备制造业所占比重最大，每年的增加值几乎占了五大高技术产业总增加值的一半[②]。这主要是因为，进入 20 世纪 90 年代后，为适应中国经济由粗放型向集约型转变、加快电子技术向传统产业的渗透和实现国民经济信息化的要求，电子及通信设备制造业获得了飞速发展。而这又反过来推动了消费市场的升级，进而又推动了技术升级。随着知识和技术的不断渗透，以制造业为主的工业部门的发展也会更加迅速。同时，产品质量、提高创新能力、对客户需求做出快速反应等方面不断增强的竞争态势也促使发展中国家的公司对产品结构进行调整，并采用先进的工作组织形式。这些都需要加强和提高劳动者的责任和技能。

经验研究和实际数据都表明，无论是形成新二元经济的发达国家还是形成三元经济的发展中国家，都已经跨入或者正处于技术时代的门槛，技术的运用和知识的渗透将有可能彻底改变工业经济时

---

① 国际劳工局：《世界就业报告（1998～1999 年）》，中国劳动社会保障出版社，2000 年，第 36 页。

② 赵玉林：《高技术产业经济学》，中国经济出版社，2004 年，第 341 页。

代由传统产业构成的"旧经济",不断地为许多新行业、新就业机会的发展创造机遇。同时,生产性工作岗位的整个定义也已经发生了改变,其性质正朝着需要掌握高技能和多技能的方向发展。一项对 56 000 名产业工人进行了 8 年跟踪的调查表明,生产性的工作岗位对技能的需求已经发生了全面的变化,不仅每个岗位都经历了技能升级,而且工作岗位的整体分布已由低技能转向高技能[①]。这些转变的过程极有可能在很大程度上是对全世界福利的改进,也有可能使落后的更加落后,贫困的更加贫困。然而,无论是福还是祸,这一时代都将对劳动力市场和劳动力流动从而对就业的数量和质量产生深远的影响。在这种情况下,尽管本书提出的劳动力流动模式是尝试性的,但是,笔者仍乐观地相信,知识和技术终将为发展中国家的发展和就业带来积极的影响,因此,本书同意国际劳工局局长胡安·索马维亚在《世界就业报告(2001 年)》的序言中的分析:"不过某些研究的结果却是明确无误的,并且印证了过去《世界就业报告》的研究成果。第一,信息通讯技术创造就业的潜力将大于减少就业的风险,并有助于提供解决就业减少所带来的问题的条件。只要信息技术有助于提高生产率、开辟新的市场和扩大对现有市场的准入,它就能改善持续降低失业的前景。第二,知识经济的运行对获得教育和技能设置了丰厚的奖赏。它扩大了人们对继续学习的需要,以跟上变革的步伐。第三,如果缺少信息通信技术方面的最低水平的能力,发展中国家的企业和劳动者将会发现自己被排除在市场之外,并在新的生产制度下陷入底层地位。信息通信技术并不能取代基础经济的发展,但是对于支持和加快基础经济发展却可以发挥重要作用。最后一个结论是,信息和通信革命是一种易于引导的革命,我们有能力影响革命的方向。"[②]

---

① 国际劳工局:《世界就业报告(1998~1999 年)》,中国劳动社会保障出版社,2000 年,第 40 页。

② 国际劳工局:《世界就业报告(2001 年)》,中国劳动社会保障出版社,2002 年,见序言。

4.2

哨壁 I 过程的经验验证

哨壁I过程指的是在三元经济中，农业和工业部门的劳动力向人力资本或者智力密集的知识部门的流动，但是，知识部门对劳动力素质的要求不同于以往时代，它需要更多素质更好的劳动力。例如，有数据显示，其需求是以往对高素质劳动力需求的 5 倍。然而，通常情况下，由于教育结构滞后和人力资本形成具有长期性等原因，高素质劳动力的供给往往无法在短期内满足知识部门的需求，这就造成了劳动力在某种程度上的短缺，从而导致了农业和工业部门的劳动力向知识部门的流动并不是顺畅的，存在着人力资本的约束。为了对哨壁I过程进行验证，我们首先需要明确以下三点：

第一，知识部门是一个质的概念，而在进行验证时通常需要进行量化，因此，在很多情况下，我们将选取知识产业尤其是信息（技术）产业、高技术产业等产业来代表知识部门，只要不影响质的分析，我们认为是可行的。

第二，知识经济时代的到来使发达国家形成了新二元结构，尽管这一结构在程度上与绝大多数发展中国家的工业部门和知识部门的二元结构并不是完全一样的，发达国家的经济发展水平、教育体制、企业组织形式、贫困程度、劳动力素质也应该比发展中国家好得多，但是，这一层次的结构却在本质上没有多大区别。同时，由于发达国家知识部门发展的历史要比发展中国家长得多，劳动力流动的制度障碍也比较小，因此，从趋势变化、数据数量和数据时间长度来看，都将便于我们对本书提出的哨壁 I 过程进行验证。从而，我们将主要使用发达国家尤其是美国的经验来加以分析，但这也不排除我们使用发展中国家的有关数据。

第三，在表明以上两点的基础上，要对哨壁 I 过程进行验证，就应当从这些方面入手：

（1）存在着非知识产业向知识产业的劳动力流动，流动的主要动力来自产业之间工资差距的变化即更高工资的吸引，流动的变化可以表现为就业和职业的变化，也可以表现为地区之间的流动。[①]

（2）相对于产业升级的需求来说，人力资本的制约导致了劳动力供给无法在短期内满足劳动力需求，因此，短期内的劳动力流动难以使劳动力市场调整到均衡水平，而劳动力供给的长期变动存在着使劳动力市场供给与需求平衡的力量。从基本的经济学理论来看，工资增长的变化趋势、失业率趋势、就业调整的速度变化等都可以模拟这一过程。

4.2.1　非知识部门向知识部门的劳动力流动

1. 劳动力流动的动力：知识部门的工资增长以及知识与非知识部门的工资差距。

由于高技能劳动力的劳动生产率较高，所以对促进经济发展做出了较大的贡献，而知识部门也同样为具有教育和技能设置了丰厚的奖赏，对人力资本进行补偿，这在工资方面带来明显的变化，并成为吸引劳动力流向知识部门的最根本动力，这一变化在知识部门的工资增长和与其他部门的工资差距上都明显地表现出来。

（1）知识部门的工资增长。

发展中国家自身关于信息产业的工资数据很清楚地表明了工资不断上涨的趋势。

在南非，从 20 世纪 90 年代的基本工资增长来看，南非信息通信技术行业的工资净增长率从 1992～1993 年的 – 1.5% 逐渐上升到 1997～1998 年的 5.8%。在最近的 4 年中，信息通信技术行业的工资增长率比消费物价指数高，净工资增长率分别为 1.1%、4.7%、2.6% 和 5.8%。平均而言，南非信息通信技术行业的基本工资增

---

① 当然，工资的变化需要有劳动生产率的支撑才是合理有效的。

长了 54%，而同期消费者物价指数只增长了 35%。①

在印度，20 世纪 90 年代以来，国家以硬件为主导向以软件为主导的产业战略的改变，使得印度的软件产业迅速发展起来，目前，印度已成为仅次于美国的第二计算机软件大国，而印度软件行业的年均收入增长率也逐年提高。图 4－1 显示了印度软件行业年均工资增长率情况，从数量上看，软件业人员的年均收入从 1992 ~ 1993 年度的 6 199 美元上升到 1997 ~ 1998 年度的 15 000 美元，工资增长率基本呈上升趋势。

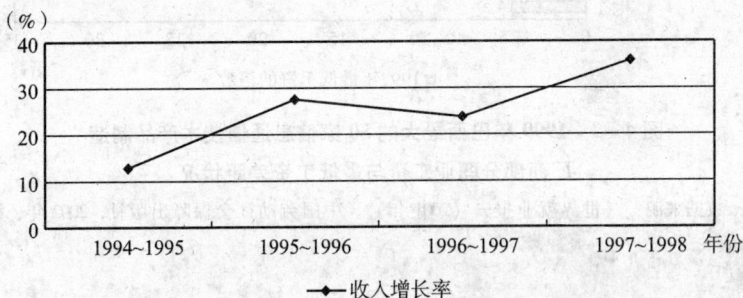

图 4－1　1994 ~ 1998 年印度软件行业从业人员年均工资增长率趋势

数据来源：NASSCOM（1997 ~ 1998），www. nasscom. org.

在巴西，信息通信技术制造业中收入超过最低工资的倍数非常大（见图 4－2），这表明了工资上涨的变化，同时，即使在信息部门内部，工资也不相同，这是因为，知识部门根据劳动力人力资本含量的高低进行补偿的幅度也是不同的。在这 50 家信息通信技术产品制造企业中，具有较高技能的系统分析员、电子通信技术员和计算机编程员 1999 年的工资分别是 1997 年最低工资的 29 倍、16.7 倍和 14.6 倍，远远高于较低技能的电工、电子设备装配工的

_____

① 国际劳工局：《世界就业报告（2001 年）》，中国劳动社会保障出版社，2002 年，第 107 ~ 108 页。

工资。同时，据资料显示，收入超过最低工资20倍的从业人员的比例已经从1989年的13%上升到1999年的29%，而收入低于5倍最低工资的从业人员的比例却下降了。

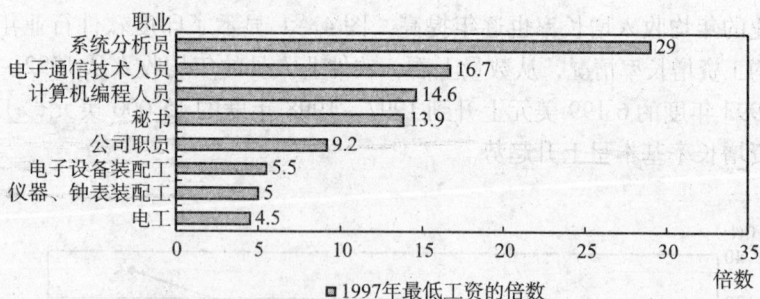

图4-2 1999年巴西最大的50家信息通信技术产品制造厂商部分职业工资与最低工资差距状况

数据来源：《世界就业报告（2001年）》，中国劳动社会保障出版社，2002年，第108页。

在中国，知识部门工人的工资也维持了较高的水平。据北京市统计局的调查显示，在北京市所有行业中，金融、高科技产业和新兴行业的收入最高。金融、保险业在岗职工工资水平在3.7万元以上，与其2000年的工资水平相比，上升幅度最大，达到63.2%；商业经纪与代理业人均工资为5.1万元，比去年同期增长35.3%；计算机和应用服务业人均工资为4.1万元，增速为11.8%；信息、咨询服务业人均工资为3.1万元，增速为30.5%；房地产开发与经营业人均工资为2.9万元，增速为17.4%。[①] 上海市劳动和社会保障局的数据显示，从薪资水平看，IT专业技术人员仍保持了较高收入，如高级程序员年平均工资达到71 475元，系统分析员达到

① 袁满："北京行业工资差距拉大 最高与最低间差6.6倍"，《北京晨报》，2002-03-26。

80 418元，软件工程技术人员达到 50 245 元。从薪资增幅看，IT 专业技术人员的年工资增长率在 9% ~11%。虽然近几年 IT 热有所降温，但是对于拥有较高技术含量的 IT 专业技术人员来说，其薪资水平仍保持较高水平，且稳中有升。① 在 2004 年苏州市发布的企业部分职位工资指导价位中，房地产业、电信和其他信息传输服务业、金融保险业的工资水平处于前三位，医药工程、电子工程、通信工程、计算机等高科技产业方面的技术人员平均工资增幅在 20% 以上。

（2）知识部门与工业部门的工资差距。

刘易斯在二元经济的劳动流动理论中指出，在二元经济结构中，现代工业部门的工资要包含对传统部门农业劳动力生活成本和心理成本的补偿，因此，两部门的工资差距通常在 30% ~50% 之间。但是，在峭壁 I 过程中，由于知识部门包含了对劳动力的高技能和高素质的补偿，因此，从理论上讲，知识部门和工业或者农业部门的工资差距应该更大，超过刘易斯所设想的水平。为了对这一猜想进行验证，我们将选取美国和中国台湾等作为实证的案例。

迄今为止，美国是知识经济最发达的国家，也是新二元结构形成时间最长的国家，因此，工业部门的知识渗透度也相对较大，很多原来属于工业部门的产业经过知识化已经跃升为知识部门的产业，然而，分类的复杂性导致了这一变化还没能完全及时地反映在美国的产业分类数据中。为了尽量减少这一因素对分析结果的影响，我们选择了食品生产业②作为工业部门的代表，而信息产业自然地作为知识部门的代表，但是由于信息产业内各部门发展也不平衡，有些使用知识的劳动力也并不是高技能的，因此，我们还同时选取"专业和商业服务"类别下的计算机系统设计和相关服务业作为知识部门的代表进行分析，这一产业可以说是对知识的使用和

---

① 薛亚芳："专业人才薪资谁最高？"，《人才市场报》，2004 - 07 - 15。
② 在笔者看来，食品生产业的知识化渗透程度相对较小，从而对工资的影响小。同时，这里有关工资的数据使用的都是名义工资，但这并不影响问题的分析，因为两产业的工资差距与物价指数无关。

创新较高的产业，我们预计其与工业部门的工资差距应该更大。有资料显示，美国信息通讯科技产业的员工在 1998 年平均年薪为 58 000 美元，比当年全体产业平均年薪高出 85%。

图 4-3 和图 4-4 分别表示了美国 1990～2000 年信息产业和食品生产业以及 1990～2004 年计算机系统设计和相关服务业与食品生产业的工资差距。

在图 4-3 中，两个产业的工资差距除 1990～1992 年 3 年的时间维持在 48%～50% 之间以外，其他年份的工资差距都在 50% 以上，并且有逐年增高的趋势，到 2005 年差距已经扩大到 68% 左右。而在图 4-4 中，由于我们选取了知识部门中技术需求具有强人力资本偏向的计算机系统设计和相关服务业，因而两个产业的工资差距相当大，基本介于 98.54%～133% 之间，工资差距也表现出逐年扩大的趋势，这是因为，计算机系统设计和相关服务业的工资增幅比较大，而食品生产业的工资上涨比较慢，从而两者之间的差距增大。两图中差距的不同也表明了知识部门对不同层次的劳动力进行的工资补偿也不同。

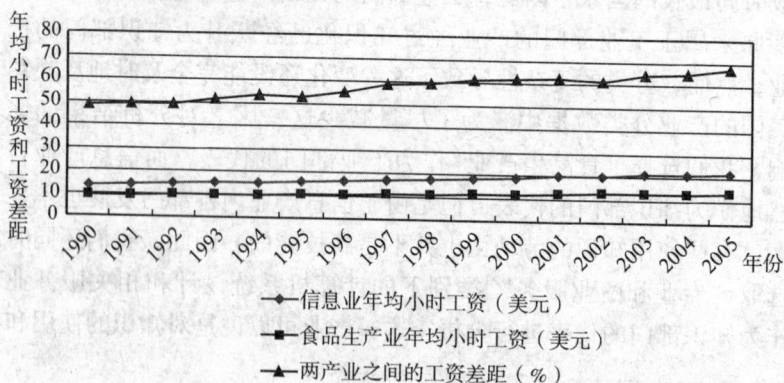

图 4-3　1990～2000 年美国信息产业和食品生产业工资差距
数据来源：美国劳工统计局。

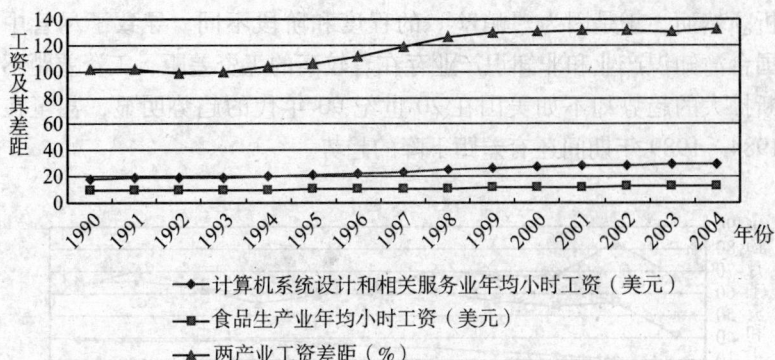

图 4-4 1990～2004 年美国计算机系统设计和相关服务业
与食品生产业年均小时工资差距

数据来源：美国劳工统计局。

与美国经验一致的是，中国台湾知识部门和工业部门的工资差距也提供了峭壁 I 中部门工资差距的有力证明。鉴于数据获取问题，我们选取了中国台湾的金融保险业作为知识产业的代表，制造业作为非知识产业的代表。通过计算，我们发现，中国台湾从 1980 年到 1992 年间，制造业和金融保险业之间的工资差距一直维持在 56%～83% 之间，大多数年份都在 60% 以上。从图 4-5 中，我们可以看到，尽管中国台湾制造业的月工资水平一直处于上升状态，但是增长速度却非常缓慢，且工资增长率呈不断下降的趋势，而金融保险业却比制造业工资上升快，从而两产业之间的工资差距也比较大。多年来，中国台湾一直在半导体等电子产品生产上具有独特的优势，因此在 20 世纪 80 年代，中国台湾的硬件水平是比较高的，而大力发展信息科技等新兴产业还主要是 90 年代以来的事，所以，在我们选取的年份中，制造业被信息产业知识化的程度尚不明显，成为未被知识化的工业部门的代表是合理的，而金融保险业的发展尽管同信息技术产业大力发展的时代不完全匹配，但无疑是与发达的电脑硬件产业相匹配的，因此，本质上并不影响问题的分析。然而，正是因为"峭壁"的程度和阶段不同，导致了尽管中国台湾知识产业和非知识产业存在着较高的工资差距，工资差距不断扩大的趋势却不如美国在 20 世纪 90 年代的趋势明显，甚至在 1984 ~ 1989 年期间还有差距下降的趋势。

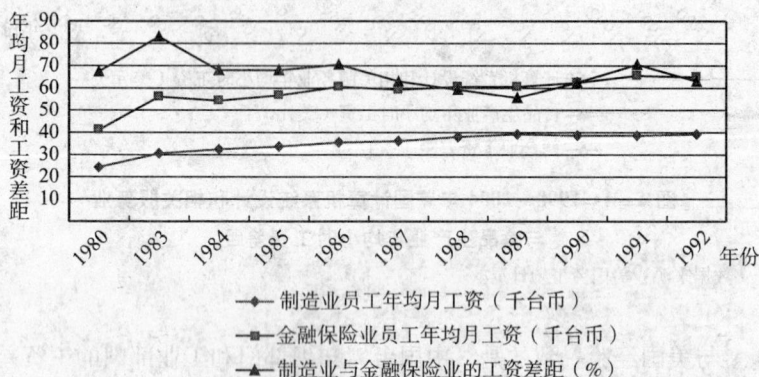

图 4 - 5 1980 ~ 1992 年中国台湾金融保险业和制造业工资差距

数据来源：《中国台湾统计年鉴（1993）》。

在中国，随着知识经济的不断发展，知识产业工人的工资与其他产业工人的工资差距也扩大了。以北京为例，北京市统计局的调查显示，2001 年北京市城镇单位在岗职工平均工资为 19 155 元，比 2000 年增长 17.2%，实际工资增长 13.7%。在全市 86 个大类行业中，以金融、保险行业和商业经纪、代理业为代表的最高工资行业与最低工资行业相差 6.6 倍，二者间的差距比 2000 年扩大了 1.9 倍。①

---

① 袁满："北京行业工资差距拉大　最高与最低间差 6.6 倍"，《北京晨报》，2002 - 03 - 26。

2. 劳动力流动的就业表现。

知识部门的不断发展，吸引了越来越多的人进入知识产业。以信息技术产业为例，在美国，它已经成为超过汽车行业的支柱产业，其产值占 GDP 的比重达 75% 以上。信息业的从业人数也在不断增加，20 世纪 80 年代初，该行业的劳动力人数占总劳动力总数的比重为 51%，而到 20 世纪 90 年代，这一比例已超过 65%。1997 年，在全国新就业的 270 万人中，92% 的人进入了知识产业或服务业。据美国劳工部预测，到 2006 年美国所有的就业人员中将有一半是在信息产业或在要求大量使用信息技术的产业部门工作。据美国商务部 1998 年 4 月 15 日报告，在过去的 5 年里，信息产业的发展为美国创造了 1 500 万个新的就业机会，但同时也相对减少了其他领域 370 万个就业机会。这表明知识产业对知识产业生产者需求的增加与非知识生产者的就业人数相对和绝对地减少是同时发生的。[1]

下面我们以美国 1990～1997 年 IT 相关产业和传统产业的就业情况（见表 4－1）来分析非知识部门向知识部门的劳动力流动状况。

表 4－1 中的 IT 相关产业是指大量运用 IT 产品和服务并由此获得较强比较优势的产业，而传统产业离 IT 产品的应用和服务比较远，在美国经济中逐渐失去比较优势的产业。实际上，这里列明的 IT 相关产业绝大部分都是属于知识产业的。因此，我们可以用它们近似地代表知识部门。从表中两个产业的就业趋势中，我们可以看出，IT 相关产业的就业人数不断扩大，而传统产业的人数不断减少，其中，经纪人行业、商业服务业、投资金融业和医疗服务业的就业增长速度最快，都在 3% 以上。

为了更加清楚地考察劳动力流动的方向，我们在此数据的基础上，采用劳动力产业间转移指数来进行分析。

---

① 康宁："试论知识经济时代高等教育投资的收益"，《教育研究》，2000 年第 12 期。

表 4-1 1990~1997 年美国 IT 相关产业和传统产业的就业人数

单位：千人

	1990 年	1992 年	1994 年	1996 年	1997 年	年均增长率（%）
IT 相关产业						
投资金融业	593.5	624.5	717.5	731.9	789	3.9
经纪人行业	424.2	440.1	515.5	553	596.8	4.2
保险代理业	663.3	656.6	683.6	708.6	724.4	1.3
保险业	1 462.2	1 495.6	1 551.9	1 517.1	1 535.4	0.8
房地产业	1 315	1 290	1 361	1 382	1 419	1.1
商业服务业	4 367.4	4 479.8	5 322.1	6 065.3	6 572.1	5.8
动画制作业	407.7	400.9	441.2	524.7	548.1	4.9
医疗服务业	7 814.3	8 490	8 991.9	9 477.9	9 719.5	3.4
法律服务业	907.7	913.5	924	927.5	947.3	0.8
建筑业	5 120	4 492	4 986	5 418	5 686	0.8
批发贸易业	5 863.2	5 705.4	5 876.5	6 161.3	6 302.6	0.9
传统产业						
采矿业	709	635	601	580	592	-2.4
制造业	19 076	18 104	18 321	18 495	18 657	-0.3
化学用品业	1 086.1	1 084.1	1 057	1 033.8	1 033.8	-0.5
仪器仪表业	818.3	763.3	701	685.3	691.9	-2.3
公用事业	957.1	954	928.3	883.7	865.9	-1
铁路运输业	278.6	254.3	240.5	230.9	226.9	-3.1
储蓄金融业	2 250.5	2 095.7	2 065.7	2 018.6	2 027	-1.4

资料来源：刘树成、张平等：《"新经济"透视》，社会科学文献出版社，2001 年，第 219 页。

劳动力产业间转移指数是各产业当期劳动力构成与上期劳动力构成的差值，用公式表示为：

$$MAX_i = \left(\frac{E_t^i}{\sum\limits_i E_t^i} - \frac{E_{t-1}^i}{\sum\limits_i E_{t-1}^i} \right) \times 100\%$$

其中，i 表示不同的产业，E_t^i 表示 i 产业在 t 期的从业人员数。当这一值大于零时则表示该产业的劳动力净流入，小于零则表示该产业的劳动力净流出。

根据上述数据, 我们对美国的劳动力产业间转移指数进行了计算, 结果如下:

表 4 – 2　　美国劳动力产业间 (IT 相关产业和传统产业) 转移指数

	1992 年	1994 年	1996 年	1997 年
IT 相关产业				
投资金融业	0.084246	0.116801	– 0.0226	0.111249
经纪人行业	0.824442	0.100149	0.031076	0.08521
保险代理业	0.015964	– 0.00522	– 0.00188	0.038328
保险业	0.126286	– 0.0213	– 0.16377	0.054773
房地产业	0.00949	0.022217	– 0.05387	0.085619
商业服务业	0.401102	1.154714	0.941179	0.980982
动画制作业	0.004741	0.039888	0.116161	0.048941
医疗服务业	1.61517	0.208839	0.249152	0.565837
法律服务业	0.050154	– 0.05622	– 0.05531	0.04862
建筑业	– 0.96659	0.523709	0.421305	0.551706
批发贸易业	– 0.0453	– 0.16025	0.105651	0.340145
传统产业				
采矿业	– 0.10934	– 0.11378	– 0.07653	0.029733
制造业	– 1.01466	– 1.09801	– 0.91448	0.560381
化学用品业	0.043105	– 0.13827	– 0.11067	0.015411
仪器仪表业	– 0.06869	– 0.17553	– 0.07394	0.021814
公用事业	0.035455	– 0.12503	– 0.1394	– 0.01811
铁路运输业	– 0.03393	– 0.0459	– 0.03271	– 0.00359
储蓄金融业	– 0.19559	– 0.2268	– 0.21935	0.044853

从劳动力产业间转移指数我们可以看出, 美国在 1992 ~ 1997 年间, 除个别行业个别年份之外, IT 相关产业尤其是隶属于知识产业的投资金融业、保险代理业、保险业、房地产业、商业服务业、经纪人行业、动画制作业等都是劳动力净流入的, 而传统产业基本上都是净流出的。这显著地表明了劳动力从工业部门向知识部门流动的趋势。

来自 OECD 成员国的案例研究也表明, 知识时代的到来使得就业结构从技术密集的产品生产业向基于知识和个人的服务业转变。① 从数量上看,尽管整体就业有所增长,但是,从结构上来看,并不是所有行业的就业都增长了,其中,增长的主流是服务业,而资源和制造业的就业却减少了。例如,澳大利亚的数据反映了这一就业变化,图 4-6 表示了澳大利亚从 1990 年到 1998 年就业增长的结构变化。该图表明,属于知识产业的商业服务业、教育、医疗服务业的就业都表现了正增长,商业服务业和医疗服务业等的就业还呈现大幅度增加的趋势,而属于工业部门的农业、采掘业和制造业的就业却是减少的,其中,制造业就业的下降幅度非常大。这一就业结构的变化说明,澳大利亚的劳动力已经出现了从工业部门向知识部门的集中和流动。

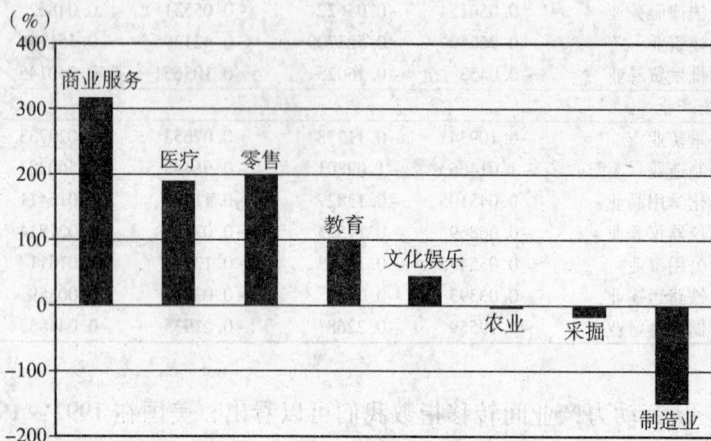

图 4-6 1990~1998 年澳大利亚就业结构变化

资料来源:ABS,The Labor Force,Cat. No. 6205.0,various issues. 转引自"Technology,Skills and the Changing Nature of Work".

① 这里,基于知识和个人的服务业可以被看做是知识产业,而产品生产业可以被近似地看做工业产业。

如果说图 4-6 显示的还只是劳动力流动在就业方面的一种比较静态的变化，那么我们还可以从澳大利亚 1966~1994 年的就业趋势图中更清楚地看到劳动力向知识产业流动的动态过程。如图 4-7 所示，为了适应知识经济带来的经济结构的变化，澳大利亚的所有产业被分为三种类型：一是直接涉及物品生产的行业，例如农业、采矿业和制造业；二是运输、存储或者销售货物的行业，例如批发零售业、运输业和仓储业；三是基于知识和个人的服务业，例如教育、医疗保健、社区服务或者娱乐业等。该图表明，从 1966 年起，澳大利亚的货物生产业的就业比重持续下降，从 46% 下降到 1994 年的 28%；基于知识和个人的服务业的就业比重却从 1966 年的 25% 上升到 1994 年的 42%；与货物相关的服务业就业比重则保持相对稳定。

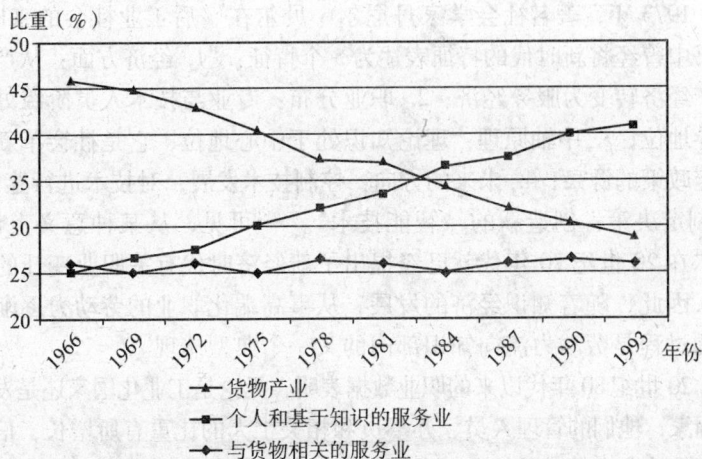

图 4-7　1966~1994 年澳大利亚各产业就业趋势

资料来源：OECD 国际部门数据库，转引自 Ron Johnston（1997）. "Technology, Skills and the Changing Nature of Work".

从这些分析可以看出，知识经济所带来的产业间的劳动力流动是巨大的，从而表现在就业上的变化也是很明显的。据估计，在澳大利亚，如果不是知识部门的发展带来大规模的就业空间的话，那么，在1994年，货物生产业即传统上说的工业生产部门将新增150万的就业人口。而实际上，到20世纪90年代中期，澳大利亚75%的劳动力在服务业中就业，其中一半的劳动力在信息相关产业就业，到了2000年，约有30%的劳动力直接在诸如媒体、教育、金融和商业服务等信息产业中就业。①

3. 劳动力流动的职业表现——职业高端化。

工资走势和工资差距分别从量和质（主要从量）的角度说明了劳动力的供需状况以及劳动力的技能水平，从而说明了劳动力流动的走向和程度。而职业的变迁或者说职业结构的变化则在质上说明了是什么样的需求和供给，从而也说明了劳动力流动的走向和水平。

1973年，著名社会学家丹尼尔·贝尔在《后工业社会的来临》一书中曾经将新时代的特征表述为5个特征："1. 经济方面：从产品生产经济转变为服务经济；2. 职业分布：专业与技术人员阶级处于主导地位；3. 中轴原理：理论知识处于中心地位，它是社会革新与制定政策的源泉；4. 未来的方向：控制技术发展，对技术进行鉴定；5. 制定决策：创造新的'智能技术'。"② 可见，从某种意义上说，贝尔在20世纪70年代就已经提出了新经济时代有关职业变迁的特点。因此，随着知识经济的发展，从事高端化职业的劳动力逐渐增多的过程是劳动力流向知识部门的又一个典型体现。

20世纪80年代以来的职业数据表明，无论是工业化国家还是发展中国家，他们的管理人员、办事员和相关工人的比重有所增长，信息职业的从业人员以及整个"白领"职业都在增加，这从事实上表明了职业结构正适应经济结构的变化，出现了向知识部门发展的趋势。

---

① Ron Johnston. "Technology, Skills and the Changing Nature of Work". www. wa. gov. au/tiac/forum/reports/tech/report - 0.4html#P198_ 13800.1997.

② 丹尼尔·贝尔：《后工业社会的来临》，高铦等译，新华出版社，1997年，第14页。

首先，从事信息职业的人员逐步增多。信息职业人员主要包括电脑系统、软件和数据处理等方面的管理人员、工程师、技术人员和安装、维护人员，不包括硬件的生产人员。据有关资料显示，在美国，使用、创造思想和新知识的知识工人在过去的几年内有了可观的增长。从 1990～1998 年，知识工人人数增加了 250 万，占全部新创造工作机会的 18%。在英国，1995 年从事信息职业的人员为 65.1 万人，占全部就业人员的比重是 2.6%，1996 年，专业人员和一般专业技术人员的比重已经达到23.2%（见图 4－8）。

其次，较高教育水平的白领从业人员逐步增多。从 1985～1996 年，英国劳动力市场上较高教育水平的白领从业人员有较大的净增长，现在，英国的企业经理、行政主管、专业人员（教师、工程师、律师等）和一般专业人员（护士、社会工作者、技术员等）共有 770 多万，自 1991 年以来，增长了 12%。[①] 从图 4－8 可以看出，到1996 年，英国的"白领"职业（主要有企业经理和行政主管、销售人员、职员）已经达到 38.4%。

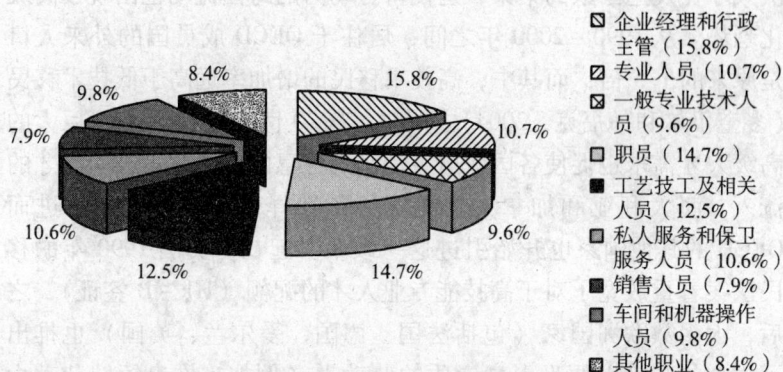

图 4－8 1996 年英国职业构成

数据来源：Labor Force Survey，ONS，Spring 1996.

---

① "英国近 20 年就业和职业结构的变化"，www. lm. gov. cn/gb/faqs/2003－12/26/content_ 19784. htm，2003－12－26。

最后，从事体力劳动的蓝领工人以及低技能传统职业职位大幅度减少。在英国近 20 年的发展中，职位下降幅度较大的是各种从事体力劳动的蓝领工人，特别是各种修理工，工厂里的装配工、油漆工、包装工，交通运输部门的司机、装卸工、货栈管理工以及各类杂工。[①] 另外，据美国劳动统计局预计，就业人数下降幅度最大的是低技能的制造业工人，这些职业将涉及缝纫机操作员、纺织机操作员、编织机操作员、电器和电子设备安装员，而随着技术的不断发展，白领工人中的较低职业如打字员、会计和审计职员等的就业也将受到冲击。

4. 劳动力流动的区位表现

从劳动力流动的地理形式上来看，高级人才越来越倾向于向知识产业发展较快的发达城市、发达地区乃至发达国家流动和集中。以跨国流动为例，发达国家知识部门的领先和快速发展导致了高层次人才在发达国家的集聚，这使得劳动力的跨国流动也出现了高级化趋势。从 1990 ~ 2000 年之间，居住于 OECD 成员国的外来人口是原来的 1.5 倍，而其中，高技术移民的增加率远高于低技术移民（多奎伊尔和马福克，2004）。同时，从 20 世纪 80 年代起，巨大的高级人才需求也促使各国政府主动制定优惠的移民政策吸引人才的流入。澳大利亚和加拿大首先实行了选择性的移民政策，进而 OECD 的其他国家也开始引进这一政策。起初，美国 1990 年的移民法案着重放宽了对于高技能专业人才的配额（H1 - B 签证），之后，大多数欧洲国家（包括法国、德国、爱尔兰、英国）也推出了类似的政策以便吸引高素质的劳动力（例如，推出短缺劳动力的职位列表）（OECD，2002）。而从发展中国家来看，随着知识经济的不断深化和发展，发展中国家的知识产业逐渐成长起来，对高

---

① "英国近 20 年就业和职业结构的变化"，www. lm. gov. cn/gb/faqs/2003 - 12/26/content_ 19784. htm，2003 - 12 - 26。

精尖人才的需求也急剧增加，高端劳动力市场上劳动收益不断增加，各国也出台了许多吸引人才的优惠政策，这也使发展中国家的跨国流动开始出现了与以往年代高级人才外流特征相反的"内流"现象。

4.2.2　峭壁Ⅰ对劳动力流动过程的制约

对于峭壁Ⅰ对劳动力流动过程的制约，本书将从工资、就业和失业的角度加以验证。

1. 工资变化趋势。

知识部门的发展对高学历、高素质的劳动力产生了很大的需求，这已经在工资方面带来明显的变化。这是因为，在短期内，技术升级使企业迅速扩大了对高素质劳动力的需求，而供给的制约无疑转化为相对地提升这类劳动力的工资。根据峭壁Ⅰ理论，我们可以知道，这一制约过程将反映在劳动力的工资变化上。短期内，知识部门劳动力供需缺口的存在将不断提高工资水平，随着供给状况的逐步改善，劳动力市场经历调整期后，工资增长将逐步平缓并呈现下降趋势。需要进一步解释的是，许多理论和经验研究指出，劳动力供求状况并不能完全解释工资上涨或者下降的趋势，而只能解释其中的一部分（如 1/4 或者 1/3）。例如，根据新西兰统计局的观点，工资增长的主要原因除了市场率匹配需要之外，还包括生活成本和保留职员方面的变化。尽管如此，我们认为，知识经济时代和工业经济时代不同，劳动力供给的制约将在较长的时间内存在，只要供给的制约依然存在，劳动力市场状况就能从很大程度上影响工资的变化。在剔除物价因素之外，本书也承认影响工资变化的其他因素依然存在，但是，在这里我们只是要提供一种分析的角度，将劳动力市场调整状况作为重点因素进行分析，而不是要完全排除其他因素。同时，根据这个角度，我们认为，使用工资增长率要比使用工资的绝对增长数据更加科学。

我们选取了美国 20 世纪 90 年代以来"专业和商业服务"类别中计算机系统设计及相关服务业的工资数据，并利用"1967 = 100"的消费者物价指数（CPI）进行了平减，将名义工资转化为实际工资，以便消除物价因素对工资水平的影响。实际工资数据所表示的增长率趋势通过图 4 - 9 进行了描述。

单纯从数字上看，从 1994 ~ 2002 年，计算机系统设计及相关服务业的实际工资增长率为正，说明这一产业的工资增长超过了物价水平的增长，劳动力工资有实际的上升，除了 1995 年存在一个异常值之外，劳动力工资从 1992 年开始持续上升，1994 年实际工资增长为正，人力资本的约束作用逐渐显现，到 1998 年达到工资增长率最大值 4.8%，然后出现了下降趋势，到 2000 年达到 0.1%，几乎趋于零。从 2000 年以后，工资增长又出现了小幅的增长，然后下降，自 2003 年开始实际增长已经为负。可以看出，由于计算机系统设计及相关服务这一行业对劳动力的技术和知识要求是比较高的，其工资变化趋势很好地吻合了"峭壁Ⅰ"理论的分析。这是因为，在知识部门迅速扩张的开始阶段，该产业对高技术劳动力的需求不断上升，并且由于劳动力进入成本（包括时间）较高，其劳动力需求增加的速度要大大超过劳动力供给增加的速度，随着需求曲线不断右移，工资大幅度增加，从而工资增长率持续上升，从原来的 - 1.6% 扭转为 1.4% 并持续上升到 1998 年的 4.8%。随着时间的推移，高工资的吸引推动劳动力不断地进行适应该行业的人力资本投资，劳动供给曲线开始持续向右方移动，供给不断增加，并且供给增加的速度在某种程度上超过了需求增加的速度，从而导致工资增长率持续地下降到 2000 年的 0.1%。2001 年和 2002 年，劳动力市场又出现了小幅度的调整，截至 2003 年，工资增长率已经为负，劳动力市场的调整基本结束，调整周期大致从 1994 ~ 2003 年，约为 10 年，而这一时间也就是劳动力市场从受到峭壁约束到约束基本消失所进行调整的时滞期。

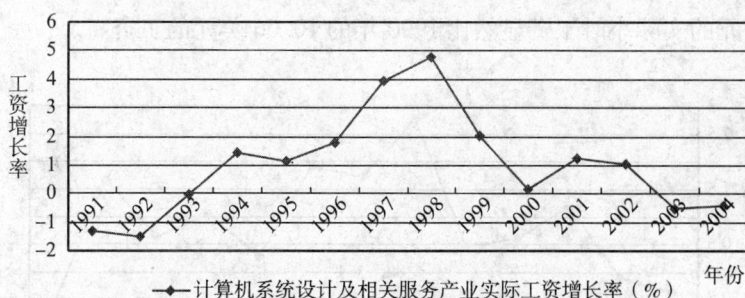

图 4 - 9 20 世纪 90 年代以来美国计算机系统设计及相关服务业实际工资变动趋势

数据来源：美国劳工统计局。

　　为了不致偏颇，在上述分析基础上，我们又对美国信息产业的实际工资增长情况进行了考察，其变化和调整趋势与计算机设计及相关服务业基本相同。图 4 - 10 是美国 1991～2004 年信息产业的实际小时工资增长率变化趋势，其中，我们剔除了价格因素和 1995 年的一个异常值的影响。从图中，我们可以看到，在 20 世纪以来的知识创新周期中，信息产业从 1993 年开始就显现了劳动力流动过程中的人力资本制约，实际工资增长率为正，制约程度在 1997 年达到最大，工资增长约 2.8%，之后有不同幅度的调整，到 2004 年，实际工资开始下降，调整基本结束。可见，在这段时间内，信息产业的调整周期大致从 1993～2004 年，经历了十多年的时间，比计算机设计及相关服务业稍长。

　　这一趋势我们也可以从实际工资变化上看出来，如图 4 - 11 所示，从 1990～1992 年，美国信息产业的实际工资有所下降，而从 1993～2003 年，实际工资持续上涨，到 2004 年出现下降趋势，工资上升的速度先是增加然后减少，最后下降。然而，即使实际工资下降了，但由于工资在很大程度上包含了对人力资本（例如通过教育、培训和"干中学"等形成的知识存量）的补偿，因此，调整后的工资依然比初始阶段的工资高。在图中，2004 年的 11.25

美元的实际小时工资显然比 1990 年的 10.06 美元的工资高。

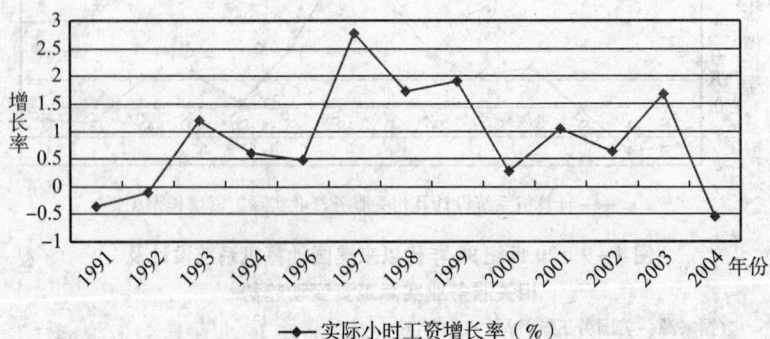

图 4 – 10   1991 ~ 2004 年美国信息产业的实际小时工资增长率
数据来源：美国劳工统计局。

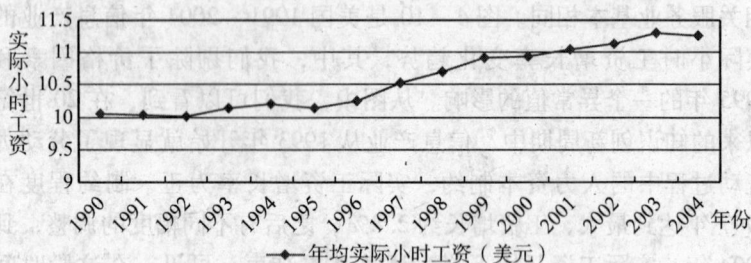

图 4 – 11   1990 ~ 2004 年美国信息产业实际小时工资变化趋势
数据来源：美国劳工统计局。

　　在上述过程调整完成后，如果劳动力需求不再变化，也就是说在需求的人力资本偏向强度和需求规模都不变的情况下，劳动力质的约束也就不是影响劳动力市场供需变动的重要因素，在受到价格因素冲击的情况下，劳动力市场的调整就变成在需求和供给的曲线上上移或者下移的调整。当然，即使技术要求不变，如果需求规模的扩张速度继续大量超过供给增加的速度时，峭壁 I 的调整过程又将开始。从这里我们也可以看出，"峭壁"不仅仅是质上的峭壁①，也包括因为质的高成本引起的量上的峭壁②。

2. 失业率变化趋势。

知识部门采用的是技术密集型的技术进步或者说是人力资本偏向性的技术进步，它所显现的对劳动力的排斥效应主要还是针对非技术劳动力和低素质劳动力以及生产性工人的，随着知识部门的不断扩大，它对技术劳动力的需求会不断增加，因此，知识部门的就业比重应该是不断上升的，而传统产业的就业比重是不断下降的。在"非知识部门和知识部门"这一"新二元结构"中，一些传统产业的消失和由于工业化而产生的资本有机构成提高将排出大量的劳动力，如果这些劳动力能够直接进入到创造就业的知识部门中，那么，就业结构的调整将是顺畅的。然而，在"峭壁Ⅰ"过程中，人力资本供给的制约和人力资本形成的时滞在短期内将对劳动力向知识部门的流动设置障碍。也就是说，由于知识部门吸纳劳动力是有人力资本要求的，因此，其他部门所释放的劳动力（存量和增量）往往无法立即达到知识部门的标准，劳动力就会失业，至少在短期内是如此。而长期内，随着国家、企业、个人对人力资本不断地进行投资，他们的人力资本存量将有所改善，并且能够进入到知识部门中去。从这个过程中，我们可以看出，如果峭壁Ⅰ成立的话，在其他条件不变的前提下，"新二元结构"经济体中的失业率（就业率的反面）就应该呈现先上升然后再下降最后趋于稳定的走向。

鉴于此，我们搜集了美国 20 世纪 90 年代以来的失业率数据，并以此进行了分析，失业率趋势如图 4－12 所示。本书之所以选择 20 世纪 90 年代以来的数据是因为，尽管从 20 世纪 70 年代起就已

---

① 即人力资本、技术、知识偏向性强度改变。
② 即人力资本、技术、知识偏向性不变但产业规模发生改变。

经被公认为是知识时代的萌芽期，但是 1970～1982 年和 1982～1990 年这两个阶段尚属于传统的经济周期，其宏观经济状况都没有完全地呈现新经济的特征，例如经济超增长、高增长和低失业、低通胀并存等。而且，前一个阶段还是"二战"后美国最为狼狈和困难的一个时期，而从 20 世纪 90 年代开始，美国经济进入了一个崭新的时代。所以，从这个角度来看，这一时期是受到其他因素影响相对较小的一个时期，从而假定"这一时期的失业率变动主要是由于劳动力市场的需求与供给不匹配引起的"也是较为合理的。

从图 4－12 中，我们可以清楚地看到，在 1991～2000 年这 10 年中，美国在 20 世纪 90 年代初期的失业率是最高的，连续处于 7%～8% 的水平，并呈现上升趋势，然而，从 1994 年开始，失业率好转的速度开始加快，呈现持续下降的趋势，到 2000 年已经达到 4%，基本上接近自然失业率水平，美国近 10 年来的就业结构调整也基本结束。可见，从失业率的变化来看，美国就业转换达到较为稳定的时间也大致为 10 年，与本书对计算机系统设计及相关服务业、信息产业的预测基本相同。尽管我们无法完全断定 10 年的时间就是峭壁Ⅰ过程所要经历的时滞期在美国的具体体现，但是，在忽略其他影响因素的条件下，我们至少看到了这一论断的极大可能，或许我们至少看到了在一个知识创新周期内受到人力资本制约的劳动力在流动过程中的调整时间。

更进一步地，当经济整体的就业结构调整完成时，由于劳动力供给经过长期的积累，如果知识部门的需求由于某些原因无法继续扩大，那么，失业率将出现上升的压力。实际数据表明，到 2001 年，美国的失业率从 2000 年的 4.0% 上升到 4.7%，2003 年达到了 6.0%，而高科技产业集中的硅谷的表现更加明显。2002 年 8 月，今日美国报（USA Today）引述市场调研公司 Challenger, Gray & Christmas（CGC）的报告指出："2002 年初至今，美国通信、计算机及电子商务行业裁员人数已达 24.3 万人，硅谷 7 月失业率为

7.6%，虽略低于 6 月的 7.8%，但仍是全美各大城市失业率增速最快的地区。" 不难看出，高科技产业的整体萧条已经对 IT 产业的劳动力需求造成了很大的负面影响，而不断流向硅谷企业的劳动力供给也逐渐增多，从而使得失业率增加。由此可见，2000 年以来来自失业率变化的证据依然继续支持我们关于劳动力流动调整的论断[1]，十年左右的滞后调整期似乎具有了更大的可能性。

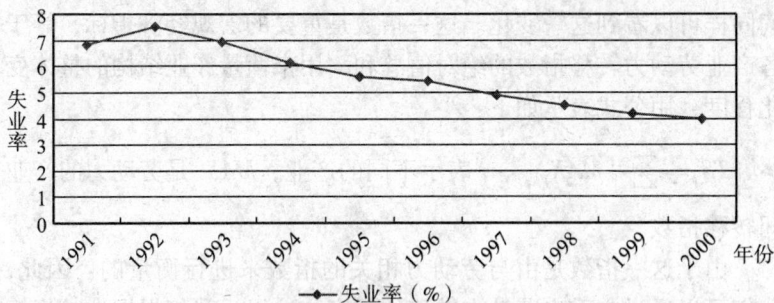

图 4-12　20 世纪 90 年代以来美国的失业率走势

数据来源：美国劳工统计局，Household Data。

3. 劳动力产业间转移趋势。

同工资趋势和失业率趋势一样，从劳动力向知识部门流动的困难和趋势也可以反映这种劳动力流动的制约。在表 4-2 美国劳动力产业间（IT 相关产业和传统产业）转移指数中，尽管几个知识产业的劳动力流动过程都是净流入的，但是我们可以看到，在这几个产业中存在着惊人一致的趋势，即这些知识产业的劳动力产业间转移指数都表现了先下降然后逐步上升的趋势，在忽略其他因素影响的情况下，这从某种程度上表明了峭壁 I 对劳动力流动的制约作

---

① 也就是说，当具备一定质的劳动力的供给超过需求时，劳动力质的约束已经不是影响劳动力市场调整的关键因素，此时，劳动力市场调整已经具备一般意义上的供需调整了。

用。因为，劳动力需求的增长使得一部分已经具备要求或者很快能具备要求的劳动力受到工资的吸引快速地流动到知识部门，接着，人力资本制约的作用就明显地显示出来，知识部门劳动力净流入程度开始减小，有些知识产业诸如投资金融、房地产、保险等甚至出现了劳动力净流出，这说明这些产业的劳动力供需缺口较大。而随着时间的推移，有效劳动供给开始较快增加，劳动力转移指数逐渐增加。利用国际通行的按劳动力计算的总体结构转化程度指数，我们同样可以看到这一变化。这一指数是重要的宏观经济指标，等于各产业劳动力转移指数的绝对值总和，用来衡量产业结构的整体变化程度，用公式表示如下：

$$TS = \sum_{i=1}^{n} |MAX_i|$$，i 表示不同的产业，MAX_i 是劳动力的产业间转移指数。

由于这一指数是由与劳动力相关的指数来进行衡量的，因此，我们可以通过它看出劳动力转移的程度。这里，我们根据这一指标计算出包含投资金融业、经纪人行业、保险代理业、保险业、房地产业、商业服务业、动画制作业等部分知识产业的转化程度指数。在图 4 - 13 中，美国知识产业的转化程度从 1992 ~ 1994 年就出现了下降趋势，而且下降的速度开始是缓慢的，然后更迅速地下降，直到 1997 年才开始上升，转移程度变为 1.405102，但是依然

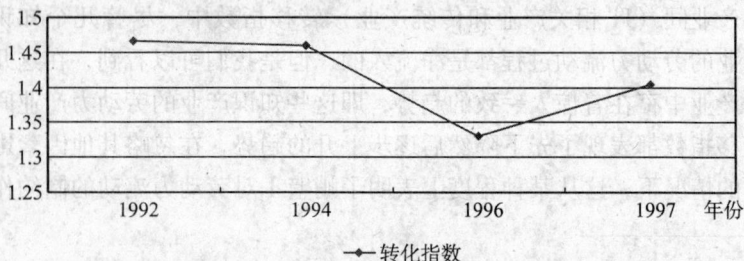

图 4 - 13　1992 ~ 1997 年美国部分知识产业转化程度趋势

没有达到 1992 年 1.466271 的水平。尽管出于数据搜集的限制，我们无法看到更完整的变化趋势进而确定转移期，但是这足以证明在知识产业的劳动力转化中存在着"峭壁"，劳动力在产业间的转移并非是畅通无阻的。

4.2.3   针对发展中国家的进一步分析

"峭壁Ⅰ"模式的发达国家经验告诉我们，尽管发达国家的劳动力从非知识部门向知识部门的流动是较为迅速的，并且持续地表现在工资、就业和职业的变化上，但是，即使在教育和培训制度比较发达的国家，劳动力流动的过程也不是顺畅的，依然存在着峭壁的制约。而且，工资增长率、失业率和劳动力产业间转移的数据分析还在某种程度上表明了"峭壁Ⅰ"过程中劳动力流动的调整是有时滞的，以计算机系统设计和相关服务为代表的美国知识产业的工资趋势和失业率的趋势分析不仅提供了质的分析，还提供了动态的量的分析。同时，这一约束在工资调整和就业调整上甚至表现出一致性，调整期或者时滞期大概为介于 1992 ~ 2000 年或者 1991 ~ 2000 年之间 9 年或 10 年左右的时间。

然而，发展中国家依然有其不同于发达国家的特征，高精尖型的人力资本存量比较低，技术水平也相对落后，教育体制不完善，低收入人群庞大，因此，发展中国家知识部门的发展将受到低起点的制约，在"峭壁Ⅰ"过程中也将表现出较长的调整时滞和较缓慢的劳动力流动，就业也将经历长期而痛苦的时期。但是，发展中国家却可以利用后发优势，借鉴发达国家的管理经验，引进先进的技术，加速知识部门的发展和人力资本的形成。不过，后发劣势的存在也提醒我们引进技术的同时也要加快学习和自主创新的速度，从而尽快积累人力资本和拥有创新自主权，以更好更快地推动劳动力的流动和知识部门的发展。

同时，通过对以美国为主的发达国家的经验分析，我们还可以看到，一些发达国家已经或者即将完成在较大创新周期内的调整，尽管不同国家不同产业的调整速度、已调整程度、新创新形成状况不同，许多发达国家的知识部门还存在程度各异的人才供需缺口，但是，随着发达国家知识部门的发展日趋成熟，发展中国家知识部门的发展日趋强劲，发达国家在工资、就业环境等方面的吸引力开始减弱，发展中国家在工资、工作机会、社会地位上的吸引力却开始增强。因此，这对发展中国家来说无疑是吸引人才回流或者内流的大好机会。而这将缓解峭壁存在对发展国家造成的不利影响，加速发展中国家的经济发展。正如我们在分析失业率趋势所提到的硅谷的案例一样，不乐观的前景导致许多 IT 产业的劳动力对未来产生了悲观预期，许多在硅谷企业中被裁掉的来自美国之外的 IT 人才很有可能回流。"目前虽无证据显示出硅谷 IT 人未来的流动趋势，不过，硅谷最大的外来人群——来自印度的 IT 从业者们已显示出了一些动向：不少人纷纷回到印度，带走资金与技术，进一步繁荣了印度 IT 业。业内人士猜想，集中在硅谷的各国精英们，可能也会步印度人的后尘，准备回到自己的祖国、继续打拼（SEMI，2002）。"① 令我们欣喜的是，许多致力于发展 IT 产业的中国城市和企业已经开始了海外招聘。据中国经济万维网报道，深圳市政府于 2002 年曾派出人才招聘及中国国际高新科技成果交易会推介代表团到美国、加拿大等地跨海征才，招聘的平均年薪在人民币 20万 ~ 50 万元之间。

4.3

峭壁Ⅱ过程的经验验证

峭壁Ⅱ过程指的是传统农业部门的劳动力向正在知识化的现代资本密集型或技术密集型工业部门的流动。正如我们在理论中所提

---

① SEMI："硅谷失业率大增　中国 IT 业将迎海归高潮"，赛迪网，2002 – 08 – 20。

到的，由于工业部门在技术上存在人力资本偏向，其对劳动力的需求也发生了质的变化，因此，即使存在着无限的劳动力资源，但是，工业部门劳动力的供需矛盾非但没有变缓反而加剧了。从劳动力流动来看，尽管工业部门存在着大量的劳动力需求和工作机会，劳动力向工业部门流动的速度却降低了。刘易斯的人口流动理论和托达罗的劳动力迁移理论已经无法解释这些现象，相比之下，峭壁Ⅱ模式更好地说明了这些新问题。

为了对峭壁Ⅱ过程的劳动力流动进行经验验证，我们依然需要有一个事前的说明。由于发达国家已经完成了工业化，因此，这些工业化国家的农业部门也已经完成了农业工业化，农业与工业、服务业等成为一体，形成了一元化的工业部门。在知识经济一元出现的今天，发达国家也已经不存在农业部门和工业部门并存的二元结构，从而也就不存在着劳动力流动的峭壁Ⅱ过程。然而，由于发展中国家或者欠发达国家的工业知识化过程才刚开始，许多趋势或者问题还难以从它们自身的发展历史上表现出来，或者有关的数据统计工作也还相对不成熟和不完善，例如，在中国，大范围的"技工荒"的出现还只是近几年的现象；除了部分已经发展起来的高科技产业之外，工业企业的知识化进程发展比较缓慢等。因此，在必要的时候，我们同样会使用发达国家的数据和经验来进行说明。我们认为，这一选择仍然是合理的，因为发达国家也正在经历工业知识化的阶段，工业部门内部发生的变化与发展中国家或者欠发达国家工业部门发生的变化在本质上是一样的，只是程度上有所不同而已。

在完成上述说明的基础上，要想对峭壁Ⅱ过程进行验证，所要考虑的内容与峭壁Ⅰ过程是类似的，例如，是否存在着劳动力从农业部门向正在知识化的工业部门的流动？流动的表现又是什么？如果工资是劳动力流动的主要动力，那么这些工资的差距是不是比刘易斯等人设想的要大？既然工业部门的知识化使工业对劳动力的需求产生了质的变化，那么这一变化对劳动力流动的制约又是怎样？……

4.3.1 劳动力流动的动力：农业部门和工业部门的工资差距

在发展中国家形成的三元经济中，农业经济和工业经济这一二元结构已经不是传统的二元结构，而是现代二元结构。这是因为，工业部门不再是采取技术中性进步或者劳动偏向性技术进步，也不是简单的资本密集或者技术密集的技术进步，而是智力密集或者说人力资本密集的技术进步，其技术进步的程度比较大，速度比较快，这就要求工业部门的工人必须是具备掌控知识和技术能力的素质型劳动力。而素质型劳动力的形成不是无成本的，更不是同质的，因此，相对刘易斯所说的无限供给的劳动力来说，其工资水平应该是更高的。这就是说，工业部门与农业部门的工资不再是刘易斯估计的30%～50%，而是更高的差距。两部门的工资差距将表现在农业和工业之间、城乡之间、技术工人与非技术工人之间。

1. 产业间的工资差距。

在中国，工业部门的知识化开始的相对较晚，而且也比较缓慢，因此，在相当长的一段时间内工资差距表现了传统二元经济的特征。但是，近几年来，随着产业结构的升级和调整，工业部门开始发生转变，工资差距也出现了转折点并逐渐扩大，现有的数据已经显示了这一变化。我们用包括农、林、牧、渔在内的农业作为传统农业部门的典型代表，用制造业作为工业部门的典型代表，从两产业之间的工资差距我们可以看到中国农业部门和工业部门之间的工资差距的变化趋势。

图4－14表明了中国农业和制造业两产业职工年均工资的差距，我们可以看到，除了1993年的异常值之外，中国20世纪90年代的绝大部分年份的工资差距依然保持在30%～50%之间，这说明在这一段时间仍然是符合二元经济的劳动力流动理论的。有调查显示，12年来，珠江三角洲民工月工资增幅只有68元，折合物

价上涨因素，民工工资呈现下降趋势。这个现象很好地反映在图4–14中1998年之前的工资差距上，相近的几年基本呈现不断下降的趋势，并且在1997年达到几乎接近30%的最低水平。从1999年开始，两产业之间的工资差距开始缓慢地扩大，这表明，随着中国产业结构的转型，一些制造业企业已经开始采用一些新的技术对现有的产业进行改造①，而当这一趋势使得技术工人的需求与供给的矛盾逐渐扩大时，技工短缺开始在20世纪末和21世纪初隐现，两部门的工资差距也已经达到70%以上，并有继续上升的趋势，这说明工业部门在知识化的过程中，对劳动力技术需求的改变和飞跃将导致工人的构成发生变化，从而使得必须对技术进行补偿的要求抬高了工业部门劳动力的需求和供给曲线，促使工业部门的工资开始不断上升，导致工业和农业之间的工资差距开始扩大，并超过了刘易斯等人估计的工资差距区间。相应地，劳动力流动也逐步向"峭壁Ⅱ"模式转变。

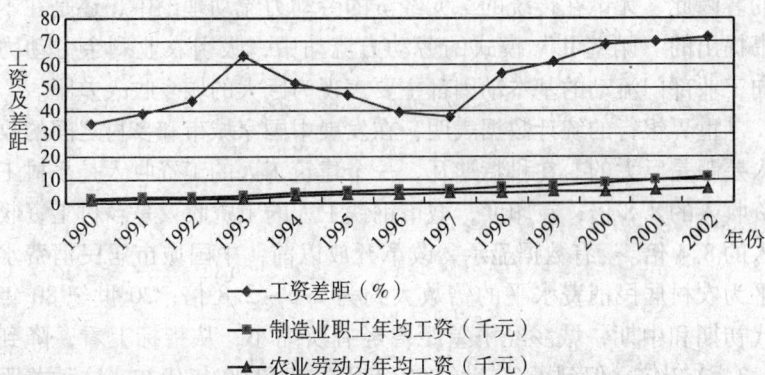

图4–14 1990～2002年中国制造业职工与农业劳动力年均工资差距

数据来源：《中国统计年鉴（2003）》。

---

① 这一技术升级也许是小范围的，低层次的，从而对工资差距的影响也是较低幅度的，但这也说明，三元经济萌芽期发生的缓慢的、低程度的、局部的工业知识化依然对我国的产业结构调整乃至工资差距产生了影响。

挪威制造业蓝领工人的工资增长也说明了工业部门的知识化对工资的影响。据资料显示，挪威技术估测委员会（The Technical Calculating Committee）在 2002 年关于工资情况的报告中指出，挪威制造业中的蓝领工人的工资成本在 2000 年比挪威主要贸易伙伴的平均水平高出 17%。尽管到 2001 年白领工人的工资增长率仍高于蓝领工人，但是，挪威商业和工业联合会下属企业的制造业蓝领工人的工资增长率达到了 4.75%，而白领工人的工资增长率为 5.25%，差距不大。从这些企业 1996～2001 年的数据来看，蓝领工人的平均工资增长率也达到了 4.6%。[①]

2. 城乡收入差距。

城市地区通常被认为是集中了先进部门的地区，而乡村地区是集中了落后部门的地区，尽管某些乡村地区也不同程度地出现了工业和知识产业，但是，从数量上来看，这些产业的比例还是非常小的。因此，无论在传统的二元经济的劳动力流动理论中，还是在本书提出的"峭壁Ⅱ"模式的劳动力流动中，吸引农业剩余劳动力向工业部门流动的基本动因都主要表现为巨大的城乡收入差距。

世界银行的统计数据表明，在发展中国家城市和乡村之间的收入差距是巨大的。在科特迪瓦，一个建筑工人的工资收入是乡村工资收入的 8.8 倍；在印度，城市钢铁工人的工资收入是乡村工资收入的 8.4 倍。[②] 有数据显示，改革开放以前，中国城市居民消费水平为农村居民消费水平的倍数大约为 2.6～2.8 倍；20 世纪 80 年代初期和中期，城乡经济差距曾经有所缩小，从指标上看，降到 2.2～2.3 倍。但到了 20 世纪 80 年代末期和 90 年代初，这种差距又有回归的趋势，城市居民消费水平达到农村居民的 2.8～3.0 倍左右。20 世纪 90 年代中期，差距扩大到 3.3～3.4 倍，到了 20 世

---

① 参考 http：//www. eiro. eurofound. eu. int/2002/02/inbrief/no0202101n. html. 2002.
② Jackie Wahba. "Urbanization and Migration in the Third World". Economic Review, 14（2），November 1996.

纪90年代末和21世纪初叶,两者的差距更是扩大到超过3.5倍的水平。[①] 另外,中国社会科学院经济研究所收入分配课题组分别于1988年、1995年、2002年进行的三次全国范围的住户调查表明,近年来,我国城乡居民收入差距不断扩大,由20世纪80年代中期的1.8∶1左右,扩大到3.1∶1。[②]

显然,在发展中国家,尤其是20世纪90年代以来,随着工业部门知识化进程的开始,城市地区越来越倾向于发展先进工业,因此,城市现代工业部门的工资也越来越高。从上述中国的数据来看,城乡收入差距曾有所缩小,但是,从20世纪90年代后期尤其是21世纪初以来,城乡收入差距又扩大了。除了制度、劳动力市场分割等因素之外,工业部门的发展水平应该是导致这一差距扩大的重要原因。而与此同时,逐渐扩大的城乡收入差距更加成为促使农村劳动力向城市地区流动的拉力因素。

3. 技术工人与非技术工人的工资差距。

美国在20世纪70年代和80年代期间,知识经济的突起使得产业技术发生了巨大的变动,这一变动促使美国工业企业的劳动力需求从非熟练工人向熟练工人转变。因此,对非技术工人大规模排斥使得非技术工人的需求曲线左移,非技术工人的实际工资(经过生活费用变化调整的工资)显著地下降,降幅高达30%。而对技术工人需求的增加使得其需求曲线右移,尽管技术工人的工资率在20世纪70年代的大部分时期中保持不变,但在那以后有很大的增长。因此,技术和非技术工人的工资差距显著地增加了。尽管非技术工人工资的下降似乎已得到抑制,但差距仍然很大。[③] 在20世纪70年代中期和90年代初期,阿根廷、智利、哥伦比亚、哥斯

---

① 李强:"城市化进程的一般规律与中国城市化的困境",中国网,2003-06-20。
② 李实、岳希明:"调查显示中国城乡收入差距世界最高",《财经》,转引自中国网,2004-02-23。
③ 斯蒂格利茨:经济学(上册),中国人民大学出版社,1997年,第245页。

达黎加、马来西亚、菲律宾、中国台湾和乌拉圭也同样经历了有利于高技能工人群体的工资差别拉大的现象；强有力的跨国研究证据也表明，哥伦比亚（1991 年）、墨西哥（1992 年）、中国台湾（1986 年）由于公司对高技术的投资带动了对技能工人工资收入的大幅度提高（哥伦比亚提高了 42%，墨西哥提高了 54%，中国台湾提高了 32%），而非技能工人的工资收入提高的幅度则要低得多（哥伦比亚为 23%，墨西哥为 11%，中国台湾为 7%）①。

艾利（Eli）等人通过对发达国家普遍采用的技术偏向的技术进步情况指出，20 世纪 80 年代以来，OECD 经济的欠熟练工人已经遭受了相对工资下降的痛苦，失业增加。在美国，从 1973～1993 年，具有 12 年以下教育经历的年轻人的实际工资下降了 26%。1979～1992 年间，欧洲 OECD 国家的平均失业率从 5.4% 增加到 9.9%，并且一直持续着，而失业的绝大多数集中在非熟练劳动工人。在同一时期，欠熟练工人的相对工资除了在几个 OECD 国家稍微下降之外，在其他国家都大幅度下降。一些学者也指出了美国欠熟练工人的相对工资的下降，同时，在制造业也出现了相对工资的下降。到目前为止，相关文献已经明确地表明，在过去的 20 年中，尽管欠熟练工人相对于迅速扩张的熟练工人的供给来说越来越稀缺，但是他们的劳动力市场状况却恶化了。同时，他们还提到，一些来自发展中国家的数据也证实了技术偏向的技术进步假设。通过进一步检验更多容量的发展中国家样本，他们发现，在 20 世纪 80 年代贸易自由化的 10 年中，许多发展中国家技术劳动力的相对工资也确实提高了。② 就我国而言，技术工人与非技术工人的差距已经开始扩大，据报道，2003 年 8 月上旬，我国广东省

---

① 国际劳工局：《世界就业报告（1998～1999 年）》，中国劳动社会保障出版社，2000 年，第 45 页。
② Eli Berman, John Bound, Stephen Machin. "Implications Of Skill-biased Technological Change: International Evidence". Forthcoming Quarterly. Journal of Economics, November 1998.

怀集县政协组织了 5 个专题调研组，深入全县 20 个乡镇进行专题调研。调查结果显示，打工一族工资收入一般每月在 500 至 700 元左右，技术工则在 1 000 至 3 000 元，晋升管理层的月收入超过万元。[①]

通过这些数据，我们可以看出，尽管工业部门在知识化过程中技术或资本偏向导致了工业部门有机构成的提高，就业弹性不断下降，但是，这种技术对劳动力的替代还主要是对非技术或非熟练劳动力的排斥和替代，而对技术工人或非生产工人的需求却大幅度的上升了。也就是说，在知识化过程中，工业部门对劳动力的需求并不是针对所有类型的劳动力同比例地扩张，而是表现出对技术工人的偏向，这也是尽管某些技术劳动力在数量上大幅度增加，却依然得到较高工资的原因所在。当然，这一工资差距的扩大虽然是由劳动力的供需状况直接引起的，但内在的原因却是人力资本积累的长期性和高成本性。另外，根据我们在"峭壁Ⅱ"中所提到的理论，由于存在着市场平衡的力量，在长期中，技术工人劳动力市场的劳动供给曲线将右移或者非技术工人劳动力市场的劳动供给曲线将左移，这一工资差距有趋于缩小的趋势。然而，到目前为止，经验研究仍然没有一致的证据对此加以证明，在对发达国家和发展中国家的数据搜集和分析过程中，我们也只看到了这种差距的扩大。不过，正是因为这一差距的存在和扩大才使得（支撑工业知识化的）技术工人得以增加。对发展中国家而言，工资差距的扩大似乎还只是刚刚开始，技术工人供给的大幅度增加可能需要更长的时间，对人力资本投资进行足够的补偿终将发挥根本性作用，也只有如此，农业大量存在的剩余劳动力才能继续被工业部门所吸纳。

早在 1969 年，劳埃德·雷诺兹（Lloyd G..Reynolds）就指出，根据刘易斯的说法，不发达国家的工业雇主极少抱怨找不到劳动

---

① 李凤荷："广东怀集：15 名'打工仔'当上政协委员"，《人民日报》，2004 - 05 - 14。

力，也许存在着对劳动力缺乏培训、动机或者其他劳动力质的方面的现象，但是在数量上没有短缺。刘易斯等人已经推测了一个适度的约30%左右的工资差额，这对吸引工人转移到城市可能是必须的。但是，实际上，工业工人的工资通常是传统部门收入的2~3倍。在发展初期的几十年中，现代部门和传统部门的收入差别将扩大。[1] 这里，尽管雷诺兹并不是从经济结构变化的角度指出这一问题的，却正好符合了我们的观点。

由于各国现实、工资数据选取、指标建立等原因，工资差距在数量和程度上也许是不同的，但是，随着知识化进程加快，发展中国家传统农业部门与工业部门的工资差距将日益扩大，而不断扩大的工资差距使劳动力流动越来越具有吸引力和诱惑力。

4.3.2　劳动力流动的表现

1. 工业部门就业的技术化趋势。

随着工业部门知识化的不断推进，越来越多的劳动力将具备工业所要求的技能，并从农业部门流动到所需的工业部门，工业部门中劳动力就业的技术化趋势将越来越明显。因此，在就业表现上，技术工人占的比例将越来越高，这是劳动力从传统农业部门向正在知识化的工业部门流动的显著表现。尽管发展中国家的发展进程限制了我们对数据的搜集，我们却可以从发达国家工业工人的就业变化上清楚地看到这一趋势。

图4-15描述了日本在1980~2000年期间，技术工人和非生产性工人构成的变化。根据伊藤景子和深尾京司（Keiko Ito and Kyoji Fukao）[2] 两人的定义，技术工人是职业分类中被划分为专业

---

[1]　Lloyd G. . Reynolds. "Economic Development with Surplus Labor：Some Complications", Oxford Economic Papers, Mar 1969, 21, 1；AB/Informal Global.

[2]　Keiko Ito, Kyoji Fukao. "Physical and Human Capital Deepening and New Trade Patterns in Japan". NBER Working Paper, No. 10209, January 2004.

技术类或者管理类的工人，而非生产性工人包括被划分为专业技术职业、管理职业、秘书职业等类别的劳动力。由此看来，非生产性工人的范围要比技术工人大得多，并且包括一些教育水平不是很高的工人。从图 4 - 15 中，我们可以看到，尽管其上升速度是缓慢的，但制造业中技术工人在工人中的比重却是持续上升的，从 1980 年的 9.0% 上升到 2000 年的 10.5%；非生产性工人在制造业中所占的比重也从 1980 年的 27.7% 上升到 2000 年的 30.7%；同时，技术工人占所有工人的份额上升得更快，从 9.8% 扩大到 13.9%。

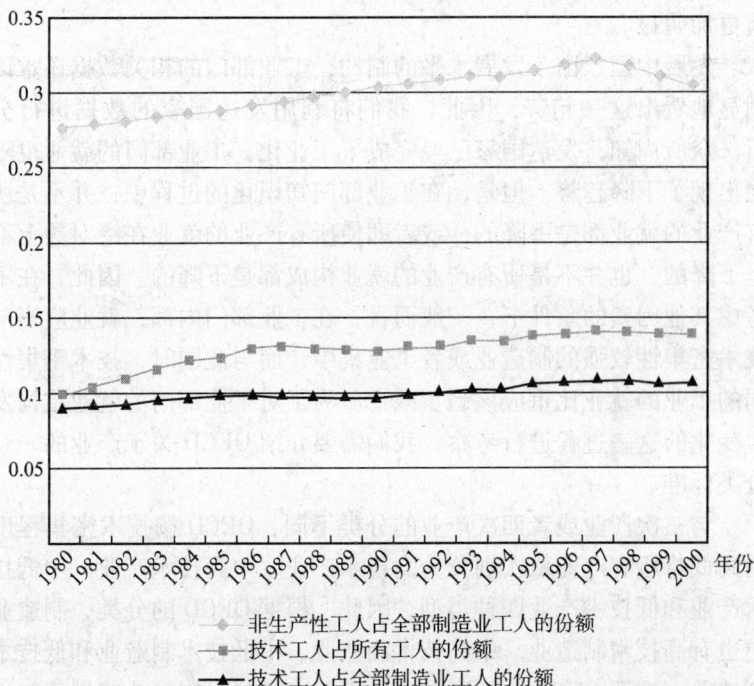

非生产性工人占全部制造业工人的份额
技术工人占所有工人的份额
技术工人占全部制造业工人的份额

图 4 - 15 1980 ~ 2000 年日本技术工人和非生产性工人的构成变化

资料来源：Keiko Ito，Kyoji Fukao. 2004.

2. 工业部门就业结构的转变。

工业部门的知识化将对工业部门的就业结构产生重大影响。由于知识的渗透使得工业部门的产业趋于高级化，因此，工业部门中较为传统的低技术产业将趋于萎缩，能够进行升级的产业将趋于扩张，如果劳动力具备了一定的素质要求，他们就会更多地被知识化的工业部门所吸纳，从而在就业结构上呈现工业部门就业的高级化趋势。随着时间的转移，当有效的劳动力供给越来越容易满足工业部门的需要时，劳动力的转移难度将逐渐降低，产业的就业高级化就更加明显。

发展中国家由于发展水平的制约，工业部门的相关数据还难以明显地看出这一趋势，因此，我们将利用发达国家的数据进行分析。众所周知，发达国家已经完成了工业化，工业部门的就业也随之出现了下降趋势。但是，在工业部门知识化的过程中，并不是所有产业的就业都是下降的，或者即使所有产业的就业在绝对数上都是下降的，也并不是所有产业的就业构成都是下降的。因此，在不考虑其他因素的条件下，一般而言，在工业部门内部，就业应当向技术密集性较强的制造业或者工业集中，而与此同时，技术密集性弱的工业的就业比重应该趋于减少。为了对工业部门的就业结构发生变化的这一过程进行考察，我们需要介绍 OECD 关于产业的一个分类标准。

与三次产业或者四次产业的分类不同，OECD 按技术密集程度的高低将所有产业依次划分为高技术产业、中高技术产业、中低技术产业和低技术产业四种类型。因此，根据 OECD 的分类，制造业中也有高技术制造业、中高技术制造业、中低技术制造业和低技术制造业。按照 OECD 的标准，高技术和中高技术制造业归属于知识产业，我们可以暂时撇开这类产业不谈。实际上，正是由于某些制造业的研发比例等知识化指标达到一定程度才转变为高技术和中高技术制造业的，从这个角度上说，高技术和中高技术是一个动态的和相对的指标，它们在不同时间有不同的衡量标准，随着知识部门的不断发展，过去的一些制造业可能消失，过去的高技术产业也可能变为非高技术产业。同时，从高技术产业的分类来看，制造业的中高技术产业并没有在实际上被列为高技术产业，因此，为了更清楚地看清制造业升级和就业转变的趋势，我们仍然把中高技术制造业列入工业部门，这并不妨碍我们的分析。由于从中高技术制造业到低技术制造业，其技术密集程度是下降的，因而，相对于低技术制造业来说，中高技术和中低技术制造业是更高级的制造业，也是更多地进行知识化的产业。所以，以制造业为例，如果上述推测成立的话，一国的工业部门在知识化的过程中，无论制造业的就业是上升还是下降，低技术制造业的就业比重有下降的趋势，而中低、中高技术制造业的就业比重有上升的趋势，即就业将向技术或知识密集的制造业集中。

根据 OECD 对制造业的分类，我们从美国的制造业中选取了三类制造业。一是低技术制造业，以纺织业（用 textile mills 分类中的数据表示）为代表；二是中低技术制造业，以金属加工制品业（fabricated metal products）、塑料橡胶制品业（plastics and rubber products）以及造船业（ship and boat building）为代表；三是中高技术制造业，以汽车和零部件业（motor vehicle and parts）为代表。制造业在非农业部门中就业比重的变化情况以及三类制造业在制造业中的就业份额变化情况如下组图（图 4 - 16 和图 4 - 17）所示。

从这组图中，我们可以看出，1990 年以来，随着知识部门的日益扩张，美国的制造业所容纳的就业在整个非农业部门中的比重下降了。尽管如此，在制造业部门中，各种产业的就业构成却发生了不同寻常的变化。纺织业属于低技术制造业，它占总制造业就业人数的比重在 1990 年时约为 2.78%，之后持续下降，到 2004 年已经下降到 1.66%。属于中低技术制造业的金属制品业、塑料橡胶制品业和造船业在制造业中的就业比重分别从 1990 年的 9.10%、4.67% 和

9.10%上升到2004年的10.45%、5.63%和10.45%。而汽车及零部件业在制造业中属于中高技术制造业，它在制造业中的就业比重同样也升高了，十几年间的就业比重增长率平均为1.92%。从这些数据来看，在制造业部门内部，尽管低技术制造业的就业比重下降了，但是，中低技术制造业和中高技术的就业比重却上升了。同时，就业比重的数据还表明，在目前，中低技术制造业的就业比重的绝对水平要比低技术制造业和中高技术制造业高，而中高技术制造业的就业比重增长率又比其他两种类型的制造业要高。这些现象说明，工业部门的知识化使得技术密集性的制造业得到了更好的发展，而低技术的或者劳动密集型的制造业却逐渐失去了优势，因此，传统制造业的就业职位将减少，而先进制造业的职位将相对增加，从而劳动力的流动也更倾向于向技术或者知识密集的制造业集中。

　　来自加拿大的经验研究也可以让我们清楚地看到这一过程。吉拉（Gera，1996）等人使用加拿大统计局商务部门的投入—产出模型分析了加拿大111个行业的就业状况。他们发现，就业职业结构的改变表明了劳动力需求结构已经开始朝着有利于制造业和服务业的技术工人的方向改变，这种现象广泛出现在所有部门。为了考察

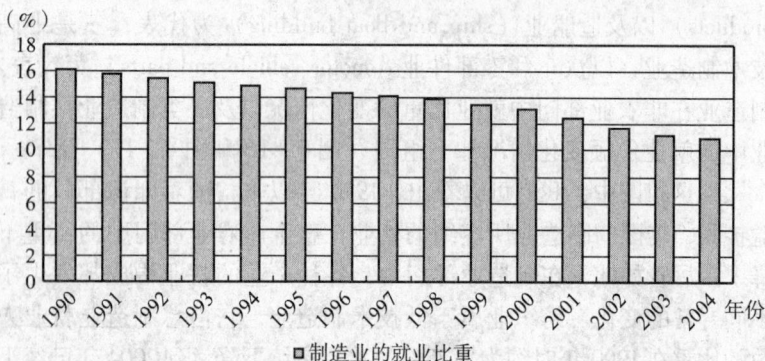

图4－16　1990～2004年美国非农业部门中制造业就业比重的变化

数据来源：美国劳工统计局。

低技术制造业：

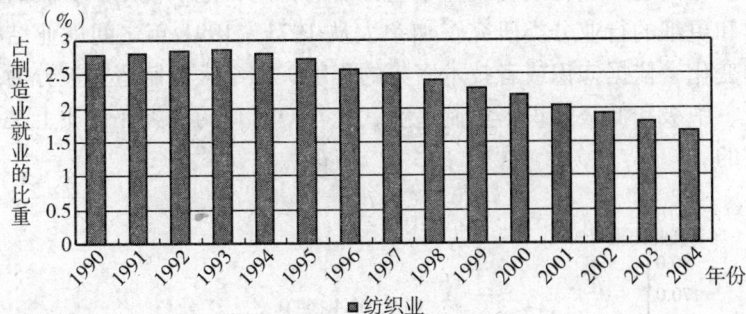

1990~2004年美国纺织业的就业

中低技术制造业：

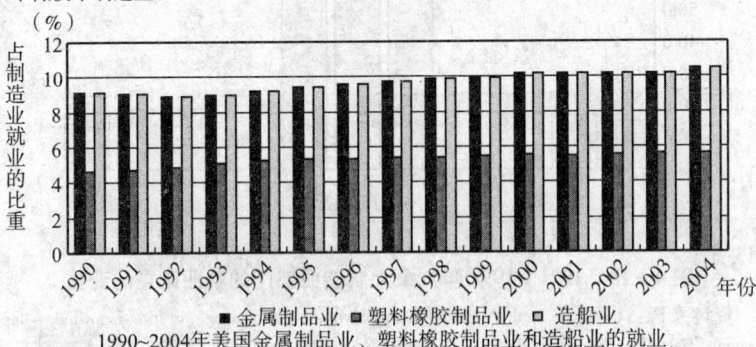

1990~2004年美国金属制品业、塑料橡胶制品业和造船业的就业

中高技术制造业：

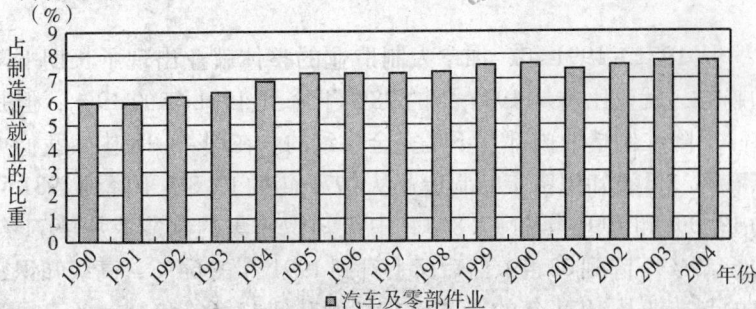

1990~2004年美国制造业中汽车及零部件业的就业

图 4-17　1990~2004 年美国制造业内部就业构成的变化趋势

知识导向的产业在改变就业结构方面的作用，他们使用了更新的资料和更细的行业分类研究了加拿大从 1971～1991 年之间就业结构的变化。依据知识或者技术密集的程度，加拿大的制造业被分为高级、中级和低级知识密集制造业，这与 OECD 的分类在性质上是一致的。

就业比重（%）

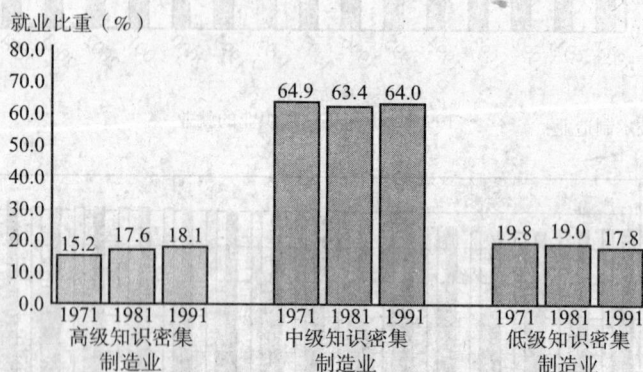

图 4-18   1971～1991 年加拿大制造业部门的就业比重的变化

资料来源：Gera, S. and P. Massé. "Employment performance in the Knowledge-based Economy". Applied Research Branch, Research paper R-97-9E/F. 1996.

从 1971～1991 年，加拿大制造业的整体就业出现了长期下降的趋势，就业比重从 1971 年的 28% 下降到 1991 年的 19%，但是这一下降在制造业内部并不是完全一致的。在图 4-18 中，我们可以看到，低级知识密集的制造业从 1971 年的 19.8% 下降到 1981 年的 19.0% 和 1991 年的 17.8%，中级知识密集的制造业从 1971 年的 64.9% 下降到 63.4% 然后又上升到 1991 年的 64%，高级知识密集的制造业从 1971 年的 15.2% 持续攀升到 17.6% 和 18.1%。尽管我们曾经提到，高级知识密集的制造业有归属于知识部门之嫌，但是，我们所要看到的是一种变化的趋势，即当低级知识密集制造业的就业比重下降的时候，中级和高级知识密集制造业的就业比重却大体上上升了。而且，在这 20 年间，中级知识密集制造业的就业比重一直比较高，而高级知识密集制造业的就业比重上升最快。很明显，加拿大制造业内部的就业构成已经发生了劳动力向更高级的知识密集制造业流动的转变。

除了以上两个发达国家之外，在非洲、拉丁美洲、东南亚、南亚等地区的一些国家和地区，制造业内部的就业也发生了明显的变化。图 4 – 19 描述的是这些地区的部分国家和地区在 1980 年和 1995 年高技能制造业的就业占整个制造业就业比重的变化情况。其中，高技能制造业包括印刷和出版业；工业化工和其他化工；金属加工产品；机械、非电器和电器；运输设备；专业和科学仪器。根据 OECD 的分类，这些产业绝大部分属于中低和中高技术制造业。图中的数据表明，在这些国家，尽管就业比例提高的幅度不同，但是，高技能制造业在整个制造业中的就业比重提高了，制造业内部以技能工人取代非技能工人的现象是较为普遍的。

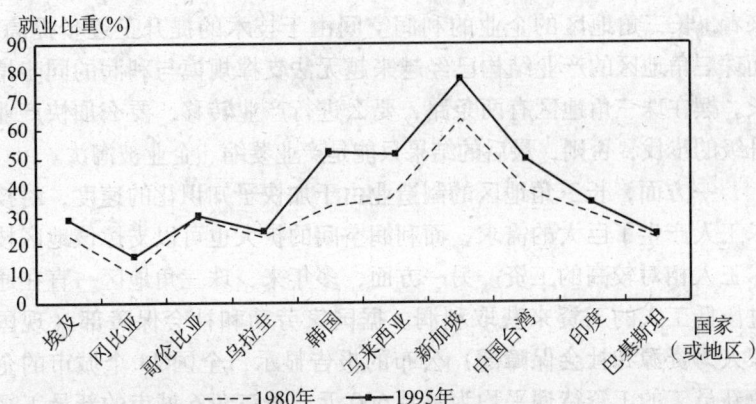

图 4 – 19 部分国家（或地区）制造业内部高技能制造业的就业比重的变化

数据来源：联合国工业发展组织统计，《工业统计数据库 1997 年》，维也纳。

注：有些国家 1995 年的数据用 1992 年、1993 年和 1994 年的数据代替。例如，印度和巴基斯坦分别是 1993 年和 1992 年的数据。

3. 劳动力向先进制造业地区的流动。

发展中国家工业部门的发展在不同的地区是不一样的，有些地区的知识渗透开始的早，发展也比较快，有些地区却开始的晚，发展也比较慢。在这种情况下，受到工资差距的影响，许多技术工人会离开较落后的地区，向拥有先进工业的地区流动。这一过程是劳动力的个人选择过程，其根本动力来自经济利益的拉力作用，是由于先进工业的工资更好地反映了对技术的补偿。从这个角度说，劳动力向先进工业地区的集中也表明了劳动力向知识和技术密集程度较高的工业部门的流动。

以中国为例，珠江三角洲地区和长江三角洲地区是加工制造业的两个集聚地，历史传统和相对地理位置等因素导致了两地区的企业接受知识渗透的程度大为不同，从而使长三角地区产业升级的速度相对超过了珠三角地区。从企业构成上来看，长三角地区资本和技术密集型较高的制造业企业的数量和比重也高于珠三角地区；从利润空间上来看，长三角地区的企业的利润空间由于技术的提升正逐步提高，而珠三角地区的产业结构已经越来越无法支撑规模与利润的同步增长。摆在珠三角地区有两条路，要么进行产业转移，要么加快产业升级的步伐，否则，最后的结果只能是产业萎缩、企业被淘汰。

一方面，长三角地区的制造业由于加快了知识化的速度，对技术工人产生了巨大的需求，而利润空间的扩大也可以支撑该地区技术工人相对较高的工资。另一方面，多年来，珠三角地区一直在通过压低工人的工资来获取利润。据国家劳动和社会保障部（现国家人力资源和社会保障部）公布的报告显示，全国 24 个城市的企业新员工的工资待遇平均为每月 660 元，长三角 6 城市的新员工平均月工资比平均数高 8.5%，深圳只高出 5.4%，而东莞却整整低了 16.8%。[①] 在这种情况下，劳动力要素的逐利性开始驱使劳动力

---

① 徐宁："'民工荒'背后的珠三角真相：离开南方"，《电脑商情报》，2005 – 03 – 14。

流向能够给予更高人力资本补偿的工业部门，而这一补偿只能由正在知识化的企业来提供。

因此，从劳动力流动的地域表现上看，技术工人开始从技术密集度较弱的珠三角地区向技术密集度较强的长三角地区流动，这一流动表明了劳动力对收益的追求，也暗示了工业部门必然趋于知识化和先进化的趋势。2004年，东莞某人才市场公布的一份调查表明，在对包括管理层、工程师、技术工人和普通工人在内的劳动力流向调查中，有近10%的受访者明确表示在离开东莞后选择去长三角地区。[①] 可见，在三元经济形成和逐渐发展的今天，能够尽快接受知识化的工业部门将获得经济发展的优势，而技术密集度低的产业将面临成为落后产业的危险。这一变化也提醒珠三角地区的政府和企业，珠三角地区要实现进一步的发展，必须加快自身产业的升级。

4.3.3 劳动力流动的制约

本书将从工资变化、劳动力的产业间转移、非正式部门的扩张、培训的扩张等方面来验证峭壁Ⅱ对劳动力流动的制约作用。

1. 工业部门的工资趋势。

在"峭壁Ⅱ"模式下，劳动力在向工业部门流动的过程中并不是顺畅的，在技术发生较大变动的一段时间内，劳动力流动的人力资本制约将使劳动力市场供需失衡，从而恶化劳动力的供需条件，随着供给条件的不断改善，劳动力市场状况也将好转，因此，工业部门的工资趋势应该能够反映这一过程。我们将利用美国石油和煤制品制造业从业人员的工资数据对此加以证明。

根据OECD的分类，石油和煤制品业（petroleum and coal prod-

---

① 徐宁："'民工荒'背后的珠三角真相：离开南方"，《电脑商情报》，2005 – 03 – 14。

ucts）从技术密集性来看，属于中低技术产业；从技能密集度来看，属于中级技能产业。因此，知识的渗透将对这一产业发生作用，从就业趋势来看，劳动力会向这一产业流动。

图 4-20 显示了美国的石油和煤制品业从 1995~2003 年的实际小时工资增长率和实际工资的变化趋势，其中，实际工资数据为 1967 年美元数据。我们可以看到，在知识部门发展的同时，知识和技术逐渐在石油和煤制品业中使用，产业对技术劳动力的需求

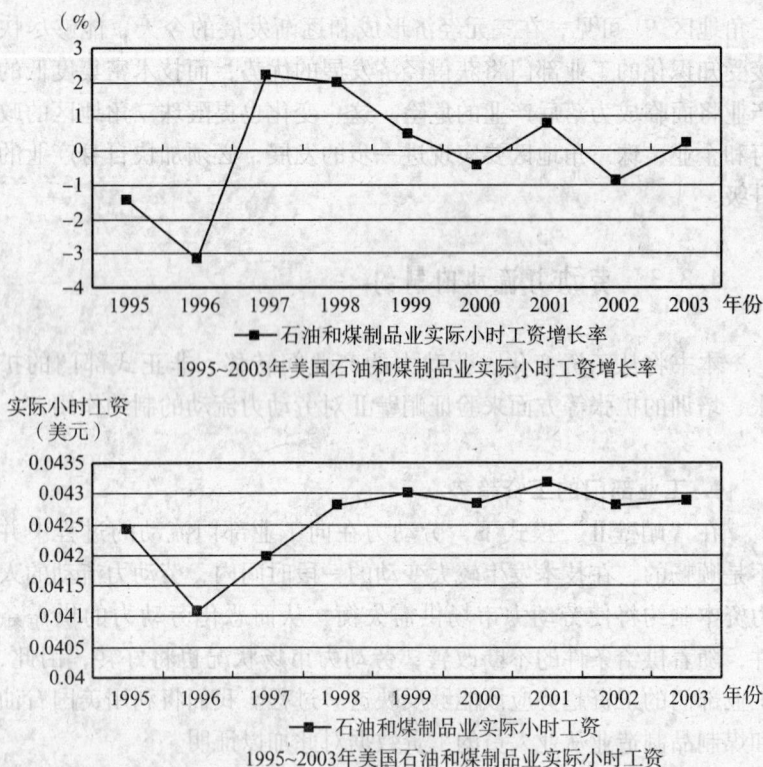

（%）

1995~2003年美国石油和煤制品业实际小时工资增长率

实际小时工资（美元）

1995~2003年美国石油和煤制品业实际小时工资

图 4-20 1995~2003 年美国石油和煤制品业的工资变动趋势

数据来源：美国劳工统计局。

不断增加，工人的工资从 1997 年开始出现上升趋势，由于该产业的性质决定了这一行业的人力资本制约程度相对较小，从而峭壁是较为平缓的，因此，到 1998 年，劳动供给增加的速度就开始超过需求增加的速度，工资增长率开始下降，但是实际工资还是上升的，到 2000 年，工资增长率开始为负，实际工资下降，劳动力市场的调整到此基本结束，调整期间从 1997～2000 年，约 4 年的时间。如前所述，由于石油和煤制品业为中低技术和中级技能产业，因此，对劳动力素质的要求相对较低，相应技能的劳动力供给增加较快，从而使得这一产业受到人力资本制约的劳动力市场调整期较短，远远小于信息产业的调整时间。即便如此，对正式教育和职业教育比较发达的美国来说，4 年的时间也足以说明劳动力在流动过程中受到的制约影响还是比较大的。对发展中国家来说，由于劳动力整体素质、教育、培训等相对较弱，这个行业的时滞期可能更长，劳动力的就业调整也将更加艰难。

2. 劳动力的产业间转移趋势。

工业部门劳动需求条件的突然变化，也将在短期内对劳动力的转移设置障碍，从而使就业结构失衡，在短期内，工业部门的就业吸纳力下降，然而，随着劳动力技能的持续获得，工业部门的吸纳缺口又有所减小。

我们先以美国为例看一下发达国家的情况。尽管美国并不存在 "传统农业经济—工业经济" 这一二元结构，但是，正在接受知识化的工业部门的劳动力转移趋势却足以说明劳动力在流动过程中的制约和调整状况。通过表 4－2 中的数据，我们可以明显地看出，虽然采矿业、制造业、化学用品业、仪器仪表业的劳动力净转移指数在多数年份是负的，但是这些指数基本上都呈现了先下降然后逐步上升的趋势，到 1997 年，4 个产业的劳动力净转移指数都扭转为正。这说明，美国作为一个形成新二元经济的国家，知识部门发展快，工业部门知识化的程度和速度也比发展中国家快得多，因此，工业部门技术要求的提高为劳动力就业设置了障碍，一些劳动力或者失业，或者进入其他技术要求不高的产业就业，导致劳动力净流出，随着时间的推移，新的或者失业的劳动力在接受教育或者培训后陆续地满足了这些产业的需求，从而使得劳动力的净转移指数不断增加，甚至变为正值。另外，由于制造业是技术升级幅度较大的产业，其设置的人力资本需求门槛也较高，从而造成的劳动力净流出程度也相对较大，劳动力净转移指数分别为 -1.01466、-1.09801、-0.91448，指数绝对值在 1 左右，远大于其他三个产业；同时，制造业产业的升级使得它的利润空间也相对较大，这不仅增强了劳动力向其流动的吸引力，还促进了就业规模的扩张，因此，1997 年制造业的劳动力转移指数（0.560381）也比其他三个产业高得多。

另一方面，从发展中国家来看，尽管其工业部门的知识化开始较晚，现有的数据恐怕难以准确地表现长期趋势，但是，本书希望数据所表现出的变化能让我们窥见一斑。

图 4-21 显示了中国三次产业的就业构成变化，从中我们可以看出工业部门在知识化萌芽期的转变。从理论上讲，尽管第二产业的就业弹性是不断下降的，但中国的第二产业还应在较长时期内是吸纳农业剩余劳动力的渠道，因此，1990~1997 年第二产业的就业比重是不断上升的，而这段时间第一产业的就业比重也是不断下降的。然而，从 1997 年开始，尽管第二产业的就业人数仍在增加，但是就业比重却开始下降了，而 1997~1999 年间，第一产业的就业比重还在下降，这说明，农业剩余劳动力在向第三产业进行净转移。从更长的时期看，第三产业在 1999~2002 年间的就业比重继续上升，第二产业的就业比重依然在下降，而第一产业的就业比重先上升然后维持在 50% 的水平，基本没发生改变。由于工业部门主要集中在第二产业和部分第三产业中，知识部门主要集中在第三产业和部分第二产业中，这里的数据说明，1999~2002 年间，全

社会的净转移几乎只发生在工业部门和知识部门之间[①]，在存在着就业创造的条件下，农业劳动力却无法向工业部门进行净转移了。

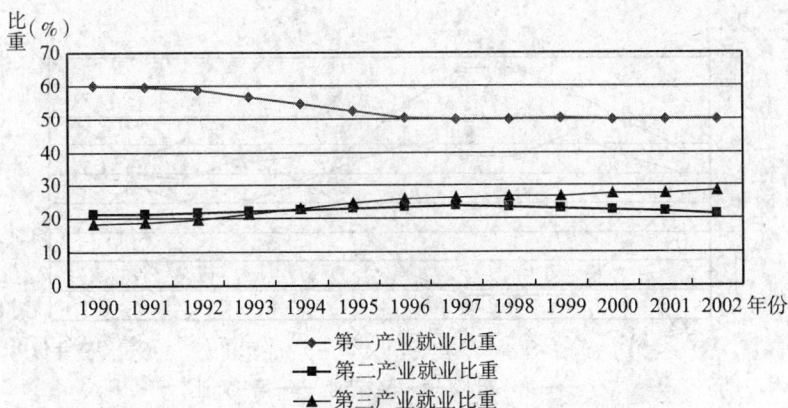

图 4 - 21   1990 ~ 2002 年中国三次产业的就业构成变化

数据来源：《中国统计年鉴（2003）》。

为了更清楚地观察这一劳动力流动的趋势，我们根据劳动力产业间转移指数公式并利用上述三次产业的就业构成数据对中国三次产业的劳动力转移指数进行了计算，并据此做出了趋势图（见图 4 - 22）。

在图 4 - 22 中，我们可以直观地看到劳动力在产业间流动的变化情况，这一变化大体分为三个阶段：（1）1991 ~ 1997 年。这一阶段尚属于劳动力流动的正常阶段，第一产业是净流出，第二产业和第三产业是净流入。第二产业的吸纳程度比较稳定，第三产业的吸纳程度相对变化较大，但是吸纳的程度也较大，两者在后期都出现了吸纳下降的趋势。（2）1998 ~ 1999 年。第一产业是小幅度的

——————————

　　① 为了证明这一推测，笔者还分析了第三产业中劳动密集型服务业的就业比重的变化，从 1999 ~ 2001 年，其比重也是下降的。

净流出，并且在 1999 年还出现了净流入[①]，第二产业连续净流出。
（3）2000～2002 年。第二产业继续净流出，程度有所加强，第三
产业净流入，而第一产业的劳动力净转移近乎处于停滞状态。

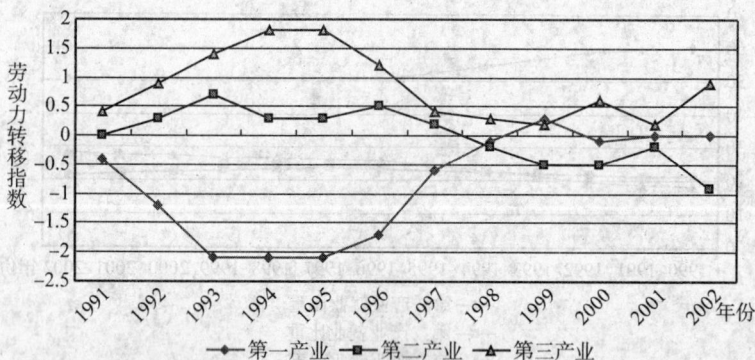

图 4 - 22　1991～2002 年中国劳动力产业间转移趋势

数据来源：《中国统计年鉴（2004）》。

　　通过以上分析，我们只能在假定工业部门依然可以吸纳劳动力
的情况下，认为中国三元经济的形成确实改变了传统农业部门向工
业部门的劳动力流动情况[②]，尽管在 1999～2002 年期间，中国的
工业部门也许并没有实现大规模的技术升级，但在这段时间里，中
国的制造业正进行产业结构转型，依然存在着部分产业、部分企业
进行技术升级的可能。

　　总之，由于不同国家工业部门知识化的程度不同，现代二元结
构（农业经济和正在知识化的工业经济）的高级化程度也不同，
有些国家的工业部门可能已经开始大规模知识化，而有些国家可能

---

　　① 农村劳动力回流逐渐成为大家关注的现象。
　　② 由于受到数据搜集、分类和时间等因素的限制，笔者未能找到更合适的发展中
国家的有关数据，同时，中国的数据以及数据所提供的结果也不尽如人意，但本书希望
能够提供一个分析的角度和给出一种趋势。

尚处于知识化初期。对绝大多数发展中国家来说，随着工业部门知识化的推进，劳动力流动的"峭壁Ⅱ"模式将逐步显现，知识渗透的力量开始对工业部门吸纳劳动力起到了制约作用，劳动力在决定迁移的过程中，也不得不将由于人力资本制约所导致的就业概率减少的状况考虑在内。而这一制约的程度在多大程度或者多长时间能够缓和，还要取决于许多因素，这些因素包括企业升级的范围、技术升级的程度、人力资本形成的速度和规模以及经济中的不稳定因素等。

3. 非正式部门的扩张。

正如托达罗所说，农业剩余劳动力在向工业部门流动的过程中，并不是直接从农业部门进入到城市的现代工业部门里，而是先过渡到城市地区的非正式部门，然后再转移到城市的正式部门。当城市失业率增加时，工人寻找到正式工作的概率降低了，非正式部门的劳动力将增加。同样，在"峭壁Ⅱ"过程中，根据我们修正的就业概率可以知道，由于在劳动力流动的过程中存在着人力资本的制约，即使工业部门的就业创造机会增加了，劳动力流动的规模却比托达罗模式所要预测的低。更进一步地看，在广大的发展中国家，农村地区落后的教育水平以及低下的收入水平使他们无法大规模地进行人力资本的积累，城市地区较低层次的劳动力也因为工业部门的排斥难以获得工作机会，甚至获得正式工作的人们由于无法适应技术的需要不断地失去工作。在这些情况下，劳动力流动的不顺畅导致了非正式部门的规模出现了扩张。

据弗里德曼（Friedman，2000）等人的估计，在发展中国家，非正式部门的经济活动占据了 GDP 份额的很大部分。例如，在玻利维亚或埃及等国家中，这些非正式的经济活动在 GDP 中的比重已经超过了 60%。从就业来看，由于许多发展中国家的正规部门越来越趋向技术或知识密集型发展，正规部门吸收普通劳动力的能力远不及非正规部门，就业增长率也远低于非正规部门。从非洲总体来看，城市非正规部门就业人数占城市就业总人数的 60% 以上。据估计，20 世纪 90 年代在拉丁美洲和亚洲一些国家，非正规部门的就业占了城市就业总人数相当大的比例，例如，印度尼西亚（1995 年）为 34%，马达加斯加（1995 年）为 57.5%，泰国（1994 年）为 48%[①]。在非正式部门中，人们从事诸如货物和服务销售、简单的货物生产之类的经济活动，企业没有动力进行长期的生产投资，他们经常偷逃税收，倾向雇佣低层次的生产工人，并给予工人很少的工资和福利待遇。

可见，工业部门在知识化的过程中，复杂技术的使用和进行研发的需要使得正式部门越来越依赖能够灵活掌控知识和技术的技术工人。因此，工业部门在吸收技术工人的同时，也在不断地排斥非技术工人和非熟练工人甚至半熟练工人的进入。哈里斯（Harris，1999）等人使用样本选择的面板数据模型对教育的影响进行了分析，研究发现，在绝大多数的横界面数据结果中，完成 10 年或者 11 年的教育对劳动力的就业概率确实有积极的影响。在这种情况下，许多被排斥的工人被迫进入非正式部门，据此推测，非技术工人或者受教育较少的人将更多地集中在非正式部门。表 4 - 3 列出了利马和波哥大的正式部门和非正式部门中不同教育水平的工人的比例。从技术工人的分布情况来看，无论在利马还是波哥大，受过中等和高等教育的工人在正式部门的比例都较高，在利马，正式部门中有 83.2% 的工人接受过中等水平以上的教育，而在非正式部门中只有 59.5% 的比例，受过高等教育的工人仅有 8.4%；在波哥大，正式部门中接受过中等水平以上教育的工人比例为 73.6%，非正式部门中只有 47.8%，具有高等教育学历的工人仅有 7%。相反，非正式部门却集中了绝大部分文盲和初等教育水平的工人。

---

① 国际劳工局：《世界就业报告（1998～1999 年）》，中国劳动社会保障出版社，2000 年，第 140 页。

表 4 - 3　正式部门和非正式部门中不同教育水平的工人的比例　单位:%

教育水平	利马		波哥大	
	正式部门	非正式部门	正式部门	非正式部门
文盲	0.6	3.3	0.9	4.5
初等教育	16.2	37.2	25.5	47.7
中等教育	49.2	51.1	47.5	40.8
高等教育	34	8.4	26.1	7

资料来源:Lanzetta et al.（1989;Bogotá）, and Thomas（1992;Lima）;转引自 Yusuf-chan Masatlioglu, Jamele Rigolini（2005）.

　　国家层面的研究也显示了非正式部门的存在与教育水平的相关关系。图 4 - 23 表明，在国家层面上，非正式部门的规模与一国平均受教育年限大体呈负相关关系。在发达国家，例如美国、澳大利亚、加拿大、瑞典等，非正式部门的规模均小于 GDP 的 20%，平均受教育年限在 11 年之上。在泰国、马来西亚、菲律宾等发展中国家，非正式部门的规模都在 GDP 的 40% 以上，平均受教育水平

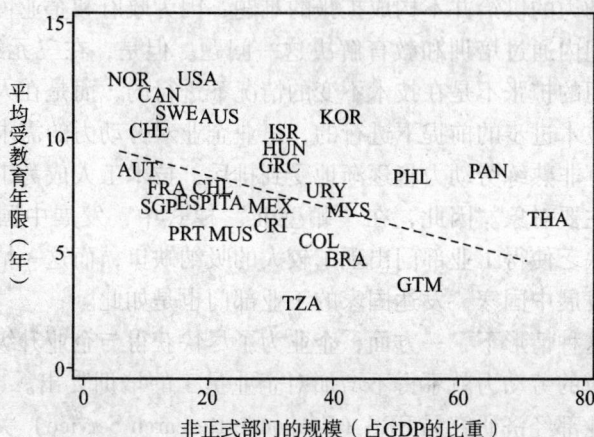

图 4 - 23　1990 年部分国家非正式部门的规模与平均受教育年限

资料来源:Barro and Lee（2000;Schooling）and Friedman et al.（2000;Informal sector）. 转引自 Yusufchan Masatlioglu, Jamele Rigolini（2005）;有所改动。

在 7.5 年左右，泰国非正式部门的比重竟然占到 GDP 的近 80%。当然，这些规律也并不是绝对的。在同样的平均教育水平下，发达国家非正式部门的规模要比发展中国家低得多，这是因为影响非正式部门规模的因素还包括经济发展水平、经济制度、人口规模等。但这与我们的分析并没有矛盾，实际上，由于发展中国家的人口基数庞大，经济发展水平低，劳动力在从非正式部门向正式部门流动的过程需要更长的时间。总而言之，一般来说，正式部门雇佣较高比例的受过教育的工人，受过更高教育或具有专业技术的劳动力更容易流入到正式部门，在工业部门知识化的今天更是如此。而在发展中国家，大量低层次剩余劳动力在向正式部门的流动过程中，将出现更大程度的制约。

4. 促进就业的相关支出的增加。

在刘易斯的二元经济的劳动力流动理论中，刘易斯将企业对劳动力的需要看做是同质的需要，在他看来，在工业规模的扩张中，熟练劳动力的供给并不构成扩张的难题，因为政府和企业可以在很短的时间内通过培训和教育解决这一问题。但是，在三元经济下，工业部门的扩张不是在技术不变的情况下进行的，而是在人力资本偏向性技术进步的前提下进行的，工业企业对劳动力的需求有了质的变化，非熟练劳动力将逐渐地受到排斥，技术工人成为工业部门吸纳的主要对象。因此，在"峭壁Ⅱ"模式中，发展中国家技术工人的缺乏使得工业部门出现了较大的吸纳缺口，而这一情况不仅出现在发展中国家，发达国家的工业部门也是如此。

在这种情形下，一方面，企业为了尽快获得与企业升级或者发展相适应的劳动力就不得不增加对企业员工的培训支出。1996 年，美国农业部经济研究局 ERS（Economic Research Service）关于农村制造业的调查显示，乡村和城市的制造业企业都将当地劳动力质量同企业选址一同列为企业最关心的问题。3/4 的非城市制造业企业主认为劳动力质量成为制约企业发展的问题，其中，1/3 的人认为是主要问题。而这一问题业不仅仅限于制造业，在 1998 年由纽约州商业委员会开展的调查中，有 44% 的商业企业认为最近雇佣的高中毕业生的技能"差"或者"很差"。[①] 在某种程度上，这些对劳动力质量问题的关心表明，企业现有的劳动力供给在质量上难以满足企业技术的需要，企业也难以寻找到适合企业需求的技术工人。这种人力资本对劳动力流动的制约已经开始反映到企业的内部，许多企业不得不增加了对企业员工的培训，以提高劳动力的素质。ERS 的调查表明，47% 的非城市制造业业主向他们的工人提供了正式培训，而在提供培训的企业中有 75% 的企业在过去的三年中增加了支出。图 4 - 24 中的数据显示，有 23% 的企业尽管增加了培训支出，却认为不存在劳动力质量问题，除此之外，其他企业

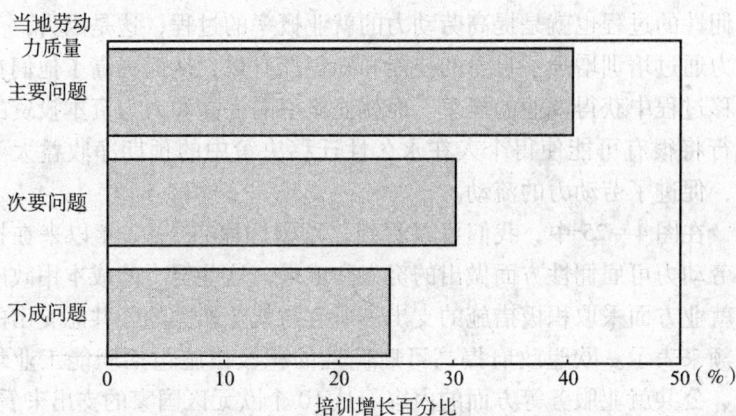

图 4 - 24　培训增长与劳动力质量需求的提高

资料来源：Calculated by ERS using data from the Rural Manufacturing Survey. 转引自 Fred Gale. "Manufacturing Employers Report Widespread Problems with Labor Quality". Rural Conditions and Trends，Vol. 9，No. 3.

---

① "Manufacturing Employers Report Widespread Problems With Labor Quality". Rural Conditions and Trends，Vol. 9，No. 3. www. ers. usda. gov/publications/rcat/rcat93/rcat93e. pdf.

增加培训支出的主要原因基本上都是由于对产品质量、效率和技术要求的提高导致了企业找不到合适的劳动力。其中，有35%的雇主认为劳动力质量为主要问题，并因此增加了企业的培训支出，培训支出的增长率超过了40%，而认为劳动力质量为次要问题的企业的培训支出也增加了约30%。

另一方面，国家为了减少劳动力市场不平衡导致的较高的失业率水平，也不得不增加与就业相关（对劳动力的培训等）的支出。例如，在知识化的过程中，工业部门由于使用IT设备或者IT技术等降低了工人的可雇佣性，而这种变化导致了欧盟国家的结构性失业问题。在企业加强职业培训的同时，为了改善欧盟国家的失业问题，欧盟政府也开始重视通过增加公共支出来提高就业的质量。实际上，对应于"峭壁Ⅱ"模式的理论，欧盟政府提高劳动力的可雇佣性的过程也就是提高劳动力的就业概率的过程，这是因为，劳动力通过培训增强了自身的技能和知识拥有量，从而提高了他们在迁移过程中获得就业的概率。而就业概率的提高和人力资本投资的进行将很有可能使得个人在永久性迁移决策中的预期净收益大于零，促进了劳动力的流动。

在图4-25中，我们可以看到，欧盟国家自1997年以来在提高劳动力可雇佣性方面做出的努力和成果，这些努力的成本用政府在就业方面采取积极措施的支出占所有与就业相关的公共总支出的份额来表示。欧盟政府提高可雇佣性的积极措施包括职能工业培训、公共就业服务等方面的内容。从10个欧元区国家的支出来看，左图分布的散点集中向右移动了，这表明，从1992～1999年，提高劳动力的可雇佣性的支出大幅度地增加了。

由此可见，人力资本对劳动力流动的制约使得企业和政府都不得不提高相应的培训和服务支出，他们都希望通过尽快地提高劳动者的技能来减轻这一制约带来的负面影响。

（%）　欧元区十国（1992年）　　　　（%）　欧元区十国（1999年）

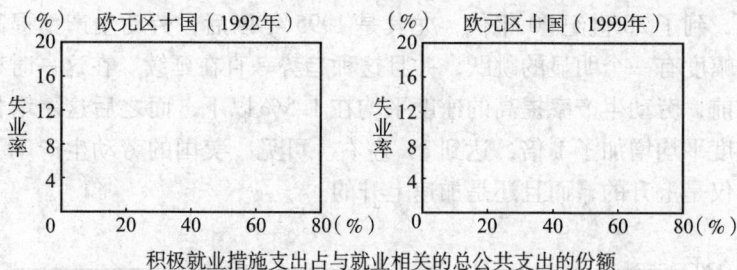

积极就业措施支出占与就业相关的总公共支出的份额

图 4 – 25　欧元区十国的积极就业措施支出份额的变化

资料来源：OECD."Employment Outlook 2000"，有所改动。

注：欧元区十国指除了爱尔兰以外的其他 10 个欧洲国家，奥地利使用的是 1998 年的数据。

4.4

工资问题的合理性验证

4.4.1　工资增长的合理性

经济学理论告诉我们，当工资的增长超过劳动生产率的增长时，就会引起成本推动型的通货膨胀，对经济发展造成危害。因此，有劳动生产率支撑的工资增长才是有效的和合理的。在三元经济结构下，无论是在知识部门，还是在正在知识化的工业和农业部门，我们都看到了广泛的工资上涨的证据。然而，在经验验证中，我们假定，在工资上涨的同时，劳动生产率也是提高的，同时，劳动生产率的提高也是促进经济增长的，也就是说，工资增长是有利于社会福利提高的。为了使工资增长的数据更具有效性，我们有必要对工资增长的合理性进行考察。

从宏观角度来看，劳动生产率为单位时间的社会产品产出，图 4 – 26 给出了 1973 ~ 2003 年美国的劳动生产率走势。从图中我们不难看出，从 20 世纪 70 年代开始，美国的劳动生产率就持续上升，到了 20 世纪 90 年代，尤其是 1995 年以后，劳动生产率提高的幅度有一个明显的跳跃，并且这种趋势一直在延续。在这一时期之前，劳动生产率提高的速度平均在 1.5% 以下，而之后这一增长速度平均增加了 1 倍，达到 3% 左右。可见，美国的劳动生产率不仅仅是上升的，而且还是加速上升的。

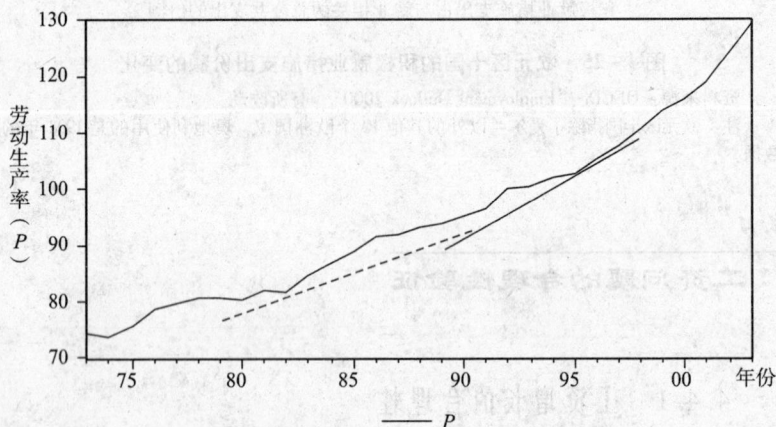

图 4－26　1973～2003 年美国劳动生产率走势

数据来源：美国总统经济报告 2005 附表 B－49。

那么，不断上升的劳动生产率对美国经济增长的作用是怎样的呢？图 4－27 对美国 1970～2003 年商业部门的劳动生产率、非农业商业部门的劳动生产率、GDP 等三个变量的变动关系进行了模拟。图中，B 代表商业部门的劳动生产率，N 代表非农业商业部门的劳动生产率，G 表示 GDP。从波动图来看，无论是商业部门，还是非农业商业部门的劳动生产率对 GDP 的增长都是有解释力的，它们之间具有高度一致的相关性。

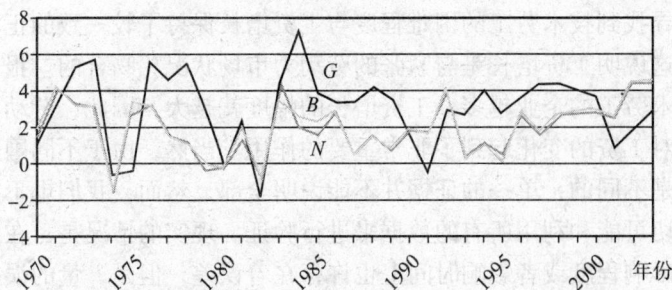

图 4 - 27　1970 ~ 2003 年美国劳动生产率与经济增长

数据来源：美国总统经济报告 2005 附表 B - 50。

4.4.2　劳动力流动的 "双峭壁" 促使工资变化的证据

在三元经济下劳动力流动的 "双峭壁" 模式中，两个峭壁的形成是由人力资本形成或更新的长期性、现有不足的人力资本存量以及部门扩大的人力资本需求共同导致的。在这种情况下，劳动力市场上具有一定质的劳动力的供给和需求的不平衡导致了工资的上涨，随着供给和需求的不断调整与改善，工资增长将逐步减弱，最后甚至出现负增长，劳动力市场的调整也基本告一段落。因此，在考察劳动力市场的供求状况对劳动力流动的制约时，我们利用了工资指标来进行验证。然而，由于影响工资变化的因素还包括很多，不仅仅是供求状况，所以，在选取这一指标的时候，我们是假设其他影响因素不变的。如此看来，在考虑综合因素的作用下，峭壁存在所产生的供给约束情况未必一定能够影响工资的变化，因此，如果要使有关工资增长的验证更加令人信服，我们还需要为工资增长反映供求状况，即劳动力流动峭壁的存在促使工资发生相应变化这一命题寻找证据。

图 4 - 28 是来自新西兰劳工局的劳动成本指数和季节性就业调查（LCI&QES, 2005 - 03）的资料，描述了企业报告技术劳工短缺水平与工资增长的相关性。从 1997 ~ 2005 年的波动情况可以看

出,寻找到技术劳工的困难程度与工资增长保持了较一致的正相关性,这说明工资增长是与紧张的劳动力市场状况相吻合的。报告缺乏技术劳工的企业越多,工资增长的幅度就越大,因此,劳动力的供给对工资的变化起到了非常重要的作用。当然,由于不同国家的情况是不同的,单一的证据并不能说明全部,然而,我们也不能穷尽一切可能和利用所有的数据来进行验证。现实的情况是,在劳动供求影响程度或者影响时间上也许存在着误差,但是,量的误差并不能威胁到质的分析。所以,我们认为,劳动力流动的双峭壁促使工资发生相应变化的命题是可信的。因此,我们就可以用工资的变化来模拟劳动力市场的供需状况。

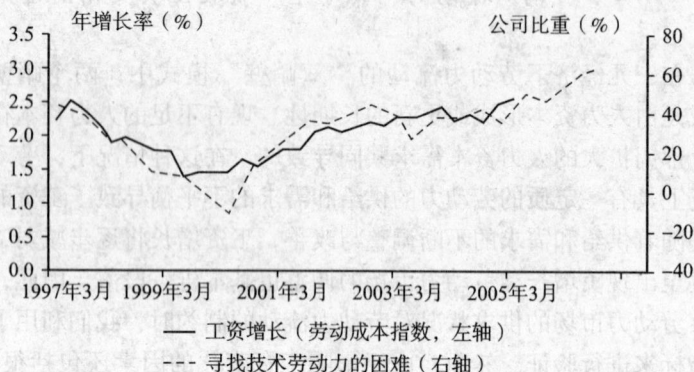

图 4-28　新西兰的工资增长与寻找技术劳动力的困难

资料来源:LCI, Statistics New Zealand;QSBO, NZIER, 05/06/2005, 有所改动。

4.4.3　工资对人力资本进行补偿的合理性

知识资本与物质资本相比,具有边际收益递增的特点,从而在有限的物质资本和自然资源下提升了经济发展的空间。马赫鲁普也曾经说过,比起体力劳动来,知识性劳动的增加与劳动生产力的提高及由此带来的经济增长的关系更密切。这说明,知识劳动比体力劳动更能推动生产率的提高和经济的增长。当生产率的提高越来越多的是由人力资本带来的时候，工资对人力资本进行补偿就越具有合理性。许多经验研究已经表明，在知识经济时代，人力资本已经成为劳动生产率提高的主要源泉。

伊尔卡·塔奥米（Llkka Tuomi）对知识经济社会的劳动生产率进行了研究，他将美国的劳动生产率的源泉主要分为四种：资本、研发、教育和经验及其他。在图 4-29 中，我们可以清楚地看到，从 1960~1994 年，美国劳动生产率的来源构成发生了很大的变化。其中，资本的贡献度大大下降了，研发的贡献度基本保持不变，而教育和经验的贡献却大幅度上升了，在 1990~1994 年的这段时间内，教育和经验对劳动生产率的贡献已经接近 50%。而从企业层面上看，在现代经济中，智力资产已经成为商业主要的价值驱动元素，据资料显示，企业的无形资产已经从 1978 年的 5% 增加到 1998 年的 72%，而到了 2004 年，该比例已经达到 90%[①]。

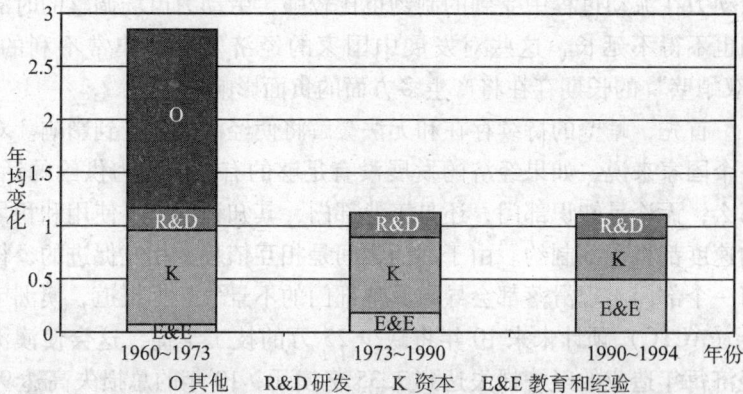

图 4-29　1960~1994 年美国劳动生产率增长的源泉

资料来源：Llkka Tuomi. "Economic productivity in the Knowledge Society：A critical review of productivity theory and the impacts of ICT"．

---

① 数据来源：Value Based Management. net。

由此可见，无论从宏观角度还是微观角度来看，劳动生产率的提高和经济发展的促进已经越来越多地依赖于人力资本或者智力资本的存在。所以，尽管工资的相对变化受到供求状况的影响，但是工资的绝对水平却应该在很大程度上包含对人力资本的合理补偿。只有这样才能持续不断地激励人力资本的形成、使用和更新，从而继续推动劳动生产率的提高和经济的发展。

4.5

"双峭壁" 存在的负面影响

对广大发展中国家来说，在三元经济下，知识的积累和应用为经济发展带来了前所未有的光明前景，但是，劳动力需求的提升和劳动力整体素质的低下却使得劳动力流动形成了"双峭壁"模式。同时，与发达国家相比，发展中国家峭壁的陡峭程度相对高得多，劳动力在流动过程中受到的制约也比较强，劳动力市场调整的时滞期也不得不延长，这些对发展中国家的经济发展是非常不利的，"双峭壁"的长期存在将产生多方面的负面影响。

首先，峭壁的持续存在和无法缓解将使经济增长受到影响。对一个国家来说，如果经济的发展没有足够的有效劳动力供给的话，那么，无论是知识部门，还是工业部门，其知识创新、使用和积累的速度都将受到制约。由于部门之间是相互依赖、相互促进的，任何一个部门出现滑落都会导致其他部门的不景气。据报道，澳洲工会（ACTU）预计未来 10 年将缺少 25 万的技工学徒，这会使澳洲经济每年造成的经济损失达到 7.35 亿澳元，10 年的总损失高达 90 亿澳元。而发展中国的经济发展水平本来就与发达国家存在着很大的差距，如果知识和技术得不到迅速的开发和利用的话，我们就更无法分享知识话语权带来的巨额收益，从而使得发展中国家与发达国家的数字鸿沟继续拉大，发展中国家将陷入经济增长的低级恶性循环，最终使经济发展失去动力，与发达国家的损失相比，这些损失将是无法估量的。

其次，峭壁的存在容易造成就业困难，出现大量失业。由于峭壁的存在给劳动力流动设置了障碍，劳动力市场无法像古典经济学下的劳动力市场一样迅速进行调整，也无法在较短的时间内进行调整，造成了劳动力市场的长期僵性。如果这一峭壁不能尽快克服，那么，劳动力的存量调整和流量调整都将受到极大的负面影响。在美国、欧盟等发达国家和地区，IT 技术在各个部门的应用也已经导致了大量非技术工人被替代、技术工人出现巨大供需缺口的现象。在这种形势下，无论是失业工人的再就业，还是劳动力的初次就业，都由于自身技能的匮乏而无法及时找到工作，这就使得一方面存在着大量的劳动力资源，而另一方面，企业却招不到员工。正如我们在峭壁 I 中所验证的，即使在美国这样的发达国家，一定阶段的就业结构的调整也经历了大概十年的时间，在这段时间内，失业率一度不断增加。另有资料显示，欧洲国家的失业率比美国还要高，在 20 世纪 90 年代以后，意大利和法国等国家的失业率曾达到了 12% 左右，而且，这种态势还持续了较长的时间。为此，从1997 年开始，欧盟政府和企业已经开始大幅度增加与促进就业相关的政策支出和培训支出，以期改善不断恶化的失业状况。对发展中国家来说，以"峭壁Ⅱ"为例，在人力资本偏向的技术进步条件下，农业剩余劳动力向工业部门的流动依赖于人力资本存量水平，只有提高农业剩余劳动力的人力资本水平，才能减缓劳动力流动的制约。但是，由于农业劳动力的整体素质比较低，在面对突然出现的技术需求改变时，他们的人力资本水平无法很快提高，这就进一步削弱了工业部门对农业剩余劳动力的吸收，也几乎一定会出现失业增加的情况。对暂时无法越过这一障碍的劳动力来说，这将是一个非常痛苦的过程。

其三，峭壁的难以改善将继续造成收入差距（尤其是城乡差距）的扩大，既影响社会公平和社会稳定，也影响工业部门和知识部门的扩张。收入差距是劳动力在不同部门之间流动的直接动力，然而，人们在流动过程中的初始地位并不是相同的。城市地区的劳动力在教育、培训、公共设施和服务、其他人文背景、阅历等方面占据优势，因此，更容易进入先进的工业部门和知识部门，而收入低下、教育环境恶劣的乡村劳动力在流动过程中的阻碍要大得多，从而更容易被排斥在先进部门之外。有数据显示，在乡村总就业人数中，农业就业人数占 65.8%，工业和建筑业就业人数占 13.6%，交通运输和商业以及其他服务业就业人数占 16.8%，而知识产业（教育、卫生等）就业人数不足 2%。① 进入先进部门的城市劳动力获得高收入，有能力也有动力继续进行下一步的人力资本投资，也为下一代创造了更优越的初始条件；而进入相对落后部门和职业的农村劳动力就只能获得较低的收入，在人力资本投资、子女抚育等方面都将更加艰难。这就形成了我们所说的"无限同质低素质劳动力的弱人力资本投资与有限高素质劳动力的强人力资本投资效应"，一方面，不利于劳动力有效供给的增加，拖延了劳动力市场调整的时间，从而降低了生产率和经济发展的动力；另一方面，也有悖于社会公平，影响社会稳定。

最后，劳动力流动的制约会阻碍劳动生产率的提高。从宏观层面上说，如果劳动力无法从传统农业部门流向工业部门，无法从非知识部门流向知识部门，那么，整个社会的劳动生产率的提高就会受到影响。从微观层面上看，如果企业无法招到具有适应技术的劳动力，也会影响企业生产效率的提高。来自英国的实证研究指出，在 1983～1989 年 7 年的时间里，技术劳动力的短缺导致英国生产率增长率每年降低 0.4%。另外，从发展中国家的现实来看，在不得已的情况下，许多企业会采用非熟练工人或者非技术工人代替技术工人的应急措施，这同样会造成生产率的损失，也会影响企业的继续发展和竞争力的提高。这是因为，这种不得已的替代措施会造

① 胡鞍钢："中国战略构想"，《联合早报》，http：//www.wtolaw.gov.cn，2003 - 01 - 02。

成企业技术水平和劳动力技能水平的不匹配，从而达不到应有的效率和产出。阿瑟莫格鲁和哲里波题（Acemoglu and Zilibotti, 2000）在对生产率差异的实证研究中曾经提到的日本和印度在生产柴油发动机方面的一个比较案例，很好地说明了上述问题。在 20 世纪 60 年代早期，美国一家技术先锋公司——康明斯发动机有限公司（Cummins Engine Co.）与日本的小松公司建立了合资公司，同时，也和印度的 Kirloskar 公司建立了合伙企业，生产同样类别的卡车发动机。然而，当日本公司迅速达到美国的质量要求和成本水平时，印度工厂的生产率和质量却很低，成本也比美国公司高 3.5～4.1 倍。原来，与日本工人相比，印度工人不具备技术转化、新技术制图和制造规格等所需要的高水准技能，从而在技术操作和实施过程中，造成了生产率和产品质量的巨大差异。这个案例表明了，即使欠发达国家或者发展中国家能够获得发达国家的全部技术，但是，如果缺乏能够转化、应用、创新和适应这一技术的技术工人，不当的工人配置将阻碍生产率的提高。

尽管这些负面影响更多的是从宏观角度来分析的，但是，峭壁的存在也将对个人和企业造成危害。如果个人和企业不能积极地进行人力资本投资、更新、使用和积累，那么，他们也无法跨越峭壁对微观主体的制约，个人将无法就业，生活水平恶化，容易陷入贫困；企业也将无法获得足够的高素质人才，阻碍了效益的提高，并影响企业未来的进一步发展，从而最终失去竞争优势。可见，这些负面影响无论是对国家的发展，还是对个人和企业的发展都是极为不利的。就中国来说，新型工业化道路的提出为中国产业结构调整和升级指明了方向，而如果劳动力结构调整和升级的速度不能满足经济结构或产业结构的需要，就会形成人力资源供给与需求的错位，从而阻碍了劳动力在不同部门的流动和配置，不利于中国新型工业化的推进。因此，国家、政府、企业和个人都应当积极地看待"双峭壁"模式给发展中国家带来的机遇和挑战，努力减少和削弱峭壁持续的时间和峭壁存在的强度，尽快使劳动力更加顺畅地流动。

第5章

中国劳动力流动的实证分析

5.1

中国劳动力流动现状分析

中国已经形成了三元经济结构，知识部门和工业部门也有了很大的发展，但是，长期以来，由于各方面因素的影响，中国知识部门扩张和工业部门知识化的进程仍然是比较缓慢的。本节的分析表明，在制造业产业结构转型的过程中，传统农业部门向工业部门（以制造业为例）的劳动力流动在某些层面（例如，中低技术制造业）已经隐现出"峭壁Ⅱ"模式，但由于在较早时期，效益转型相对滞后于结构转型导致了该模式不甚明显，在某些方面的表现也不及发达国家明显，尚处于较低层次。同时，因为很多企业并没有主动地进行技术升级，使得许多地区的劳动力流动依然陷入在二元经济的劳动力流动框架中。但是，随着中国经济发展和全球竞争的加剧以及制造业效益转型的加快，中国的产业已经加快了升级的幅度和速度，劳动力流动的"双峭壁"模式开始越来越明显，大规模的技工短缺标志着"峭壁Ⅱ"模式的显化。而从知识产业（高科技产业和知识型服务业）来看，"峭壁Ⅰ"模式相对明显，劳动力向知识部门的流动是增加的，趋于集中的，同时，"峭壁Ⅰ"的制约作用也是存在的，较为明显的。

5.1.1 中国制造业的产业结构转型与劳动力流动

1. 中国制造业的产业结构转型。

尽管中国工业部门的知识化进程相对于其他发达国家是缓慢的，但是，中国三元经济的形成依然使得知识开始向工业部门进行渗透，信息技术和其他知识在工业部门的运用将使得工业部门的产业发生根本性变化，即产业逐渐地由劳动密集型向技术密集型产业转变。那么，中国工业部门的产业是否已经发生了这种变化呢？下面我们就以工业部门中的制造业为例，考察制造业的产业结构是否发生了转型。

考察产业结构转型的指标有很多，我们选取了总产值、增加值、产品销售收入、利润总额和固定资产净值 5 个指标来进行衡量。利用 2003 年的数据，本书对这些指标进行了计算，表 5 - 1 给出了制造业细分产业的 5 个指标的数值占制造业整体的比重。

表 5 - 1 2003 年中国制造业内部各项指标构成 单位:%

项目	总产值	增加值	产品销售收入	利润总额	固定资产净值
农副食品加工业	4.832849	4.303124	4.719262	2.809263	3.386111
食品制造业	1.798925	1.957537	1.748903	1.834611	1.923374
饮料制造业	1.754267	2.335728	1.707664	2.417812	2.757819
烟草制品业	1.756302	4.617286	1.788537	4.470455	1.444989
纺织业	6.068398	5.5951	6.045546	4.026443	6.835831
纺织服装、鞋、帽制造业	2.691251	2.689533	2.612772	2.150627	1.528553
皮革、毛皮、羽毛(绒)及其制品业	1.786341	1.735282	1.725376	1.295535	0.863635
木材加工及木、竹、藤、棕、草制品业	0.779869	0.77974	0.762421	0.544754	0.909375
家具制造业	0.56556	0.536885	0.559612	0.468832	0.447204
造纸及纸制品业	1.984295	1.999587	1.96185	1.898852	3.396617
印刷业和记录媒介的复制业	0.806915	0.981453	0.790675	1.198199	1.265531

项目	总产值	增加值	产品销售收入	利润总额	固定资产净值
文教体育用品制造业	0.758746	0.733405	0.739829	0.591313	0.490425
石油加工、炼焦及核燃料加工业	4.898001	3.777947	5.115022	2.002028	5.093738
化学原料及化学制品制造业	7.26214	7.233047	7.272688	7.667275	10.58812
医药制造业	2.270174	3.00704	2.218576	4.212029	2.774033
化学纤维制造业	1.137766	0.866394	1.139736	0.940909	1.828608
橡胶制品业	1.031326	1.085597	0.979328	0.939611	1.135555
塑料制品业	2.406739	2.239566	2.38334	2.124184	2.448793
非金属矿物制品业	4.440813	5.132574	4.286343	4.709575	7.442225
黑色金属冶炼及压延加工业	7.861117	8.286893	8.25504	9.88847	11.53069
有色金属冶炼及压延加工业	2.799694	2.647248	2.851118	2.509957	3.617904
金属制品业	3.030114	2.849343	2.987385	2.732044	2.24643
通用设备制造业	4.486342	4.666907	4.370265	4.86077	4.047719
专用设备制造业	3.009887	2.958475	2.956543	2.813968	3.014604
交通运输设备制造业	8.809004	8.50099	8.895155	12.60559	7.042008
电气机械及器材制造业	6.218426	5.937785	6.038714	6.075029	4.024621
通信设备、计算机及其他电子设备制造业	12.44265	10.21919	12.80509	10.01241	6.452787
仪器仪表及文化、办公用机械制造业	1.285697	1.305915	1.296345	1.408606	0.875148
工艺品及其他制造业	1.026393	1.020423	0.986861	0.79085	0.587542

数据来源:《中国统计年鉴(2004)》。

　　根据 OECD 对产业有关技术密集型的分类,本书将制造业中的劳动密集型产业(我们所说的劳动密集型产业意味着产业的劳动力比较密集,资本和技术利用相对较低,产业也比较落后;实际上,许多高技术产业也是需要大量劳动力的,不过这种劳动力的需求是较高层次的)作为低技术产业,将技术密集型产业作为较高技术产业。利用上表数据,我们可以计算出中国制造业内部劳动密集型产业和技术密集型产业的各类产业指标构成(见图 5-1)。到 2003 年,中国技术密集型制造业的总产值、增加值、产品销售收入、利润总额和固定资产净值的份额分别达到了 74.42%、71.74%、74.84%、76.29% 和 74.75%，已经在各类指标上占据主要地位。可以看出，尽管许多人认为，根据国际贸易比较优势理论，由于中国的劳动力资源丰富，应当大力发展劳动密集型产业，并且，劳动密集型产业在 20 世纪 80 年代对中国工业经济的发展的确起到了非常重要的作用。然而，实际上，中国自进入到 20 世纪 90 年代就已经开始从劳动密集型产业向技术密集型产业（从固定资产净值指标来看，这些产业也集中了工业制造业的主要资本）转变。从上述数据来看，到 2003 年，中国的制造业已经基本完成了产业结构的转型。

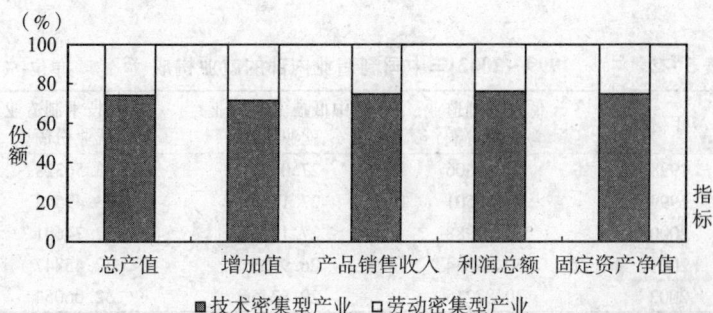

图 5-1　2003 年中国制造业劳动密集型产业和技术密集型产业各类产业指标比重

2. 技术升级和效益转型落后于产业结构转型下的劳动力流动。

在"峭壁Ⅱ"模式下，随着工业部门知识化的进行，劳动力逐渐地向技术密集的工业部门进行转移。在经验验证时，我们已经看到，发达国家工业部门就业的长期趋势的确是向知识和技术较为密集的工业集中的。那么，中国在已经完成产业结构转型的前提下，劳动力流动的状况又如何呢？

出于数据搜集的约束，我们选用了工业分行业职工人数作为劳动力就业人数①，分类统计的口径也与上述制造业的分类保持一致，为的是考察在制造业结构转型的过程中，劳动力由传统部门向工业部门的流动状况。根据统计数据和劳动力产业间转移指数公式，我们对制造业的就业构成和劳动力产业间转移指数做了计算，结果如表5-2和表5-3所示。从就业比重来看，低技术和中高技术制造业的就业份额较大，中低技术制造业的就业比重稍小，同时，由于低技术制造业的产值、收入等比重较小，因此，相对来说，低技术制造业依然是工业制造业企业吸纳传统部门劳动力的主要产业；而从劳动力的转移指数来看，尽管低技术制造业也有劳动力净流出的年份，但基本趋势还是净流入的，而中低技术既有净流出也有净流入的年份，中高技术制造业基本上是净流出的，不过净

表5-2 　　　**1999~2002年中国制造业内部的就业构成** 　　単位:%

年份	低技术制造业 就业份额	中低技术制造业 就业份额	中高技术制造业 就业份额
1998	30. 91006	27. 08941	33. 56328
1999	30. 63501	27. 14531	33. 49542
2000	30. 70988	27. 12963	32. 74691
2001	30. 49834	26. 9103	32. 45847
2002	30. 82215	29. 82456	32. 06054

数据来源:《中国统计年鉴 (2003)》。

表5-3　　**1999~2002年中国制造业内部劳动力的产业间转移指数**

年份	低技术制造业 就业份额	中低技术制造业 就业份额	中高技术制造业 就业份额
1999	- 0. 27505	0. 0559	- 0. 06786
2000	0. 07487	- 0. 01568	- 0. 74851
2001	- 0. 21154	- 0. 21933	- 0. 28844
2002	0. 32381	2. 91426	- 0. 39793

数据来源:《中国统计年鉴 (2003)》。

---

① 从统计年鉴的统计口径来看，这一数据在规模上比就业人数小得多。

流出的程度基本呈先增加然后下降的趋势。从结果来看，尽管劳动力向中低技术制造业的流动有所提高，但向中高技术制造业流动的趋势不甚明显。

本书继续搜集了一些关于中国劳动密集型和资金技术密集型制造业的主要经济效益指标（见表 5 - 4），从这些数据来看，中国的劳动密集型制造业在工业增加值率、总资产贡献率、流动资产周转率、工业成本费用利润率、全员劳动生产率和销售率等六个效益指标上都比资金技术密集型制造业高得多。这体现了资金技术密集型制造业技术创新水平低、知识化进程慢、劳动力生产率低等问题，而正是由于技术升级和劳动力素质提高的缓慢导致了经济效益水平与产业技术分类等级不符的错位。

表 5 - 4　　　　　　劳动密集型和资金技术密集型
　　　　　　　　制造业主要经济效益指标比较　　　　单位：%

	工业增加值率	总资产贡献率	流动资产周转率	工业成本费用利润率	全员劳动生产率	销售率
劳动密集型制造业	432.06	154.35	25.37	65.48	858 320.1	1 449.64
资金技术密集型制造业	335.07	94.55	19.87	41.54	606 860.7	1 260.75

资料来源：杨大楷、范龙飞："我国制造业产业结构转型与经济效益提升的实证研究"，《经济学动态》，2004 年第 5 期。

到目前为止，我们看到，尽管中国制造业的产业结构已经发生了转型，但是制造业的效益转型明显滞后于产业的转型，从而导致了在这个转型的过程中，劳动力流动的结构也落后于制造业内部的产业结构转型，尽管向中低技术制造业的劳动力流动似乎已经表现出"峭壁Ⅱ"模式的雏形①，但整体上还没有出现发达国家制造业

----

① 我们可以看到，中低技术制造业的产业转移指数先是下降然后又上升，本书认为，这里显示了中低技术制造业的劳动力流动从受到约束到调整、缓和的过程，因为中低技术制造业技术层次不是很高，而且资本密集度也较小，可以排除有机构成对就业的影响。因此，这一产业的流动状况从某种程度上表明了技术的小幅度升级对劳动力流动同样发生了作用。

内部向知识密集型产业流动的明显趋势。这说明，中国的制造业尚处于知识化的萌芽期，虽然制造业已经向技术密集型的方向发展，但是许多制造业企业并没有普遍地进行技术升级和改造，技术升级的力度也比较小，影响了实际规模的更大扩张，而资本密集的特性又进一步地使劳动力的吸纳能力下降，致使劳动力向其集中的趋势不甚明显，从而导致劳动力流动的"峭壁Ⅱ"模式并没有在中国已经形成的三元经济中显化。[①]

3. 制造业技术升级的转折与劳动力流动："劳动无限供给——民工荒——技工荒"。

从上面的分析可以知道，尽管中国制造业的产业结构已经基本完成了调整，但是，技术水平却并没有真正地实现较大范围的升级。由于这些产业没有广泛地采用人力资本偏向型的技术进步，整个制造业对劳动力的需求也就没有较大程度的改变或者跳跃，许多企业依然倾向于更多地使用廉价的劳动力资源。因此，在很长一段时间内，从许多企业的现状来看，从农业部门到工业部门的劳动力流动还处在传统二元经济的劳动力流动框架中。

从图 5-2 来看，为了发挥中国劳动力资源的比较优势，中国的绝大多数企业都遵循了劳动力无限供给这样一种思想，主要依靠廉价劳动力的投入来压低生产成本以实现利润。随着企业规模的扩张，劳动力需求从 D_0 增加到 D_1，由于技术水平没有很大的提升，工人的工资仍然维持在 W_0 的水平。据广东省总工会 2004 年的一项调查显示，12 年来，珠三角地区民工的月工资平均只上涨了 68 元，基本没有变化，如果再经过物价调整，民工的实际工资是下降的。可以看出，中国"民工潮"的不断出现和企业技术升级的迟缓使得企业无须因为雇佣更多的工人而给予更高的工资。因此，尽管中国形成了三元经济的结构，并在某些产业隐现了"峭壁Ⅱ"

---

① 当然，这一结果与中国制造业开始转型和升级时间短、样本容量较小有关。

的雏形，但是许多地区制造业的劳动力流动依然是偏离三元经济的劳动力流动模式的，其根本原因就在于用工企业的陈旧观念阻碍了制造业企业普遍的技术升级，使中国制造业的发展依然处于一种低级循环的陷阱中。

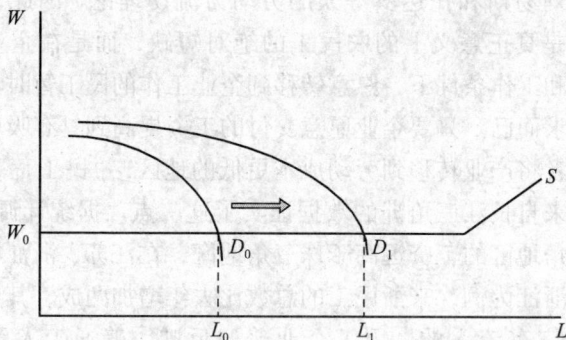

图 5 - 2　中国传统二元结构下的劳动力流动

　　就在许多制造业用工企业还沉迷于用压低工人工资来换取工业利润的时候，"民工荒"却悄然出现了，并在 2004 年 9 月开始大规模显化。起初，根据广东省劳动保障厅的数据，缺工的行业主要集中在制衣、制鞋、纺织、玩具、家具、建筑施工等传统的劳动密集型产业，随后，电子机械制造等新产业也出现了大规模的缺工。随着"民工荒"现象频繁地出现，刘易斯关于"劳动力供给无限"的神话似乎破灭了，其实不尽然。仔细分析起来，"民工荒"产生的主要原因有两个：一是农民工工资偏低，并没有随着物价、生活成本等因素的上升而上升。据一项珠海的调查显示：工资水平与缺工度存在着反向关系，月薪在 800 元以下的企业，用工缺口比重为 61%，月薪在 800 ~ 1 000 元的企业，用工缺口比重为 27%，月薪在 1 000 元以上的企业，用工缺口只占 12%。① 二是近年来，农民

───────────

① 晓虹："用工短缺渐袭珠海"，新华网，2005 - 01 - 24，原载于《珠海特区报》。

收入有所增加，这主要与中央农业政策支持、农产品价格回升等因素有关。可以看出，生活成本的上升和农业部门推力因素的改善导致了工业部门的工资相对下降，从而使得劳动力流动的净收益下降而出现了"民工荒"。从这些方面来说，民工荒的出现并没有从本质上违背刘易斯和托达罗等人的劳动力流动理论。因此，"民工荒"并不是真正意义上的农民工的绝对短缺，而是在企业提供的现行工资和工作条件下，愿意转移到企业工作的民工暂时不能满足企业的需求而已。只要企业愿意支付的工资提高到具有吸引力的水平上，或者将产业转移到劳动成本更低的地区，"民工荒"现象自然消失。来自长江三角洲的数据证实了这一点。据统计调查表明，由于长三角地区的工资远高于珠三角地区，在江苏、浙江等长三角地区，以浙江为例，来浙民工的总数比去年增加两成，其中有一成左右是从广东流入的。用工企业普遍反映，普通工人不仅没有"荒"，反而远远供大于求。①

然而，在无法大规模转移产业的前提下，企业能否将工资提高不仅取决于他们的观念和意愿，更取决于他们的能力。一直以来，由于中国的许多制造业企业不重视知识和技术的创新和应用，这些企业的利润空间非常小，工资的提高意味着成本的提高和利润的减少。因此，越是依赖低成本劳动力的企业，越是需要进行知识和技术的升级，而"民工荒"的出现也就顺理成章地成为迫使中国工业部门加快知识化进程的助推器。如果企业没有能力在这一转折时期主动接收知识化并进行技术升级，那么企业就会被淘汰。据报道，由于广东的劳工荒日益加剧，官方只好提升工人的最低工资，以东莞地区为例，2005年3月起，每月基本工资从460元大幅调高到570元，涨幅超过20%，而当地企业却叫苦连天，一项调查表明，仅因为工资提高100元，当地就有数百家工厂关闭。这一数据一方面体

---

① "长三角调查：也缺技工一成民工从广东流入　工资标准高一倍"，《南方都市报》，2005－03－04。

现了企业不能或者不愿意进行升级的危害，另外也暗示了中国制造业企业的附加值和竞争力是何等的屡弱。不过，在一些企业被淘汰的同时，许多企业迅速地进行了产业的技术升级，而这一举措又使得"民工荒"转变成另一种现象——"技工荒"。尽管长三角地区的制造业升级走在长三角地区前面，并且在近几年来就一直存在着技工需求缺口，但是，本书认为，"技工荒"的大规模出现才真正标志着中国整体劳动力流动的"峭壁Ⅱ"模式的正式显化和形成。

这是因为，"技工荒"的出现是以企业普遍的技术升级为背景的，我们知道，知识向工业的渗透会导致企业对劳动力的需求发生质的变化，企业将减少非技术工人和非熟练工人的需求，增加对技术工人和熟练工人的需求。另外，与同质的低素质劳动力不同，技术工人的供给曲线并不是水平的，这是因为，技术工人的劳动力素质较高，必须通过一定的积累才能达到，其供给并不是无限的，供给曲线是一条向右上方倾斜的曲线，而且，短期供给曲线比长期供给曲线陡峭。如图 5-3 所示，企业对技术劳动的需求曲线不仅位

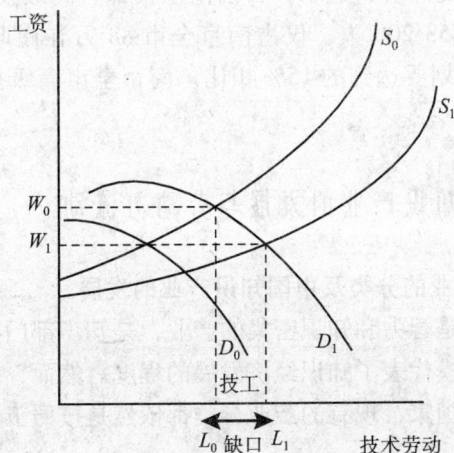

图 5-3　劳动需求改变下的技工市场模型

置较高，而且将从 D_0 右移到 D_1。但是，现存劳动力素质与劳动需求素质的差距并不能在短期内得以弥补，因此，短期的技工供给曲线只能在 S_0 的位置，只有在长期内，技术劳动的供给曲线才能右移到 S_1。我们可以看到，在工业部门知识化的过程中，对劳动力质的需求的改变和人力资本对劳动力供给约束的存在，使得用工企业在短期内出现了较大的技术工人缺口即 $|L_1 - L_0|$，从而导致了"技工荒"。

从上述"技工荒"的形成来看，"技术荒"已经体现了发展中国家劳动力流动的"峭壁Ⅱ"模式。峭壁的存在已经造成中国目前广泛的技术工人供需缺口。2004 年广东省劳动和社会保障厅公布的《关于技术工人短缺的调研报告》提到，广东高技能人才和熟练人才短缺，不能满足经济发展的需要；各技术等级的劳动者在劳动力市场上都处于供不应求的状况，技师和高级技师严重短缺。整个长三角地区也非常缺乏技术工人，以南京为例，南京高级技工的总量偏低，其中技师、高级技师只占技术工人总数的 8.2%；另外一份最新的统计资料显示，目前南京技师、高级技师只有 5 557人，高级工有 53 200 人，仅占南京全市 88 万在岗职工的 6.7%，与"十五"规划要达到的 15% 相比，南京全市高级技能人才就缺少 7.3 万人[①]。

5.1.2 知识产业的发展与劳动力流动

1. 知识产业的分类及中国知识产业的发展。

知识产业是智力和知识密集的产业，是知识部门在产业上的具体体现，其规模代表了知识经济发展的程度。然而，无论是发达国家还是发展中国家，现有的产业分类都依然是按照工业经济的思路

---

① 王永钢："南京高级技工缺口达 7.3 万　警惕再现技工荒"，《江南时报》，人民网，2004 – 12 – 16。

而分的，因此，知识产业在第一、第二和第三产业中均有涉及，但是对知识产业的分类至今尚没有统一的解释。不过，从知识产业研究的相关文献来看，绝大部分的研究主要依据两种分类。一种分类是以马克卢普的定义为依据的。1958 年，马克卢普在《美国的知识生产和分配》一书的第三章"生产知识产业及其职业"中正式提出，知识产业是指这样一些厂商或组织机构，而且在某些情况下还包括家庭和个人，他们生产知识，特别是信息产品和服务，无论这种生产的目的如何。马克卢普还对知识产业进行了分类，他认为知识产业可分为五大类和三十个细分产业，这五大类包括教育、研究与开发、通信媒介、信息设备和信息服务。以此为基础，马克卢普首次建立了美国的知识生产和分配的测度体系，即马克卢普信息经济测度模式。另一种是 OECD 的分类。按照 OECD 的提法，知识产业是具有较为密集的技术和人力资源投入的部门，从统计角度来看，主要分布在制造业和服务业中，涵盖制造业中的高技术产业和中高技术产业（从具体细类上看，主要是高技术制造业）；服务业中的通信业、金融业、保险业、房地产业和商务活动以及服务业中的社区、社会和个人服务等范围。

　　根据马克卢普的定义，柳卸林[1]给出了知识产业的基本计算方式：知识产业＝研究与发展（投入）＋教育（投入）＋信息产业及高技术产业（产出），并利用知识产业与国内生产总值的比值估测了知识产业在中国国民经济中的发展水平。据他计算，中国 1996 年的知识产业总值为 15 818 亿元，知识产业发展度为 23.06%。而马克卢普在 1958 年对美国知识产业发展度的测算值为 29%，1980 年为 34%。因此，从柳卸林对中国知识产业发展水平的估测来看，中国在 1996 年的知识产业发展水平还不及美国 1958 年的水平。尽管如此，中国的知识产业依然有了很大的发展。可以

---

　　① 柳卸林："对中国知识经济发展阶段的指标分析"，http：//www. niec. org. cn/gjxxh/xsyjbw01. htm。

看到，中国知识技术服务业在国民经济中的比重稳步上升，1996年增加值达到 8 134.5 亿元，占第三产业的 39.8%，比 1991 年提高了 5.4 个百分点。同时，各行业近年来发展速度均超过 10%，其中，邮电通讯业年均增长速度达到 35%，而规模较小的专项技术服务业发展速度只有 11.3%。不过，与开放创新业和服务业相比，知识技术应用业的发展相对较为迟缓，高效优质农业只有在局域有所发展，知识技术密集型制造业才初具规模，但是发展势头较好。①

另外，从发达国家的经验来看，随着知识经济的不断发展，第三产业在国民经济中的比重在不断增加，而第二产业的比重则在不断下降，因此，三次产业在国民经济中的相对比重也是衡量一国知识经济的重要指标。从中国第三产业的发展来看（见图 5-4），在1990~2003 年期间，第三产业的产值在国民经济中的比重只有30% 多，而且发展过程中还出现了上下波动的趋势，这说明中国的第三产业发展还很不足。不过，从整体来看，尤其是 1996 年以来，中国第三产业的发展基本呈现持续上升趋势。

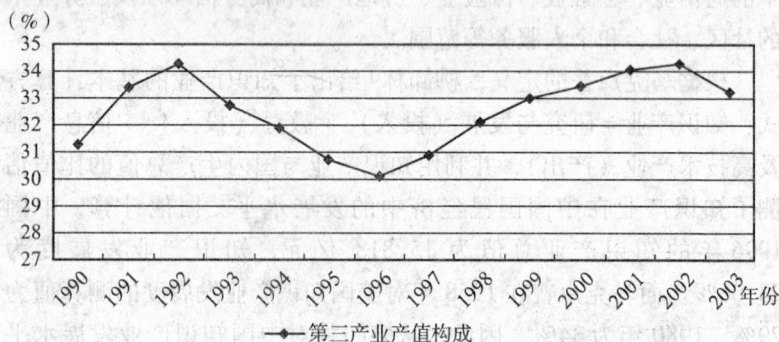

图 5-4　1990~2003 年中国第三产业产值构成变动趋势

数据来源：《中国统计年鉴（2004）》

① 许光洪、黄朝永、张兴有："论知识经济与知识产业发展"，《中国工业经济》，1998 年第 10 期。

与知识产业发展相适应的是，发达国家工业部门的劳动力正不断地向知识部门转移，由此导致的结果是，工业部门的就业比重不断下降，而知识产业的就业比重不断上升[①]。那么，既然中国的知识产业已经经历了一段时期的发展，中国"峭壁Ⅰ"过程的劳动力流动又是如何呢？接下来，本书将分别对知识产业中的高技术产业和服务业的劳动力流动现状进行分析。

2. 高技术产业与劳动力流动。

从产业类别上来看，高技术产业基本上都属于制造业，而从技术密集型上来看，高技术产业又属于知识产业。实际上，如果按照OECD 的标准，只从研发指标一项上来看，中国绝大多数高技术产业都是达不到要求的，这说明在同类产业中，中国产业的技术密集度尚处于相对较低的水平。尽管如此，与过去相比，中国的高技术产业已经有了较快的发展，并对总产值、出口创汇、GDP 等做出了较大的贡献。鉴于高技术产业的重要性，我们将单独对其劳动力的就业状况进行分析。

表 5 - 5　　1995～2001 年中国高技术企业从业人员年平均人数　　单位：人

年份	医药制造业	航空航天制造业	电子及通信设备制造业	电子计算机及办公设备制造业	医疗设备及仪器仪表制造业	总计
1995	1 157 429	590 713	1 815 230	141 771	779 096	4 484 239
1996	1 186 508	747 422	1 773 737	144 887	757 660	4 610 214
1997	1 157 337	537 448	1 715 866	170 843	723 039	4 304 553
1998	1 037 389	500 309	1 652 961	214 934	521 264	3 926 857
1999	998 826	494 095	1 663 252	208 973	479 584	3 844 730
2000	995 641	456 531	1 737 523	238 793	471 297	3 899 785
2001	1 029 916	417 332	1 768 646	294 665	472 905	3 983 464

数据来源：赵玉林：《高技术产业经济学》，中国经济出版社，2004 年，第 342 页。

---

① 这些趋势我们已经在前一章做过具体分析。

据数据显示，由于高技术产业属于智力和技术密集的产业，它们对专业人才的需求比例是传统产业的 5 倍。这表明，高技术产业的发展是需要数量巨大的高素质人才的，尽管劳动力向该产业的流动存在着较高的门槛，但是，从长期趋势来看，劳动力向高技术产业的流动不仅是频繁的，还应当是集中的。本书选取了 1995 ~ 2001 年中国高技术企业从业人员数（见表 5 - 5）对高技术企业的劳动力流动情况进行了考察。

通过表中的数据我们可以看到，在 1995 ~ 2001 年间，除了电子计算机及办公设备制造业的从业人数保持持续的增加之外，其他四类高技术产业的从业人员的数量变化都不容乐观。其中，医药制造业、电子及通信设备制造业、医疗设备及仪器仪表制造业的从业人员呈减少趋势，只在 2001 年左右有所回升，航空航天制造业的从业人员在绝对量上都是持续减少的。相应的，从我们计算的劳动力产业间转移指数（见表 5 - 6）来看，中国高技术产业的劳动力净转移状况更糟，从 1996 ~ 2001 年，只有电子计算机及办公设备制造业基本上是净流入的，医疗设备及仪器仪表制造业和电子及通信设备制造业几乎都是净流出的，其他两类产业有两年是净流入的，四年是净流出的。

表 5 - 6　　　1996 ~ 2001 年中国高技术产业劳动力转移指数

年份	医药制造业	航空航天制造业	电子及通信设备制造业	电子计算机及办公设备制造业	医疗设备及仪器仪表制造业
1996	0.002035	0.21614	- 0.00944	0.000185	- 0.00458
1997	- 0.00632	- 0.31424	- 0.01149	0.003456	- 0.00633
1998	- 0.0189	- 0.06148	- 0.01175	0.005959	- 0.02976
1999	- 0.00696	- 0.01621	- 0.00104	- 0.00116	- 0.00662
2000	- 0.00178	- 0.05874	0.00807	0.003856	- 0.00179
2001	0.002916	- 0.06183	0.001159	0.007225	- 0.00062

这说明，中国的电子计算机及办公设备制造业的劳动力流动状

况比较乐观,而其他四类行业的从业人员流入情况比较悲观。这一方面可能是因为这些行业中高素质劳动力的供需差距较大(即"峭壁"比较陡峭)造成了劳动力流动的困难,另一方面也可能是因为这些行业的工资和福利受到某些制度性原因的压制无法通过市场来调整,从而对劳动力的吸引力不够。然而,来自许多调查研究的数据都表明高技术产业的工资或者薪酬远高于其他行业。再者,之前分析的中高技术制造业主要是由于技术升级水平低而资本有机构成高,降低了就业份额,但是,从高技术产业的内部来看,通信设备制造业、医药制造业、航空航天制造业的增加值率分别为26%、34%和27%,已经达到或者超过了制造业平均水平,而且高技术产业对技术人才的需求也是倍加的。如此看来,我们可以推测,"峭壁"的存在对劳动力的流动起到了较大的阻碍作用,而这些对劳动力流动的阻碍明显对高技术产业的发展不利。因为没有高技术人才的支撑,高技术产业的经济效益就难以实现增长,知识创新、技术应用等都会受到很大的影响。

3. 服务型知识产业与劳动力流动。

从发达国家的发展来看,知识产业更多地体现在第三产业的服务业中,如金融服务业、咨询业等,都是以知识和人为基础的产业,而与知识产业相关的就业也在向第三产业的服务业集中。因此,我们先来看一下中国第三产业的就业情况。图5-5描绘了中国第三产业从1990~2003年在整个就业中的比重变化趋势。从图中我们可以直观地看出,第三产业的就业比重是逐渐增加的,且一直呈上升趋势。但是,就业比重的变化幅度却不大,13年间的就业比重的年均增长率只有0.83%。

为了更加准确地分析劳动力向服务型知识产业的流动情况,本书进一步选取了中国服务业中相关知识产业的就业人数,整理结果如表5-7所示。其中,服务业中的知识产业的选取基本依据OECD的标准,通信业的就业人数利用2002年通信业占交通运输仓储和邮电通信业的职工比例进行了调整。

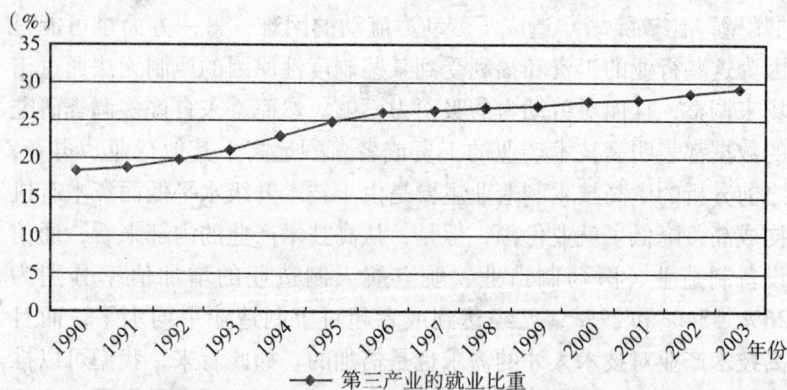

图 5 - 5　1990 ~ 2003 年中国第三产业的就业比重变动趋势

表 5 - 7　　　　1990 ~ 2002 年中国部分知识产业的就业人数　　单位：万人

年份	通信业	金融保险业	房地产业	社会服务业	卫生体育和社会福利业	教育、文化艺术和广播电影电视业	科学研究和综合技术服务业	总计
1990	92	218	44	594	536	1 457	173	3 114
1991	95	234	48	604	553	1 497	179	3 210
1992	98	248	54	643	565	1 520	183	3 311
1993	99	270	66	543	416	1 210	173	2 777
1994	110	264	74	626	434	1 436	178	3 122
1995	114	276	80	703	444	1 476	182	3 275
1996	118	292	84	747	458	1 513	183	3 395
1997	121	308	87	810	471	1 557	186	3 540
1998	118	314	94	868	478	1 573	178	3 623
1999	119	328	96	923	482	1 568	173	3 689
2000	119	327	100	921	488	1 565	174	3 695
2001	120	336	107	976	493	1 568	165	3 765
2002	123	340	118	1 094	493	1 565	163	3 896

数据来源：《中国统计年鉴（2003）》。

从表中的数据来看，除了卫生体育和社会福利业以及科学研究和综合技术服务业的就业人数出现了下降之外，其他几个产业的就业人数基本上都是增加的。而且，相对而言，房地产业、社会服务业、金融保险业和通信业的就业人数增长较快。这说明，随着知识产业的发展，劳动力已经开始更多地向这些产业流动。而从事卫生体育和社会福利业以及科学研究和综合技术服务业的人数的下降说明了劳动力向这两个产业的流动相对落后，这对中国体育和科研事业的发展是很不利的。同时，通过将这些产业的就业人数加总，我们就得到了知识产业的总就业人数，从结果来看，中国知识产业的就业人员也是不断增加的。

就业人数的直观分析让我们看到了劳动力向知识产业流动的整体趋势，但是细分行业的就业变化也告诉我们，不同的知识产业对劳动力流动的约束是不同的。那么，劳动力向知识产业转移的程度到底如何呢？为了回答这一问题，本书接着利用上述数据对知识产业的劳动力转移指数进行了计算（见图 5－6）。结果表明，劳动力向中国知识产业的流动并不是迅速的、毫无阻碍的，相反，有些年份还出现了净流出，同时，从 1991～1994 年，劳动力流动趋势反复变化，波动较大，而从 1995 年起，净流入指数逐渐下降，这说明尽管知识产业的劳动力是净流入的，但是流入的速度却较慢，劳动力流动的制约在加强，并在 2000 年转变为净流出，从 2001 年起又转变为净流入，劳动力流动的程度开始有所恢复。另外，从整体来看，知识产业的劳动力转移指数的绝对数值也都是比较小的，除个别年份外，一般都在 0.1 左右，比第三产业中的批发零售贸易和餐饮业小得多。因此，虽然知识产业的发展吸引了劳动力向知识部门进行转移，但是，由于劳动力供给和需求在技能等人力资本要求方面存在差距，在同样可比的发展期间内，知识部门的发展并不能带来像工业经济时期工业部门的发展所带来的就业迅速增加的局面，这在发达国家如此，在传统工业化尚未完成的发展中国家更是如此。

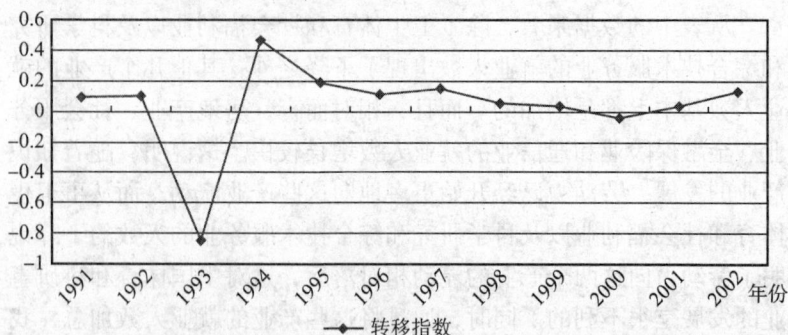

图 5 - 6 1991～2002 年中国服务型知识产业的劳动力转移指数

5.1.3 中国劳动力的国际流动

无论是在二元经济时代还是在三元经济时代，随着农业部门和工业部门生产率的不断提高，中国的农村剩余劳动力要不断向其他部门进行转移，由于各种原因被挤压出来或旨在谋求其他发展的城镇剩余劳动力也需要不断地向其他部门进行流动，当这种转移超越国界时，劳动力的流动就成为国际流动了。从中国的发展阶段来看，中国仍然是一个劳动力净流出国，国际流动的方式主要包括劳务输出、海外移民和国际劳务合作等。这些流动的劳动力主要分为两个层次：（1）中国劳动力资源丰富，而发达国家、石油工业国和新兴工业化国家工业化和现代化程度较高，普通劳动力短缺，劳动力的价格也较为昂贵，这就拉动了中国的普通劳动力进行转移。（2）发达国家更早地形成了新二元结构，快速开始了工业知识化的进程，需要大量高层次人才，丰厚的报酬、自由的工作环境、有效的激励等吸引了中国大量人才的外流。下面来看一下这两个层次的劳动力流动状况。

1. 劳务人员的流动。

尽管中国劳动力资源非常丰富，但是，中国劳务输出的规模却不大，与中国占世界 1/5 人口的劳动力资源大国地位极不相称。例如，1992 年中国海外劳务人数为 13.1 万人，只占世界劳务总数的 0.65%，近几年的年均劳务输出量也仅占国际劳务市场总量的千分之四左右，只及菲律宾、墨西哥这些国家的几分之一。我们所希望的通过普通劳动力的劳务输出增加外汇收入，提高劳动力素质，减轻国内就业压力的状况难以形成规模。

本书认为，形成这一劳动力流动现状的关键原因是发达国家新二元结构的形成提高了对劳动力的要求，而中国劳务输出的劳动力素质不高，旨在为劳务出口服务的技术学校和培训学校的培训内容简单，培训时间很短，效果欠佳，很难适应发达国家的要求。相比之下，诸如突尼斯之类的国家提供给发达国家的是具备专业知识的药剂师、护士等，因而受到了英国等发达国家的欢迎。

2. 高层次人才的流动。

由于高层次人才流动的最主要渠道就是学生和科研人员出国留学，因此，我们将以此为例来考察中国高层次人才的国际流动状况。

首先，改革开放以来，中国人才的外流规模不断上升。图 5 - 7 刻画了中国 1978 年以来的留学人员的外流趋势。可以看到，从 1978 年以来，中国出国留学的人数不断增加，尤其是从 1995 年以来，规模迅速扩大。通过计算得出，从 1978～2004 年，中国各类出国留学人员总数达 66.45 万人，2004 年的留学人数是 1978 年的 860 倍，而留学回国人员只有 15.31 万人，回国人数只占总出国人数的 23.03%。同时，这些留学人员的素质也都非常高。有资料显示，在出国留学的学生中，名牌大学的优秀学生所占比例最高，例如，1985 年以来，清华大学涉及高科技专业的毕业生 80% 去了美国，北京大学这一比例也为 76%。[1]

---

① 曹光章："中国人才发展报告——全球化背景下的人才跨国流动"，中国网，2005 - 02 - 07。

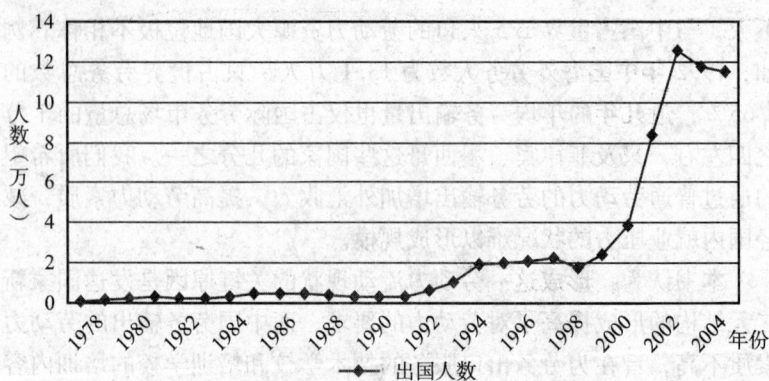

图 5-7　1978 年以来中国的人才外流状况

数据来源:《中国统计年鉴 (2005)》。

其次,中国的人才回流率依然比较低。图 5-8 表明了中国从 1978~2004 年留学生回流率的变化情况。除了个别年份有较高的回流率之外,绝大多数年份的回流率比较低,不足 50%,甚至很多年份停留在 10%~30% 之间。据统计,到海外求学的中国学生

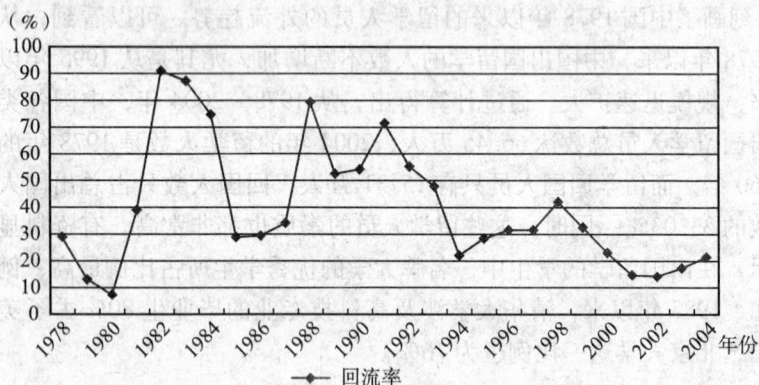

图 5-8　1978~2004 年中国留学生回流率变动趋势

数据来源:《中国统计年鉴 (2005)》。

大部分流向了美国，毕业后在海外谋求发展的也多数选择了美国，1988~1996 年期间，大约 85%（约 14 000 人）的中国理科与工科博士毕业生打算留在美国，48% 的中国博士生在获得学位时就已经在美国找到工作，计划留在美国的中国留美博士生数量比其他国家多，中国因此成为美国雇佣的外国出生的科学家工程师人数最多的 6 个东方国家之一。① 这一情况说明，中国高层次人才流失非常严重。

最后，中国出现了人才回流态势。近几年来，中国出现了同国际上相同的人才回流趋势。从图 5-9 中，我们可以清楚地看到，在 1983~1998 年期间，中国人才回流的增长率处于一种大幅度的波动状态中，从 1999 年以来，留学回国创业的人数稳步增长，但是到 2003 年有所回落，2004 年又有较大的增长。另外，这一趋势从回流人数的变化上表现得更加明显。从图 5-10 的趋势来看，回国的人数稳步上升，并且从 2000 年之后上升的速度加快，而留学出国的人数自 2002 年出现了连续的回落。

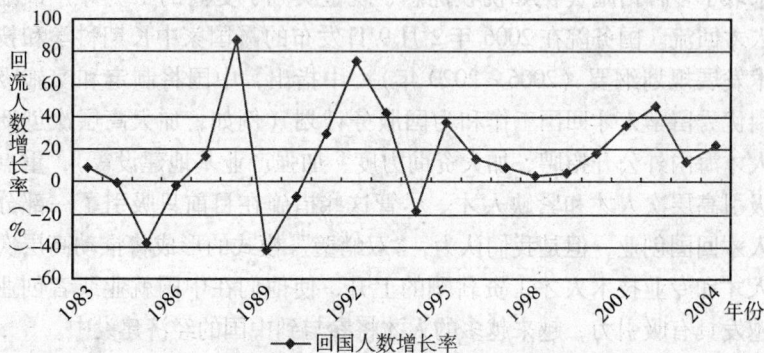

图 5-9 1983 年以来中国留学生回流人数增长状况

数据来源：《中国统计年鉴（2005）》。

---

① 曹光章："中国人才发展报告——全球化背景下的人才跨国流动"，中国网，2005-02-07。

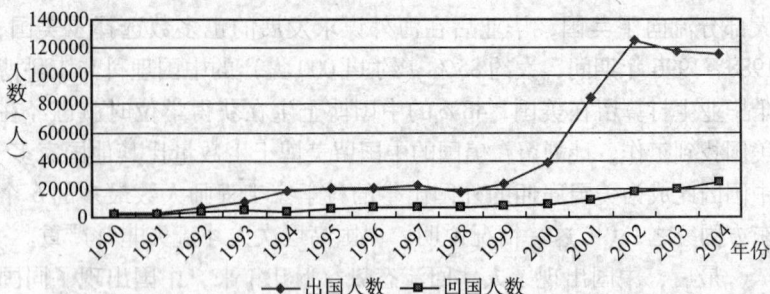

图 5 – 10 1990 年以来中国留学出国人数和回国人数的比较

数据来源:《中国统计年鉴(2005)》。

总之,无论是从中国普通劳动力的流动还是从中国高层次人才的流动(包括外流、回流)来看,随着全球化和知识经济的不断发展,中国劳动力的国际流动已经开始表现出技术化趋势,体现了人力资本在流动中的重要作用。对高层次人才流动来说,中国政府也采取了多种措施(例如税收优惠、现金奖励、更高的工资等)鼓励人才回流。国务院在 2006 年 2 月 9 日发布的《国家中长期科学和技术发展规划纲要(2006 ~ 2020 年)》中指出,中国将制定和实施吸引优秀留学人才回国工作和为国服务计划(例如,加大高层次创新人才海内外公开招聘、加大资助力度、加强产业基地建设等),重点吸引高层次人才和紧缺人才。尽管这些措施在目前只吸引了一部分人才回国创业,但是我们认为,"双峭壁"模式的形成将推动高层次人才和专业技术人才工资薪酬的上升,使他们在中国就业或者创业越发具有吸引力,越来越多的人才将参与到中国的经济建设中。

5.2

中国劳动力流动过程中的人力资本约束分析

按照工业化自然演进的规律,工业化将依次经历大量消耗劳动力、机器与资本大量替代劳动力的过程。在大量消耗劳动力阶段,廉价的劳动力资源是经济发展最好的武器，工业部门对劳动力的吸纳能力也最强，农业劳动力也最容易向工业部门转移。从发达国家的经验来看，各国工业化的初期阶段都是大量消耗劳动力的历史阶段。然而，中国在工业部门大量消耗劳动力的阶段还没有吸收完农业剩余劳动力的时候，就进入了重工业化阶段，而这一阶段是资本替代劳动的阶段。在其他情况不变的条件下，工业部门对劳动力的吸纳能力下降，农业剩余劳动力的流动速度将下降。然而，三元经济的形成对这一阶段产生了新的影响，一方面，尽管知识向工业部门的渗透加剧了资本和技术对非技术劳动的替代，但却极大地增加了技术工人和熟练工人的需求；同时，知识化或者数字化技术的应用大大提高了工业部门的劳动生产率和经济效益，促进了工业部门的扩张。这两方面的综合效应使得工业部门的劳动力吸纳能力将相对有所增加。另一方面，知识经济的出现促进了知识产业的多样化和专业化发展，促进了大量新兴行业的产生，提供了许多新的就业职位。不过，在三元经济条件下，企业增加的是对技术劳动力和高素质劳动力的需求。因此，在中国城市化落后的今天，尽管农业劳动力面临着转移的机会，但他们的流动却由于自身技术或者素质的原因受到了阻碍和约束，而城市劳动力也面临着同样的境遇。

从中国劳动力流动的现状可以看出，尽管长期以来，中国在工业化过程中依然遵循了劳动力比较优势的原则，利用廉价的劳动力资源换取部门利润，但是，知识经济的兴起正越来越深刻地改变着中国的经济结构和产业结构，在知识的积累成为经济发展核心的时代里，知识部门的发展和工农业部门知识化的进程越来越成为中国不可回避的过程。在这种情况下，中国"新型工业化"道路的提出无疑是针对经济结构变化而做出的明智决策。然而，选择这一道路并不是一帆风顺的，"新型工业化"道路的完成将是一个长期和艰苦的过程，中国劳动力的流动，尤其是农业劳动力向其他部门的流动更是如此。这是因为，经济结构和产业需求的变化使得劳动力在流动过程中将越来越受制于劳动素质的约束，素质较高的工人就业概率较高，流动过程中受到的约束较小。由于中国目前存在着大量的低素质劳动力，因此，无论他们是初次就业、就业转换还是再就业，都将面临严峻的考验。而对整个社会来说，中国就业结构的调整也将遇到高强度的挑战。下面，本书对中国劳动力流动过程中的人力资本约束状况进行了直接考察。

5.2.1 职业选择的人力资本约束

在前面的分析中，我们曾运用工资趋势、失业率趋势、劳动力的产业间转移趋势等对劳动力流动中的制约存在和制约程度进行了分析。在这里，我们将引用职业选择的多项（Multinomial）Logit模型来直接考察人力资本对中国的劳动力流动是否存在约束，约束的程度如何，通过人力资本对不同职业的影响来分析它们对三元经济下劳动力就业概率的作用。这是因为，职业高级化是三元经济发展在职业变化上的反映，而在此模型中不同职业的存在和分类恰好能够基本上体现人力资本对不同行业的就业概率的作用。这种对比又正好能够反映从传统工业化到新型工业化过程中的变化，其中，劳动力流动受到的阻碍也将越来越大。结果应该是，在传统职业中，人力资本对就业概率的影响不大，而在技术职业或者较高级的职业中，人力资本对该项职业选择的影响较大。

多项（Multinomial）Logit模型估计的是不同变量对样本选择某一职业的概率的影响。该模型假设，劳动力在 m 种职业分类中选择某种职业的概率为：

$$prob(y_i = occupation_j) = \frac{\exp(x_i\beta)}{\sum_{j=1}^{m} \exp(x_{ij}\beta)}, \ i \neq j$$

其中，i 表示样本劳动力；m 表示职业的种类数；j 表示某一职业；x_i 表示影响劳动力职业选择的一系列观察变量。

我们知道，受教育水平或者职业通常是用来表达技能水平的另一种说法。教育水平往往由所获得的学龄年限、学位和毕业证书来衡量。虽然职业无法把具有某种职称变化着的技能特点考虑进去,却可为所要求的技能提供很多信息,因此我们可以认为,不同的职业对包括技能在内的人力资本要求不同。根据国际劳工组织的国际职业分类标准即 ISCO - 68 体系①,劳动力从事的职业大体上分为:专业和技术(群体0/1)、职员和相关人员(3)、销售人员和服务人员(4/5)、交通/生产工人/劳动者(7/8/9),其中,0 和 1 是受过高等教育和职业培训的群体组。大体来说,随着群体组编号的增加,该组所需的人力资本存量相对减少,现有的使用多项(Multi-nomial)Logit 模型对中国职业选择的研究不是很多,这可能主要是出于数据搜集的限制。

孟昕和张俊森(Xin Meng and Junsen Zhang, 2001)② 对城市中城市工人和农村流动劳动力之间的分割进行了分析,其研究数据来自上海的两个调查。一是上海流动人口调查(FP);二是上海居民和流动人口调查(RFP)。这些调查是由上海社科院人口研究所分别在 1995 年末和 1996 年初进行的。FP 调查有 6 609 个个人样本,其中 5 614 个为农村流动人口,占 85%;RFP 样本为 3 000,其中,城市样本为 2 514,农村迁移样本为 486。他们分别将城市和农村人口做了分类,其具体的职业分布情况如表 5 - 8 所示。在使用多项 Logit 模型时,样本数据的职业又被大致分为四种:白领工人、批发零售贸易工人、服务业工人及生产工人和其他,用生产工人和其他作为参照组。结果表明,其中,在教育和培训影响中,受教育的人更有可能获得白领工作或者批零工作,对农村迁移者来说,教育提高了个人成为白领工人的机会,但却减少了他们成为批零贸易工人的概率。这可能是因为,在农村迁移者中,绝大多数批零贸易工人是农产品或者食品商人,而绝大多数劳动力是工业工

---

① 尽管 ISCO - 88 更精确,但是它只涵盖了一些发展中国家。

② Xin Meng and Junsen Zhang. "The Two-Tier Labor Market in Urban China". Journal of Comparative Economics 29, 2001, pp. 492.

人。它要求具有更多的技能来操作机器而不是在市场上销售产品。同样，经过培训的城市居民更有可能获得白领工作，但是培训并没有显著地影响其他三种职业的分配。对农村劳动力来说，经过培训的人更有可能获得生产性工作而不是其他三种工作。尽管孟昕和张俊森他们做此研究的直接目的是考察城市劳动力和农村劳动力的劳动力市场分割情况，而不是说明人力资本在职业选择中的作用。但是，这一研究无疑为分析城市和农村劳动力在职业选择中的人力资本约束情况提供了很好的案例。同时，这不仅让我们看到了城乡劳动力流动过程中的人力资本约束，也让我们看到了城市内部劳动力在工作选择过程中的人力资本约束。

表 5 - 8　　1995 年上海农村迁移劳动力和城市居民的职业分布和工作小时数

| | 职业分布 | | | | 各职业的工作小时数 | | | |
| | 农村迁移劳动力 | | 城市居民 | | 农村迁移劳动力 | | 城市居民 | |
	Freq.	%	Freq.	%	Mean	SD	Mean	SD
教授和技术人员	34	0.70	355	17.05	47.15	15.56	41.21	5.52
管理人员	89	1.84	150	7.20	53.93	14.76	40.79	8.47
职员	29	0.60	234	11.24	53.86	14.65	39.53	6.42
从事批零贸易者	1 264	26.07	149	7.16	61.03	23.42	47.11	16.27
服务业人员	754	15.55	192	9.22	58.26	16.18	44.16	11.56
生产工人	2 510	51.76	826	39.67	52.66	13.24	41.04	6.96
其他	169	3.49	176	8.45	54.06	16.81	42.78	13.40
总计	4 849	100.00	2 082	100.00	55.73	17.43	41.75	9.16

资料来源：Xin Meng and Junsen Zhang（2001）。

俞玲（2002）[①] 利用在杭州对农村劳动力调查的数据，将职业种类主要分为管理和专业技术人员、公司一般职员、从事批零业务者、服务业和生产工人五类进行了分析，其中，影响职业选择的变量有培训、性别、年龄、教育水平和工作经验。以从事批零业务者为参照组，回归结果如表 5 - 9 所示。

---

① 俞玲：《我国农村劳动力流动的人力资本约束研究》，浙江大学硕士学位论文，2002。

表 5 - 9   **职业选择模型的回归结果**

解释变量	系数估计值	标准差	对概率的边际影响
管理、专业技术人员（occupation = 1）			
受教育程度	0.8582*	0.1968	0.06213
城市工作经验	0.1454	0.7583	-0.03776
职业培训	1.2091***	0.7668	-0.0092
性别	0.6514	0.7895	0.1057
年龄	-0.1050	0.8282	0.0239
年龄^2	-0.0031	0.01423	-0.0004
常数项	-5.3989	12.2324	-0.9247
公司职员（occupation = 2）			
受教育程度	0.59182*	0.1819	0.0421
城市工作经验	0.9624	0.7096	0.0718
职业培训	1.1645***	0.7298	-0.0600
性别	-0.6582	0.7253	-0.0902
年龄	0.1966**	0.9361	-0.0060
年龄^2	-0.0108	0.0170	-0.0000
常数项	-3.8857		
服务业（occupation = 4）			
受教育程度	-0.0399	0.1552	-0.0283
城市工作经验	0.4696	0.6691	0.0215
职业培训	1.6554**	0.6917	0.0279
性别	-0.7884	0.6922	-0.0721
年龄	-1.4377**	0.5778	-0.0660
年龄^2	0.0211	0.0093	0.0010
常数项	23.972	8.9517	1.5351
生产工人（occupation = 5）			
受教育程度	-0.0224	0.1356	-0.0632
城市工作经验	0.3052	0.5908	0.0018
职业培训	1.9210*	0.6288	0.1689
性别	-0.2621	0.6383	0.0471
年龄	-1.1557**	0.5506	-0.0190
年龄^2	0.01688	0.0088	0.0003
常数项	19.8822	8.5559	0.12719
观测点数量	358		
Pseudo R^2	0.2044		

注：*，**，***：估计的系数不等于零的显著水平分别为 1%，5%，10%。
资料来源：俞玲（2002）。

　　表5–9中的数据结果表明，教育和培训对农村外出劳动力在不同职业间的选择或者就业概率有显著的影响。第一，教育对劳动力成为管理和专业技术人员、一般公司职员有明显的促进作用。与较低教育水平的外出劳动力相比，较高文化程度者成为管理和专业技术人员的概率高出约6个百分点，成为一般公司职员的概率高出约4个百分点。第二，培训和年龄在统计上对外出劳动力成为生产工人或者服务业人员有显著影响，而教育的影响并不显著。与未接受过培训的劳动力相比，培训对劳动力在服务业就业概率的促进作用为近3个百分点，而对在工业生产部门就业的影响高达近17个百分点，这说明工业生产部门已经普遍要求劳动力具有职业培训经历。

　　下面从中国官方统计的职业分类中来看一下中国2002年就业人员的教育构成情况。从表5–10中，我们可以看到，单位负责人、专业技术人员等高级职业从业者的教育水平多集中在高中以上，分别占70%和69.2%；而从事农林牧渔水利业生产和生产运输设备操作等较低层次职业人员的教育水平多集中在初中以下，分别占75.8%和78.2%。从教育水平来看，教育水平越高的劳动力也越集中于较高级的职业，例如，研究生在单位负责人中的比例为

表5–10　2002年中国按职业分的全国就业人员的教育程度构成 单位:%

受教育程度	单位负责人	专业技术人员	办事人员和有关人员	商业服务人员	农林牧渔水利业生产人员	生产运输设备操作人员	其他
不识字或识字很少	1	0.4	0.5	2.4	11.8	1.5	3.5
小学	4.8	4.8	4.9	15.4	41.5	16.1	20.4
初中	23.2	25.6	25.9	55.6	42.2	58.2	54.3
高中	29.9	31.8	37.8	23.4	4.4	22.1	17.7
大专	27.2	24	23.9	2.8	0.1	1.9	3.2
大学本科	12.5	12.5	6.7	0.4	—	0.2	0.9
研究生	1.4	0.9	0.2	—	—	—	0.1

　　数据来源:《中国劳动统计年鉴（2003）》。

1.4%，而在办事人员和有关人员中的比例就下降到了0.2%；教育水平较低的劳动力，诸如小学、初中文化水平的劳动力在各类职业中所占的比例随着职业层次的下降而明显增加。

上述这些内容说明，随着职业逐步的高级化，教育对劳动力成功就业的作用逐渐增强，而培训状况和年龄则是外出劳动力成为服务业人员和生产工人的主要影响变量。也就是说，无论是教育水平的要求，还是培训的要求，都表明了二元经济理论中劳动力流动无障碍这一假设的非现实性。随着三元经济结构在中国的形成和不断加强，各部门对管理和专业技术人员、技术工人等的需求将不断增加，其所要求的技术和其他素质也将不断提高，教育和培训等人力资本因素将越来越成为制约劳动力流动的重要因素。

5.2.2　行业选择的人力资本约束

如同职业选择一样，不同部门或者行业对劳动力所拥有的人力资本要求也不一样，这是因为不同部门对人力资本要求的水平不同。从农业部门到工业部门再到知识部门，它们对物质资源的依赖逐步减少，而对人力资本的依赖逐渐增强。因此，越是高级的部门或者行业，对人力资本的要求就越高，从而对劳动力进行行业选择的约束也越大。

表5-11是不同教育程度的劳动力参与行业选择的构成情况。从直观上看，教育水平低的劳动力多集中在农林牧渔业、制造业、批发和零售业，这些行业主要隶属于农业和工业部门。例如，不识字或识字很少、小学水平的劳动力在农林牧渔业中所占的比例高达66.1%和48.2%，初中和高中水平的劳动力在制造业中所占的比重为21.2%和21.6%。相反，教育水平较高的劳动力多集中在教育，金融业，卫生、社会保障和社会福利业，文化、体育和娱乐业，公共管理和社会组织等行业，这些行业都是知识产业，属于知识部门。例如，大专、大学本科和研究生在教育行业就业的比例分

别达到 15.6%、21.2%、21.8%；在公共管理和社会组织行业的就业比例分别为 19.8%、19.4%、17.2%。

为了更清楚地看到受教育程度对劳动力在不同部门中就业的约束作用，我们选取了一些行业作为不同部门的代表，对不同受教育水平的劳动力在各部门的构成进行了考察。其中，农业部门由农、林、牧、渔业来表示，工业部门粗略地由制造业来表示。而知识

表 5－11　2002 年中国按受教育程度分的城镇就业人员行业构成 单位：%

受教育程度	不识字或识字很少	小学	初中	高中	大专	大学本科	研究生
农林牧渔业	66.1	48.2	21.0	5.0	1.5	1.1	1.1
采矿业	0.4	1.0	2.5	2.3	0.9	0.6	0.6
制造业	5.4	11.9	21.2	21.6	11.0	9.3	6.5
电煤水的生产和供应业	0.3	0.8	1.9	4.2	4.0	2.8	3.2
建筑业	2.0	5.0	5.7	3.6	2.6	2.6	1.5
交通运输、仓储和邮政业	1.3	3.9	7.7	9.6	4.7	3.1	1.7
信息传输、计算机服务业和软件业	0.1	0.1	0.6	1.8	3.4	5.5	8.3
批发和零售业	7.9	11.5	14.3	12.9	5.5	3.2	1.7
住宿和餐饮业	3.6	4.3	6.3	4.4	1.4	0.7	0.6
金融业	0.3	0.4	1.3	2.8	6.7	5.4	7.1
房地产业	0.2	0.1	0.3	0.9	1.5	1.4	1.4
租赁和商务服务业	0.9	1.2	2.1	2.6	2.0	1.3	2.1
科学研究、技术服务和地址勘查业	0.1	0.2	0.4	1.1	2.1	5.0	9.2
水利、环境和公共设施管理业	0.3	0.5	0.7	1.1	1.4	1.3	0.9
居民服务和其他服务业	9.3	9.3	10.6	7.7	3.3	1.9	1.7
教育	0.3	0.2	0.6	4.1	15.6	21.2	21.8
卫生、社会保障和社会福利业	0.8	0.5	1.4	5.5	9.0	10.0	4.5
文化、体育和娱乐业	0.1	0.2	0.8	1.9	3.6	4.0	5.0
公共管理和社会组织	0.4	0.5	1.5	6.9	19.8	19.4	17.2
国际组织	0.3	—	—	—	0.1	0.2	0.3

数据来源：《中国劳动统计年鉴（2003）》。

部门由信息传输、计算机服务业和软件业，金融业，房地产业，租赁和商务服务业，科学研究、技术服务和地址勘查业，水利、环境和公共设施管理业，教育，卫生、社会保障和社会福利业，文化、体育和娱乐业，公共管理和社会组织等行业来表示。经过计算，我们可以得到如下的趋势图（见图 5 – 11）。

在图 5 – 11 中，我们可以看到，中国的农业部门和知识部门处于两个极端，农业部门集中了大量的低教育程度的劳动力，而知识部门集中了大量受过较高教育程度的劳动力。这说明，相对于农业部门来说，知识部门具有更高的教育水平的要求，即从事知识产业具有较高的人力资本门槛。但是，应该看到的是，尽管中国提出了走新型工业化道路，大力支持农业技术发展，但是，农业知识化的程度依然较低，高中以上受教育程度的劳动力在农业部门中的比例非常低。各种教育程度的劳动力在工业产业中的分配差异不是很大，主要集中了初中、高中和大专学历的劳动力，这可能暗示了工业部门知识化的整体趋势。

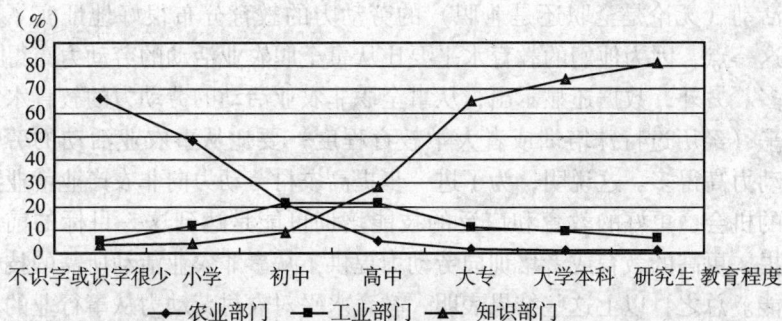

图 5 – 11　三个经济部门中不同受教育程度的劳动力的构成

数据来源：《中国劳动统计年鉴（2003）》。

弗朗西斯·段（Francis Tuan，2000）等人①利用多项（Multinomial）Logit 模型专门考察了教育对农村劳动力选择不同行业的作用。他们将农村劳动力的就业类别分为全职农业活动、全职就业但兼职农业或者非农业活动、全职非农业活动三种类别，解释变量为年龄、性别、教育水平、家户规模（用家户人口数表示）、人均可耕土地。估计的结果显示，在从事全职农业活动的农村劳动力中，有 50%~85% 的人具有小学教育水平。然而，在这一组别中，年轻人（16~35 岁）和年龄稍大的人（35 岁以上）存在显著的差别。在年轻人中，50% 的人具有小学文化程度，50% 的人具有初中文化程度，而年龄稍大的人中有 80% 具有的文化程度都是小学。这表明从事全职农业活动的年轻人要比年龄稍大的人受到了更好的教育，也表明随着时间的推移，劳动力对教育的需求有所提高。同时，已经获得了更好的教育的年轻人具有更好的工作机会。这是因为，教育和培训是个人获得技能的基础途径，而只有获得这些技能才能获得从事非农业活动的机会，因此，相对于年龄稍大的农村劳动力来说，年轻人更有可能从事农业活动以外的工作。从事非农业活动（无论是全职还是兼职）的劳动力的教育分布很好地证实了这一点，因为他们的教育水平要比从事全职农业活动的劳动力高得多。另外，数据还显示出，从事全职非农业活动的劳动力的教育水平（经历过特殊培训或者大学教育程度）要比从事农业活动的劳动力高得多。这说明，为了进一步提高农村劳动力向非农产业就业的机会，更好的教育和广泛的技能培训可能是达到这一目标的前提，更高的教育或者培训向劳动力提供了从事非农业活动所需的技能。总之，以上这些结果表明，教育水平对农村劳动力从事行业的选择有显著的推动作用。同时，由于在绝大多数发展中国家，农业相对其他部门来说依然较为落后，因此，教育对从事非农业活动也

---

① Francis Tuan, Agapi Somwaru, Xinshen Diao. "Rural Labor Migration, Characteristics and Employment Patterns: A Study Based on China's Agricultural Census". TMD Discussion Paper, No. 63. November 2000.

有更大的促进作用。

5.2.3 人力资本约束加强导致劳动力流动放缓

从上述两个方面，我们已经看到人力资本在劳动力进行职业或者行业选择中的约束作用，因此，可以推测的是，随着三元经济中知识经济一元的不断加强和向其他两个部门的渗透，劳动力流动的"双峭壁"模式将逐步显现并加强，尤其是人力资本对劳动力流动的制约作用也将逐步加强。以中国农村劳动力流动为例，我们可以从流动的新变化中看到这一点。

首先，从农村劳动力流动来看，多年来的"民工潮"已经演变成"民工荒"乃至"技工荒"。而"荒"的重点不在于农业收益提高，也不仅仅在于工资一直较低，而在于"即使很多企业在增加了工资和提高了福利之后，仍然难以招到技术工人"。这说明，尽管城市产业存在着工作机会，但产业所需技术的提高使简单劳动力无法适应工作岗位的要求，难以流动。

其次，中国农村劳动力流动的速度和规模有所放缓，尤其从2003～2004年的数据来看更是如此。从转移速度上来看，改革开放以来，中国农村劳动力转移经历了两个高潮期：一是1984～1988年，转移农村劳动力的数量平均每年达到1 100万人，年均增长23%；二是1992～1996年，平均每年转移农村劳动力超过800万人，年均增长8%。1997年以来，农村转移劳动力数量的增长速度呈逐年下降趋势，1997～2003年年均转移500万人左右，年均增长约4%，但2003年仅增加490万人，增长3%，低于近年平均水平。从流动规模上来看，据对全国31个省（区、市）、6.8万个农村住户和7 100个行政村的抽样调查显示，2003年末，农村转移劳动力达16 950万人（约1.7亿人），比上年增加490万人，增长3%。转移劳动力占农村劳动力的比重为34.9%，比上年只提高1

个百分点。①

5. 3

中国劳动力资源和人力资本现状

在知识经济大行其道的今天，中国也不可避免地加入到知识经济的大潮中。随着三元经济的形成和发展，中国的劳动力流动将越来越符合本书所构建的"双峭壁"劳动力流动模式。而在这一模式中，劳动力流动的关键和前提就是具备特定部门所需的人力资本，但人力资本积累的长期性导致了劳动力市场无法在短期内调整到稳定状态。例如，在前面的指标分析中，我们已经看到美国知识部门中某些产业的流动"峭壁"存在长达10年之久。那么，中国的情况又将是如何呢？这不仅取决于中国知识化进程的速度和规模，更取决于中国当前的劳动力资源和人力资本状况。毫无疑问，只有认清现实情况，发现差距才能进行更好的努力。鉴于此，本节考察了中国劳动力资源和人力资本的现状。

5.3.1 中国劳动力资源丰富，但低素质劳动力比重过大

中国在社会经济发展过程中呈现的一个明显特点就是人口众多，但人口素质却较低。

首先，从劳动人口整体来看，文化素质较低的格局仍未改变。2000年第五次人口调查资料显示，在2000年中国10%的抽样调查中，16岁及以上劳动年龄人口93 766万人中，受大专及以上教育的4 399万人，占4.7%；高中和中专生13 482万人，占14.4%；初中生36 631万人，占39.0%；小学及以下文化程度者39 254万

---

① "2003～2004年中国农村劳动力转移的新变化"，北京农业信息网，2004 - 07 - 08。

人，占 41.9%。初中及以下文化程度劳动力占全部劳动力总量的 80.9%。[①]

其次，从在职劳动力（已就业劳动力）来看，文化程度依然偏低，而且存在着行业差距和素质同构现象。据 2000 年的一份全国性的调查显示，在岗职工的平均受教育年限为 10.31 年，大多数是初中、高中学历，明显低于技术人员和管理人员的平均受教育年限，后两者分别是 13.86 年和 13.08 年。与 1992 年的调查数据相比，大致相似。值得注意的是，在岗职工中，初中、高中学历的人所占比例还略有上升，而大专及以上学历者所占比例则略有下降。调查分析还表明，工人阶层在文化程度方面的同质性很明显。换句话说，在不同企业里，工人的文化程度都不高，都是初中、高中学历者占绝对多数。[②] 同时，中国与其他国家（尤其是发达国家）相比，在人力资本方面存在着巨大的差距。2000 年第五次人口普查的数据显示，中国每 10 万人中，受初中以上教育的只占 48.7%，接受过大学教育的人数也只占 3.6%。国际上一般用 25 岁以上人口中接受大学以上教育的比重作为衡量人口文化素质的指标。按此标准，美国为 46.5%，日本为 20.7%，印度为 7.3%，而在我国仅为 5% 左右。[③] 这无疑说明，中国受过高等教育的人才在生产领域中从事研究与开发的比例远远低于发达国家。

最后，从农村劳动力来看，文化程度比城市劳动力更低，这既阻碍了农业部门的发展，也阻碍了农业部门的劳动力向更高级的部门进行转移。根据 2002 年国家统计局农调总队对全国 30 个省（区、市）、6 万多农户、18 万多农村劳动力进行的抽样调查显示，样本农户既有人力资本的存量为：初中及以下程度劳动力的比重高

---

① 丘东、蒋萍、赵秋成等：《劳动力投入与经济增长》，东北财经大学出版社，2004 年 11 月第 1 版，第 20 页。
② "以教育为基础促进社会和谐快速发展"，《大连日报》，http://www.edu.cn，2005-09-13。
③ 熊云飚："个人人力资本投资决策分析"，《经济问题探索》，2002 年第 7 期。

达87.8%，其中，文盲或半文盲劳动力占劳动力总数的7.4%，小学程度的为31.1%，初中程度的为49.3%；初中以上程度的劳动力仅占12.2%，其中，高中程度的为9.7%，中专程度的为2.0%，大专及以上程度的比重为0.5%。在农村劳动力中，近80%的劳动力没有特别技能，有14%的劳动力掌握了工业、建筑业和服务业的技能，2.8%掌握驾驶技术，3.2%掌握农业技术。[①] 另外一项原州区农调队对2003年原州区农村劳动力进行的抽样调查显示，样本农户既有人力资本的存量为：初中及以下程度劳动力的比重高达92.1%，其中，文盲或半文盲劳动力占劳动力总数的26.7%，小学程度的为30.1%，初中程度的为35.2%；初中以上程度劳动力仅占7.9%，其中高中程度的为6.6%，中专程度的为1.3%，大专及以上程度的比重为0。在农村劳动力样本中，近91.8%的劳动力没有特别技能，有8.2%的劳动力掌握了工业、建筑业、服务业、驾驶技术和农业技术。[②] 通过上述数据可以看出，农村劳动力的人力资本存量不仅少而且低，与城市劳动者平均水平相比，农村劳动力的文化和专业技能水平更令人担忧。

与上述事实相对应的是，长期以来，丰富的劳动力资源被单纯地认为是中国发展经济的比较优势。然而，尽管低廉的简单劳动力的确为中国的经济发展做出了很大的贡献，但从产业的附加值来看，利润的回报却是少得可怜，低素质的劳动力从事简单重复的劳动，使中国很大一部分经济停留在低水平的生产和运作上。众所周知，舒尔茨的一个著名的论断是，经济发展主要取决于人的质量，而不是自然资源的丰瘠或者资本存量的多寡。因此，对一个发展中的国家来说，尤其是在三元经济的条件下，劳动力资源的数量大并不必然能够推动经济的快速发展，只有尽快地将巨大的劳动力资源

---

① 李仙娥："人力资本投资在农村剩余劳动力转移中的作用分析"，《经济纵横》，2003年第3期。

② 白晶辉："论人力资本投资在原州区农村劳动力转移中的作用"，http://www.sannong.gov.cn/fxyc/ldlzy/200408020545.htm，2004-07-19。

优势转化为人力资本优势，中国的产业结构才能更好更快地实现升级，劳动力的流动才能变得较为顺畅，中国的经济才能持续、快速、健康地发展。

5.3.2　劳动力过剩与劳动力短缺相并存

尽管中国的劳动力资源众多，但是劳动力供求的结构矛盾突出，不同行业的差异性很大，有些行业的劳动力供给大于劳动力需求，有些行业的劳动力需求大于劳动力供给，形成了中国劳动力过剩与劳动力短缺并存的局面。

首先，从中国的经济整体来看，中国的劳动力呈现出过剩状态，失业人数不断增加。例如，1990 年中国城镇统计失业人数 383 万人，失业率为 2.5%，到 2003 年，失业率达到 4.3%，目前，中国有 1 100 万以上的下岗失业人员需要再就业，尚有 1.5 亿农村富余劳动力需要转移，2001 ~ 2005 年劳动年龄人口年均增加 1 360 万人。另外，根据中国官方的统计数据，2003 年中国人口就已经接近了 13 亿，而劳动力的总量达到了 7.6 亿。其中，2.56 亿在城市经济中就业，1.53 亿受雇于农村地区的非农产业，3.25 亿仍然就业于农业部门。最保守的估计，中国的劳动力过剩总量是1.5 亿。[①]

其次，中国新生劳动力尤其是高等教育毕业生规模扩张较大。据统计，10 年前，每年从高等学校毕业需要就业的人口只有 92.4 万人，2003 年已经达到了 380 万人。造成这一现象的主要原因是高校招生规模的迅速扩张，尤其是从 1998 年高校扩招开始到 2001 年，中国高等教育总规模增长了近一倍。同时，研究生扩张的速度也非常惊人。2002 年全国共录取硕士研究生和博士研究生 200 575

---

① 谢国忠："中国劳动力严重过剩 地产投机幻觉将破"，《时代人物周报》，2003 – 02 – 04。

人，比上年实际录取人数增长 23.7%。2002 年中国高等学校在校生总规模已接近 1998 年美国 1 420 多万人的高等教育规模。而纵观发达国家或者新型工业化国家的高等教育发展史，它们用至少十年以上的时间实现了高等教育从精英教育到大众化教育的转变，而中国可谓在短短几年的时间就创造了奇迹。然而，虽然高等教育为中国提供了大量的高等教育毕业生，但是在"双峭壁"模式下，先进部门对劳动力的吸收是有条件的，劳动力并不是受教育时间越长越好，也不是受正式教育越多越好，只有符合产业实际需要的劳动力才是有效劳动力。从目前来看，中国的劳动力供给与产业升级的人力资本要求在很大程度和范围上出现了错位，导致了许多新生劳动力的"就业难"问题。从供给角度来看，这一问题的产生主要来自以下几个方面的原因：第一，中国教育体制不灵活，专业设置大量重复和陈旧，造成了学生毕业后"就业无市场"现象。第二，人们越来越偏重正规教育，忽视职业技术教育，导致了教育人才的过度供给和过度短缺并存。第三，学校教育的内容和方式不能跟踪企业和市场的需求，使得具有所需专业背景的毕业生缺乏专业所需的实际技能和素质。例如，根据麦肯锡全球研究院（MGI）与麦肯锡中国分公司共同的报告——《应对中国隐现的人才短缺》显示，跨国公司"10% 的人才标准"主要包括"必备技能、实践经验和英语水平"，而跨国公司发现，大学毕业生当中极少有人具备从事服务业的必备技能，"10% 的中国求职者适合在外国企业中担当我们所研究的 9 种职位：工程师、财务人员、会计、定量分析员、通用类人才、生命科学研究人员、医生、护士和辅助人员"。以工程师为例，中国拥有 160 万名年轻的专业人士，然而，被访的人力资源主管都认为，此类职位的求职者存在的主要缺点是教育体系偏重理论，和欧洲或北美的工程类大学毕业生相比，中国学生缺乏参与项目或团队协作的实际经验。另外，英语差是跨国公司拒绝录用中国求职者的主要原因。①

最后，简单劳动力（或者说蓝领）过剩。在三元经济条件下，以农业部门和工业部门为例，信息部门的发展带动了生产自动化（知识化）水平的不断提高，随之而来的则是对蓝领需求量的逐年下降。一份针对 12 个工业化国家和 6 个有代表性的发展中国家的调查结果显示，未来 15 至 20 年内蓝领将降低到劳动力总量的 52.5% 以下。② 而与此同时，由于中国人口基数大，整体素质比较低，因此，在今后很长的一段时间内，蓝领的供给依然是丰富的，这就导致了简单劳动力或者蓝领的相对甚至绝对过剩。

在劳动力过剩的同时，我们可以看到，许多行业却存在着劳动力短缺的尴尬局面。

首先，尽管高等学校提供了大量的高级人才，但由于不符合企业需求导致中国整体的研发人员短缺，而且现有的人才分布不合理，无法形成有效的梯队。据统计，中国 2.4 万户大中型企业中，从事技术开发的人员为 147.4 万人，平均每户企业 30 人，而最终能够分配到高技术产业中的研发人员是微乎其微的。而且该产业中的从业人员规模又不断下降。2000 年研究与开发机构从事科技活动的人员继续减少至 26.3 万人，从业人员总数也继续下降，2000 年为 42.3 万人，净减少 2.6 万人。人员减少的主要原因是离退休，2000 年离退休人员累计达到 22.8 万人，占全部机构从业人员的比例已高达 53.9%。而目前，中国的中青年骨干尚未培养起来，研发人员面临着出现断层的危险，不具有良好的研究梯队。另外，中国研发人员流失严重。据《美国科学与工程指标》的资料显示，1997 年 57%~59% 的留美中国学生计划在获得博士学位后仍留美，而韩国仅为 24%。同时，跨国公司纷纷进入中国，并开始建立研发机构，其"本土化"或"中国化"策略，使本来就处于短缺的

---

① "大学生感叹就业难 只有 10% 符合跨国公司要求"，千龙网，2005 - 12 - 14。
② "灰领风暴"，《中国远程教育》，http://www.chinaonlineedu.com/info/news_special.asp?id=3430，2004.1。

研发人力资本显得更加"稀缺",在一定程度上冲击了国内的研发能力。①

其次,知识部门的扩张和发展导致了许多知识产业的从业人员大量短缺。20世纪末,一项名为"下世纪初上海紧缺哪些人才"的研究课题的有关资料显示:上海21世纪最紧缺的人才有12类,它们是:金融管理、高新技术、现代信息技术(网络)、市政建设与管理、现代经营管理、环境保护、涉外法律、社会中介、经贸营销、企划咨询、港口航运航空、社区管理与发展。② 很明显,这些产业绝大部分都属于知识产业,也就是说,知识部门在为社会提供大量就业机会的同时,也提高了对劳动力的素质要求,使得劳动力从事这些产业的人力资本需求门槛提高,因此,在相当长的一段时间内,这些产业的中高级人才将会持续紧俏。

最后,三元经济的形成必然要求知识部门对其他部门进行知识渗透和技术改造,对中国产业结构的调整和升级带来了革命性的冲击,这无疑摧毁了许多传统行业,催生了许多现代行业,从而减少了对"蓝领"的需求,而大大增加了对"灰领"的需求。"灰领"是指既能动脑又能动手,具有较高的知识层次、较强的创新能力、掌握熟练的心智技能的新兴技能人才。它兼有白领和蓝领的共同特征,是目前职场中最稀缺的人才。在三元经济条件下,生产和服务部门的技术含量增大,劳动复杂度提高,无论在制造业还是在服务业中,新兴职业不断产生,出现了许多要求劳动者既有理论和专业知识又有很强动手能力的岗位,这些岗位的出现为"灰领"这一职业群体的涌现提供了沃土。据报道,从湖南省2005年一季度劳务输出情况来看,有技术有能力的民工在全国劳动力市场上都很吃香。长三角地区的120多万家制造业企业中,高级技师、技师和高级技工的缺口已高达70%,仅上海就缺3万人。湖南省劳动和社

① 赵玉林:《高技术产业经济学》,中国经济出版社,2004年第1版,第274页。
② "今后几年我国急需的专门人才",北京天利考试信息网,http://www.sina.com.cn,2005-03-17。

会保障厅驻上海劳务管理处组织去的"三校生"（中专生、技校生、职高生）很受欢迎，外国公司都争相聘用，月薪达到 1 500 元左右。据悉，去年湖南参加培训的农民工达到 34 万人，就业率达到了 91%。他们从事车工、钳工、电工、司机、厨师、保安等工作，月工资比简单体力活要高 400 元～800 元不等。[①] 另据报道，有些灰领职业的年收入已经达到令人触目惊心的地步。例如，深圳一家企业开出 6 000 元的月薪仍未能如愿找到高级钳工，浙江一家企业动用年薪 70 万元的高价从日本请来一名高级技工，2002 年上海市需求高级职业技能人员 1.38 万人，但供给却只有 3 800 人。[②]

5.3.3　劳动力成本的比较优势与组织内部劳动力成本的比较劣势

我们常说的中国的劳动力成本具有比较优势一般是从劳动力个体成本（工资）来看的，由于中国劳动力供给丰富，劳动力素质较低，按照市场规律的结果必然是廉价的劳动力工资补偿。从整体水平来看，中国劳动力的小时工资比较低。例如，在美国每小时工资约 16 美元，在墨西哥约 4 美元，而中国只有约 0.50 美元。以中国的纺织业为例，据德国 Wemer 公司提供的 1998 年 58 个国家纺织业劳动力成本资料表明，中国的劳动力工资成本位居第 52 位，人均工资成本仍处于较低水平。而据广东省工会部门对全省 12 个城市的调查，民工月工资在 800 元以下的占总调查人数的 48.2%，1 200 元以下的占 78.7%。[③] 可见，在这个层面上，中国的劳动力确实具备其他发达国家甚至发展中国家不具有的优势。

①　"［湖南］1－3 月输出打工者 32 万 有技术的民工吃香"，《东方新报》，2005 - 04 - 14。

②　"灰领风暴"，《中国远程教育》，http://www.chinaonlineedu.com/info/news_special.asp? id = 3430，2004 - 01。

③　国际经济信息编辑部："我国经济面临高成长与高成本的矛盾"，http://database.cpst.net.cn/popul/xsjlrdlt/artic/51205134632.html，2005 - 12 - 05。

　　然而，从企业微观组织来看，单纯的成本并不能说明问题。对企业来说，追求利润最大化是"经济人"主体的合理目标，因此，他们在考虑劳动力成本的时候，是将成本与收益关联在一起的。以中石油和埃克森为例，中国石油天然气股份有限公司 2000 年在纽约和香港上市，为了达到上市的标准先后裁减 150 万个职位，成本降低 25 亿美元，但与美国的埃克森公司相比，其固定资产约为后者的 66%，营业额却只有它的 1/3，纯利润仅有它的 1.7%，根据产品和地区的不同，其生产成本最高的比国际竞争对手多出 100 倍。从而，在纯利润差距近 100 倍，而成本又高于 100 倍的情况下，企业的劳动生产率非常低。一项研究表明，中国虽然有超低的劳动力价格，但如果考虑生产率因素，美国的劳动力成本仅仅相当于中国的 1.3 倍，日本相当于中国的 1.2 倍。而与韩国比较，中国的劳动力成本甚至比韩国还高 20%。这意味着中国用相当于美、日将近 1/25 的微薄工资换来的仅仅是非常微弱的劳动成本优势。[①]因此，从实际情况来看，我们的劳动力并不便宜，成本也并不低，并不必然具备概念上理解的劳动力成本优势。相反，中国单个的劳动力成本便宜却促使许多行业的绝大部分生产性企业盲目地以囤积劳动力为优势，不愿进行制度上、组织上和技术上的管理和革新，从而导致了较低的利润、人均固定资产和较高的单位资产劳动力成本。

　　可以看出，尽管我国的劳动力有优势，但是放到企业组织里，我们的劳动力并不具有优势，因为我们的总量太大，效率太低，也就导致我们相关的成本过高。同时，随着近几年生活成本和人力资本存量的提高，劳动力工资有持续上涨的趋势，而继续以劳动力成本作为比较优势的空间将逐步减小，这就迫使中国的企业抛弃落后的传统观念，进行技术升级和组织变革，进行人力资本投资。本书

---

　　① 朱四倍："劳动力价格优势丧失了 社会也就进步了?"，《燕赵都市报》http://cn.biz.yahoo.com/060105/16/f3j2.html，2006 - 01 - 05。

认为，劳动力成本提高并不可怕，对中国来说，这反而是一次进行产业升级的大好时机，也是社会进步的一种迹象。只有提高劳动力的生产效率，才能真正地推动我国经济的发展，也只有提高劳动力的素质，才能真正地增强中国的竞争优势。

5.3.4　人力资源供给结构与人力资本需求结构的不对称

从上述三个方面的劳动力状况来看，中国的人力资源供给与经济发展的人力资本需求结构极不对称。

首先，中国长期以来产业结构调整和升级的滞后和缓慢导致了人力资本与产业升级的不良循环。第一，企业对廉价劳动力的一味使用导致了企业无心更新技术和使用先进的管理方式及设备，这导致了中国的产业停留在较低的水平上，"所谓的"一些高技术水平制造业也只是有名无实，企业只能赚取可怜的利润，严重制约了中国经济的长期和健康发展。与此同时，中国企业用于教育和培训的投入严重不足。中国劳动和社会保障部于 2004 年 4 月对全国 40 个城市技能人才状况抽样调查的结果显示，大多数企业名义上开展了培训，但实际上用于职工培训方面的花费并不高，2000 年企业用于就业人员的人均教育经费投入仅为 195 元，企业职工教育经费投入只占职工工资总额的 1.4%，未达到国家规定 1.5% 的最低比例。调查还显示，一半以上的企业用于技术工人培训的费用不到职工教育经费的 20%。其中，职工教育经费用于技术工人培训的比例在 20% 以下的企业占 58.5%，比例在 20% ~ 50% 之间的企业占 26.9%，比例在 50% 以上的企业占 14.6%。[①] 另外，企业对劳动力的"只使用不培训"也使得劳动力尤其是广大的农村劳动力缺乏技术和进行人力资本投资的动力。第二，劳动力素质低下越来越成

---

①　劳动和社会保障部课题组：《关于技术工人短缺的调研报告》，中国劳动和社会保障网。

为影响企业生产、经营和发展的关键因素。国家统计局大连市企业调查队对大连市 150 户企业的经营者进行的一次专项调查结果显示：在职工人的技能和受教育水平低已经成为影响企业生产和经营发展程度最大的因素。在被调查的 150 户企业中，认为在职工人的技能和教育程度因素对企业的生产和经营产生了较大甚至严重影响的占被调查企业的 53%。在职工人的技能和受教育水平低成为企业适应市场经济发展客观需要的重要的内在制约因素，从而影响了经济社会的发展。① 第三，劳动力收入的低下使得劳动力陷入贫困，被迫减少对教育、培训等方面的人力资本投资，从而使自己以及后代进一步陷入"贫困（低收入）—低人力资本投资—差的就业（甚至难以流动）—贫困（低收入）"的恶性循环陷阱中。

其次，三元经济的形成促进了中国产业结构的调整和升级，从而继续提高了产业结构对劳动力需求的人力资本水平，为劳动力流动设置了障碍，这使得低素质劳动力的就业更加困难，从而更容易陷入失业。例如，在上述大连市的调查中，技能和受教育水平低的在职工人在竞争中明显地处于劣势，潜在的具有失业和被淘汰的可能，事实上，在已经失业的人口中，技能和受教育水平较低者占绝大多数，据大连市城市失业人员保障状况调查报告显示，在 340 名被访的失业者中，小学及以下 7 人，占 2.1%，初中 194 人，占 57.1%，高中 113 人，占 31.2%，而大专以上 26 人，只占 7.6%。这些人职业选择的面窄、再就业的机会小，要改变现有的处境比较困难。② 在技术工人技能等级构成上，也是初中级技能人员占绝大多数，其中高级技能人员仅占 4%，中级占 36%，初级占 60%。城镇新生劳动力中有 30% 未接受过培训。2001 年新转移的农村劳动力中，受过专业技能培训的仅占 18.6%。这样的劳动力构成状况，很难满足不断发展变化的劳动力市场需要，一旦受到冲击，这

---

①② "以教育为基础促进社会和谐快速发展"，《大连日报》，http：//www.edu.cn，2005 - 09 - 13。

部分人将首先遭到劳动力市场的排斥。①

最后，从人力资本形成的长期性来看，目前中国教育和培训的缺失及错位直接导致人力资本供给水平偏低，尤其是工农业部门在知识化过程中所需的技术工人更是如此。例如，尽管加强教育的观念深入人心，但是，人们过度偏重于正式教育而忽略了非正式教育（职业技术教育、培训），过度偏重于热门学科而忽视了劳动者本身的特质，这种盲目的人力资本投资直接造成了技术工人的短缺。据资料显示，中国现有技术工人 7 000 万人，其中，高级技工只占3.5%，即使是全国最大工业基地的上海，高级技工的比例也不足7%，与发达国家高级工占 40% 的水平相差甚远。在全国每年9 000多万跨地区进城务工的农民中，受过专业技能培训和素质培训的仅占 18.6%。② 另外一项对北京、珠海和无锡三个城市的流动劳动力的调查结果表明，农民工的受教育程度普遍较低，有近 80% 的人只受过初中及以下水平的教育。同时，在近五年内接受过职业培训的农民工不到总数的 4%。③

总之，人力资源供给结构与人力资本需求结构的不对称使得各级主体加快进行人力资本投资从而推动劳动力流动具有必要性和紧迫性。从微观企业和个人来说，企业进行人力资本投资可以获得优质的符合市场需求的劳动力，而个人通过进行人力资本投资可以打破劳动力流动过程中的强制约束，获得更高的个人收入，实现自我价值。而从国家和社会来讲，加快进行人力资本投资，可以改善劳动力供给结构与产业结构升级条件下的劳动力需求结构相匹配的程度，促进微观主体进行技术升级和创新，推动经济发展。

---

① "青年的就业"，《2005 年中国就业报告》，中国网，2005 - 10 - 21。
② 严燕飞："试析'民工荒'现象产生的原因及对策"，《湖北社会科学》，2005年第 1 期。
③ 王奋宇、赵延东："流动民工的经济地位获得及决定因素"，中国网，http：//www.china.com.cn/ 06/20/2003。

第 *6* 章

克服"双峭壁"的劳动力
流动微观决策分析

通过对"双峭壁"劳动力流动模式相关内容的分析，我们可以看到，在三元经济下，部门之间巨大的收益差距成为吸引人们进行流动的主要动力，而与二元经济下的劳动力流动不同的是，三元经济下的劳动力流动是有条件的，只有具备了一定的人力资本才能向更高级的部门流动，因此，接受教育、培训等作为保证劳动力的流动性是必要的。这就形成了一个非常清楚的逻辑：三元经济的出现推动了"双峭壁"劳动力流动模式的形成，该模式提供了促使劳动力流动的更强拉力，劳动力（在具有理性的前提下）要想获取比原有部门更高的收益就必须实现部门间的流动，而个人要想实现流动就必须进行人力资本的积累，且积累的唯一途径就是加大对人力资本的投资。从而，在微观层面上，个人为了获取更高的收益将对人力资本进行投资，企业要得到更多更好的劳动力也将对人力资本进行投资。而作为理性的经济人，在人力资本投资过程中，个人和企业等微观主体会进行谨慎细致的人力资本投资决策分析，从而使发展中国家的劳动力流动更加理性化。

6. 1
人力资本自投资决策的一般性分析

人们之所以能够自发地进行人力资本投资，是因为通过投资形成的人力资本具有配置能力和生产能力，从而对飞跃或者缓解"峭壁"具有重要的作用。具体来说，人力资本的生产能力是指（可以用劳动力的边际生产力来表示）与既定资源相结合的生产贡献。即，人力资本的增加在相同资源拥有量的条件下，可以提高劳动生产率和总产出。人力资本的配置能力（可以用相同行业同等人力资本收益率来表示）是指发现机会、抓住机会，使既定资源得到最有效配置从而使产出增加的能力，即"处理不均衡状态的能力"（舒尔茨，1975）。

1984 年，派瑞曼说过："到下世纪初，美国将有 3/4 的工作是创造和处理知识。知识工作者将意识到，持续不断地学习不仅是你得到工作的先决条件，而且也是一种主要的工作方式。"[①] 可见，在三元经济条件下，人力资本的生产能力是劳动力流动的前提，正是因为劳动力具有企业所需的生产能力才成为有效供给，才能够较为顺畅地流动；而人力资本的配置能力就是劳动力受到工资等经济利益和社会利益的吸引而进行部门间选择和流动的能力，因此，劳动力流动的决定来自人力资本配置能力的发挥，劳动力流动的过程也就是人力资本的自我配置过程。随着人力资本投资的不断进行，人力资本的配置能力和生产能力也越来越强，劳动力的流动也就越来越顺畅。根据联合国教科文组织提供的研究结果，劳动生产率与劳动者文化程度呈指数曲线关系，如与文盲相比，小学毕业可提高劳动生产率 43%。初中毕业提高 108%，大学毕业提高 300%[②]。嘉米森·刘（Jamison & Lau，1982）的研究指出，农民的教育强化了他们在农业现代化进程中的配置能力，因而更容易进行流动。

如此看来，个人为了获得或者保住就业机会和工作职位，企业为了获得适合的劳动力，都会对人力资本进行投资，而这些投资的结果形成了劳动力的供给面，对"峭壁"起到了缓和的作用。同

---

① 邱昭良："为什么要成为学习型组织？"，http://www.cko.com.cn/web/experts/23/20020417/23,44,0.html,2002 - 04 - 17。
② 高艳："企业如何变人力资源为人力资本"，《经济管理》，2002 年第 13 期。

时，尽管人力资本投资需要花费比工业时代更多的成本，但三元经济下部门之间的收益差距要远高于二元经济，为劳动力的人力资本投资提供了更高的回报，这就给予了个人和企业进行人力资本投资的可能和动力。因此，无论是企业还是个人，都在努力地使各自所需要的人力资本异质化和高级化，为的就是能够获得更大的收益或者效用。在他们的理性化追求过程中，劳动力能够进入到相应的部门并获取收益，进而从宏观层面来看，随着理性微观主体的人力资本投资不断增加，"双峭壁"下的劳动力流动将变得更加顺畅。因而，在追求效用或利润最大化的过程中，个人和企业的人力资本投资行为自然而然地成为"双峭壁"劳动力流动模式的微观基础。

人力资本投资的种类很多，按照舒尔茨（1990）的观点，人力资本投资包括五类：（1）医疗和保健，从广义上讲，它包括影响一个人的寿命、力量强度、耐久力、精力和生命力的所有费用；（2）在职人员的培训，包括企业所采用的旧式学徒制；（3）正式建立起来的初等、中等和高等教育；（4）不是由企业组织的那种为成年人举办的学习项目，包括那种多见之于农业的技术推广项目；（5）个人和家庭适应于变换就业机会的迁移。[1] 可以看出，根据这一分类，劳动力流动也是人力资本投资的一种，本质上没有什么区别。然而，更具体地讲，我们所指的劳动力流动与舒尔茨说的就业机会的变换有一些区别。本书的劳动力流动指的是劳动力在部门间的流动，层次比就业变换要高，但范围要窄，因为舒尔茨的就业变换很可能是部门内部的变换。同时，在发展中国家，劳动力流动的过程中往往存在着较高的人力资本门槛，劳动力需要在初始条件下单纯地为流动进行其他形式的投资，也就是说，人们通常为了流动而进行教育、培训、医疗保健等投资，而舒尔茨指的个人和家

---

[1] 西奥多·W·舒尔茨：《论人力资本投资》，北京经济学院出版社，1990年，第9～10页。

庭适应于变换就业机会的迁移一般仅是将迁移本身作为一种投资来进行分析的，不涉及这一过程中存在的其他形式的投资，因此，本书所指的劳动力流动不是单纯的工作转换。这一特点已经在第 3 章的持久收入差距假说模式中表现得非常明显。总之，微观主体在进行流动或者在流动的过程中，为了能够获得更高的就业概率和就业报酬，就必须进行人力资本投资，而无论是什么形式的人力资本投资，最终将促进劳动力在部门之间的流动。

由于我们假设投资者是理性的经济人，因此，他们在进行物质资本投资时需要做出投资决策分析，同样，对人力资本的投资也不例外。

6.1.1 人力资本投资的收入效应模型

人们对人力资本进行投资是因为投资可以带来较高的收益，而人力资本之所以能够给投资者带来收益，其主要原因是人力资本具有生产能力，人力资本的生产能力可以用劳动力的边际生产力来表示，其增加可以在同样资源拥有量的条件下，提高劳动生产率和总产出。在三元经济下，技术结构的变化使人力资本变得更加重要，而形成人力资本的投资也变得更加必需。美国通用电气前任董事长拉尔夫·柯定纳深有感触地说："目前和未来社会中，科学技术的发展和社会关系的日益复杂化，不仅使经历的培训和发展成为必要，而且提供了可能性。美国通用电气单靠经营管理方法的改进和提高就可以使未来的生产力提高 50%。"[①] 这说明，人（当然，这里的例子说的是经理和管理人员）的技能和经营手段的提高将直接影响企业的生产能力，使企业获得较高的工作效率和竞争能力。贝克尔抓住了这一特性，从企业的在职培训入手分析了人力资本对

---

① "企业员工培训实战技巧"，http://management. hr. com. cn/content/117313. htm，2006 – 03 – 15。

收入、就业与其他经济变量的影响，然后推广到正规学校教育、医疗保健等形式的人力资本投资。下面我们具体介绍和讨论人力资本投资的收入效应模型，分析的投资形式主要有在职培训、正规学校教育和医疗保健。

1. 在职培训。

假定在某一特定时期内，企业面临的产品市场和劳动力市场都是完全竞争的，企业是理性的经济人，谋求企业利润的最大化。根据所学的经济理论，我们知道，在没有企业培训的情况下，当企业的边际产品（MP）等于工资率（W）时，企业实现了既定成本下的利润最大化，达到了最优均衡状态，用公式表示如下：

$$MP = W$$

如果我们考察的时间是 n 期，在任何一个时期中也不存在着企业培训，那么企业在 t 期更一般的均衡就可以表示为：

$$MP_t = W_t$$

然而，当企业发生培训时，这些条件将发生改变。在加入在职培训的情况下，在职培训会减少培训期间的收益并增加支出，但却很可能会大幅度地增加未来时期的收益或减少未来时期的成本，也就是提高了企业的生产率或改进了企业的经营管理方式。因此，企业在决策时考虑的不单单是一个时期的内容，而是更大范围内相互关联时期的收益和支出情况。这就不需要每个时期的支出都等于工资，也不需要每个时期的收益都等于边际生产率，而是需要在投资期和收益期内收益与成本的现值相等。此时的企业均衡条件可以表示为：

$$\sum_{t=0}^{n-1} \frac{R_t}{(1+i)^t} = \sum_{t=0}^{n-1} \frac{C_t}{(1+i)^t}$$

其中，R_t 和 C_t 分别为第 t 期的收益和成本，i 为市场贴现因子。可以看出，$MP_t = W_t$ 是此等式的特例，因为当每期的边际产品分别等于相应期的工资时，所有时期的边际产品之和必定等于工资之和。

为了分析的简便，我们假定企业只在初期进行培训，培训费用为 K，那么初期培训的总支出就等于 K 与工资之和，其他各期的支出将等于相应期的工资。从而，上述均衡条件可以改写为：

$$MP_0 + \sum_{t=1}^{n-1} \frac{MP_t}{(1+i)^t} = K + W_0 + \sum_{t=1}^{n-1} \frac{W_t}{(1+i)^t}$$

如果令 $G = \sum_{t=1}^{n-1} \frac{MP_t - W_t}{(1+i)^t}$，那么等式变成：

$$MP_0 + G = W_0 + K$$

由于 K 只代表了在职培训的直接费用，它并不能完全衡量培训成本。如果令 C 代表培训的总成本，那么上式可以进一步写成：

$$MP_0 + G = W_0 + C$$

由于 G 衡量了未来收益的现值，那么，G 与 C 之间的差额就反映了培训的收益与成本的差额。等式说明，当收益现值之和与成本之和相等时，企业的培训投资达到完全的均衡。

然而，上述在职培训的收入效应模式只是一般化的分析，实际上，培训收益并不总是归企业所有，而是通常需要在企业和个人之间进行分配。如果要继续分析这一问题，就需要把在职培训进一步分为一般培训和特殊培训。

（1）一般培训。

一般培训是指对除了培训企业之外的其他许多企业依然有用的培训。也就是说，一般培训既能提高本企业的边际产品，也同样可以提高其他企业的边际产品。由于模型假定劳动力市场是完全竞争的，因此，任何一个企业所支付的工资率都是由其他企业的边际生产力所决定的，从而，进行一般培训的企业的边际产品会增加，但是工资率也会增加，只有当边际产品的增加大于工资率的增加时，企业才能从一般培训中获取收益，否则企业就不会提供一般培训。通常情况下，由于个人可以直接从一般培训中获益，他们倾向于自己支付一般培训的费用，此时，未来收益和成本是等量增加的，即

$MP_t = W_t$，此时：

$$G = 0$$

$$MP_0 = W_0 + C \text{ 或者 } W_0 = MP_0 - C$$

可以看出，员工的工资并不一定等于他们的机会边际产品，在一般培训的情况下，工资要小于他们能够带来的边际产品，这可以用员工通过减少能够获得的工资来支付一般培训的费用来解释。

（2）特殊培训。

与一般培训不同，特殊培训是指在提高受训企业和其他企业的生产率上有显著不同的培训。此时的人力资本具有较强的资产专用性，能更大程度地提高受训企业的生产率，而对其他企业的生产率的提高作用不大，完全的特殊培训只对受训企业生产率的提高有影响。特殊培训有很多，例如，帮助员工熟悉企业文化和理念的岗前培训、了解员工能力的支出等。

如果培训是完全特殊的，那么，其他企业的边际生产力所决定的该员工的工资也就不等于他在受训企业所能产生的边际生产力，因为这种培训只给本企业带来了收益的增加。这样，企业就必须支付培训的费用，只要培训投资所取得的收益现值超过成本，企业就会持续增加投资，直到两者相等，在长期内达到竞争均衡为止。此时的均衡条件可以表示为：

$$MP'_0 + G\left(= \sum_{t=1}^{n-1} \frac{MP_t - W_t}{(1 + i)^t} \right) = W_0 + C$$

其中，MP'_0 是接受培训者的机会边际产品，由其他企业的边际产品决定；MP_t 是本企业在第 t 时期的实际边际产品；W_0 为初期支付给员工的工资，由其他企业的工资决定。等式说明，在均衡状态时，MP'_0 和 W_0 是相等的，从而 G 和 C 是相等的，也就是说，此时从培训投资中获得的收益和成本相等。

然而，即使培训是完全特殊的，企业在未来能够获得收益也是以员工的非流动性为前提的。如果接受培训的员工出现了离职问题，那么企业就会蒙受损失。企业要想尽可能完全地获取收益，就不应该仅采取事后的弥补措施，更应该把培训的某些收益分配给员工（尤其是具备高技能或者核心技能的员工）。如果员工能够在特殊培训中获得更高的工资或分享了更多的收益，那么，员工将积极地接受培训，很有可能使供给超过需求，从而使得企业可以更顺利地将某些培训费用转给员工，促进供给和需求的一致。另一方面，员工也不愿意离开企业，因为特殊培训在其他企业派不上用场，从而也就无法获得在受训企业能够获得的较高工资。这样，双方在相互谈判的过程中可以确定一个收益和成本分配的比例，个人能够分享的收益取决于个人流动的可能性、岗位技能对企业的重要性和稀缺性等因素。

（3）两种在职培训的一般化模型。

在实际生活中，许多培训既不是完全一般性培训也不是完全特殊性培训，而是两种培训形式的混合物。这个时候，我们可以把培训看做两个部分的组合，一部分是完全一般性的，另一部分是完全特殊性的。一般情况下，企业支付费用的多少与一般培训的比重成反比，与特殊培训的比重成正比。为了更好地分析在职培训，下面进一步分析一般化的模型。

假定企业通过培训所获得的收益现值为 G'，员工分享的收益现值为 G''，则总收益 $G = G' + G''$

对于企业来说，在完全均衡时，则有：

$$MP' + G' = W + C$$

同时，又由于在完全均衡时，总收益应该等于总成本，即：

$$G = C$$

令 λ 表示企业所得到的收益占总收益的比重，则：

$$G' = \lambda G$$

$$MP' + \lambda G = W + C \text{ 或 } MP' + \lambda C = W + C$$

即，

$$W = MP' - (1 - \lambda) C$$

上述等式说明，企业和员工分别支付了与他们获得的收入同样比例的费用。很明显，这个公式是对前述分析结论的一般化。如果 $\lambda = 0$，则 $W = MP' - C$，此时企业的培训是完全一般的；如果 $\lambda = 1$，则 $W = MP'$，此时的培训是完全特殊的；如果 $0 < \lambda < 1$，此时的培训就是介于完全特殊培训和一般培训之间的培训。

2. 正规学校教育。

正规学校教育是非常重要的一种人力资本投资，人们通过正规教育的学习可以系统地掌握基础知识和专业知识。学生通过接受教育提高了自身的人力资本，并能够形成生产能力，从而可以获得相应的收益，但是，他们也要付出相应的成本，更容易观察到的成本是诸如学费、书费、交通费等可见的直接成本。如果用实际边际产品 MP 表示实际收入，K 表示直接费用，那么，个人所能得到的净收入为：

$$W = MP - K$$

然而，接受教育的成本不仅包括直接费用，还包括机会成本。通常情况下，能够得到的收入与实际得到的收入的差额是一项非常重要的机会成本。如果用 MP_0 表示可以得到的收入，C 表示直接成本和机会成本之和，那么上式可以表示为：

$$W = MP - (MP - MP_0 + K) = MP - C$$

从形式上看，正规教育的收益模型与在职培训的收益模型是极其相似的。这说明，无论是教育还是培训，并不一定存在显著的区别，在某种程度上，学校也可以看成是企业，学生也相应地成为学校的员工，只不过培训的内容更多的是一般性的培训。

3. 医疗保健。

医疗保健是人力资本投资的另外一种方式。个人或者家庭可以通过医疗保健投资提高自己获取收益的能力，这同教育投资有同样的影响。企业可以通过改善工作条件、提供定时体检或者发放特殊需要的药品等来对员工的身心健康进行投资。如果该投资能够同样提高其他企业的边际生产率，那么这项投资就与一般性培训具有同样的影响；如果投资对该企业的生产率的提高更有优势，那么该项投资就与特殊性培训有同样的影响。由于医疗保健投资的收益具有隐蔽性和难以分离性，这方面的实证研究相对较少。

　　尽管有许多学者认为，在当今时代，收入与知识的联系要比收入与体力的联系重要得多，而且体力对收入的影响在发达国家或者地区确实已经大不如从前，但是，从生活中的实际投资来看，认为体力或者体质投资的重要性已经下降的论断似乎显得有些武断。例如，在中国，城市居民平均每人消费支出中，医疗保健支出已经从1990 年的2.01% 增加到2002 年的7.13%，即使是收入相对较低的农村居民对医疗保健的支出比例也从1990 年的3.25% 上升到2002 年的5.67%，到2004 年已经上升到5.98%。而在发达国家或者大型企业中，这项投资有时甚为巨大。以戴姆勒－克莱斯勒集团为例，从2000 年以来，该集团内员工的医疗保健费用上涨了100%，自2006 年为止，此费用成为集团内最高的成本支出，将近有美金23 亿元；如今集团内每位员工平均支出美金11 000 元的医疗保健费用，约占员工薪资的27%。① 另外，从社会和经济（尤其是知识经济时代）发展的角度来看，身心健康已经日益成为决定人们收入的重要因素。医疗保健投资可以延长投资者的投资期，增加了投资获取收益的时期数；身心健康状况的保持和改善增强了人们的体质和精力，可以使人们更好地发挥生产能力、创新能力和知识更新能力，提高工作效率和工作质量；工作条件和工作环境的改善可以激励人们以平和的心境更好地从事工作；医疗保健还可以使人们得到良好的休息，舒缓心理压力。

---

　　① 叶毓中："戴姆勒—克莱斯勒集团对员工视如己出"，http：//finance. eastday. com/auto/node4/node5/node9/node43/userobject1 ai10394. html，2006－03－20。

6.1.2 人力资本投资的跨时期决策模型

根据经济学的基本理论，理性的消费者为了实现效用最大化，会在一系列的消费束中进行选择，但是，许多分析基本是在只考虑一期的情况下进行的。跨时期消费决策的引入使得人们在进行消费决策时，不是单纯地为了实现一期效用的最大化，而是多期效用的最大化，因此，人们的收入和财富就必须进行计划和预算，也就是进行投资。投资固然减少了当期消费从而缩减了人们能够获得的效用，然而投资者可以在未来获得更大的收益从而可以增加他们在未来的消费。在这种情况下，人们需要在当期消费和未来消费之间进行权衡，也需要在消费和投资之间进行选择，而传统经济学中的跨时期决策一般只考虑了储蓄等形式的物质资本投资，忽略了人力资本投资这一重要形式。人们之所以要进行人力资本投资，是因为人力资本投资可以带来收入的提高，从而可以增加和改善人们在未来时期的消费。

人力资本投资效应模型描述的只是人们在人力资本投资范围内进行的决策，而将人力资本投资加入到跨时期消费决策模型中，我们不仅可以求得人力资本投资的数量，还可以看到人们在总投资中对物质资本和人力资本投资的分配。

1. 模型的主要假设和变量。

（1）人力资本投资主体是理性经济人，追求效用最大化。

（2）此模型的分析框架属于局部均衡，人力资本投资主体面临的是完全竞争性市场，也是确定性情况下的决策分析。

（3）消费者在初期拥有 A 价值量的初始财富，这一财富是物质财富，而不是人力资本财富或存量。

（4）消费者的决策只有两个时期，即当期和远期。两个时期的时间都为 T，T 为剔除人们必要的睡眠时间的有效时间，既可以分配给闲暇，也可以用来提供劳动，还可以投资于人力资本，因此，当期的时间约束可以表示为：

$T = l_1 + e_1 + h_1$（分别为闲暇时间、就业时间、人力资本投资时间）　　　　　　　　　　　　　　　　　　　　　　　　　·　(6-1)

同理，远期的时间约束等式为：

$$T = l_2 + e_2 \qquad\qquad (6-2)$$

（5）消费者在每个时期内通过消费商品、服务或闲暇等获得效用，这些构成消费者在 t_1 和 t_2 时期的消费束 c_1 和 c_2，每个时期的消费价格均为 1，效用函数为 $U(c_1, c_2)$，并且是关于两个变量单调凹的。

（6）人力资本投资是时间消费型的，放弃的闲暇和工作所得的收入是其机会成本，除此之外，不考虑其他直接费用。同时，投入人力资本投资的时间增加了个人未来的收入，用公式表示为：

$$y_2 = y(h_1, \varepsilon) \qquad\qquad (6-3)$$

其中，ε 为影响收入的其他变量，在分析的过程中，我们假定不变。同时，收入是 h_1 的单调严格增的凹函数，$f'_{h_1}(h_1, \varepsilon) > 0$，$f''_{h_1 h_1}$ $(h_1, \varepsilon) < 0$。也就是说，在三元经济下，要想进入更高一级的部门，获得更高的收入，就必须进行人力资本投资，才能获得 $y_2(> y_1)$。当期收入为 y_1，并且是已知的，y_1 和 y_2 均为单位时间工资率。

（7）闲暇属于正常品，属于人们实际消费的一种，尽管人们在闲暇期并未从事劳动，但是我们假定人们同时获得收入并消费了闲暇。从这个角度来看，闲暇和工作时间之和可以看做是总工作时间，只是闲暇时间的工作收入全部用来进行闲暇消费。因此，在模型中，闲暇和工作的时间分配只影响一般消费和闲暇消费的比例，对模型没有决定性的影响，之所以单独地提出闲暇的分配只是让模型的假定更加切合实际。

（8）市场利率为 r，并保持不变。

2. 跨时期决策模型。

基于上述假设，人力资本投资主体的目标是在财富约束条件下实现两期效用的最大化，基本模型如下：

$$\begin{cases} \max U(c_1, c_2) \\ s.\,t.\ c_2 = [A + (T - h_1)y - c_1](1+r) + Ty_2 \end{cases} \quad (6-4)$$

由于 Ty_2 是经过人力资本投资后获得收益，因此，$Ty_2 = h_1 y_1 (1 + r_h)$。其中，$h_1 y_1$ 是用货币表示的人力资本投资的数量，r_h 为人力资本投资的平均收益率。因此，模型中的约束条件进一步可以表示为：

$$c_2 = [A + (T - h_1)y_1 - c_1](1+r) + h_1 y_1 (1 + r_h) \quad (6-5)$$

由此可以推知，满足效用最大化的一阶条件为：

$$\frac{\partial U(c_1, c_2)}{\partial c_1} - (1+r)\frac{\partial U(c_1, c_2)}{\partial c_2} = 0 \quad (6-6)$$

$$\frac{\partial U(c_1, c_2)}{\partial c_2}[-Ty_1(1+r) + Ty_1(1+r_h)] = 0 \quad (6-7)$$

如果效用函数等条件是已知的，通过这两个方程，我们就可以求得最优消费量 c_1^* 和 c_2^*、最优人力资本投资量 $h_1^* y_1$、最优物质资本投资量 $[A + (T - h_1^*)y_1 - c_1^*]$ 等，关于效用函数等的假设确保模型在最优值处是凹性的，模型的一阶条件也同时是最大化的充分条件，从而最优解是存在的且是唯一的。

在这个模型中我们可以看到，当人力资本投资主体的效用达到最大化时，当期的总投资为 $(A + Ty_1 - c_1^*)$，h^* 的大小决定了投资在物质资本和人力资本投资之间的分配，从而决定了两种投资的规模。从（6-7）式来看，当人力资本投资的收益率大于物质资本投资的收益率时，人们就会继续增加人力资本投资，直到两者的收益率相等，此时人力资本投资主体的投资决策达到最优。同时，由于（6-7）式是对人力资本投资求导得出的，这一等式也说明，在投资决策达到均衡状态的条件下，人们无法继续通过增加人力资本投资来获取收益从而增加效用，也无法通过减少人力资本投资来增加效用。另外，（6-6）式说明，在最优决策状态下，远期效用和当期效用之间的比例等于市场贴现因子，此时无法通过两个时期的消费转移来获得更大的效用。

同时，从一阶条件我们还可以看到与投资收益效应模型相同的一般化的人力资本投资决策条件。也就是说，在跨时期决策模型中，当人们进行人力资本投资时，物质资本投资的收益可以看做是人力资本投资的机会成本，由于我们忽略了人力资本投资的其他成本，因此，等量物质资本投资的收益就是人力资本投资的所有成本，当人力资本投资的收益率大于物质资本投资的收益率时，此时投资收益大于投资成本，理性的经济人将继续进行投资，直到投资收益等于投资成本为止，这同投资收益效应模型的投资均衡条件在本质上是完全一样的。

6.1.3　人力资本投资决策的两种实用方法和一般性结论

综上所述，收入效应决策模型是立足于企业利润最大化来分析的，跨时期决策模型是基于消费者效用最大化来分析的，无论是哪种分析，投资决策所依赖的条件在本质上都是相同的，其均衡条件都是投资收益等于投资成本。由此，在实际决策过程中，微观主体进行人力资本投资时所使用的方法主要有两种：一是内部收益率法；二是净现值法。这两种方法在使用过程中，都是以货币具有时间价值为条件的。

1. 内部收益率法。

内部收益率是指能使投资项目的未来收益现值等于成本现值的贴现率，或者是使净现值流为零的贴现率。内部收益率法就是通过计算出投资的内部收益率，再与其他投资的回报率相比较的方法。如果内部收益率大于其他投资的报酬率，那么人力资本投资计划就是可行的。因此，内部收益率的公式可以表示为：

$$\sum_{t=0}^{n-1} \frac{I_t}{(1+r)^t} = \sum_{t=0}^{n-1} \frac{C_t}{(1+r)^t}$$

式中，I_t 为第 t 期的预期收益，C_t 为第 t 期的成本，r 为内部收益率。

年龄－收入曲线是指某一人力资本投资水平的劳动者的年龄和相应收入的所有点的集合，表明了人力资本投资对收入与年龄之间的关系有重要影响。但作为一种工具，该曲线其实是人力资本投资内部收益率的一种图形形式的直观反映。由于人力资本投资的形式多种多样，我们仅以教育为例说明教育投资的内部收益率的直观求法。

教育的年龄－收入曲线如图6－1所示，分别反映了两级教育投资的收入和年龄的组合的轨迹。其中，CD 为某级教育毕业生（如大学）的年龄－收入曲线，AB 为次一级教育（如高中）的年龄－收入曲线。CIBD 代表大学毕业生和高中毕业生的终生收入差距，也即大学教育的收益，AHGI 为接受大学教育的机会成本即为了获得大学教育所需要放弃的收入。机会成本还要用失业率和税率进行调整。HEFG 表示大学教育的直接成本。大学教育的总成本（C）包括机会成本和直接成本即 AEFI（AHGI + HEFG）。

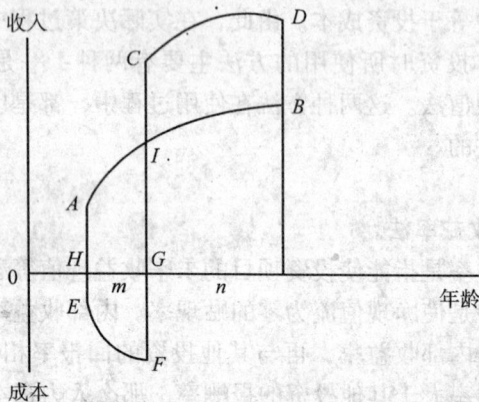

图6－1　教育的年龄－收入曲线

如图所示，教育的内部收益率就是使 CIBD 的面积和 AEFI 的面积相等时的贴现率。所以一般的内部收益率公式可以改写为：

$$\sum_{t=m-1}^{n-1} \frac{(Y_u - Y_h)_t}{(1+r)^t} = \sum_{t=0}^{m-1} \frac{K_t + Y_{ht}}{(1+r)^t} = \sum_{t=0}^{m-1} \frac{C_t}{(1+r)^t}$$

其中，Y_u 代表大学毕业生的收入，Y_h 代表高中毕业生的收入，K_t 表示直接成本。个人高中毕业开始获得收入的时期为第 0 期，大学投资期为 m 期，两级投资的收益结束期为第 n 期。

在实际的研究中，由于样本容量有限，致使年龄－收入曲线呈锯齿状，这种数据上的波动对预算的结果影响很大，为了减小误差，一般采用回归的方式平滑年龄－收入曲线[①]。

$$Y_t = a + b \times A_t + c \times A_t^2$$

其中，Y_t 为 t 时期的收入，A_t 为 t 时期劳动者的年龄，a、b、c 为待定参数。通过这一回归曲线得到 a、b、c 的估计值，再代入不同的年龄数据，就可以获得拟合后的收入预测值，把求得的收入预测值代入教育的内部收益率公式计算内部收益率即可。

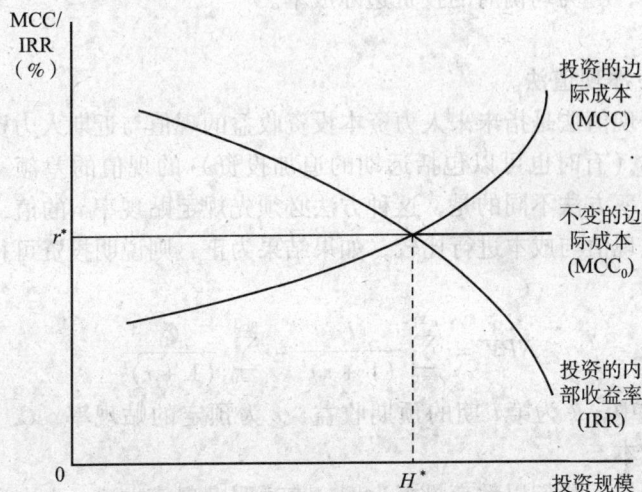

图 6－2　人力资本投资预算规模的确定

---

① 徐玮斌："教育成本收益分析：实证方法探讨"，《教育学》，1995 年第 3 期。

运用内部收益率方法时需要注意的是，投资者需要选取可供参照的其他投资的报酬率，这样才能使投资者通过比较内部收益率和成本来确定人力资本投资的规模。正如我们已经提到的，其他形式投资的收益应该是该项投资的机会成本。在人力资本投资的跨时期决策模型中，投资者的参照报酬率为物质资本的收益率，由于我们假定此收益率不变（从而在图 6-2 中，边际成本线 MCC_0 是一条水平的直线），因此，当人力资本的收益率逐步下降到物质资本的收益率时，人力资本投资达到均衡，均衡点在图中表现为直线与 IRR 的交点。而且在实际决策中，随着投资规模的扩大，人力资本投资的边际成本是上升的，而人力资本投资的内部收益率却是呈现下降趋势的，这样，我们便可以得出均衡的人力资本投资预算规模。该点为上升的投资边际成本曲线（MCC）与下降的投资内部收益率曲线（IRR）的交点。H^* 则为人力资本投资的最佳投资预算规模，r^* 为均衡时的投资边际成本。

2. 净现值法。

净现值法是指未来人力资本投资收益的现值与近期人力资本投资成本（有时也可以包括远期的追加投资）的现值的差额。与内部收益率方法不同的是，这种方法必须先规定贴现率 r 的值，然后对收益现值与成本进行比较，如果结果为正，则说明投资可行。公式如下：

$$NPV = \sum_{t=0}^{n-1} \frac{I_t}{(1+r)^t} - \sum_{t=0}^{n-1} \frac{C_t}{(1+r)^t}$$

式中，I_t 为第 t 期的预期收益，r 为预定的贴现率，C_t 为第 t 期的成本。

同样，我们以教育投资为例，来说明净现值方法。人力资本投资的成本包括：（1）直接成本。指直接费用如学费、培训费及购买相关物品的花费。（2）机会成本（因接受教育而放弃的其他报酬）。这段时间内，投资主体一般不能工作，必须放弃取得收入的机会，至少不能全天候工作。（3）其他成本。（如精神成本：学习的沉闷和困难会造成精神压力，由于兴趣、体力和智力不同、接受教育的能力不同，投资主体的精神成本也不同）人力资本投资的收益是预期的较高收入、终身工作满意程度的提高、工作的升迁机会和对各类活动欣赏水平的提高等。由于货币时间价值的存在，各期收益需要进行贴现。

实际上，在第 3 章有关持久收入差距假说模式的论述中，本书修正的城乡预期收入现值公式—— $V(0) = \int_{t=0}^{n} \{p(t)[Y_u(t) - Y_d(t)] - Y_r(t) - C'_H(t)\} e^{-rt} dt - C_0$ 就是净现值方法的充分利用。为了更好地进行解释，我们还可以将此式改写成 $V(0) = \int_{t=0}^{n-1} p(t) Y_u(t) e^{-rt} dt - \{\int_{t=0}^{n-1} [p(t) Y_d(t) + Y_r(t) + C'_H(t)] e^{-rt} dt + C_0\}$。

正如我们已经指出的，这一公式完全可以从人力资本投资的角度来理解，而且，从形式上看，上述公式明显地转换为收入与成本两项内容之差。因此，人力资本的投资决策自然地成为对净现值收入的考察。如果现值收入大于现值成本，那么，投资者就会对人力资本进行投资，随着劳动力收入的增加，投资者付出的成本也不断增加，当 $V(0) = 0$ 时，人们就不会再继续投资，此时的人力资本投资达到均衡，$\int_{t=0}^{n-1} [p(t) Y_d(t) + Y_r(t) + C'^{(t)}_H] e^{-rt} dt$ 为均衡时的总人力资本投资，r 依然为人力资本投资的贴现率。不难看出，此公式是包含了各种形式的人力资本投资在内的现值公式，所运用的基本方法就是净现值方法。当我们把 C_0 界定为工作转换成本，将 $Y_r(t)$ 界定为为获得更高收益所要放弃的收入时，这一公式就更加符合纯粹的人力资本投资理论了。例如，如果 $C_0 = 0$，$Y_r(t)$ 为高中毕业参加工作所获得的收入，那么，该公式表示的就是个人是否接受大学教育的投资决策了，如果净现值大于零，就继续接受大学教育；反之，则参加工作。

另外，在运用收益净现值方法时，无论是从什么样的角度考虑，投资者除了要周详地估计成本和收益之外，还要选择恰当的贴现率 r。许多学者认为，由于每个人的主观评价不同，它作为投资决策参考指标的客观性和可靠性得不到保证；而内部收益率法消除了主观影响，反映了资本的使用效率，从而优于收益净现值方法。而在本书看来这两种方法在本质上没有什么不同。尽管内部收益率法可以客观地求得人力资本投资的收益率，但是，它依然要通过与另外一个参照收益率作比较才能决定，同样受制于主观意识的影响。无论是哪种方法，理性的投资者都会使用投资资金的机会收益率来进行贴现或者进行比较，这里的机会收益率也就是投资的机会成本，是不用来投资人力资本而投资于其他方面所能获得的最高收益率。在以下的分析中，如果不作特殊说明，本书将统一使用净现值法来进行分析。

3. 人力资本投资决策的一般性结论。

根据上述人力资本投资模型和两种决策方法，我们可以得到投资者进行人力资本投资的一般性结论。

（1）目光短浅的人，人力资本投资少。"目光短浅"这个词是心理学家常用来形容那些对未来的事情或结果不是很看重的人，落实到模型中则是指对收益率（或者贴现率）预期较高的人，这一点与享乐主义工资模型的一些理论类似。

（2）预期工资收益越高，人们越容易进行人力资本投资。也即人力资本投资的数量单位与预期报酬正相关。在"双峭壁"模式下，人力资本投资的预期收益将有所提高，因此，人力资本投资的数量单位也会相应地增加。

（3）人力资本投资与年龄负相关。年轻人继续生存的时间长，回报期长，致使年轻人在接受投资方面比年长者具有更高的积极性和更高的预期性。在其他条件相同的情况下，投资时间越早，获得的收益率就越高。一是因为早投资会获得较长的投资回报期；二是因为早投资在接受教育或培训期间放弃的工资报酬或者机会成本也较少。因此，如果人们打算进行人力资本投资的话，会更倾向于在自己年轻的时候完成；而从横向来看，青年人要比老年人更容易投资。

（4）人力资本投资与投资成本负相关。投资成本不仅包括直接成本和放弃的收入成本，也包括心理成本，投资成本越大，投资者进行投资的动力越小。因此，人力资本投资还与物质资本投资相关，物质资本投资收益越高，人力资本投资的吸引力就越不明显。

（5）人力资本投资受制于投资者的收入和资本市场的发育程度。对于不同的投资主体，投资成本占收入的比例也是衡量投资的关键。在贫困地区，即使预期收益大于接受教育的成本，但是由于收入水平的限制，无法转化为有效的投资需求。这种约束就是被传统人力资本理论所忽略的"收入预算限制"。也就是说，即使预期的人力资本投资是有利可图的，但是由于个人收入不足或者无法在金融市场上完成资金借贷，也是无法进行人力资本投资的。所以，低收入阶层的增加将不利于整个社会的人力资本投资。

（6）人力资本较高一级投资与两级投资之间的报酬差别正相关。以教育为例，当两级教育之间所获的平均工资报酬差距扩大时，高一级教育的入学率就会上升。这是由于机会成本相对下降，而预期收益却大幅度上升的缘故。在年龄－收入曲线中，这一差别表现在曲线的凹度上，收入差距越大，凹度越明显，人力资本投资的可能性就越大。由于"双峭壁"模式的出现使得部门之间的收益差距加大，因此，曲线的凹度也就更加明显。

6.2

人力资本自投资决策的选择性分析

从上述对人力资本投资模型的分析中可以看出，如同物质资本投资一样，投资者在进行人力资本投资时，也会对投资的收益和成本进行比较和衡量，当成本超过收益时，这一投资就是可行的。然而，实际的决策情况比这要复杂得多，这是因为，尽管投资者在进行投资决策时会在教育、培训等方面做出选择，然而这一选择还不仅仅是一般性的成本收益分析（成本—收益分析只是投资决策的基础性工具），投资者在决策时还需要考虑许多因素。也就是说，并不是只要一项投资的预期收入大于成本，投资者就进行投资，他们通常要在约束条件下综合考虑，从可能集中选出最优的投资决策。同时，在新的三元经济结构下，投资者在对人力资本的投资理念、投资方向和投资内容上都有了新的变化，这更增加了投资者进行人力资本投资的复杂性。

6.2.1 个人的人力资本自投资选择

1. 人力资本投资的阶段性选择。

一般而言，个人在进行人力资本投资时往往具有阶段性特征。为了对这些阶段性选择进行具体的分析，我们将个人进行投资的阶段大致分为学龄前阶段、学龄阶段、学龄后阶段三个时期。

在学龄前阶段，尽管个人对人力资本具有所有权，但由于尚未形成理性意识，因此属于被代理阶段，由父母等亲属行使管理权，对其进行人力资本投资。这个时期是人力资本初始禀赋的形成期，往往对以后的阶段具有重要的影响。

当个人进入学龄阶段时，尽管父母依然在人力资本投资选择中起到一定的作用，但是，个人已经逐渐开始进行自我选择了。在这个阶段，人力资本投资通常以教育（尤其是正规教育）为主，期间也有定期或者不定期的非正规教育或者"培训"等形式的人力资本投资。

个人在经历教育阶段后进入学龄后阶段，开始了自己的工作生涯。这一时期的人力资本投资以在职培训和"干中学"为主，有一部分人还会选择在职的正规教育，还有一部分人甚至将工作辞掉重新接受正规教育或者非正规教育。

　　在这里，由于基础教育对人力资本投资起着最基础性的作用，因此，个人通常会遵循上述的阶段性选择，这一选择也符合人力资本投资模型的一般性决策分析原则，即收益期越长的投资越应当尽早完成。"终身教育" 理念和动态的、系统的人力资本投资观念的形成，既使得投资者在整个生涯中将面临不同的投资方向和投资内容，也迫使他们不断地对整个投资环境和自身特点进行细致的分析，并对这些投资内容和投资顺序进行调整和合理的安排，以期求得更好的投资收益和更优的人生规划。《2005 年：中国文化产业发展报告》就已经指出，中国的教育投资已经开始从标准化转向个性化，家庭对子女教育的需求不再是满足于千篇一律的教育形式和内容，而是寻求能最大限度开发自身潜力的受教育途径和 "量身订制" 的个性化教育服务。在城镇，对子女的教育投资从幼儿园起就已开始，各种特长班、兴趣班、资格证书考试等不仅促进了学生的全面发展，也是将来就业的重要筹码。

　　实际上，在不同的国家，培训制度（获取教育、技能和培训活动的制度）是不同的，往往对个人进行投资的整体进程起到举足轻重的作用。一般来说，基础教育是个人必不可少的选择，之后就出现了不同程度的分歧。例如，德国的培训制度是著名的 "双轨制"，个人在完成基础和初等中学教育后可以直接接受学校的培训进入劳动力市场，也可以进入高等中学、高等教育然后进入劳动力市场；法国的培训制度在基础教育之后有两个投资方向，或者是依次进入中学、高等教育，然后进入劳动力市场，或者是进入中等或者职业技术学校后直接进入劳动力市场和继续接受高等教育后进入劳动力市场；在美国，选择方向更是多样，人们在接受基础教育之后，进入中学和职业学校的学习，接着，一部分人直接进入劳动力市场，一部分人选择进入社区大学然后进入劳动力市场，另一部分人先进入高等教育然后进入劳动力市场。

2. 同一阶段多种投资决策的比较选择。

通常情况下，人们在完成某级教育后，面临着多种选择的投资方式，以职业教育和正规教育之间的选择为例，现实中的许多实例告诉我们，并不是所有的人在完成基础教育之后都进入更高一级的正规教育学习的。在不考虑其他非个人因素的条件下，这很可能是因为个人在决策中考虑到自身的能力问题。以高中毕业后，个人在正规高等教育和职业技术教育之间的选择为例，假如一个人高中毕业后，由于具备适合做技术工人的能力或者由于家庭传统而掌握一门特殊技能使得他接受大学教育后的收入不如进入职业技术学校学习后的收入高，那么，在这种条件下，此人就可能选择职业教育而放弃大学教育。同样，很多人之所以选择正规的高等教育，而不会在高中毕业后进入职业技术学校学习，原因在于他们缺乏成为技术工人的天赋和才能。因此，对一个理性的投资者来说，应当根据自己的个性、特长、经济结构的特征等对两种投资决策的净收益大小进行分析和比较，从而做出理性的选择。在这种情况下，人力资本投资决策就是对当期面临的所有投资计划进行成本—收益分析，计算出多种决策各自的净收益现值总额，选取使个人净现值收益最大的投资计划。即如果 $NPV_1 > NPV_2$，那么投资者就应当选择投资决策 1。可以看出，这种分析适用于对任何两种或者多种形式的人力资本投资进行分析。

各地区和国家（尤其是发达国家和发展中国家）之间一个明显的区别是，接受职业教育（无论是高等职业教育还是中等职业教育）的在校生比例不同。例如，以 1995 年为例，有数据显示，在发达国家，职业学校学生的比例是 18.6%，而发展中国家仅为 10.3%。在中国，以中等教育为例（见表 6-1），进入普通中学就读的学生基本上维持在 89% 左右，而无论是中等专业学校，还是职业中学的在校学生比例都非常低，从 1990 年以来还呈现下降趋势，到 2002 年分别为 4.9% 和 5.6%，远低于发展中国家的平均水平。这可能是因为在发展中国家，人们对接受正规教育的渴望日益强烈，正规教育机构的规模也远比职业教育机构发达得多。例如，中国居民中就存在着对正式高等教育较高的个人需求。20 世纪 90 年代初上海市的一个专项抽样调查，询问居民准备把子女培养到何种文化程度。结果是：研究生 5.4%，大学本科生 55.5%，大学专科 12.8%。也就是说拟把子女培养到上大学的占被调查者的 73.7%。[①] 可见，中国居民在正式教育和职业教育投资之间偏重选择正式教育几乎是不争的事实。

对此，李实和李文彬（1994）认为，这种边际收益的不断增加或者高等教育的高收益是维持对教育需求的一个极为重要的因素。本书认为，社会对正规教育的偏好以及个人对正规教育的 "路径依赖" 也是不可忽视的原因。另外，以往的经验研究表明，职业教育的回报率比普通教育低，也就是说，职业教育在增加个人投资者的收入方面比普通的正规教育要差，成本却昂贵得多[②]。然而，从现实来看，发展中国家的投资者在教育选择上的这种偏好已经严重影响了技术职业工人的供给和质量，也使得三元经济下劳动力流动的 "峭壁" 更加难以缓和。本书认为，职业教育的回报率之所以相对较低，极有可能是因为发展中国家职业学校制度的不完善以及社会各界的不重视造成了投资的浪费和质量不高等现象，这也说明了个人在投资时对投资环境的依赖。尽管职业教育和正规教育的选择问题一直在争论中，但是，笔者认为，随着知识和技术的不断发展和应用，产业对技术工人需求的提升以及技术工人工资的上涨将推动发展中国家职业教育机构的改善和扩张，人们对职业教育的投资趋势也将不断得到加强。理性的投资人不仅应当利用经验研究数据对投资水平和投资类型进行分析，还应当通过考察经济发展的不同阶段来对投资选择进行权衡和分析。

---

① 闵维方主编：《高等教育运行机制研究》，人民教育出版社，2002 年，第363 页。
② 例如，据一项 1993 年的调查报告估计，职业教育的费用比普通中学教育要高出 1.2 倍到 7.2 倍。

表6-1　　　　　中国各类中等学校在校学生构成情况　　　单位：%

	1990 年	1995 年	2000 年	2001 年	2002 年
普通中学	89.8	86.7	88.1	89.4	89.5
中等专业学校	4.4	6.0	5.9	5.2	4.9
职业中学	5.8	7.3	6.0	5.4	5.6

数据来源：《中国统计年鉴（2003）》。

3. 收益期不等的人力资本投资决策选择。

在三元经济下，知识向传统工业和服务业的渗透，不断使一些相对传统的行业消失，也不断地使一些相对传统的技术或者技能失去用武之地。例如，在机械加工行业，由于机床设备进行了更新，原来的机床变成了现在的数控机床，而原来能够熟练手工操作机床的技术工人却无法操作数控机床。这说明，技术更新的快速变化很有可能使原有投资失效，人力资本投资只能提高一段时期的收入。在这种情况下，投资者也很有可能面临着两种或者两种以上的收益期不同的技能投资项目的选择问题。由于技能投资的收益期不同，我们就无法使用前面的直接比较净现值的方法进行决策，这是因为，净现值大小指标由于贴现期的不同而失去了可比性。为了使不同收益期的技术投资项目具有可比性，我们就必须设法使投资项目在相同的收益期内进行比较。下面举例加以说明。

假设投资者面临着两种技术投资选择，A 种技术投资的净现值为 NPV_A，投资收益期为 m 年，B 种技术投资的净现值为 NPV_B，收益期为 n 年，其中，$NPV_A > NPV_B$，$m > n$。单从净现值大小来看，A 投资的净现值比 B 投资的净现值大，因此，似乎 A 投资优于 B 投资。然而，与以往人力资本投资不同的是，两种投资的贴现期不同，这时，为了更加合理地对此项投资做出选择，我们采取了将投资净现值总额转化为每年的平均净现值的方法，可以称之为人力资本投资的"年均净现值法"，用公式表示为：

$$ANPV_A = NPV_A / PVIFA_{r,m}$$
$$ANPV_B = NPV_B / PVIFA_{r,n}$$

其中，r 为资金成本，由于这一转化类似年金现值的计算，因此，转化因子直接利用年金现值系数 $PVIFA_{r,t}$ 来代表，此系数可以直接在年金现值系数表中查得。如果通过计算，$ANPV_A < ANPV_B$，也就是 A 投资的年均净现值小于 B 投资，那么，投资者就要选择 B 技术投资。这与直接用净现值大小比较得出的结论是不同的。

4. 收入约束下的人力资本投资选择。

舒尔茨等人提出的人力资本投资理论和投资的一般模型尽管对投资时的成本和收益做了较为细致和合理的分析，但是，这是以投资者具有充分的资金预算为前提的。如此看来，传统的人力资本投资理论最大的缺陷就是没考虑投资成本占家庭收入的比重，即它只是从效率去考虑，而没有考虑收入和公平。因此，绝大多数现有的人力资本投资理论都是无预算约束的投资可行性分析，并没有考虑到投资者的资金状况。实际上，在发展中国家的现实生活中，由于低收入人群大量存在，尤其是农村地区的大量人口依然处于贫困水平线上，即使成本—收益分析表明投资是可行的，但投资者往往无法进行投资。在这种情况下，自有资金已经无法维持进一步的人力资本投资，投资者就会考虑到通过借贷来实现。在发展中国家，比较多的借贷方式有向亲朋好友借款、申请奖学金和国家助学贷款等，就目前来说，供给人力资本投资的信贷资金市场尚未成熟。然而，更实际的情况是，许多人无法筹集到所需的资金。从中国来看，尽管人们乐于对教育进行投资，但是，中国目前的教育投资依然明显不足，特别是收入较低的农村地区和西部地区。据教育部财务司提供的数据，对于占中国将近 80% 的农村家庭以及城镇居民中的低收入家庭来说，每年 4 000 元 ~ 5 000 元的学费再加上数目不小的学习、生活费用，家庭的经济负担恐怕是不堪重负的，以农村为例，一个三口之家的农村家庭的年收入约为 6 500 元，按 2000

年的平均学费 4 500 元算，仅学费一项就占去了整个家庭收入的近 70%。① 刘奕和张帆对中国居民高等教育的支付能力进行了实证研究，他们指出，1997~2001 年不能承受高等教育费用的城镇居民逐年递增，2000 年的学费猛涨使不能承受的城镇居民从 40% 增至 60%。而 1997~2001 年不能承受高等教育费用的农村居民的比例是很高的，占绝大多数，并逐年增长，2000 年的学费猛涨使即使维持低生活水准仍不能承受学费的农村居民从 51% 增至 65%，此比例也大于城镇居民的比例。②

因此，对收入较低的人来说，无论他们是否具有较高的智力水平、伟大的志向，也无论市场需求环境如何，他们或者放弃人力资本投资，或者更倾向于选择成本较低、投资时间较短的职业教育、技术培训、学徒形式的人力资本投资。同时，由于他们进行人力资本投资的基础设施环境比较差，他们的投资质量要比收入较高的人群差得多。

总之，投资者在进行人力资本投资时，将衡量一切相关的投资组合，分别做出投资的收益和成本分析，通过具体分析和比较从中选出最优的投资决策。

6.2.2 企业的人力资本自投资选择

在三元经济下，由于企业对高技能劳动力的需求增加，而劳动力流动过程又存在着较强的人力资本约束，企业往往无法在所需的时间内获得合格的劳动力，为了更加及时地获得所需的劳动力，企业不得不增加相应的人力资本投资。实际上，早在工业时代，企业已经开始对职工进行培训，然而，那时的培训无论从形式、内容还是从程度、方向上都远不及知识时代的人力资本投资，这是由迅速

---

① 蒲红果："高校费用让多少家庭'吃不消'"，千龙新闻网，2002 - 08 - 18。
② 刘奕、张帆："我国居民高等教育支付能力及学费政策的实证研究"，《中国软科学》，2004 年第 2 期。

变化的知识背景导致的。

1. 企业对培训投资的选择。

（1）在职培训和脱产培训的选择。

从人力资本投资模型的分析中可以看出，企业主要的人力资本投资方式是对职工进行培训，尤其是在职培训。据美国劳工统计局统计，70% 的企业培训属于在职培训。我们知道，在这种情况下，企业培训投资的决策公式为：

$$NPV_1 = \sum_{t=1}^{n} \frac{MR_t}{(1+i)^t} - \sum_{t=1}^{n} \frac{W_t}{(1+i)^t} - \sum_{t=1}^{n} \frac{K_t}{(1+i)^t}$$

然而，一些美国和欧洲的调查表明，工作岗位需要的技术水平越高，提供脱产培训的可能性就越大，因此，在其他条件相同的情况下，蓝领雇员和服务业雇员接受脱产培训的可能性不那么大（OECD，1997）。为了对这一原因加以说明，我们需要对上述在职培训的决策公式进行改造。假设脱产培训的时间为 r，在一般情况下，即使属于脱产培训，企业仍需对被培训工人支付一定数量的工资。这时的投资决策模型变为：

$$NPV_2 = \sum_{t=r+1}^{n} \frac{MR_t}{(1+i)^t} - \sum_{t=1}^{n} \frac{W_t}{(1+i)^t} - \sum_{t=1}^{r} \frac{K_t}{(1+i)^t}$$

无论是什么形式的培训投资，企业提供培训的目的是从生产率的增加中获得收益，从在职培训和脱产培训来看，在一般情况下，在职培训的成本要比脱产培训的成本低，因为在脱产培训期间，企业不仅要支付工资成本，还必须承受生产收益的损失成本，只有脱产培训的收益大大高于在职培训的收益时，企业才会选择脱产培训。而在通常条件下，技术水平高的工作岗位对企业效率的提高将起到更大的作用，而人力资本水平高的劳动力经过培训后的生产率的提高程度要比人力资本水平低的劳动力高得多，因此，为较高水平的技术工人提供脱产培训的可能性要比为非技术蓝领雇员提供这一机会的可能性也大得多。在这种情况下，投资决策分析无非是来自对不同被投资对象性质、能力的综合考察，从而选出净收益现值较大的培训计划。可以推断，在"双峭壁"结构中，随着知识和技术的不断升级，企业中脱产培训投资的比例会有所提高。同时，无论是在职培训还是脱产培训，长期培训的比例也会有所提高。据1986年和1997年英国的两次项调查显示，所从事的工作仅需要短期培训（3个月以下）的工人比例已从67%下降到57%，而需要长期培训（2年以上）的工人比例却从22%上升到28%。①

（2）多技能培训和雇佣不同单技能工人的选择。

竞争的愈加激烈和信息技术的普遍应用促使企业在组织机构内部进行根本性变革，这一变革在发达国家已经非常广泛，尽管发展中国家的许多企业依然停留在较为传统的工作组织形式上，但是，工作组织形式的变化仍然不可遏制地出现了，并且，这些企业已经从这种改变中获益。例如，印度一家为提高全厂生产率采用质量管理措施的黄麻厂便从改善生产小组活动中获得了很大的利润；津巴布韦一家采用同样措施改革其经营方式的家具厂也提高了生产率水平，并降低了生产成本的35%。②

然而，这一组织形式对技能型劳动力的需求提高了，为了使新的工作组织形式能够更好地提高生产效率，许多企业已经开始对员工进行相关培训。众所周知，在传统的企业组织形式中，工作组织是按照严格的劳动分工和狭窄的专业岗位设置的，员工之间都有非常具体和细化的操作安排，因此，传统组织中工人的岗位倾向于单技能化，不同岗位之间的员工一般无法相互替代，决策也是由管理层制定的，员工通常只执行决策，不承担责任。然而，在新的工作组织下，员工从事工作的方式发生了很大的变化，它要求工人善于学习并能迅速适应这些变化。新的工作组织方式常常以工作小组、团队合作为主要形式，工人基本上都必须

---

① 国际劳工局：《世界就业报告（1998～1999年）》，中国劳动社会保障出版社，2000年，第43页。

② 同上，第38页。

是多技能型的技术工人，岗位轮换是常事；上层管理机构的权力日渐减弱，企业提高了按绩效予以补偿的水平，产业工人拥有相应的责任和处理问题的权力。相对发展中国家较低的教育水平来说，这需要更大的培训力度和更广泛的培训内容，因此，在发展中国家，多技能的培训不仅意味着要进行目标更为集中的培训，还要进行数量更多的培训。虽然这一投资能够带来更大的收益，然而，要满足高水平的多技能培训需求，培训支出将越来越高，许多企业（尤其是小企业）感到力不从心。因此，有些企业取消了对企业员工的培训支出，通过雇佣承包工、临时工和全日制工来替代对多技能工人的需求。

尽管这方面的培训需要花费大量的时间和精力，但是，成功采用了新工作组织方式的公司在生产率方面也提高了很多。越来越多的企业选择对产业工人进行多技能培训，同时，越是有实力的企业越是积极地奉行多技能培训政策，而他们因采用新的工作组织方式和进行相应的培训所获得的生产率的提高也要比不重视培训的公司高很多。

2. 企业对教育投资的选择。

在工业时代，企业也曾对教育进行投资，但是这种投资方式通常不是以直接的经济利益为目的，而是为了宣传企业，为企业赢得良好的社会形象。因此，这时的企业收益是通过支付一定额度的奖学金支出获得社会声誉，对企业来说依然是合算的。然而，在知识时代，企业对劳动力的需求已经转向了技能型人才，这也成为一种全球性现象。而现实是，高技能人才的供给相对短缺，难以满足企业的需要，企业不得不越来越多地投资于教育，以及时地找到合适的人才。而此时的教育投资，也不仅是为了获得声誉，更重要的是通过学校为自己培养合格的劳动力。

相对培训形式的人力资本投资来说，企业对教育的投资是一项更长期的投资。从支出和成本上看，企业对教育的投资只占企业年利润的一小部分。而从收益上看，企业可以省去内部培训的费用，还可以节省企业招聘过程中的时间和精力支出，同时，最重要的是，企业由于及时获得了优秀高质的劳动力，而大大提高了企业的生产率。实际上，对于被投资的在校学生来说，他们既得到企业的物质支持，也获得了企业的精神支持，这使得在人力资本的形成过程中，人力资本的物质载体不仅能够更加努力地学习技能和知识，还能更加能动地按照企业的需求投入时间和精力，立志于为这些企业服务。因此，企业这种形式的人力资本投资往往事半功倍，是一种能够收到较好效果的投资。

在这种情况下，企业对教育进行的投资要比个人或者团体组织对教育的投资更具有"需求导向"。企业通常和知名学校进行联合办学，这说明企业在投资时非常看重投资环境与投资质量，企业还向学校提供技能教育方向、教育内容等需求信息，以更好地保证投资方向和投资内容的市场性要求。

从现实情况来看，许多企业已经意识到，通过对教育进行投资来聚敛人才对企业的发展是极其重要的，此时，企业首先考虑的还是企业的利益，他们依然通过成本—收益分析或者考察投资回报率大小来分析投资决策的可行性。有先进理念和经济实力的公司越来越多地开始对企业所需的人才进行教育投资，这种投资行为甚至被许多业界人士称之为聪明的"人才外包"。也就是说，企业把员工遴选、员工培训等既繁琐又耗时耗力的过程外包给了学校等教育机构。然而，在中国，尽管有一些企业已经开始重视教育投资，有些大公司还将最初仅仅向大学投入资金，延伸到向基础教育、职业技术教育投入资金，但是，对许多企业来说，对教育进行投资的规模和内容依然受到制约。这首先是由企业的发展状况决定的，目前，大多数企业依然还未发展到成熟阶段，他们同时还面临着实力雄厚的跨国公司和大集团的激烈竞争，因此，他们通常无法将企业的发展战略和发展目标更多地集中于企业的长期发展上，这就使得他们没有太多的精力和财力进行教育投资以便为企业提供后备人才。另外，长期以来，落后的用人观念和劳动力丰富的强化意识使得很多企业不屑于对教育进行投资，认为是一种无谓的浪费，最多是通过提供奖学金的方式来向社会发出企业具有社会责任的信号以提高企业声誉，并没有注意到许多正式教育的人力资本投资已经偏离了企业的具体要求。不过，我们有理由相信，随着技工短缺、通用型人才过度供给、高精尖人才缺乏等矛盾的不断激化，随着跨国公司实施人才投资战略压力的不断加强，中国的企业将逐步走向成熟，他们将灵活地把企业需求与社会责任有机结合起来，加强对教育投资的战略分析和规划。

3. 企业为增强投资质量和促进员工自投资的投资。

在三元经济下，企业之间的竞争已经归结到人才的竞争，从而，企业在竞争中能获得持久优势的唯一途径就是要更多更好地学习，并且要比自己的竞争对手学得更快，学得更好。在这种情况下，企业就应当顺应形势的变化，不断对自身进行调整，荡除组织学习的障碍。这些调整是企业为建成"学习型组织"所做出的努力，从提高人力资本投资质量和促进员工进行自投资的角度来看，是一种特别形式的人力资本投资。从 20 世纪 80 年代开始，在企业界、管理界和思想界，已经出现了广泛推广和研究学习型组织的浪潮，并逐渐风靡全球。美国的杜邦、苹果、英特尔、联邦快递等世界一流企业，纷纷建立了学习型组织。据初步统计，美国排名前 25 名的企业，已有 20 家按照学习型组织的模式改造自己，已经成为时代标志的著名的微软公司，其成功的秘诀就是倾心建立学习型组织[①]。学习型组织本身就是一个系统，它几乎囊括了企业管理中所有的重要因素（如人、组织、决策、沟通、技术等），它是一个持续的修炼过程。尽管企业为建立学习型组织或者学习环境付出了许多成本，但学习型组织或环境为企业"全面增强体质"提供

---

① 言天："浅析'学习型组织'"，大学生在线，2005 - 01 - 03。

了一剂良药,不仅提高了企业的内部资源和知识的利用率,还加快了企业人力资本更新的速度,使企业能够不断地创造出新知识和新技术,使人力资本能够不断地获取投资的外部收益,更好地发挥协同效应。可以看出,企业建立学习型组织的收益包括外部收益、更新收益、协同收益、信息获取收益、及时应变环境收益等,这些收益都极大地提高了企业的生产率,从而提升了企业的竞争力。

4. 知识型企业的人力资本投资。

特别地,知识型企业是以知识经济为前提,以高科技为基础,以知识为对象,从事知识和信息型产品的生产、存储、使用和传播的经济组织,是三元经济结构中的知识部门在微观层次的具体体现。知识型企业与工业时代的工业型企业的区别如表6-2所示:

表6-2　　　　　　工业企业和知识型企业的区别

工业企业	知识型企业
规模经济	较小的企业单元
工作的标准化	工作的专业化
劳动力的标准化	劳动力的灵活化和多技能化
金融资本是稀缺性资源	人力资本是稀缺性资源
公司总部是企业运营的控制机构	公司总部是咨询机构和核心能力的监护机构
等级式的金字塔结构	平面式或网络式结构
雇员被看做支出	雇员被看做投资
内部由上至下的集中管理	内部和外部的分布式管理
个人功能导向	团队导向,强调交叉功能团队
基于"需要知道"的信息	开放式和分布式信息系统

工业企业	知识型企业
垂直式的决策制定	分布式的决策制定
强调稳定	强调变化
强调垂直领导	强调授权的自我领导

资料来源：Vadim Kotelnikov, Founder, Ten – Business e-COACH-Innovation Unlimited, 1000ventures. com。

从表 6 – 2 中我们可以看出，知识型企业与工业企业有很大的不同，它们更加重视人力资本，将人力资本视为投资而不是成本，强调雇员的多技能化和自我管理，团队式运作充分占据了优势，组织形式也趋向于平面化和网络化。由于知识型企业是智力和技术最为密集的企业，因此它要求具有更多更高质量的知识型员工，从而使这种企业的人力资本投资明显地高于其他类型的企业，即使与正在知识化的工业企业相比也是如此。

首先，知识型企业的脱产培训和多技能投资增加。知识型企业的技术水平较高，从而对劳动力提出了更高的要求，简单的、短期的在职培训已经很难满足企业的需要，因此，企业加大了脱产培训的比例，以期为企业提供或者储备所需的劳动力。同时，知识型企业一改过去单人式的工作方式，更多以团队导向的工作方式为主，这就要求员工在具有专业知识的基础上，趋向于多技能化，从而必然促使企业提供更多的多技能培训支出。

其次，在知识型企业中，人力资本所有者而不是物质资本所有者正逐渐获取企业产权，成为企业的核心，从而人力资本投资收益的形式和数量将不同于工业企业。在知识型企业中，几乎所有层面的员工都拥有人力资本的资产专用性，这种专用性还随着知识创新程度和技术水平不断增强。也正是因为如此，人力资本对非人力资本产生了某种程度的"套牢效应"，专用性的人力资本也随之变得更不易退出或流动。因此，人力资本所有者一旦进入企业，就具有了某种程度上的可抵押性，客观上使人力资本所有者具有一种退出企业的惰性，以及承担企业生产经营风险的自觉性和主动性（方竹兰，1998）。这些特性赋予了人力资本所有者拥有企业控制权和剩余索取权的条件。加尔布雷斯也认为，公司权力也应该并且已经由股东手中转移到了由经理、科学家、工程师、会计师等具有专门知识的"技术结构阶层"手中。这是因为，现代企业是一个多层次的结构，如图6-3所示，在知识型企业中，位于企业最外围的是股东，他们为公司提供资金，是纯粹的金钱关系；向内一层是生产工人和基层管理人员，他们的利益与企业兴衰直接相关；最内层是技术阶层，他们的收入、荣誉、升迁机会和技术兴趣与企业经营和发展状况紧密相连，对企业最忠心，从而也是企业最核心的员工。

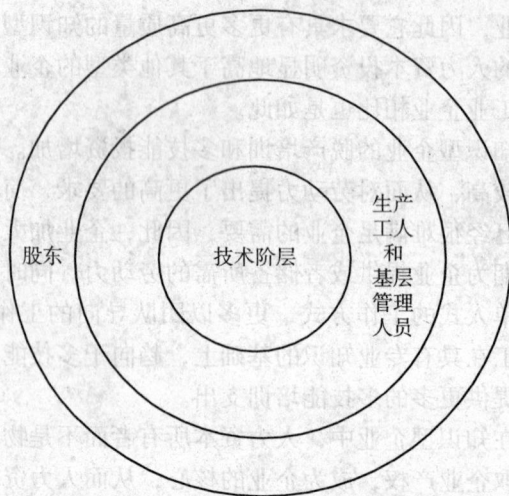

图6-3　知识型企业的多层次结构

　　从这个角度来说，知识型企业的培训支出更接近于特殊培训，因为员工退出或者转换工作的成本非常高。通常情况下，管理者和生产者获得合同工资，为激励管理者监督被监督者的积极性，企业往往给予管理者较高的工资；而创新者、经营者等人力资本所有者正逐渐地分享企业剩余,这进一步激励了他们接下来的人力资本投资。正如舒尔茨在《论人力资本投资》一书中所指出的,"劳动者变成资本家并非传说中因为公司股份所有权扩散所致,而是由于他们获得具有经济价值的知识和技能的结果。这种知识和技能大半是投资的产物,而这种产物加上其他人力投资便是技术先进国家在生产力方面占优势的主要原因。"①

其三,知识型企业的人力资本再投资速度加快、收益期缩短,这就使得继续教育、终身教育、多形式教育更加突出。无论与工业时代的工业企业还是知识时代的工业企业相比,知识型企业的技术周期都相对较短,例如,在计算机行业,技术教育的生命周期只有2~3年,如果员工在公司工作了5年左右的时间而不接受再培训的话,就会落后。同时,知识型企业的技术水平较高而且升级速度相对更快,技术结构的变化也较大,知识横向渗透性也不断增强。这都使得知识型企业的人力资本投资比工业企业更具有多次性、再投资性和复杂性。

最后,知识型企业不仅要更多更快地拥有知识,还要更多更快地创造知识,从而使企业具备先人一步的发现知识的市场价值的能力,这就使得知识型企业为组织形式进行的投资规模和投资速度远高于工业时代和知识时代的工业企业。传统企业的金字塔型组织结构,比较适应较为静态和单纯的企业环境,但无法使企业以更快和更灵活的方式满足市场和顾客不断变化的需要,不利于企业员工之间的接触、交流和协作,妨碍了人力资本外部效应的发挥以及企业知识的使用、更新和创新。因此,企业外部环境和内部环境的不断变化使这种组织结构越来越不适应知识型企业的发展,需要适合知识经济特点和要求的新型组织结构取而代之。迫切的需求使得知识型企业以更快的速度和更大的范围致力于建立网络组织结构和学习

① 西奥多·W·舒尔茨:《论人力资本投资》,北京经济学院出版社,1990年,第3~4页。

型结构。这些结构有明确的企业战略和企业目标，通过制度、文化、价值观来引导，具有推动知识创新和应用的软环境，其组织结构和业务运作有利于企业的知识学习与信息搜集，有利于形成知识交流与知识共享的平台，有利于提高企业对环境的灵活适应能力，增强了企业员工的团队合作精神，并因信息管理系统的作用使知识应用和创新变得容易，又因保存下有价值的过程信息和知识，使组织成为一个有"记忆"的有机体，从而使知识创新和应用的层次和水平不断提高，产生更大的价值和利益①。对应于企业为获得这种制度或者组织花费的大量支出，企业生产率乃至竞争力的大幅度提高给予了最好的回报。

需要说明的是，同个人对人力资本自投资的选择一样，企业对上述各种形式的人力资本进行投资时也是受到预算约束的。不同的企业有不同的预算约束，企业在谋求基本生存的阶段，用于人力资本投资的支出比较小，在企业的发展阶段，这一比例将增大。不同的外部环境（尤其是经济环境）下企业的预算支出也不同，企业之间的竞争越激烈，技术进步越快，知识创新、使用和更新越快，企业的预算支出也越大。但是，无论如何，企业都会考虑到自身的发展阶段，根据企业的类型、利润、战略等内部因素和劳动力供需等外部条件增加或者减少用于人力资本投资的支出。

6.2.3 三元经济下人力资本自投资的新特点和新趋势

基于以上关于人力资本投资决策的分析，三元经济下人力资本自投资的新特点和新趋势表现为以下几个方面：

1. 人力资本自投资越发具有吸引力，人力资本投资的规模将越来越大。

三元经济下的人力资本自投资要远远高于二元经济下的人力资

---

① 王国进："五大要素决定知识型企业成败"，博客中国，2004－06－08。

本自投资。这是因为,在三元经济下,经济对人力资本的需求呈不断上升的趋势,具有相应人力资本的劳动力大大提高了劳动生产率,使企业获得经济效益的同时其自身的工资也呈上升的趋势,而且在劳动力流动制约存在的前提下,人力资本投资还可以获取更多的收益。许多经验研究已经表明,选择从人才角度进行投入是投资者最为高明的决策。从家庭投资来看,在中国,教育投资需求越来越旺盛。据统计,81% 的城市人口赞成 "孩子第一、教育第一" 的原则,44% 的城市居民储蓄的动机是 "支付子女的教育费用",城市居民用于子女教育的开支每年平均增长率为 20%,远远超过其他消费需求。[①] 来自中国教育与人力资源问题课题组的报告表明,中国城乡居民对文化教育的支出 15 年来分别提高 4.4 个和 7.3 个百分点,占家庭消费的比重分别达到 12.6% 和 11.2%,成为城镇居民居食品之后第二位,农村居民居食品、居住之后第三位的主要支出。[②] 而北京、天津和上海三地居民的文教娱乐用品及服务消费支出占居民总消费的比重更是由 1993 年的 9.75%、9.04%、8.53% 提高到 2002 年的 17.59%、16.00% 和 15.94%。进一步从中国城镇和农村居民文教娱乐用品及服务的内部构成中来看,教育消费支出基本都占有绝对比例。比如,1993 年到 2002 年的 10 年中,我国城镇居民文教娱乐用品及服务中教育消费比重除 1993 年为 49.15% 外都在 50% 以上,2001 年更是高达 62.07%。尽管我国农村居民文教娱乐用品及服务支出占总消费的比重低于城镇居民,但其文化娱乐和文娱用耐用消费品支出比例很低,教育消费比重反而高出城镇居民不少。[③] 从企业投资来看,尽管企业在决策

---

① 李荣霞(音译):"充满潜力的教育市场",《北京周报》(英文版),2001 – 03 – 08,第 10 期。转引自方彤:"私立中小学营利的好处何在?",http://www.edu.cn/20020916/3068322.shtml,2002 – 09 – 16。

② 陈娉舒:"教育和旅游是中国市民文化消费的两大目标",《中国青年报》,2005 – 02 – 07。

③ 徐平生:"教育与住房支出过大 我国居民消费倾向逐年走低",《上海证券报》(网络版),2004 – 09 – 24。

过程中必须考虑成本的约束，但是，企业中人力资本投资支出在企业利润中的比重将不断提高。企业在人力资源方面的投入已经逐渐成为企业支出的最大部分之一。美国摩托罗拉公司每年用于职工培训的开支超过了 10 亿美元；通用电气公司将投入 3 亿～4 亿美元用于工作人员通过"6 希格玛"的培训计划；日本丰田公司所属各厂 4.6 万名技术工人都具有高中以上的文化水平，同时，公司特别重视岗位培训。① 目前，西方发达国家的平均人力资本支出占企业业务总收入的 29% 左右，就是在中国这样的发展中国家人力资本支出也已达到了 26% 以上。② 而作为人力资本投资主体的个人在三元经济下进行的人力资本投资也比以往任何一个时代要多得多，这是毫无疑问的。另外，越来越多的企业不仅仅加大了人力资本的直接投资，还开始经营教育产业。例如，据报道，同济科技（600846）在 2005 年 2 月 17 日召开的董事会上审议通过了一项议案，议案的内容是该公司将与控股股东同济大学联合创办一所独立学院，名为同济大学科技学院，注册资本为 6 000 万元，其中同济科技以现金出资 5 100 万元，占 85% 的股权，同济大学以无形资产出资 900 万元，占 15% 股权；该公司和高校计划 2 年内投资 2.1 亿元，之后 3 年投资额增加到 4 亿元，在 5～6 年的时间内达到教育部规定的独立学院 4 亿元的规模要求，招生人数达到 6 000 以上，并且在必要时考虑去奉贤或者南汇扩大发展。③

2. 人力资本投资具有了日益明显的集聚效应。

由于人力资本的协作特性不断深化，组织（学校、科研机构、企业、政府等机构）内部人力资本形成的时间、质量以及发生的作用越来越赖于其物质载体——人的相互作用，良好的人与人之间的

---

① 赵玉勤：《知识经济条件下人力资本问题研究》，湖北科学技术出版社，2002年，第 128 页。

② 利均："知识经济下的人力资本投资"，中国管理传播网，2005 - 04 - 11。

③ 张柏松："同济科技（600846）提高教育投资比例"，《证券时报》，2005 - 02 - 28。

合作网络（也可以称之为"社会资本"）对人力资本投资起到了促进作用。无论是个人还是企业在进行人力资本投资时非常注重对投资地点和投资环境的选择。这就使得人力资本投资具有了日益明显的集聚效应。人才的积聚带来了大量的专业知识、信息、经验和技能，同时，这些人才往往处于错综复杂的经济网络和社会网络中，相互之间或者与区域内部或者外部都保持着各种各样的联系，不仅疏通了知识与信息流入的渠道，营造了相互学习和交流的氛围，激发了人们求知的欲望，还可以将专业化的人才链接起来，强化了人力资本投资的收益效应，促进了人力资本的不断更新和升级。这种集聚学习的方式是人力资本协作特性的体现，能够有效地利用这一特性的人力资本投资就可以产生特殊的竞争优势，使人力资本投资成为一个不断演进的、互动的、自我激励的过程，形成不同层次和结构的人力资本组合，从而从整体上优化和促进了社会的人力资本水平。

3. 人力资本投资越来越具有动态性、调整性和终身性。

随着经济的发展，环境的变化越来越复杂，各类投资之间的相互关联性和依赖性都明显提高，投资者在对人力资本进行投资时，不但要随着外部条件的变化来调整投资的方向、强度和内容，还必须协调和规划好不同投资之间的关系。企业的人力资本投资也将逐渐地成为一项长期计划，而不是应企业一时之需的短期调整。同时，人力资本投资也不是一次性行为，随着企业需求和社会供给的不断变化，企业应当灵活地对人力资本投资进行适时的调整，并激励员工进行自我选择更新。除此之外，企业还应当注重人力资本形成和发挥作用的配套投入，不能厚此薄彼，否则，投资方案常常不能实现既定目标。但无论如何，这一调整都存在着较大的难度和成本，需要投资者具有极高的灵敏性和预测能力。另外，人力资本投资已经从阶段教育转变成终身教育，知识和技术的不断更新对人力资本的内容和方向也产生了更高级的新要求，人力资本的折旧率将提高，如果人力资本不能持续地增加投资进行迅速更新，那么劳动力就会被淘汰。工业时代一劳永逸的人力资本投资已经一去不复返了。同时，由于折旧速度的加快导致了投资时期数的相对减少，时期数越小，人们在年轻时投资相对于年长时投资的优势就越小，年轻人相对年长者投资的优势也越小，投资时期数将不成为左右投资的重要因素，如果其他条件不变，所有年龄上的收益率将趋同。当然，这里的"教育"已经不是实指学校教育，而是泛指一切形式的人力资本投资。

4. 人力资本投资内容出现了新的变化。

在三元经济下，知识化的生产方式主要是对已编码知识的运营和未编码知识的编码或者创新，这对人力资本提出了更高的要求。劳动力需要具备较高水平的知识总量、优化的知识结构、不断运营和获得新知识的能力（诸如对已有知识的理解力和运用能力、对新知识的感知力和学习能力等），使人力资本朝向系统化、综合化和专业化发展。相应地，能够适应环境变化的投资者对人力资本投资的内涵也有了新的理解。例如，他们在投资过程中不再是只注重学到了什么，而是更注重培养学习知识和创造知识的能力；不仅仅只进行单项投资，还注意加强其他相关方向的投资；不仅仅只重视学习技能，还更加注重增强交谈能力、社交能力和解决问题的能力；不仅仅只看重人与物之间的结合，更看重人与人之间的协作和交流……如图6-4所示，朱迪（Judy，2004）等人通过提出新的人力资本框架总结出新经济中的工人所需的能力。从下图可以看到，在新的经济时代，知识和技术能力成为劳动力需要培养的两大重要能力，从知识来看，劳动力既需要具有很强的专业知识，也需要了解相关产业的知识，还需要将这些知识运用、更新和改造；从技术来看，协调能力、多项技能、与人的沟通能力、识别能力都成为一个人应当掌握的非常重要的能力。

个人特征：
➤ 应变性
➤ 适应性
➤ 自信
➤ 屈伸性
➤ 快速学习能力
➤ 和学习导向

知识：
➤专业技术知识和职业知识
➤技术能力
➤产业相关知识
➤应用知识
➤对不断变化的商业环境的
➤广泛理解

技术：
➤ 多项计划能力
➤ 团队合作能力
➤ 关系建立能力
➤ 关注客户能力
➤ 计算机使用和更新能力
➤ 谈判能力
➤ 机会识别的能力

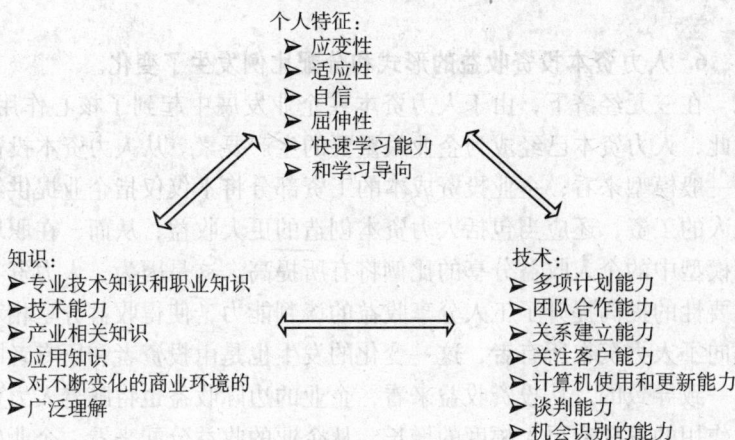

图6－4 新经济中工人所需的能力

资料来源：Judy McGregor, David Tweed, Richard Pech. "Human Capital in the New Economy: Devil's Bargain?". Journal of Intellectual Capital; 2004; 5, 1; ABI/INFORM Global. PP. 153.

5. 企业某些人力资本投资决策的衡量方式将发生变化。

在三元经济下，企业衡量人力资本投资收益和成本方式并不必然以个体单位为基础，企业需要根据不同的投资方式或者环境，调整成本收益的衡量对象和衡量方式。由于知识在经济中的使用、创新的不断加强，人力资本之间越来越需要进行协作，企业的工作方式也更多地采取团队合作形式。在这种条件下，企业的投资决策分析就不应当按照个体单位进行分析，而应当采取团体或者整体的衡量方式。这是因为，人力资本协作特性使得现在可以得到的收益往往通过团队才能真正实现，从而个体收益的总和并不等于整个团队的收益。另外，企业的人力资本投资收益也必须建立新的考核测评体系才能比较准确地衡量人力资本投资所产生的实际收益，收益期间的选取也应当针对不同的情况进行变换，从而才能更正确地衡量人力资本投资的实际回报。

6. 人力资本投资收益的形式和分配比例发生了变化。

在三元经济下，由于人力资本在企业发展中起到了核心作用，因此，人力资本已经成为企业最重要的生产要素。从人力资本投资的一般模型来看，企业投资成本的工资部分将不仅仅指企业提供给工人的工资，还应当包括人力资本创造的更大收益，从而，在职培训模型中的个人收益分享的比例将有所提高。这是因为，人力资本重要性的提高提升了工人分享收益的谈判能力，使得收益分享相对偏向了人力资本所有者，这一变化的发生也是由投资者和所有者的不一致导致的。从投资收益来看，企业的边际收益也将随着人力资本作用的发挥有更大幅度的增长。从企业的收益分配来看，企业的投资成本也日益表现在人力资本拥有者越来越多地参与企业收益的分配。这一特性表明，工作岗位越是重要，投资收益的分配就越偏向人力资本所有者。

7. 人力资本投资不仅仅是一种选择，更是一种战略。

尽管人力资本投资具有回报率，但对个人或者企业来说，切不可走向另一个极端——进行盲目投资或大量投资。我们知道，人力资本投资不是独立的、单体的、无关联的投资选择，而是相互的、系统的、关联的投资管理，我们可以称其为"人力资本投资管理"，属于企业人力资源管理的一部分。企业是在动态中发展的，因此，人力资本投资战略应当是动态的、系统的、平衡的、高效运转的有效管理，这种管理的根本目的是推动企业的发展。而不同的企业、企业发展的不同阶段、不同的工作岗位、岗位之间的关联对人力资本都是有其具体要求的，并且是不断变化的，因此，我们不仅要考虑人力资本投资的数量，还要考虑人力资本投资的层次和结构，既没有统一的投资形式，也没有统一的投资内容，只有合理的人力资本投资组合才能最大限度地促进企业发展。毋庸置疑，企业在进行人力资本投资时需要进行理智的分析和规划使用，应当掌握合理的投资数量和投资层次，而并不需要对所有的人都进行同一层次的投资；应当结合岗位和员工各自的特征，在对现有人员进行整合的基础上投入资金，以更好地利用原有的人力资本基础，强化投资收益。否则就会造成投资的浪费和投资的盲目。总之，企业的人力资本投资不是简单的招聘、人才引进、人才培训，还需要系统的人力资源管理，以寻求人力资本投资的最大收益，有效的、系统的人力资源投资战略和管理战略是实现企业人力资本投资效益的基础。尽管个人的人力资本投资并没有像企业那样有专门管理的机构，但是，个人也同样需要对自己的人力资本投资进行规划和选择，积极构建有效的人力资本结构。这就如同企业的财务结构一般，同样的投资数量未必能够获得同样的投资收益，这是因为投资收益还取决于投资结构的优劣。因此，个人也需要像企业那样重视人力资本投资战略的选择，以更充分地利用有限的投资，更好地发挥协同效应。

8. 人力资本基础设施对人力资本的形成和更新起到了愈加重要的作用。

从人力资本的基本属性来看，良好的投资环境、设备、途径、制度等都可以促进人力资本投资的速度和质量。例如，就投资途径来看，传统的投资途径通常以课堂和一般的实践活动为主要方式，而信息技术的发展使得网络和远程教育快速发展起来，为投资提供了更加广泛的途径。因此，投资者在进行投资时，会选择具有良好人力资本基础设施的环境，有些投资者甚至还会考虑自我营造这种环境。

6.3

风险、不确定性与人力资本投资

人力资本是一种特殊的资本，既具有物的属性，又具有人的属性。自从人们发现了人力资本的人的属性后，对人的属性的重视反而限制了人们对其物的属性的考察。因此，综合来看，学术界对人力资本风险投资以及投资风险分散等内容的研究显得相对贫乏。本节重在分析人力资本投资过程中的不确定性和风险及其对人力资本投资行为的影响等内容，而引入风险的目的，是为了增加投资决策的弹性和灵活性，使人力资本投资能够更好地适应极有可能不稳定的环境，减少投资者的损失。

6.3.1 风险、不确定性和人力资本投资风险

1. 风险和不确定性的定义

风险和不确定性都是指决策者对未来情况的不完全确定性，是投资决策的实际结果可能偏离预期结果的程度。偏离度越大，风险和不确定性就越大。但是，具体来说，风险和不确定性又不完全相同。如果决策者对未来的情况不能完全确定，但是这些不确定性出现的可能性却是可知的，也就是说，决策结果的概率分布是可以估计的，那么这就是风险；而如果决策者对未来的情况不仅不能完全确定，而且对其可能出现的概率也不清楚，那么这就是不确定性。从理论上看，风险是可以计算的，而不确定性是难以估量的，因此，在实际情况中，决策者通常通过对未来情况进行评估或预测赋予不确定性一些主观概率，以便进行进一步的定量分析。可见，尽管风险和不确定性不尽相同，但在给不确定性规定了主观概率之后，就与风险非常相似了。所以，在这里，我们不打算对风险和不确定性进行严格的区分，当我们提到风险时可能指狭义的风险，也可能指不确定性。更进一步地，我们将风险的含义重新界定为，如果一项行动有多种可能的结果，只要其将来的任何一个方面是不确定的，就称这项行动具有风险。如同其他形式的投资一样，在人力资本投资的过程中，风险都会因投资方式、投资时间、地点和投资

对象等的不同而或多或少地存在。相应的，具有风险的人力资本投资就是人力资本的风险投资。

2. 人力资本投资风险产生的原因。

人力资本投资的风险是由投资计划或者投资过程中的不确定因素导致的，这些因素有来自投资环境的，也有来自投资者和被投资对象的。这些因素主要有：

（1）信息不完全和信息不对称性。

投资者无论是个人还是企业，在进行人力资本投资前，需要搜集相关的信息以对投资决策做出较为正确的分析。而信息搜集并不是无成本的，需要花费大量的时间、精力和财力，同时，在发展中国家，由于市场体制还不健全，劳动力市场或者人力资本市场的相关状况并不能正确有效地反映人力资本的供求状况、技术状况，从而已搜集到的信息也有可能是错误的，没有时效的。另外，除了信息不完全之外，人力资本的物质载体与其他投资主体之间的信息不对称会导致"逆向选择"和"道德风险"问题，从而形成了人力资本投资风险。首先，人力资本投资市场上的投资者在选择投资对象时，并不真正地了解被投资者的真实情况，而只有被投资者自己知道，这时就容易发生"逆向选择"现象。如果被投资者借用其他手段"以次充好"，而投资者则以平均水平进行投资，这样一来，"高质"的投资对象就会逐渐退出市场，最后市场上只剩下"低质"的投资对象，从而形成了"劣币逐良币"的情况。这种"逆向选择"将导致投资对象识别的重大失误，在投资开始就埋下了较高的风险。其次，由于人力资本投资的主体是多元化的，尽管存在着"谁投资谁收益"的经济原则，但是人力资本的控制权最终还是掌握在人力资本的物质载体手中，这时，物质载体的"机会主义"行为就会影响人力资本投资收益的大小和收益的分配，增加了投资主体获取收益的风险，这就是我们所说的"道德风险"。

（2）有限理性。

尽管经济学一度假设经济人是具有"完全理性"的，然而，在实际生活中，人们的理性往往是有限的，投资者自身认识、经历、经验局限性的存在也使得他们在进行人力资本投资决策时无法完全正确地选择适应经济环境和发挥个人特长和爱好的投资形式，也无法完全判断未来的收益状况。被誉为"人力资本之父"的舒尔茨在《高等教育的成就》一文中就曾经提到，"在高等教育领域中的每项投资，不论采取何种形式，都是超前的、长期的、对未来承担义务的，因此都被某种风险和不确定性所困扰"[1]，指出了个人在评价其品质、初始禀赋所面对的不确定性所导致的投资风险。总之，投资者在信息搜集、投资对象识别、投资内容和投资方向选择、收益判断等方面都不具有投资所需的完全理性，这在一开始就赋予了人力资本投资风险。

（3）不可抗力。

通常情况下，自然环境或者人力资本物质载体——人的生理状态（尽管投资者对个人进行的卫生保健投资可以延长寿命或者增强体质，但是不可控制的突发情况自始至终都起着作用）都存在着人力无法控制的因素。这些因素既会影响投资形成的时间和质量（投资成本），也影响投资收益的周期和质量（投资收益），这促使投资者在决策前必须将这些不可抗力考虑到投资计划中。

（4）经济环境的变化。

经济环境是不断变化的，它们的变化将逐步地反应在产业结构的调整上，不同的产业结构对人力资本需求的种类、需求的程度、需求的结构都是不同的，但是，时间对于人的生命来讲是不可逆的，一旦时间支出，就不可能收回，甚至不可能通过任何其他的方

---

① 西奥多·W·舒尔茨：《论人力资本投资》，北京经济学院出版社，1990年，第148页。

式加以补救,因此,人力资本投资一旦开始,在很多时候是难以改变的,如果最终形成的人力资本已经不能符合产业结构的需求,那么,人力资本的投资就成为无效投资,无法在劳动力市场上实现其收益,带来了人力资本投资的风险。

(5) 劳动力市场状况。

人力资本投资收益的获得是以能够获得投资收益为基础的,但是,劳动力市场的供求变化会极大地影响投资收益。如果对于某种形式的人力资本投资投入过于集中,那么这类劳动力的供给就会增多,当供过于求时,劳动力的价格就会下降,从而影响投资收益的获得。以日本为例,凯茨和雷文伽(katz and Revenga,1989)发现,尽管在 20 世纪 80 年代,美国的教育收益差别显著扩大了,但是,日本大学毕业生的报酬却增加甚少。真达(Genda,1997)指出,潜在的原因就是日本大学毕业生数量的迅速扩张导致了过度供给,造成了大学毕业生工资收入的停滞增长。可能正是由于收益率的下降,在过去的十年里,日本的人力资本积累的速度变缓了。

3. 人力资本投资风险的类型。

人力资本投资风险的类别很多,按照不同的分类方法有不同的类型。

按照人力资本投资的内容,人力资本投资风险分为教育投资风险、培训投资风险、就业转变引起的投资风险等。按照投资环节来分,人力资本投资风险包括投资决策风险、投资过程风险和投资后风险。其中,投资过程形成潜在的人力资本生产能力,使用过程中的质量形成现实的人力资本生产能力,这两方面都影响人力资本投资的收益。按照人力资本所有者与投资者是否一致,将投资风险分为人力资本所有者的人力资本投资风险和非人力资本所有者的人力资本投资风险即企业、政府和个人对职工或者其他个人进行的一系列投资行为可能带来的损失。按照不确定性因素来分,人力资本投资风险包括可分散风险和不可分散风险（系统风险）。一般来说，可分散风险可以通过投资组合进行分散，不可分散风险指的是某些因素（例如经济结构、国家政策、就业制度等宏观因素）给所有的人力资本投资决策带来收益损失的可能性。当然，即使是不可分散风险，其对不同形式的人力资本投资的影响也不完全相同，形成的人力资本的质量越高，不可分散风险造成的负面作用就越小。个体风险（非系统风险）是指由个人选择、人力资本投资水平、投资方向和投资客体特征等因素决定的风险。

4. 人们对风险的态度。

不同的人对待风险的态度可能是不同的。如果个体偏好一个确定的结果胜于任何期望值与该结果相等的前景，则称个体是风险厌恶的或风险规避的；如果个体偏好恰好相反，则称个体是风险偏好的；如果个体认为二者是无差异的，则称个体是风险中性的。同一个体在不同的阶段和不同的条件下对风险的态度也是不同的。人们在年轻的时候可能比老年时更偏好于风险，敢于冒险；随着财富的不断增加，个体对风险可能带来的损失越来越不在意，表现出为风险中性的态度；当其财富将受到严重影响时，个体又可能呈现一种风险规避的态度。不过，在一般情况下，我们都假设人们是厌恶风险的。

如果个体是风险厌恶的，那么，他们将宁愿获取确定收益而不愿获取随机收益或不确定收益，并愿意处于一个确定的状态。但是，在现实生活中，个体往往无可避免地处于不确定性的状态之中。在风险厌恶的假设下，人们通常采取各种可行的方法努力从不确定的状态逐渐向确定的状态移动，从而提高自身的效用。本书认为，健康的人力资本投资是积极地分散风险，而不是消极地规避风险。

6.3.2 不确定性条件下人力资本投资决策分析的简单方法

在指出人力资本投资具有风险的同时，人们会下意识地提出这样一个问题：如果人力资本投资变得更加具有风险了，那么，人力资本投资的水平会增加还是减少呢？人力资本投资的回报率是否会高于储蓄或政府债券等无风险投资的收益率呢？对这个问题首次进行严格分析，并将风险这一要素融入人力资本基本理论的是莱哈瑞和威斯（Levhari and Weiss，1974），他们指出，由于个人无法完全了解自我能力的价值和教育质量，并且未来的供需条件也是不确定的，因此，个人未来的收益也是不确定的，他们使用了费雪的两时期模型，考察了不确定性对人力资本投资水平的作用，研究发现，不确定性对人力资本投资有很大的影响作用，减少了投资规模。后来的许多研究相继证明了这一结论，然而，库德（Kodde，1986）接下来的经验研究提出了相反的证据。他在研究中提出，至少有四种理由说明人力资本具有投资风险，除了莱哈瑞和威斯提到的两种影响因素之外，还有另外两种，其一，人的寿命是不可知的，这将影响未来收入的持续期，拉辛（Razin，1976）等就把这一方面纳入到模型中；其二，搜寻理论经济学指出了在个人完成所要达到的教育水平之后，就业机会和收入水平的不确定性。他的研究表明，收入不确定性的增加反而提高了人力资本投资水平。之后，阿瑟·斯诺（Arthur. Snow）等人试图通过引入劳动供给对投资收益的影响来涵盖上述两方面的内容，其最终得出的结论依然是无法完全确定的，从而进一步指出了通过获得人力资本投资需求的收入弹性数据继续分析风险影响的重要性。如此看来，这个问题也许本身就是难以用确定性的论断进行答复的，同时，不同研究的结论也严重地依赖于相应的模型假设。

相对于复杂的模型分析方法，我们可以类比财务投资决策方法对具有风险性的人力资本投资决策进行分析。其中，根据可观察的投资风险差别对投资计划的现值进行直接调整的决策方法较为简单，主要有两种方式：一是根据风险调整投资贴现率；二是确定性等价方法。两种方法的出发点都是通过更稳健的方式缩减不确定性收益的现值。

1. 按风险调整贴现率方法。

根据风险调整贴现率的方法，是通过使用更高的贴现率来替代无风险人力资本投资决策中的无风险贴现率。这里，我们利用资本资产定价模型中的投资报酬率来作为调整的贴现率，用公式表示为：

$$r_i' = r_f + \beta_i(r_m - r_f)$$

式中，r_i' 为第 i 种投资的必要报酬率，也就是我们这里选择的用来调整风险的贴现率；r_f 为无风险报酬率；β_i 为第 i 种投资的 β 系数，表明投资者对该项人力资本投资风险的估计程度；r_m 为所有人力资本投资的平均报酬，关于这一平均报酬率的信息比较容易得到。

因此，调整过的新的净现值流 $NPV_{ui}' = \sum_{t=0}^{n-1} \dfrac{I_t}{(1+r_i')^t} - \sum_{t=0}^{n-1} \dfrac{C_t}{(1+r_i')^t}$

很明显，由于我们选择了较大的贴现率，在各期收益和成本相同的前提下，调整过的人力资本投资净现值要小于无风险状态下人力资本投资决策的净现值，这也表明了投资者对风险的态度，改变了人力资本投资的水平。对调整贴现率的选择依然是主观判断问题，他们对风险小的项目采取较低的贴现率，对风险大的项目采取较高的贴现率。但这种方法把时间价值和风险价值混在一起，人为地假定风险一年比一年大，这是不太合理的。

2. 确定性等价方法。

确定性等价方法，顾名思义，是将不确定性的收益转化为等价的确定性收益，它通过对收益附加一个系数来调整不确定性的现金流，该方法用于对相互排斥的不确定性的现金流进行评价。用公式表示如下：

$$NPV'_u = \sum_{t=0}^{n-1} \frac{\lambda_t I_t}{(1+r)^t} - \sum_{t=0}^{n-1} \frac{C_t}{(1+r)^t}$$

式中，λ_t 为 t 时期确定性等价调整系数，r 为无风险投资贴现率，在不确定条件下，$0 \leq \lambda_t < 1$，同时，风险越大，系数调整的力度就越大，λ_t 也越大，当 λ_t 等于 1 时，就转变成确定性条件下的人力资本投资。

3. 对两种方法的比较和评价。

由于按风险调整贴现率方法假设人力资本投资的风险一年比一年大，因此，当投资的收益不随时间的推移而愈加具有风险时，确定性等价方法要优于按风险调整贴现率方法，但是由于后者更容易计算，所以被更多地采用。当越远期的投资收益更加具有不确定性时，按风险调整贴现率方法便会更多地被使用。

实际上，在某些条件下，利用哪一种方法来进行分析是没有区别的。这一条件可以用公式表示为：

$$\lambda_t = \frac{(1+r)^t}{(1+r')^t} = \frac{PVF(r',t)}{PVF(r,t)}$$

也就是说，当未来各期的确定性等价调整系数等于风险调整现值系数（$PVF(r', t)$）与无风险现值系数（$PVF(r, t)$）的比值时，两种方法计算得出的结果是相同的。

6.3.3 人力资本投资风险的分散

由于人力资本投资存在着多种投资风险，因此，微观主体分散人力资本投资风险的途径也是多种多样的，这里提出五个方面的内容。

1. 充分搜集信息，完善投资决策，降低投资风险。

无论是个人还是主体，都可以在投资前期或投资过程中，充分地搜集信息并结合个体特征做出尽可能完善的人力资本投资决策，降低风险。在其他条件不变的情况下，搜集的信息越是充分，人力资本投资的风险就越小，但与此同时，信息搜集的成本也越来越大。理性的经济人会将这些成本的增加和风险的减少充分考虑到成本—收益中。对个人来说，获得有关工资或者收益、个人初始禀赋、预期经济结构和对技能的需求、政府政策等方面的信息对降低人力资本投资的风险起到关键的作用。而对企业来说，市场前景、企业需求变动、投资客体信息、投资方式对经济效益的影响等信息的搜集也是非常重要的。获得信息的途径是多种多样的，例如，信息网络、社会网络、国家的信息发布、咨询等服务机构，当然，这里面针对个体信息（例如个体的兴趣爱好、潜质等）的分析和定位是关键的，因为它是形成人力资本的生产能力的基础，如果没有准确的定位，与经济发展相适应的投资内容不一定能为投资主体带来预期的利润。

2. 通过有效的人力资本投资组合分散非系统风险。

人力资本所有者的有限理性、信息不充分以及市场系统环境所导致的投资风险包括系统风险和非系统风险两种。系统风险是由市场的系统环境所引发的，所以在一般情况下，无法用人力去控制，只能靠社会机制的正常合理运行来减轻。但是，非系统风险却是可以进行分散的。人力资本投资主体，除了采取以上信息和理性上的优化之外，还有一个重要的途径就是利用投资组合分散风险。我们知道，从企业本身来说，存在着商业风险、财务风险（主要是筹资风险）和投资风险，而对于财务风险和投资风险的分散，主要就是利用投资组合。企业的利益相关者在评价企业的整体实力时，并不是仅仅考虑企业的资产和负债的数量，还要看企业的财务结构和投资结构。正如企业的投资数量并不能作为反映企业财务状况的指标，还应考察其投资结构一样，人力资本的投资总量并不必然反映其投资质量（如投资收益率、社会地位、潜在生产能力和配置能力等），不同的人力资本投资结构将具有不同的质量和风险。

通常情况下，投资组合的使用是在证券投资领域，通过把鸡蛋放在许多篮子中，整个资产组合的风险实际上要比资产组合中任何一个孤立的投资计划的风险低。这一原理同样也适用于作为特殊投资的人力资本投资。这里，我们借用证券风险构成图的原理来表明人力资本投资组合对人力资本投资风险的分散作用。

从图 6 - 5 中，我们可以看出，随着人力资本投资组合中投资种类的增加，人力资本投资的非系统性风险逐渐降低，尽管系统性风险基本保持不变，但是，整个人力资本投资的总风险却下降了。这一原理表明，无论是个人还是企业，进行多样化的人力资本投资可以降低人力资本投资的整体风险。其具体含义是，个人在注重专业型投资的同时，还要注重通用型的投资；企业在培训员工时，不仅要加强专业技能的培训，还要注重多技能培训。对个人来说，进行多样化的人力资本投资可以降低由于人力资本的资产专用带来的损失，实际上，个人为了获得更多更好的就业机会，总是努力地使自身的知识和技术广化，以实现在不同的职业、行业和企业之间的转换，获取人力资本投资的收益。对企业来说，轮岗培训投资（多样化的人力资本投资）可以增强员工之间的替代性，既降低了员工流失对企业造成损失（投资成本的回收损失、寻找和培养新的员工的时间、成本损失等），也降低了企业对技能需求方向预测失误（人力资本投资的损失、无法即刻找到合适的技术工人的损失）的损失。

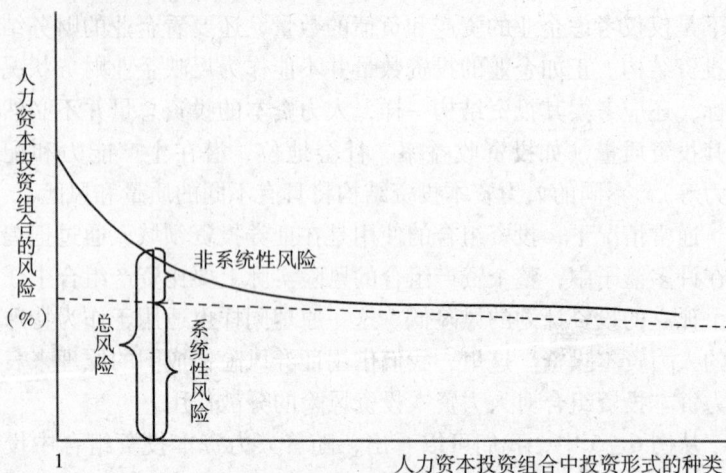

图 6 – 5　人力资本投资组合与风险

在三元经济下，人力资本的时效性、专业性和分工协作性等增强了人力资本投资的风险和不确定性，分工协作的要求需要人们在某一领域更加专业，而时效性又要求人们及时调整已有的人力资本。也就是说，企业在知识化趋势下既需要在一定领域内的综合型人才，也需要在既定领域和职位上的专业型人才。这一人力资本广化和深化的要求也告诉我们，人力资本投资组合并不是无止境的，也不是越多越好，这是因为，人力资本投资具有不可逆性和积累性，而人的精力和财力又都是有限的，投资者通常无法在各个相关领域都进行投资，也无法同时在几个重要领域深化投资。这就要求人力资本投资者寻找最优的人力资本投资组合，平衡专业型投资和通用型投资的组合，而究竟人力资本投资者做出什么样的决策，最终还将取决于投资主体对经济形势以及对投资客体的能力、偏好的判断力和能够动用的资金情况等。

3. 利用契约、监督和激励等手段分散企业的人力资本投资风险。

从历史的角度来看，人力资本投资有着投资主体多元化、投资地区扩展化的趋势。这使得人力资本投资主体与人力资本所有者的分离加快。投资主体要进行成本—收益分析,多重主体投资于同一主体需要将收益进行多重分配。由于从投资到获取收益是通过特殊的媒介——人力资本所有者产生的,人力资本的"人"的属性便使这类投资多一重"主观性"风险。这类风险的产生来自人力资本的特殊属性——人力资本的所有权性引致的投资主体和人力资本所有者之间的信息不对称。也就是说,在人力资本的形成和使用过程中,投资者处于弱势地位,无法准确量化其努力方向、努力内容和努力程度。因此,风险的分散难以自行解决,需要引入新的变量。可以说,企业所进行的人力资本投资基本上都是这一类型的,其分散的风险要借助于契约机制、监督机制和激励机制等。契约机制用于防范由于人力资本投资客体意愿转换或者跳槽引起的投资损失,监督和激励机制用于防范由于人力资本投资客体的机会主义导致的人力资本生产能力下降所引起的损失。这三种机制转而又构成投资主体的附加成本,而这种成本又是他们极不愿付出的,也是传统的人力资本理论没有加以衡量的。总之,制度的选择会改变企业的投资成本,也会改变其投资收益,因而会改变企业的收益选择点和成本选择点。

如图 6-6 所示,我们假设企业以利润最大化为目标,企业的投资得到了收益,即被投资者由于契约的限制履行了合同;原投资成本现值为既定,制度成本与其完善程度为线性关系。无论是契约成本、监督成本,还是激励成本,都是制度成本,应该计算到总成本中去。TC_1 是原来的成本现值 C_0 和制度成本现值 C_1(制度越完善,成本越高)之和,TR_1 是加入制度后的总收益(其中,B 为曲线最高点),且收益曲线比 TR_0 要高,切线代表边际收益,由于假设总成本曲线为线性,该切线与总成本的边际成本曲线的斜率相同,也与总成本曲线平行。在 A 点($MR = MC$)上达到利润最大,企业选择 X_1 为现行企业制度,而不会选择没有加入这些制度时 TR_0 的最高点 C(原 $MR_0 = MC_0$ 处)。

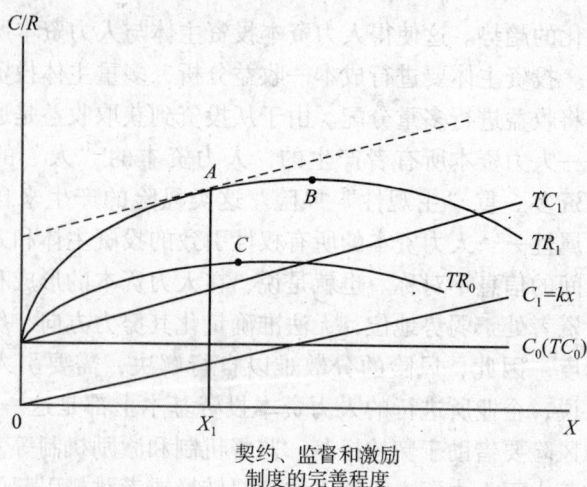

图 6-6 企业人力资本投资风险的分散

可以看出，企业为了分散人力资本所有者的道德风险求助于制度的约束。在不考虑风险的情况下，企业估计的收益为 TR_1 或者比其稍低，但是在不采取措施的情况下，实际收益可能只为 TR_0，C 点所能达到的收益和净收益远比 A 点的水平要低。因此，为了在实际中达到 TR_1 的水平，企业可以采取上述三种制度降低风险。当然，制度不局限于这些方式，企业营造良好的人力资本投资和使用的环境也是非常重要的。人力资本不同于物质资本，其载体不仅具有理性，还具有感性，激励知识创造和共享的企业文化和价值观、人性化的管理、有利于知识创造、流动和共享的技术和物质基础设施都可以增强投资客体对企业的依赖性、忠诚性和能动性，从而降低了流失风险、使用风险和机会风险，最大限度地发挥人力资本的生产能力。

另外，企业向国家、学生、教育和培训机构提供关于产业所需的技能信息可以充分利用投资资源，增强人力资本的有效生产能力，从而减少了人力资本投资内容的风险。无论是正式教育还是职业教育，教育的内容往往容易偏离市场需求，更容易偏离企业的实际需要。因此，如果企业能够提供关于技能的具体信息，投资的内容不但得以改善，投资也更容易得以实现，人力资本投资的风险会大为降低。目前，发达国家已经开始朝着这一方向进行努力了。例如，欧洲 7 个主要信息通信技术公司——国际商用及其欧洲公司、诺基亚电信公司、飞利浦半导体公司、托马森 CSF 公司、西门子公司、微软欧洲公司和英国电信公司成立了一个信息通信技术技能财团，并开展了一个试点项目，该项目的目标是为学生、教育和培训机构以及政府制定一个明晰的框架，该框架要对欧洲信息通信技术产业所需要的技能和能力做出描述。为达到这一目标，这 7 个公司已开发了他们主要活动的普通岗位职能要求；创办了一个专门的网站（网址为 http://www. career-space. com）公布这些岗位职能所要求的技能；提供当前该产业有关工作岗位、作用和机会的富有吸引力而又简明的介绍，以吸引更多的学生参加信息通信技术培训和就业；向高等教育信息通信技术教育大纲的设计者提供该行业所需技能的最新和易于获得的信息；帮助各成员国制定促进欧洲信息通信技术技能发展的政策。[①]

4. 建立和完善人力资本的投资退出和保值机制，化解人力资本投资的风险。

人力资本的特殊属性决定了人力资本投资不可能像物质资本投资一样能够全身而退，并建立完全的退出机制。实际上，上述人力资本投资组合的方式在某种程度上就有利于退出机制的建立，因为注重综合投资的人力资本投资者转换灵活，容易适应多种工作及其工作环境，也能在一定程度上尽快地进行补救，从而能够更好地规避风险。另外，微观主体可以根据职业需求、技能需求、人力资本

---

① 国际劳工局："克服欧洲的技能人才短缺：企业界在努力"，《世界就业报告（2001 年）》，中国劳动社会保障出版社，2002 年，第 172 页。原载于 ICREL："职业生涯空间——明日世界的未来技能"，《欧洲信心通信技术产业通用技能简介》（1999 年）。

自然禀赋（潜质）的再认识等的变化和新获得的信息对之前的人力资本投资决策做出调整或者改变，从而退出错误或者过时的投资方向，对人力资本投资决策进行修正。同时，人们也可以根据现实的状况通过调整投资组合中不同投资的比重来实现"退出"。在多数情况下，这些退出只是一种"准退出"，退出前后的人力资本投资往往具有一定的相关性。[①]

另外，同物质资本可以利用保险等方式进行套期保值一样，人力资本也可以做到这一点。人力资本发挥作用的载体是人本身，其最终形成、发挥程度的大小和发挥时间的长短有赖于人的外部环境和人的内部环境，两种环境中"不可抗力"（疾病、受伤、事故）的出现将影响人力资本的形成、使用和更新，从而降低了人力资本投资的预期收益。为了使人力资本的长期收益尽可能地获得保证，最直接的方法就是通过购买保险等方式实现人力资本投资风险的套期保值。从资产组合的观点来看，进行套期保值的人力资本投资的风险要比单纯依赖劳动收入的风险小。人寿保险、工伤保险、医疗保险、工龄买断制度等都是投资者常见的保值方式，投资者可以根据实际情况选择合适的途径。

5. 利用社会资本、地理选择、搜集信息等方式降低择业和就业转移风险。

（1）农村劳动力的转移。

农村剩余劳动力的转移本身是一种人力资本素质的投资，可以获得较高的收入。但是，与城市劳动力相比，人力资本的长期和集体缺乏、信息闭塞、基础设施落后等因素导致了他们一直处于弱势地位。另外，从本书修正的托达罗模式中，我们知道，人力资本的缺乏使得他们的就业概率依然处于劣势，同时，他们还必须承担包

---

① 需要特别说明的是，"退出"依然是有风险的，如果决策错误，还有可能加大了原来的投资风险。因此，"退出"并不必然降低风险。

括可能会受到城市人歧视的心理成本在内的一系列转移成本，在选择和确定进不进城，在哪些城市之间进行转移，是否能找到工作，是否承担培训费用这些问题时，都会存在风险。

就目前的情况来看，农村劳动力自觉或者不自觉地采取可能的措施来降低自己在转移过程中的风险。

其一，利用"亲朋好友"网络这一社会资本获取信息和就业机会。据统计，农村劳动力大部分是通过亲朋好友的介绍进行转移的。因为亲友的这种"信任"关系对他们来说要比在报纸、中介、广告等其他媒体上获取的消息可靠得多。许多学者的调查结果表明，大约有一半的农村劳动力是利用这种方式择业的。深圳市劳动局2000年的调查（见图6-7）显示，基于亲戚、朋友或同乡等传统网络关系的社会资本是农民工寻找就业机会的主要信息来源。其中，通过社会网络资本获取就业信息的比例高达87.2%，这些网络来源主要包括"在深圳市打工的同乡或朋友"（占42.7%）、"在深圳市居住的亲属或朋友"（占31.3%）、"本村居住的亲属或朋友"（占13.2%）。而就业信息来源于传统社会网络以外（"当地政府部门"、"报纸广播电视"和"招工广告"）的比例不到13%。

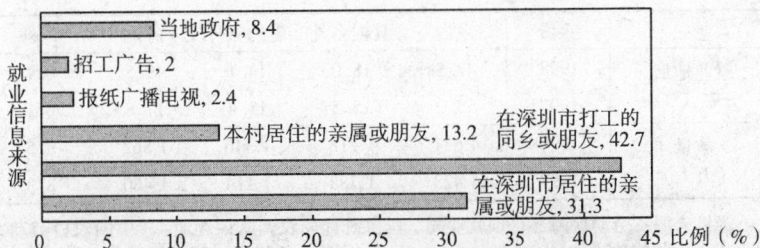

图 6-7 流动民工进入深圳市就业的信息来源的分布

数据来源：深圳市劳动局深圳市外来劳动力管理课题组："制度创新：建立外来劳动力管理新机制"，http://www.opentimes.cn/to/200304/2003-04-8504.htm，2000。

其二，采取先找到工作再转移的方式主动地减少失业风险。与先转移再找工作相比，先找到工作再迁移无疑降低了时间成本和失业风险。深圳市劳动局 1998 年迁移人口课题的调查显示，在关于"城市生活中遇到的最大困难"的问题中，回答"找不到工作"的被调查者只有 3.5%，位居第 6 位；而在 1999 年的调查中，这一比例只有 0.7%，有 61.2% 的农村劳动力在转移到城市之前就已经找到了工作。可以看出，为了规避失业的风险，农村劳动力倾向于在转移前就找好工作。

其三，采取短距离转移的方式减少不确定性。表 6 - 3 显示了中国劳动保障部培训就业司、国家统计局农调队课题组调查的中国1997 年和 1998 年农村转移劳动力的就业地域分布情况。从表中的数据来看，在乡内转移的劳动力所占的比例分别为 48.3% 和53.2%，县内乡外的比例分别为 18.0% 和 15.5%，两项加起来分别达到了 66.3% 和 68.7%。显然，近距离的转移是中国农村劳动力转移的主要方式。这可能是因为距离较近的转移，交通成本比较低，环境（主要是文化和习惯）变化比较小，社会资本比较丰富等，劳动力为了减少成本，规避风险而选择了近距离迁移。

表6 - 3   中国农村转移劳动力的就业地域分布和数量状况

	年份	乡内	县内乡外	省内县外	省外	国外
就业地域 分布（%）	1998	48.3	18.0	14.1	19.5	0.1
	1997	53.2	15.5	13.4	17.8	0.1
数量 （万人）	1998	4 611	1 718	1 346	1 862	9.5
	1997	44 423	1 288	1 114	1 480	8.3

资料来源：劳动保障部培训就业司、国家统计局农调队课题组："中国农村劳动力就业及流动状况"，http://www.lm.gov.cn/gb/faqs/2002 - 05/14/content _ 682.htm，2002 - 05 - 14。

尽管农村劳动力在劳动力迁移中，强烈的风险厌恶倾向和弱势地位推动他们选择简单的方式来规避风险，但是，从他们的就业情况来看，大部分农村劳动力进城后依然在非正规部门就业，他们从事的工作收入低，工作条件差，具有很强的临时性和不稳定性，同样存在着很大的风险。这种情况不利于农村劳动力的转移，也不利于经济的发展。从长期来看，尽可能地进行人力资本投资，提高自身的人力资本存量才是降低转移风险的积极方式，因为人力资本的增加不仅可以提高就业概率，还可以增强就业和择业过程中的理性，也可以对周围的劳动力起到示范、指导和支持等作用。另外，主动地向政府或者社会机构搜寻就业信息①，可以增强信息的充分性和准确性，减少信息错误的可能，降低转移和就业的不确定性。

（2）城镇劳动力的就业转移。

城镇已就业人员适应就业机会的转移也是对人力资本的投资。文化程度越高的职工，可能追求的层次更高，即除了收入以外，可能更看重终身工作满意程度的提高、工作的升迁机会和对各类活动欣赏水平的提高等。但是，个人在转移时，比较具体的方面往往难以考察，人事关系的复杂也常常会造成转移的障碍以及就业转移的失误。从理论上说，作为企业的新成员（尤其是年轻的职工）进入企业时常常处于企业内部劳动力市场的底层，即使收入较高，发展契机较好，也要花费相当多的时间建立和处理新的人际关系，因为原单位的人际关系具有不可转移性。而这一过程中的机会成本有可能很大。另外，较为有能力或成功的职员的就业转移在很多方面都有保障，他们往往在进入新的企业时，收入和职位都有刚性。但也正是因为这一点，企业内部处于同一阶层的人会有极强的竞争心态，在人际关系和事业开展方面都有较大的压力，而企业内部的其他成员又常以一次成败论英雄。如果不能较快地适应新的工作环境，风险就很大。对于举家搬迁的职工，除了家庭成员的连带风险外，还有各自的风险（就业、教育和社会保障等方面）。如此看

---

① 当然，前提是存在政府的劳动力管理服务机构和社会中介机构的信息服务。

来，这一类就业转换中的风险比较复杂，稍有不慎，可能会造成较大的损失，因而分散这些风险就显得比较重要。首先，职工在转移前要进行尽可能详细和准确的考察，积极主动地寻找适合自己的工作种类和工作方法，不可以盲目行事。其次，对人事制度要有全面的了解，进而对自己和家人的人事关系做周密的安排。最后，工作变换不宜过于频繁。尽管有数据显示变更次数在一定程度上与收入有正的相关性，但是由于风险的存在、年龄的增长和用人单位的经历评价标准不同都会导致收益的不确定性，盲目频繁地转移也会成为人力资本投资的内耗。

第7章

克服"双峭壁"的
宏观政策选择

在前一章中，本书讨论了"双峭壁"下劳动力流动的微观决策问题，主要是从个人和企业的角度分析了两者的人力资本投资行为决策。然而，由于收入预算约束、信息成本、外部性、投资风险等问题的存在，"双峭壁"下劳动力流动的人力资本投资机制并不是畅通无阻的，个人和企业可能无法或者不愿意进行某些内容的人力资本投资。因此，在这种情况下，政府有必要出面解决他们无法解决或者不愿意解决的问题，从而建立起良好的人力资本投资和使用的基础设施环境，改善和促进人力资本投资，使"双峭壁"条件下的劳动力流动更加顺畅。本章提出了中国作为一个发展中国家如何尽快克服"双峭壁"的宏观政策建议。

7.1

大力发展教育产业，促进人力资本的形成、使用和更新

由于三元经济条件下的劳动力流动受到人力资本存量的约束，从而形成了"双峭壁"的劳动力流动模式，因而，以教育为主体的人力资本投资必然成为推进三元经济下劳动力流动的中间环节，这就必须大力发展教育产业，促进人力资本的形成、使用和更新。

7.1.1 实施"教育先行"战略，改善和加强教育供给，促进城乡协调发展

这里主要包括三方面的含义。首先，从中国目前的三元经济结构来看，尽管中国知识产业的发展已经取得了很大的进步，但是，知识部门依然是比较薄弱的部门，还有待于进一步发展，同时，工业和农业部门依然停留在较低的技术水平上，知识化的进程可以说才刚刚开始，三元结构的发展即中国产业结构的调整和升级意味着劳动力将出现巨大的流动和调整，在这一流动过程中将需要更多、更好的高素质劳动力，从而大范围、大幅度地提高中国劳动力的人力资本存量和优化其结构。从实证检验看，人力资本的提升往往来自于特定国家采取的有利政策，制定和采取合理的人力资本投资政策将更好地促进中国人力资本存量的增加和人力资本结构的改善。而教育是人力资本积累的重要途径，直接决定着一个国家人力资本存量的多少和优劣，中国要想实现产业结构的升级和调整就必须大力加强发展教育事业。据统计，现阶段中国教育财政投入仅有3.28%，低于世界各国平均水平5.1%。另有一项国际性研究指出，要使一国人力资本状况适应经济发展需要，教育投资一般要占到 GNP 的6%以上，教育投资增长要快于国民收入增长。1997 年的联合国教科文组织的统计数据表明，与中国国情国力相仿的发展中国家中，教育投资占 GNP 的比例刚果为 5.4%，埃及为 4.9%，几内亚为 3.3%，坦桑尼亚为 4%，约旦为 7.8%，斯里兰卡为 2.8%，中国仅为 2.7%。中国台湾在经济起飞之际，GDP 的 12% 到 22% 都投入了教育。这说明我国的教育投资水平远远不能承担起开发人力资本的使命。[①] 如此看来，中国仍然需要继续加大对教

---

① 赵玉勤：《知识经济条件下的人力资本问题研究》，湖北科学技术出版社，2002 年，第 69 页。

育的投入。目前,实施"教育先行"战略已经成为中国"十一五"时期的重要课题,这一人才战略集中体现了中国政府的英明决策和深谋远虑,也从宏观上加强了政府进行人力资本投资的主动性,更唤起了微观主体进行人力资本投资的积极性。

其次,从中国政府进行人力资本投资的现状来看,无论是在财政拨款、入学制度和学校规模方面,还是在医疗保障方面,城市与农村的人力资本投资规模和基础设施环境都存在着巨大的差异,这导致了城市劳动力和农村劳动力在教育获得上的分割,更加不利于农村劳动力的转移以及农村地区本身的发展。三元经济的形成迫切要求发展农村教育和培训,以促进农村劳动力飞跃"双峭壁",实现顺畅的流动。我们知道,在经济发展阶段,农村教育的发展需要投入大量的资金,但农民收入低,这就导致私人投资者无利可图或者收益相对较低,由于教育有着基础性和全局性作用,因此,政府应当更主动地承担起发展农村教育和培训的任务,大范围地提高农村劳动力的素质,改善农村人力资本基础设施建设,推动城乡协调发展以及和谐社会的建设。第一,政府应当调整基本建设投资和国债使用方向,不能一味地集中在城市基础设施建设上,需要加强农村公共基础设施建设,突出支持农村教育和农村卫生(医疗卫生是人力资本投资容易忽略的一部分)。以义务教育为例,2006年1月5日的国务院常务会议通过了《中华人民共和国义务教育法(修订草案)》,其中,教育经费向农村倾斜这一问题得到了认可,草案指出,要合理配置义务教育资源,经费投入要向农村学校和城市薄弱学校倾斜,引导和鼓励高校毕业生和教师从事义务教育工作,特别是到农村任教,采取措施促进学校均衡发展。第二,在义务教育方面,政府应当加大义务教育的落实力度,使农民能够真正平等地获得义务教育的权利。这是因为,义务教育,或者说初等教育,对一个发展中国家来说意义重大。一是用于初等教育上的公共财政支出具有收入再分配功能,由于收入低的人上大学的机会较小,因此,政府对初等教育的干预具有重要意义,对农村劳动力来说更是如此。二是对发展中国家的现代化而言，通过初等教育所获得的读写能力是人力资本质量的关键成分（舒尔茨，1989），也是以后继续进行专门化的人力资本投资的一个前提条件。同时，在各级教育中，它的实际成本最低，而投资回报率最高，甚至超过物质资本的回报率（沙卡罗巴斯，1994）。第三，加强对农村劳动力的培训力度。据统计，1995 年新加坡对培训的投资占年收入的3.6%，政府计划将这一数字提高到 4%，相比之下，我国用于工人培训的政府支出相当少。目前，我国政府已经开始着手发展培训项目。例如，农业部、财政部、劳动和社会保障部、教育部、科技部和建设部共同组织实施的"农村劳动力转移培训阳光工程"已于 2004 年 4 月 7 日正式启动。[1] 这一"阳光工程"是由政府公共财政支持开展的农村劳动力转移前的职业技能培训，重点是在粮食主产区、劳动力主要输出地区、贫困地区和革命老区，以市场需求为导向，以受训农民转移就业为目标，按照"政府推动、学校主办、部门监管、农民受益"的原则组织实施。目的是提高农村劳动力素质和就业技能，促进农村劳动力向非农产业和城镇转移，实现稳定就业和增加农民收入，推动城乡经济社会协调发展，加快全面建设小康社会的步伐。[2]

最后，大力发展教育产业并不只是政府的事情，政府不应该也没有能力完全承担教育这一公共产品的供给。因此，允许其他非公有经济成分进入教育和培训领域，鼓励投资主体多元化可以弥补财政资金的短缺。投资主体多元化，包括政府、企业、家庭与个人、社会、教育机构等投入资金发展教育和培训。显然，这种多投资主体教育格局的形成，与单纯的政府投入相比，可以使人力资本存量有更大幅度的增长。同时，多种投资主体的介入还契合了教育需求多样化、市场需求多变化的特点。在投资主体多元化方面，美国哈

---

① 农业部等："'阳光工程'将培训3 500 万农村劳动力"，新华网，2004 – 04 – 07，http://news.xinhuanet.com/zhengfu/2004 –04/07/content_140644.htm。

② 农业部等："'阳光工程'将培训3 500 万农村劳动力"，新华网，2004 – 04 – 07。

佛大学的经验堪称 21 世纪的典范。哈佛大学每年通过各种渠道筹集 100 多亿美元的办学经费（大约相当于 1996 年中国财政性教育经费支出总额——1 671 亿元的 1/2）。这些渠道包括：本校教师申请国家的各种科研基金；各大企业在校内设立的基金；校友的捐赠款项；本校各学院的募集资金；著名教授带来的合作经费；学生交纳的学费等。① 哈佛经验对中国高校如何走出经费不足的困境以及中国如何大力发展教育事业具有很好的借鉴意义。

　　总之，中国"十一五"期间人力资源开发战略为中国教育事业的发展指明了方向："到 2020 年，力争使人口素质显著提高，基本普及高中教育，同时，社会化的职业教育、成人教育、高等教育和适应老龄人口的继续教育应当得到极大发展，为建设学习型社会提供多层次、多样化的教育体系。使城乡居民都能享受较高水平的医疗卫生服务，人类发展指数由目前的中上等发展水平上升到较高发展水平。"②

7.1.2　积极探索"助、学、贷"相结合的教育和培训资助方式

　　这一要求主要来自两方面的原因——收入约束和人力资本投资贷款市场的不完备性。

　　首先，在许多情况下，人力资本投资者的投资可能只是无效需求，也就是说，尽管他们具有投资的愿望却不具备投资的能力。例如，中国农村地区的许多劳动力收入水平低下，有些甚至都难以维系基本的生存，根本没有能力支付高昂的教育费用，人力资本投资也就因为收入预算的限制而结束。其次，正如物质资本投资一样，

---

　　① http://edu. beida-online. com/magazine/oe21 – 23. htm。
　　② "'十一五'期间经济社会发展领域战略重点"，《中国党政干部论坛》，2005 – 09 – 05。

资本市场也可能成为筹集人力资本投资资金的一个重要来源，然而，人力资本的特性导致了人力资本投资贷款市场具有比物质资本投资贷款市场更大的不完备性，从而更早地出现人力资本投资不足的局面。

这种人力资本投资贷款市场的不完备性主要由以下四个原因造成：（1）人力资本的非抵押性。人力资本是附着在劳动力身上的知识和技能，无法像物质资本那样充当抵押品，变现能力差，从而增加了贷款的风险，降低了贷款提供者的积极主动性；（2）人力资本投资具有非货币收益，而这往往不是贷款者所求的，因此大大降低了贷款收益，降低了他们提供贷款的意愿；（3）申请贷款者和提供贷款者在获得人力资本生产能力信息上具有不对称性，使贷款提供者的贷款意愿大打折扣；（4）人力资本投资收益周期长，增加了人力资本投资贷款的风险和不确定性。总之，人力资本的这些特性使得人力资本投资贷款市场出现了更大的不完备性，从而导致了越是需要在资本市场上进行贷款的低收入阶层，其所面临的贷款利率越高。

对发展中国家的居民来讲，人力资本投资的资金来源是就业所获得的工资收入和资本市场上的借贷。但是，在三元经济条件下，人力资本偏向性技术进步的采用越来越要求劳动力具备更高的技能，从而对低技能劳动力（他们恰恰是非常需要获得人力资本投资机会的群体）存在着就业排斥效应，而资本市场的不完备性又减少了他们从资本市场借贷资金的可能和数量。在这种情况下，如果没有其他途径获取贷款，那么，人力资本投资就只好停止了，而这有可能出现教育尤其是高等教育投资不足现象，形成本书所说的人力资本投资恶性循环，极大地影响经济的健康和持续发展。对此，政府可以通过改革税制、提供直接资助等形式克服私人资本市场的不足，鼓励学生进行人力资本投资。然而，随着经济发展对高层次和高技能人才的需求日益增加，中国高等学校在校生的规模也在不断扩大，入学学生中家庭经济困难学生的人数迅速增加。在这种形势面前，单纯依靠过去的"奖、助、补、减"办法，已难以覆盖和完全解决所有家庭经济困难学生的问题。因此，借鉴国际经验，积极地探索和推行贷款及担保贷款等资助形式就显得更加重要。

一般来说，国际上国家参与助学贷款的形式主要有以下四种①：（1）国家承担所有的或者至少主要的风险。政府可能向私人贷款提供者提供担保，或者政府直接贷款。（2）政府补贴贷款利率或者由学生借款者支付的成本。如果政府是贷款提供者，那么，补贴可以使学生借款者支付的利率低于政府自身在资本市场上偿还资金的利率。如果政府仅仅是私人贷款的担保人，补贴很可能只够向私人贷款提供者支付一部分利息成本。（3）承担贷款项目的一部分管理成本。发起一项贷款涉及许多成本，这些成本会提高私人贷款的利率。政府可以通过公立学校管理部门等承担一些成本。（4）把潜在的强有力的政府税款与养老金征集系统应用到学生贷款还款征集上。这可以看做是以上第三点作用的延伸。政府可以通过与税收和养老一起征集学生所要偿还的贷款，从而隐性地降低了拖欠率和直接的服务、征集成本。无论如何，国家助学贷款的根本目的是为合格的学生提供将高额教育成本负担推迟到未来的途径，从而用政府的收入补充学生的一些收入，维持甚至扩大高等教育的参与率。

20世纪60年代以来，已有50多个国家实施了国家助学贷款政策，逐渐成为高等教育融资的一种全球化趋势。由于发达国家助学贷款体制建立较早，运行模式也较为完善和成熟，发达国家的助学贷款对高等教育的发展起到了明显的促进作用。例如，日本的学生贷款制度就是采取由政府担保，由商业银行向学生发放贷款的制度，其助学贷款采用奖贷结合的方法，由"日本育英会"向成绩

---

① Johnstone, D. Bruce. "Student Loans in International Perspective: Promises and Failures, Myths and Partial Truths". http://www. gse. buffalo. edu/org/IntHigherEdFinance/text-ForSite/StudentLoanInternatFinal. pdf, 2000.

优异且家庭经济困难的学生奖贷资金，这样既保证了资助的公正性，又保证了效率，受到国内外的好评。相比之下，中国的国家助学贷款制度发展比较落后，该项制度于 1998 年出台，1999 年在北京、上海、天津等 8 个城市开展试点，到 2000 年才在全国全面推开。由于该项制度的许多方面尚处在摸索阶段，目前还存在不少矛盾和问题。首先，中国一般商业助学贷款的满足率远高于国家助学贷款，支持力度也较高，这说明国家助学贷款在政策设计上存在问题，缺乏足够的吸引力。其次，中国的国家助学贷款品种过分单一，主要采取的是国家贴息的无息贷款形式，贷款数量少，覆盖范围小，难以满足各类学生的需求。其三，由国家担保，商业银行发放的贷款存在着结构失衡。一是贷款发放基本上由四大国有商业银行发放，其他的股份制银行基本游离于国家助学贷款政策之外。二是四大国有商业银行发放贷款比例失衡，到 2000 年 9 月，中行一家的国家助学贷款金额占了全部贷款余额的 63%。三是贷款的学校和专业结构失衡。其中，国家部委院校贷款多，省内院校少，热门专业贷得多，冷门专业少。四是地区结构失衡，2002 年前三个季度北京市的贷款发放金额为 1.78 亿元，占全国的 18.61%，贷款满足率为 93%，而管辖西北五省的西安分行的贷款满足率仅为 55%。① 最后，中国完善的个人信用信息体系尚未建立，这使得国家助学贷款政策的执行陷入两难的境地。据报道，1999 年开办的国家助学贷款于 2003~2004 年陆续进入还贷高峰，然而，不少高校毕业生还贷的违约率超过了 20%，有的甚至高达 30~40%，单纯依靠学生个人信用作为条件的商业性质贷款由于还贷记录不佳动摇了银行开办此项业务的信心。而与此同时，对占在校大学生总数约 20% 的贫困大学生来说，没有助学贷款是不可能完成学业的。对此，除了尽快建立和完善个人信用体系之外，日本和韩国的方法值得我们借鉴。在日本和韩国，政府把助学贷款事务委托给专门的

---

① 杨冰："助学贷款的中外比较和启示"，《黑河学刊》，2005 年第 5 期。

公司来完成，由公司而不是银行负责追缴。而在中国，中央和地方成立的国家助学贷款管理中心仅仅是一个计划和组织机构，并不负责款项的落实、追缴和监督，这无疑增加了银行的运作成本，影响了银行执行国家助学贷款政策的积极性。

　　无论是从政府的财力角度，还是从教育的特性来看，政府没有能力也不应该一味地单一地免费或者免息发放贷款，应当积极探索多样化的国家助学贷款方式，注重公平与效率的结合，把握贷款的范围和力度。一些国际性研究已经指出，过多的贷款对学生存在着负面影响，例如，有可能损害高等教育的收益或者导致学生更多地选择物质回报。另外，尽管发达国家已经为中国提供了许多值得借鉴的经验，但是，可以肯定地说，没有一种国家助学贷款制度是完美无缺的，尤其是随着经济的发展，发达国家的国家助学贷款政策也逐步暴露了一些弊端。从中国自身来看，政府应当向学生提供何种形式的支持、支持到何种程度、资助组合中赠与资助与借贷资助的平衡点是什么、补贴利率究竟为多少、如何偿还等问题都需要我们在摸索中实施，在调整中前进。据报道，在资助贫困家庭子女接受职业教育方面，湖北省各地结合实际，探索出了多种职业教育扶贫助学模式。其中，政府参与的有两种：一是政府直接资助，资助实行招标制。最终选定了 129 所教学质量高、就业形势好的职业院校承担资助计划。二是政府负责担保和贴息，学生就业后逐步还款。2004 年，该省启动湖北外派海员培训计划，近 500 名来自贫困山区的高中毕业生通过贷款上学、就业还贷模式接受外派海员培训。[①]

7.1.3　树立"终身教育"观念，制定相应的政策鼓励企业和个人进行人力资本更新和升级

　　由于三元经济的发展是动态的，产业对人力资本的需求也是不

----

① "湖北补助万名贫困初中生上中职"，《中国教育报》，2005 – 11 – 07。

断变化的，从而，人力资本将比过去更快地老化和损耗。据国际权威机构调查，人类的科学知识每 3～5 年就增加一倍。另有数据显示，在 18 世纪以前，知识更新速度一般为 80 至 90 年翻一番；19 世纪 60 年代，知识更新速度为 50 年左右翻一番；到 20 世纪 90 年代以来，知识更新加速到 3 至 5 年翻一番。近 50 年来人类社会所创造的知识，比过去 3000 年的总和还要多。[①] 也就是说，在二元经济时代，人们读寒窗十几载就够用一辈子了，而到了三元经济时代，只有天天学习，终身学习，人们才可能不会被社会淘汰。这样看来，人们在接受高等教育之后并不意味着教育的结束，恰恰是一个新的开始。因此，一方面，人们必须不断地充实和更新自己的知识，否则就难以终生从事同一工作。另一方面，有些人由于产业结构调整、机构重组、人口变化、工作本身的短期性等原因而失业，他们不得不学习新的知识和技能，以重新找到工作。教育不但要终身，还必须不断调整、更新教育结构和内容，以满足社会日益变化的学习需求。

面对职业转换和职业技能需求的变化，无论是个人还是企业（劳动者的就业、企业的用人、培训教育机构的培训）都需要比较准确、及时的职业信息来引导。因此，第一，政府有必要根据经济发展的需要以及劳动力市场的发展变化，分析、研究和预测国内外职业的最新变化，健全和完善中国动态的、科学的国家职业分类和标准体系，使之更好地为劳动者参加培训和实现就业服务。这是因为，对个人或者企业来说，进行人力资本投资的前提就是搜集信息，而信息的搜集不仅是有成本的，还通常是难以获得的，政府公布关于职业分类和变化的信息减少了信息不对称程度，降低了微观主体的交易成本，分散了人力资本投资的部分风险，使他们能够更好更主动地进行人力资本投资。第二，政府有关机构还应当对社会中知识和技能的提供和需求进行全面的考察，并作为经常性工作，

---

① 蒋建国："论共产党员的学习"，《光明日报》，2005 - 11 - 22。

以尽快地考察产业的人力资本需求与相应的人力资本供给之间的差距，及时做出政策上的反应。例如，就中国的煤炭行业来说，调查数据显示，在 30 万吨以上大中型煤矿中，初中以下文化程度的矿工占 62%，高级工程技术人员仅有 3‰；30 万吨以下中小型煤矿中，中专学历以上职工平均每个矿不到 3 人，多数煤炭企业专业人才补充量不足需求的 10%。① 而与此同时，煤炭类大专院校正在日趋萎缩。煤炭行业高级人才供需出现严重的不对称，针对这一现实，《关于促进煤炭工业健康发展的若干意见》明确指出，教育部门要加强与煤炭行业的合作，将煤炭行业有关专业纳入技能型紧缺人才培养、培训计划，要与大型煤炭企业合作，尽快恢复和设计一批煤炭职业技术学校。要引导有关大专院校和中等职业学校按照煤炭行业的市场需求，培养懂安全、有技术、会管理的煤炭专业人才。要通过设立煤炭专业奖学金、减免学费等措施，鼓励学生报考煤炭专业。②第三，政府应当采取发展基金计划等措施鼓励公司对员工的知识和技能进行更新。据资料显示，新加坡政府采取了高质量培训的激励措施，1979 年建立了技能发展基金，通过向雇主征收 1% 的所得税来资助对低收入工人进行的培训以使他们能够满足现行工作的要求。第四，政府可以为中小企业提供有针对性的特殊信息和激励措施以鼓励他们不断投资与培训。与大企业相比，中小企业更多地关心企业的生存，无暇顾及企业下一步的发展，更容易忽略对员工的进一步培训和轮岗等，政府提供针对性信息可以降低企业的搜寻成本，激励他们投入资金实现对员工技能的升级。第五，采取各种政策措施，提高社会的"终身教育"观念，鼓励社会各界贡献自己的力量，积极参与"终身教育"。2005 年 7 月 29 日，福建省人大常委会第十八次会议通过了中国第一部终身教育法规——《福建省终身教育条例》。该条例规定，县级以上地方人民政府应当制定本行政区域终身教育发展规划，并将其纳入国民

---

①②　刘世昕、何磊："国家鼓励学生报考煤炭专业"，《中国青年报》，2005－07－23。

经济和社会发展规划，统筹整合各种教育文化资源，促进终身教育事业发展。另外，条例还鼓励社会力量捐助或者兴办终身教育事业，鼓励专家、学者以及其他有专业知识和特殊技能的人员志愿为终身教育服务，并规定每年九月二十八日为终身教育活动日。[①] 这一条例的出台无疑对发展终身教育起到了促进作用，有助于充分利用社会各界资源提高人们的综合素质。

需要特别注意的是，在积累和更新人力资本的同时，必须注重教育和培训的质量，所谓的质量无非就是与实践相结合，与需求相适应。令人忧虑的是，现行的许多教育和培训或者停留于书本知识，或者学习的是陈旧的知识和技能，难以符合现实的需要。2005年10月，全球著名的极具影响力的咨询机构——麦肯锡（McKinsey）出具了由安竹·格兰特（Andrew Grant）等人编写的关于中国高等教育的一份研究报告，其主题是：中国大量的高校毕业生中，仅少数人具备在服务出口行业里能胜任工作的能力。中国2005年将有310万大学毕业生，美国则为130万。但格兰特表示，许多中国学生所接受的那种教育，没有教给他们为全球跨国企业工作而必需具备的那些实用的和团队协作的技能。[②] 泰晤士报在2005年10月7日发表了题为《中国商业的致命伤》一文，文章指出，如果北京想要通过发展在世界上有竞争力的服务业以提升其价值链，那么首要之举，就是必需改善毕业生的质量，而非仅仅是扩大数量；并且还必需提高英语的教学标准。尽管这些评论只是一家之言，似乎过于杞人忧天，但是，这毕竟为我们今后的教育发展敲响了警钟。在扩大教育规模、大幅度增加人力资本存量的同时，中国急切需要在专业设置、课程结构、教学方法等方面进行改革，否则，人力资本的质量就要大打折扣。

---

① 孙贤迅："我国第一部终身教育法规在福建出台"，《中国新闻网》，2005－07－31。
② "高素质大学生严重短缺将有碍中国经济增长?"，《金融时报》，2005－10－07。

7.1.4　完善市场体系、社会保障制度和商业保险制度，防范和化解人力资本投资风险

人力资本投资的系统风险是由于经济环境、国家的就业体制、就业政策等宏观或者其他不可控因素引起的，与市场的整体运行息息相关，它是单个的微观主体无法分散或者化解的。同时，由于人们通常是风险厌恶的，因此，风险的存在往往会降低人力资本投资的水平。但是，政府却可以触及一些政策或者制度方面的原因，应该也有能力在降低人力资本投资风险方面发挥应有的作用。首先，健全和完善市场体系和市场制度，加快劳动力市场一体化进程，鼓励信息咨询业发展以改善信息透明度，以此来化解个体投资的系统风险，提高微观主体进行人力资本投资的积极性。其次，建立和健全社会保障制度和商业保险制度，这既有利于微观主体保值机制的建立，也有利于保障劳动力资源的稳定发展，缓解人力资本投资的风险。其三，尽管不同地区的政府可能有不同的政策，但是从社会安定和经济发展的角度来说，政府都有责任建立一种可以信赖的机制去分散农村劳动力转移的风险。这种机制应该因地制宜，而且要以劳动力最易接触到的方式出现。例如，建立入市登记制度和网络人事管理系统，储备人才供需库，提供农村劳动力的就业机会保障等。另外，政府也应该下大力度整顿清理人才中介机构，避免劳动力在信息不对称的情况下受到欺骗。同时，从农村劳动力转移的情况来看，尽管他们出于风险厌恶和收入最大化的目的采取了一些规避风险的措施，但是，这些方式使得劳动力无法充分地流动，劳动力的转移也趋于分散和无序，缺乏组织性，因此，政府和中介机构应该尽快完善信息提供、组织管理和服务等方面的问题，减少不确定性，引导和促进农村劳动力有序有组织地进行转移。最后，通过技术推广、市场需求信息发布、

优惠政策等途径，引导和支持农业产业结构的调整，促进城镇化建设，鼓励多种途径进行农业产业化经营和非农产业的发展，提高农业对劳动力的吸纳力，增加农村劳动力的收入。这样既可以促进劳动力的就地转移，缓解了城市就业的压力，也可以增加农村劳动力进行人力资本投资的资金。

7.2
建立有利于人力资本积累和使用的收入分配机制

无论是个人还是企业，进行人力资本投资的目的无疑是获得相应的报酬，因此，要使人力资本投资机制保持顺畅，能够获得必要和应得的收入也是人力资本投资的一个重要环节。从而，建力有利于人力资本积累的收入分配机制是非常必要的，只有这样，投资者才能获得合理的报酬，也才能激励他们不断地进行人力资本投资，更好地促进经济的发展。

7.2.1 三元经济下的收入分配机制

在三元经济下，生产要素的积累已经从物质资本的积累转向了人力资本的积累，在宏观层面上，人力资本的积累将成为促进经济发展的主要动力；在微观层面上，人力资本的积累成为劳动力流动的前提和取得收入的手段，只有拥有相应的人力资本，劳动力才能克服"双峭壁"，实现部门之间的顺畅转换。因此，三元经济下的收入分配机制必须是有利于人力资本积累的合理体系，主要包括以下四个方面的内容。

首先，确立知识积累的核心地位。在三元经济下，经济的增长更加依赖于知识的生产、扩散、使用和更新，从而使得知识和技术的积累占据了经济生活的主要地位，成为经济发展的核心。正如美国科学、工程与公共政策委员会在一份报告中所指出的："从科学研究和发展活动中产生的新知识已成为了促进产业成功的主要贡献者。"格林斯潘曾指出，在美国，劳动生产率提高的50%来自高技术对传统部门的改造。

其次，明确收入分配的价值导向。在三元经济下，经济发展的中心事实是收入分配变得有利于知识阶层。这是因为，知识阶层是知识积累和进步的源泉，无论是谁，只要拥有了知识和技术，就拥有了价值分配的权力。微笑曲线①（见图 7 - 1）很好地描述了这一问题。在图中，我们可以看出，高附加值过程在于信息整合、研发、模块生产和服务，产业竞争的是质量、产品开发，而不是价格，而低附加值过程集中于组装、生产等工序。不难看出，从低附加值工序到高附加值工序，越来越少地依赖物质资源，越来越多地依赖知识和技能即人力资本，而恰恰是附加值高的环节攫取了高额的利润。以计算机行业为例，英特尔和微软这样的上游公司物质资源的消耗最少，却能获取整个产业70%以上的利润；生产主板、内存、硬盘的韩国企业和中国台湾企业获得20%以上的利润，而中国的加工组装企业却只能获得6%左右的利润。同时，从时间维度来看，在 20 世纪 60 ~ 70 年代，微笑曲线的弯曲程度比较平缓，表明各环节的利润差别还不是很明显，而现在，微笑曲线的弯曲程度变大，各环节的利润差别也明显扩大，这无疑是知识经济带来的显著影响。由此可见，收入分配正向知识型和技术型转变，知识阶层正是在创造财富的过程中起到了核心作用，从而得到了获取更多收入分配的话语权。

---

① "微笑曲线"是中国台湾宏基公司董事长施振荣先生最早提出的，用来描述生产个人电脑的各个工序的附加价值特征。

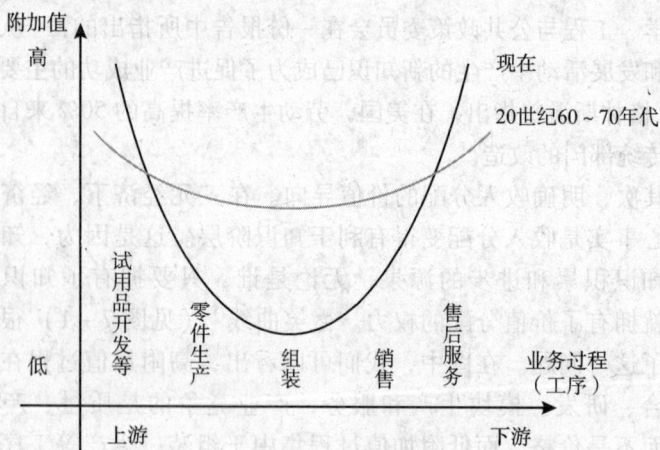

图 7 - 1　微笑曲线

资料来源：关志雄，2004，http://www.rieti.go.jp/users/kan-si-yu/cn/c040116.html #picth1。

　　其三，定位收入分配的政策导向。知识的积累换一种角度说就是人力资本的积累，在三元经济下，人力资本的重要承载者成为有别于资本家的知本家，而经济发展的关键就成为了解知本家的收入水平的提高对社会人力资本投资的价值以及知本家创新的积极性。政府在政策导向方面可以发挥很大的作用，良好的政策导向应当能够保证知本家拥有投资——收益的权力，鼓励全社会尊重知识劳动者，重视人力资本积累，也应当能够激发知本家创新的积极主动性。

　　最后，更新收入分配的公平标准。公平不是一个绝对的概念，而所说的起点公平、过程公平和结果公平也永远只能是一种人为的价值判断，在不同国家的不同发展阶段应该有不同的标准。尽管我们在发展经济的同时必须注重公平，但是，在一个知识对经济发展具有核心作用的时代，同知识积累、技术创新相一致的不平等应该是三元经济社会所鼓励的不平等，这在某种程度上也是公平的。可以说，有利于人力资本积累的收入差距和不公在一定程度内是合理的。

7.2.2　建立有利于人力资本积累的收入分配机制的具体要求

为了实现上述收入分配机制，促进人力资本积累，国家可以在以下几个方面做出努力。

首先，国家应当为人力资本产权的自由交易提供保护。由于人力资本具有与其载体不可分割的特性，因此，人力资本的所有权都隶属于劳动者个人所有。尽管这一特性的存在不利于人力资本投资的资本市场的形成，但是，对劳动力个体来说，却具有能动的激励作用。因此，保障劳动力的人力资本产权的自由交易可以有效地激励个人充分地使用人力资本，以获得最合理的报酬，从而鼓励他们进行更多的人力资本积累。如果人力资本的所有者对人力资本的使用存在障碍的话，那么，人力资本产权就会出现"残缺"，这将严重地削弱劳动力的质量，也将阻碍劳动力获得收益。例如，由于劳动力市场制度分割的存在，劳动力无法在职业或者地区之间进行转换，从而无法发挥人力资本的配置能力，约束了人力资本生产能力的发挥。中国城乡户籍制度、性别歧视、行业的行政进入壁垒、信息不对称等因素的存在无疑限制了人力资本产权的自由交易，在很大程度上损害了人力资本获取收益的权利，如果没有相应的机制来纠正这一扭曲的话，人力资本所有者就无法从自己所拥有的人力资本产权中获益，这就很可能导致整个社会的人力资本投资大大低于本来可以实现的水平。鉴于此，国家应当积极创新劳动力资源配置机制，促进人力资本配置能力的发挥和提高，使他们能够充分地流动。其一，通过消除劳动力市场分割，完善市场化程度，实现通过市场配置人才的机制。其二，健全劳动力市场网络，增强劳动力市场信息透明度，改善人力资本配置的管理，降低人力资本配置的成本和不确定性。其三，加强劳动力市场的法制建设，维护市场秩序，保护劳动力合法权益。其四，提高劳动力市场的服务质量，以人才市场等机构为基础为供需双方搭建自由平台。

其次，逐步建立和完善符合中国国情的知识产权法律和政策体系，提高全社会的知识产权保护意识，保证知本家或者技术发明者获得足够的报酬。知识产权制度不是把一切知识都保护起来，它本质上是一种激励机制，鼓励创新，保护创新，而不是一种垄断。尽管从某种角度来说，知识产权的存在反对模仿和复制，从而打击了一大批企业，影响一些地区的经济发展，但是，从长远来看，中国要想在国际技术领域的高端占有自己的一席之地就必须坚定不移地完善知识产权保护制度，因为知识产权保证了创新者回收资金，获取收益，从而继续鼓励下一轮的创新。当然，知识产权保护的使用并不是直来直去的，需要采取多种多样的形式，否则可能连市场都打不开，成本都收不回来，更别说激励创新了。从整个社会的角度讲，研究知识产权保护战略对中国这样一个后起国家更加重要。在三元经济下，知识产权保护战略的实施旨在扭转中国企业高销售低利润的不平衡局面，加大对拥有自主知识产权型企业的扶持力度，形成一批能带动行业发展、能体现中国科技实力并参与国际竞争的创新型企业。另外，中国还应当尽快完善知识产权法中关于产权转让、利润分配、成果管理实施和保护的内容，以确保各个创新者能够真正获得应有的利润。最后，中国还应当在加强知识产权保护的基础上，促进知识产权进一步的流动化，增强知识产权交易的自由度，使知识产权更容易转让给企业，从而使创新技术尽快地转化为技术产品。

其三，建立和健全国家的技术创新体系，加快知识和技术的创新及应用。第一，政府应当将资源配置和公共服务向自主创新型企业转移，积极为技术创新提供良好的基础设施和制度环境，鼓励企业进行自主创新。例如，出台一系列鼓励创新创业，扶持高新技术产业、企业发展的优惠政策、行政法规和地方性法规等；集中人力和技术资源，规划和完善科技园区建设；加快为科技创新提供金融支撑的风险投资制度的发展，以便促进为科技型企业筹资和转移风险的二板市场的发展。在这一问题上，新加坡政府的经验很值得借鉴。近五年来，新加坡政府修订了相关的法律和规定，出台了一系列重大举措，例如，建立风险投资基金，与风险投资商共同投资技术起步公司；按比例支付中小企业的技术更新和技术咨询费用等；允许个人利用祖屋住宅（在限定的行业）创办公司，大力弘扬创业文化；扶持创新产业的发展；发起多项融资计划，牵线搭桥，设法解决小企业融资难的问题。① 第二，采取多种措施和创新政策（例如，设立创新人才奖）鼓励人才进行技术创新，推动科技界学术共同体评价体系的建立，发现、培养并鼓励创新型人才。新加坡经济发展局从 1997 年开始就设立"亚洲创新奖"，树立了注重创新的国家形象。最近，新加坡还专门设立了"研究、创新及创业理事会"，为政府在国家研究、创新及创业的策略上提供咨询，同时还设立了"国家研究基金"，以资助长期性的策略研究项目。为了更好地吸引创新人才，新加坡人力部还在海外设立了 9 个"联系新加坡"的据点，作为吸引和引进海外专业人才的前哨。相应的，中国中央及各地政府也对此做出了积极的努力。深圳从 2006 年起设立了"产业发展与创新人才奖"，其奖励范围涵盖了科研、文化、管理等方面的创新领域，每年安排 2 亿元的专项资金用于奖励 1 万名创新型人才。四川省也设立了"四川杰出创新人才奖"，用于表彰在经济建设中做出贡献的杰出人才，鼓励人才进行创新创业。当然，这些人才奖的设立不能流于形式，要严格人才选拔和考核关，尽快形成公正、科学、严格的人才评价体系。第三，在加大政府科研投入的同时，鼓励和引导产、学、研相结合的科研开发体系的形成，从而使技术创新既能适应市场需求，又能尽快地转化为现实的生产力。尽管中国在近几年不断地加大对高校的科研投入，

---

① 张亮："重视人力资源发展创意产业——新加坡创新政策"，《科技日报》，2006－01－16。

但是，资金不足依然是公认的导致大量科技成果产业化进程缓慢的原因。在 1999 年各国投入高校的研发经费中，美国为 340 亿美元，日本为 170 亿美元，德国为 86 亿美元，而我国仅为 12 亿美元，只有美国的 3.5%，日本的 7.1%，德国的 13.9%。[①] 可见，继续加大科研经费投入依然是中国政府今后面临的任务。另外，长期以来，中国的科研制度树立的是一种荣誉意识，科研工作者创新可以获得政府的奖励，得到社会的认可，而这项成果究竟在多大程度上能够转化为产品，是否满足广大人们的需求却无从谈起，因为科研工作者无须顾忌研究成果的转化、生产和销售，而研究经费也多来自政府、学校等机构，不需要考虑成本是否能够回收的问题，在这种情况下，科研人员既没有激励机制也没有约束机制，这就很容易导致研究成果脱离市场的需要。有数据显示，目前，中国的科技成果转化率比较低，有的地方甚至不足 20%，而转化后能产生经济效益的又只占被转化成果的 30%，最终只有约 10% 的成果能取得效益。另外，急需技术的企业又非常缺乏科研的实力，进行自主创新存在着较大的阻碍。因此，要改变这一尴尬的局面就必须在彻底改变科研经费的投资方式的基础上，建立以企业为龙头的产、学、研开发体系。这样，企业、高校、科研人员都能够真正地受到激励和约束，形成"投资—研究—转化—效益—再投资"的良性循环。

最后，探索人力资本参与经济和获取收益的多种产权激励方式。20 世纪 70 年代以来，随着信息技术革命的发展，发达国家企业的收入分配模式也相应地发生了变化，管理权分享、所有权分享、市场价值分享等模式都逐渐流行起来。在美国，50% 多的上市公司实行了职工股票期权制度；在德国，85% 的员工参与企业的管理；在法国，60% 以上的上市公司实行利润分享制。而在高技术企业，这一分配模式发展更快，比例更高，2000 年美国企业高层管

---

① 赵沁平："抓住机遇 深化改革 开创高校科技创新工作新局面——在高等学校加强科技创新工作座谈会开幕式上的工作报告"，http://202.205.177.129/keji/kyzhidu/06_3.htm，2002-07-31。

理人员的股票期权收入超过其基本工资（何传启，2001）。无疑，这种新的收入分配模式的出现，是由知识和技术在经济发展中的核心地位决定的，知识资本已经逐步取得了与物质资本相同甚至更加重要的分配地位。从制度经济学的角度来看，人力资本所有者（在企业中就是拥有管理、技术知识的企业家）拥有产权，是现代市场经济的必然要求。人力资本所有者拥有实际的控制权和剩余索取权是人力资本地位的不断提高在企业治理中的重要表现。因此，在三元经济条件下，若要实现经济的持续快速发展就必须营造使一切知识、技术、管理等要素竞相迸发活力的社会环境，而其最根本的内容就是在确立人力资本产权的前提下，鼓励管理、技术等生产要素参与收益分配。这也就是中国政府所提出的 "按贡献分配" 的收入分配方式。为了建立和完善新的收入分配方式，鼓励人力资本参与经济活动和获取收益，关键的问题就是，以产权激励的方式实现收入分配制度改革的有效突破。其一，构筑中国人力资本出资制度，促进具有专业知识和技术的高层次人才参与企业（尤其是知识型企业）的运营和管理。人力资本出资是指人力资本所有者以其自身的知识、技术、管理经验等进行出资的行为。构筑人力资本出资制度就是建立关于人力资本出资的种类、出资的程序和保护、管理等问题的制度。关于人力资本出资问题，中国现行的法律还没有明确的规定，因此，当务之急是明确人力资本出资的合法性和确立人力资本的评估规则等。其二，鼓励企业进行人力资本激励多元化，适时地加大股权激励比重，完善多种人力资本分享企业剩余的分配方式。人力资本参与收益分配的方式不仅仅是权力方式（例如经营者和科技人员持股制、股票期权制等），还包括货币方式（工资、奖金、补贴、各种福利奖等），相应的，其所对应的收益被称为人力资本的资本收益和货币收益。人力资本究竟以何种方式参与分配，取决于所提供的人力资本的种类，人力资本越是特殊，对企业的价值越大，就越有可能以权力的方式参与分配。反过来，究竟以何种方式激励人力资本所有者也取决于人力资本的重要性，不同的企业应该有不同的人力资本激励方式，同一企业对不同种类的人力资本也应当有不同的激励方式。由于人力资本是蕴涵在人体内部的，激励人力资本所有者也必须从所有者的偏好和需求出发，可以毫不夸张地说，有多少人力资本所有者就应该至少有多少种人力资本的激励方式。然而，就中国目前来说，有关人力资本出资的立法尚未制定，许多人力资本参与收益分配的方式还不成熟，因此，在借鉴国际经验的基础上，人力资本的出资和参与企业收益分配尚需在政府的指导下进一步摸索和试行，不主张在短时期内全面实行这种制度。

7.3
根据人力资本和产业状况制定长期和中短期的人力资本发展规划

人力资本从决策到投资再到形成和使用是一个长期的过程，如果人力资本产出的能力和速度跟不上产业结构的调整和发展，那么，整个经济的发展就会受到阻碍；如果人力资本产出的结构不得当，经济体中还可能同时存在着人力资本的短缺和浪费。此外，市场失灵使得单纯地依赖以市场价格信号为导向、以成本—收益为分析方法的微观主体来调整整个社会的人力资本是不够的。因此，根据中国的现实情况，为了促进中国经济的稳定和持续发展，国家应当制定人力资本的长期和中短期发展规划。其目的是在现有人力、物力和财力资源的基础上，进行最佳的人力资本投资和使用，从而发挥动态经济发展中人力资本积累和使用的最佳效益。

7.3.1 设计和规划中国的人力资本投资和积累战略——人力资本分散投资和集中投资相结合战略

整个社会的人力资本有两个部分组成：劳动力数量和人均资本

存量，即 $H = \bar{H} \cdot L$，其中，H 为全社会的人力资本；$\bar{H}$ 为人均人力资本；L 为全社会的劳动力。在社会劳动力总量不变的情况下，人均人力资本数量越大，整个社会的人力资本总量就越大。因此，对一国来说，提高人均人力资本的数量可以提高人力资本总量，从而为社会经济的发展积累更多的人力资本。然而，从整个社会的人力资本结构来看，人均人力资本并不能真实地反映一国的人力资本水平，因为同样的人均资本可能有着差异巨大的人力资本分布。在资源既定或者稀缺的情况下，如何将资源分配到全社会的人力资本投资中去，就决定了不同的人均资本分布，从而决定了人力资本对经济增长贡献的大小。类比经济增长理论中关于资本的论述，我们将更多的人拥有人力资本称为人力资本的广化，而为个人配备更多的人力资本称为人力资本的深化。相应地，一国的人力资本投资和积累就存在着两个主要的方向，形成了两种不同的人力资本投资战略。当更多的资源用来对少数人进行集中的人力资本投资时，这种人力资本投资战略被称之为"人力资本集中投资战略"；当更多的资源用来对大多数人进行分散的人力资本投资时，这种人力资本投资战略被称之为"人力资本分散投资战略"。①

　　这两种投资战略之所以不同是由于存在着"S"型的人力资本学习曲线效应。这一学习曲线的含义是，随着劳动力知识的增加和积累，人力资本的资产边际收益首先会快速地递增，而当到了一定程度之后，边际收益出现递减。也就是说，在整个社会的劳动力数量既定的条件下，在某一人力资本水平之后对少数较高层次的人进行集中的人力资本投资可以使整个社会人力资本的资产边际收益迅速增加，从而更快地提高了经济增长，此时集中性的人力资本投资对经济增长带来的贡献更大。但是，当人力资本投资达到一定的水平如 H^* 之后，对少数人的集中性投资的边际收益开始递减，反而

---

　　① 参见张耀辉："劳动力密集型产业与第二产业的人力资本投资"，http://www.51start.net/IEEE002/9.pdf。

不如对新的大多数人进行人力资本投资的边际收益大，此时，进行分散性的人力资本投资，推动人力资本的广化可以形成对经济增长更大的贡献。对广大发展中国家来说，由于劳动力资源的整体素质不高、初始的物质资源稀缺，国家对人力资本的投资通常会陷入两难的境地。如果集中性地对少数人进行人力资本投资，虽然高层次人才可以在专业领域做出更大的贡献，但是，从长期来看，如果国家在制定人力资本投资战略时，只看到短期收益，而忽视基础投资的话，那么，不仅后半部分的学习曲线效应无法利用，而且劳动力资源优势很难转变成人力资本优势，经济的持续发展就会因为缺乏后续人力资本的积累而受到阻碍甚至陷入停滞。但是，另外，如果过早地大规模地对整个社会实行分散的人力资本投资，较低层次的劳动力市场上就会出现供需失衡，尽管它可以降低劳动力成本，有利于一国通过劳动力成本优势打入国际市场，但却不利于一国经济的健康持续发展，现有的资源更难获得最佳的经济效益。由此可见，长期内，任何一种人力资本投资战略实施的不当都将最终影响经济的可持续发展。

这里，我们将通过比较中国和印度目前的教育现状来获得更为具体的认识。中国人口约 13 亿，印度约 10 亿，两国人口约占世界总人口的 38%。中国成人文盲率不到 15%，而印度成人中的文盲率却高达 40%，平均教育水平低于中国。中国自 1999 年以来，高等教育的规模迅速扩张，据统计，截至 2002 年秋季，全国各类高等学校在校生已达 1 600 万人，比 1998 年翻了一番多，高等教育毛入学率由 1998 年的 9.8% 提高到 2002 年的 15%。① 而在印度，尽管它的全民教育并不发达，但印度的高等教育非常发达，每年培养大学毕业生达 310 万，印度有 7% 的青年人能上大学，而中国只

---

① 但锋："高等教育大众化时代成人高等教育的发展思路"，《陕西师范大学继续教育学报》，2003 年第 3 期。

有 5%。① 从这些数据来看，中国更加偏重的是大众教育，而印度推行的是一种精英教育。为了说明主要问题，我们可以将这两种教育近似地看做人力资本分散投资和集中投资战略在两个国家的具体表现，中国的教育投资更偏重的是多数人，而印度的教育投资更偏重少数人。正是这两种不同的人力资本投资方式形成了两种不同的人力资本分布，从而支撑了两种不同的产业发展模式。从产业来看，中国的服务业在 GDP 中的比重只有 34%，而印度的服务业占据 GDP 的 50% 以上，工业和农业则分别只有 25% 和 22.8%，中国号称是 "世界工厂"，而印度号称是 "世界的办公室"。一直以来，中国依靠廉价的劳动力资源优势，成为国际市场上的出口大国，而与巨大的销售额形成鲜明对比的是可怜的利润值。而与制造业相比，服务业更多地属于知识产业，对劳动力的素质要求高，利润也丰厚。尽管印度的全民教育水平不如中国，它却在生产技术复杂且又具有高附加值的产品中十分成功地取得了相对优势。1990 年，当印度的信息技术产业作为一个新兴产业出现时，它创造的产值还不足 20 亿卢比。但此后它以每年高于 50% 的速度持续增长，1990 ~ 2000 年创造的产值超过 2 450 亿卢比。② 目前，印度已经成为全球第二大软件大国，2003 年有 2 万美国人的税表财会统计是在印度完成的，当大部分中国人对此还缺乏基本知识时，印度却已经捷足先登了。印度的软件开发也要领先中国 3 ~ 5 年。③ 必须承认的是，正是印度初期在供给高级受训科技员工方面的优势，才使其迅速扩大信息技术这项高技术密集型的活动成为可能，对少数人集中性的人力资本投资在软件业发展中功不可没。有数据显示，虽然印度 10 亿人口中近一半是文盲，但却拥有 50 多万合格的软件人

---

① 于海莲、杜振华："中国和印度截然不同的经济发展战略"，《世界经济与政治》，2004 年第 6 期。

② 史妍嵋："中国与印度经济发展之比较"，《新视野》，2004 年 6 月。

③ 于海莲、杜振华："中国和印度截然不同的经济发展战略"，《世界经济与政治》，2004 年第 6 期。

才，20 多万常驻海外的软件工程师。同时，在成功地进入软件生产和出口领域之后，印度继续加大了对信息技术培训的力度。现在，两个最大的信息技术公司合计每年要为 30 万名员工提供信息技术培训。[①] 到此，印度的成败得失不得不引起我们深思，尤其是当知识的核心地位在中国建立之后，中国的知识产业以及传统产业的改造都急切地需要高精尖人才来推动中国经济的发展，加大对一部分人才的选拔和集中性培养可以使中国的产业获得突飞猛进的发展。另外，印度也需要对整个国民的人力资本投资进行调整，精英教育已经使大量的农村和城市劳动力游离于高增长行业和现代工业之外，这不仅导致了第二产业发展的落后，还急剧拉大了国民的收入差距，对该国的后续发展和进一步的人力资本投资都产生了严重的负面影响。从长远来看，形成三元经济结构的中国和印度都会大力发展劳动密集型产业、技术密集型和智力密集型产业，努力实现三个经济部门的良性和快速发展。印度需要贯彻更加具有竞争力的改革措施才能追赶上中国在劳动力和技术密集型制造产业的增长步伐，而中国也需要优化人力资本投资政策，以加快知识产业的发展以及知识对传统产业的改造。

为了实现上述目标，建议中国政府在以目前的国力财力支持有效的"大众教育"的基础上重视"精英教育"，实行人力资本分散投资与集中投资战略相结合的人力资本发展计划，及时地调整人力资本投入方式，使更多的社会成员获得人力资本投资、使一部分优质劳动力获得更高水准的人力资本投资，从而优化人力资本投资结构，推动人力资本的快速增长，形成对经济增长更大的贡献。

---

① 赵玉勤：《知识经济条件下的人力资本问题研究》，湖北科学技术出版社，2002年10月版，第108～109页。

7.3.2 积极构建和整合不同层面的人力资本，"努力吸引增量，充分利用和开发存量"

由于人力资本的积累和形成是一个长期的过程，因此，整个社会人力资本水平的提高是缓慢的。从中国现有的劳动力资源现状来看，中国的劳动力资源良莠不齐，既有部分高精尖人才，也有大量的低层次的劳动力，还有大量流失的专业技术人才。同时，对低层次的人力资本来说，可能由于资金或者个人能力的约束无法形成更多的积累或者说更全面的积累。如果整个社会倾向于使用某些层次以上的劳动力的话，那么无论是高消费较高层次的劳动力还是将低层次的劳动力弃之不顾，都将造成整个社会的巨大浪费。面对这些问题，若要充分利用中国现有的劳动力资源，就应当"努力吸引增量，充分利用和开发存量"。"努力吸引增量"可以在短期内增加现有的人力资本存量规模，扩大经济发展的动力支持，增加通过劳动力的国际流动而带来的人力资本收益，并减少人才外流给国家造成的损失；"充分利用和开发存量"可以在现有人力资本的基础上达到人力资本的最佳配置和使用，提高人力资本形成、更新和使用的效率。基于上述目的，积极地构建和整合不同层面的人力资本，促进劳动力在协作分工的基础上进行紧密合作就显得尤为重要。

实际上，我们通常所说的产业的分工、企业的分工，归根到底指的是知识的分工协作，是人力资本的分工协作。通过人力资本的分工协作，首先，可以实现个体优势的发挥、能动性的集中和技能的深化。人力资本所有者个体的精力是有限的，在有生之年，没有人能够拥有一切领域的一切知识，也就是说，一个人不可能既是通才又是专才。另外，个人的人力资本自然禀赋也是不同的，从而他们所获得的人力资本种类也是不同的。因此，如果人们能够有秩序地进行分工协作，那么，人力资本投资者就可以获得最大的人力资本生产能力。其次，人力资本的分工协作将整合群体的智慧，使得人力资本发挥巨大的协同效应。人力资本之间的合作可以达到"1+1＞2"的作用。最后，人力资本的分工协作可以使参与分工的劳动力获得人力资本的外溢效应，从而增强了自身的学习能力和知识积累、应用以及更新能力。如此一来，人力资本的分工协作既能满足在短期内发挥现有人力资本生产能力的要求，又能满足在长期内积累人力资本的要求。

那么，如何根据中国的劳动力资源和产业发展现状，构建和整合现有的人力资本呢？

第一，针对现有的经济和产业结构发展状况有计划、分层次地引导和构建不同层面的人力资本结构。就中国目前来说，知识部门需要大量的高级人才，而正在知识化的农业和工业部门也急需熟练的技术工人。如果说高精尖人才是需要通过长期的正规教育来培养的，那么绝大多数的技术工人相对来说投资周期较短。因此，国家应当一方面引导适度的人接受长期的正规教育，以克服"峭壁Ⅰ"过程，另一方面引导和支持一部分人转向针对性和专业性较强的非正规教育和培训等，以克服"峭壁Ⅱ"过程。① 特别地，在中国这样一个非常重视正规教育的国家，正规教育的"路径依赖"效应和对接受正规教育者的社会尊重意识已经使许多潜在的学生和现有的专业技术工人的人力资本投资和配置行为发生了偏离，从而导致了技术工人的严重短缺，制约了产业升级的进程。例如，对一个具备专业技术潜质的学生来说，很有可能相对高估了自己从事正规高等教育的收益，而低估了自己接受职业技术教育的收益，进而放弃了对自己有利的人力资本投资。面对这种局面，政府的扶持和重视无疑可以起到举足轻重的作用。可见，在加快正规高等教育发展的

———————————

① 需要说明的是，接受正规教育的人也可能选择流动到工业部门，接受非正规教育的人也可能选择进入到知识部门，这都不是绝对的。

同时，必须重新认识非正规教育和培训对经济发展的重要性。应对中国工业和农业部门升级的要求，加强非正规教育不仅仅是为了改善中国今后的人力资本投资结构，而是成为促进和支撑经济发展、产业结构调整和升级的一种战略措施。职业教育是一种主要的非正规教育，可喜的是，从 2002 年全国职业教育工作会议以来，中央各有关部门加大了对职业教育的支持和发展力度。有资料显示，财政部 2002 年以来先后安排了大量资金支持职教发展，2005 年安排 7 亿元资金用于支持职教实训基地的建设，之后 3 年内将至少安排 21 亿元资金；国家发改委于 2001 年、2003 年共安排国债资金 8 亿元支持职教发展，2004 年又提出实施"推进职业教育发展专项建设计划"，将连续 4 年每年用 5 亿元的国债，在全国支持 1 000 个县级职教中心建设，从今年算起 3 年将达到 15 亿元。另外，国务院扶贫办、农业部和交通部等有关部门也安排了资金支持职业教育和培训。[①]

第二，采取积极的政策和措施鼓励和促进产业集群[②]的发展，吸引海内外人才，整合不同层次的人力资本。

首先，在集群内部，产业和企业的集聚可以产生一系列降低生产成本的外部经济，从而吸引人才的集聚，为整合人力资本提供了良好的实现平台。尽管信息技术的发展相对缩短了空间的距离，但是，一般来说，要实现多层次人力资本的合作仍然必须首先具备一个分工与协作的物理场所，而要成为人才云集的地点，这个场所必须具有强大的吸引力。集群的优势恰恰满足了这一点。例如，美国的硅谷就如同磁场一样吸引了大量国内外的专业化人才，其中，来自中国、印度、中国台湾和新加坡等国家和地区的人才已经成为美国硅谷的技术骨干，而信息产业的发展也派生了诸如投行、咨询、会计、律师业的发展，各个领域的人才云集于此，实现了人力资本

---

① 原春琳："中职更需要政府贴息的助学贷款"，《中国青年报》，2005 - 11 - 04。
② 产业集群是一个或者多个相关产业中的企业在地理区域上的集中，它的发展充分利用了不同层次的人力资本，促进了人力资本的生产（积累）、配置、使用和更新。

的分工与协作。具有中国"硅谷"之称的北京中关村的吸引力也不断加强。有调查显示，现在海外留学人员80%希望回北京创业，其中60%把中关村作为发展事业的首选之地。可见，建设一个良好的人才平台，不仅可以整合国内的人力资本，还可以吸引国外优秀的人力资本增量融入中国的经济建设中，这还有利于减少人才流失给中国造成的损失。

其次，产业集群提供和增强了人们获取知识与信息的途径和能力，促进了人们学习能力的提高。由于集群是建立在分工协作的基础上的，而劳动力作为分工与协作的物质载体往往自觉或不自觉地嵌入到复杂密集的经济、社会和人际网络中，随着"知识外溢效应"的不断增强，他们不仅能方便地获取信息，学习他人的技术能力，还能增强对市场需求的敏锐性，更快地使自身的综合能力得到提高。同时，切实地与具体问题打交道往往能够学到学校教育无法给予的知识和技术。实际上，许多层次较低的劳动力都是通过这种方式获得成功的。在北京中关村，一大批昔日的"泥腿子"已经逐渐变成了业界杰出的企业家。不可否认，集群为中国劳动力的成长提供了一条有效可行的途径。

最后，不同层次的人力资本在集群升级机制的压力下，形成了"由高到低，由集中到扩散，再由高到更高"的人力资本更新机制，显现出集群整体人力资本的梯次更新结构。一般而言，集群内部是由不同产业环节的上下游企业组成的，在某种程度上，随着附加值高低的变化，人力资本层次也是由高到低的。随着时间的推移，集群内外部经济（知识与信息共享、集群网络、交易成本降低等）的存在使得低层次的劳动力能够在不断协作的基础上加快对高层次知识和技术的学习和积累，从而使得低层次的人力资本不断积累和更新；而另一方面，劳动力追求人力资本异质以获得竞争优势的内在压力促使高层次的人力资本所有者坚持不懈地对原有的技术进行改造和创新，不断提高自身拥有的人力资本水平。这样，从长期来看，集群内部的人力资本将从高到低进行扩散，而高层次的人力资本又会积累和更新到更高层次上，继续扩散，从而形成了梯次更新的人力资本积累和更新机制，促进了集群整体的人力资本水平的提高，本书将这种效应称之为"螺旋上升的扩散效应"。

由此可见，通过产业集群推动人力资本分工协作模式的建立，有利于更好地利用中国人力资本高低不齐的现象，优化人力资本配置，也有利于促进所有层次的劳动力的人力资本积累和更新，提高人力资本的生产效率，为经济发展做出更大的贡献。在这一整合人力资本的过程中，合理规划和采取优惠政策进行园区建设，提供良好的基础设施，完善服务和行会制度等措施将推动集群的发展，增强集群的吸引力，为整合人力资本营造良好的政府环境和产业环境。

第三，鼓励企业采取外包、技术合作等方式建立产业链、价值链、资本链、品牌链、商业链，整合具备不同能力的人力资本，建立国内国际人才链，充分发挥各层次劳动力的才能和技术。通过这些链条可以将多种层次的人力资本串联起来，将创新和研制高附加值产品的高技术人才、善于运营和管理产品销售和服务的经营人员与具有较低成本优势的劳动力充分地整合与利用。附加值低的企业可以通过嵌入大公司的链条获得生产优质产品的机会，而附加值高的知识型企业可以通过外包生产等环节降低成本。这一方式类似于集群方式，只不过没有地域上的要求，还可以扩展到与国际公司进行合作，充分构建人力资本的合作网络。在这个过程中，低层次的劳动力可以通过与高层次劳动力合作的机会了解市场动态、积累知识和技术。特别地，从发展中国家发展的现实来看，整合外流人才是整合人力资本建立人才链的重要内容。在印度，每年约有 10 万名专业技术人员得到美国的签证，而为这些人提供大学教育所需的资金给印度造成了每年 20 亿美元的损失。为此，印度采取了积极主动的措施吸引外流人才，目前，在世界范围内的印度专业技术人员已经开始投资于印度国内的技能发展，不仅增加了捐款，还加强了对印度高等教育的投资，正帮助建立五所全球性的科学技术学院。韩国已集中对国内的研究机构进行环境制度的升级，并承诺给予外流人才在海外相当的报酬和更好的工作环境以及解决住房和子女上学等问题。20世纪60年代拥有博士学位的韩国科学家和工程师中，只有16%从美国回到了韩国。到80年代这一数字增长了2/3。[①] 但是，无论是印度的鼓励回国投资还是韩国的鼓励外流人才回国，他们似乎更希望海外人才进入自己的跨国人才网络，从而为国家的建设贡献更大的力量。这实际上也体现了三元经济条件下减少人才流失的新内容。

7.3.3 根据劳动力资源现状，平衡考虑中国的就业和发展

在第3章中，本书曾指出发展中国家存在着"发展与就业的可能性悖论"。也就是说，发展中国家人口众多，若要充分利用劳动力资源的低成本比较优势，就应当大力发展劳动密集型产业，但这从长期来看，一味地定位在价值链的低端环节只能获取微少的利润，降低了经济扩张的后续动力，不利于国家产业的升级，从而降低了国家的竞争优势。而另一方面，如果一国为了提高自身的竞争优势，而大力发展技术或智力密集型的产业，则会将大量低层次的劳动力排斥在外，不仅降低了本国的劳动力成本优势，而且将导致社会更大程度的失业和贫困。情况更糟的是，如果一国人力资本的积累和使用不足以支撑这些产业的发展，不但增加就业的目标难以实现，就连短期内的发展也会陷入危机。

因此，对包括中国在内的发展中国家来说，如何平衡发展和就业之间的关系显得尤为必要。解决这一问题的思路是，在稳定就业的基础上，着眼于长期的发展，平衡中短期和长期的收益。

---

① 联合国开发计划署：《2001年人类发展报告：让新技术为人类发展服务》，中国财政经济出版社，2001年9月，第92页。

首先，考虑到中国劳动力资源丰富的现实，在短期或者今后较长的一段时期内仍然要鼓励劳动密集型产业的发展，促进广大劳动力的就业。放眼全国，中国还存在着大量的城镇劳动力失业现象，农村仍然存在大量的剩余劳动力，农民工在流动中也难以找到稳定的就业机会，不少人依然处于失业状态，在这样的发展阶段上，我们必须重视解决这些人的就业问题。尽管近几年来，中国在自主创新和品牌建设方面取得了很大的成绩，但是，劳动力的低成本优势依然是中国绝大多数企业生存和发展的手段，也是吸引发达国家向中国进行产业转移的主要动力，劳动密集型产业也就自然地成为吸纳大多数人就业的主要途径。如果我们仅仅是因为附加值低或者感到受发达国家的盘剥而放弃劳动密集型产业的话，就会造成中国大规模的失业，影响整个社会的稳定。同时，由于中国的知识、技术和人力资本基础尚未达到与发达国家相匹敌的程度，放弃成本的比较优势还会限制中国目前经济的发展，从这个角度上说，就业与发展又是不矛盾的。另外，失业的增加还减少了社会收入，使普通劳动力陷入贫困，从而无力对人力资本进行投资，影响中国人力资本的积累和经济进一步的发展。当然，劳动密集型产业不是停滞不前的，也是在不断地接受知识的渗透和洗礼，但这一逐步的进程恰恰可以缓和较高层次的劳动力和技术工人短缺的局面。

其次，从长期来看，在发展劳动密集型产业的同时，要大力支持技术和智力密集型产业的发展，以提高中国的国际竞争力，实现可持续发展。之前我们已经提到，在当今世界，知识已经超越了资本，成为经济发展的核心，而谁拥有了知识就拥有了发展经济和控制经济的话语权。技术和智力密集型产业是知识在产业上的集中体现，由于它占据了价值链的高端，具有极高的附加值，从而可以带来丰厚的利润，极大地促进了社会再生产。同时，知识和技术的创新将推动该产业的持续发展，成为一国获得持续竞争优势的动力源。长期以来，中国劳动力资源丰富的现实，导致了绝大多数企业都依赖低成本优势打入国际市场，这种低层次上竞争不仅利润很少，而且招致了许多发达国家的反倾销惩罚。因此，鼓励中国技术和智力密集型产业的发展，应该成为中国发展战略的重要内容，只有提高竞争力，才能实现中国经济的可持续发展，才能在激烈的全球竞争中立于不败之地。另外，从特殊的角度来看，只要存在着合适的人力资本，发展的要求也可以促进就业，发展与就业也是不矛盾的。这是因为，自中国工业化开始以来，工业部门成为吸收劳动力的主要部门，但是，随着资本有机构成的逐步提高，资本对劳动力的替代性越来越大，这使得工业部门的边际就业弹性减小，对劳动力的吸纳能力下降，进而对低层次劳动力的就业产生了负面影响。但是，在三元经济条件下，加快技术和智力密集型产业的发展促进了工业部门的知识化进程，增加了对拥有较高人力资本的劳动力的需求，而在这种情况下，资本对人力资本的替代性大大地低于资本对简单劳动力的替代，因此，产业升级在减少低层次劳动力就业的同时，也增加了高层次劳动力的就业。而集中于知识的生产和使用的知识部门就更是如此。换个角度说，技术和智力密集型产业也可以称为"劳动密集型产业"，只不过这一产业是"拥有人力资本的复杂劳动的密集"而不是"简单劳动的密集"。

最后，寻求合理的分担微观主体人力资本投资成本的途径，解决发展动力（人力资本供给）提供与发展成本（主要是劳动力成本）上升的矛盾，扫除障碍，推动产业升级。

从发展的角度来看，政府需要促进产业的升级，但产业的升级必须有人力资本的支撑，而要尽快地将普通的劳动力转变为拥有人力资本的合适人才就必须建立人力资本的私人收益得到承认的人力资本投资制度。同时，"双峭壁"模式告诉我们，劳动力的流动并不是顺畅的，而人力资本的制约和人力资本的现状导致了劳动力市场上拥有人力资本的劳动力的相对短缺，抬高了知识劳动的成本。如果产业升级的速度赶不上劳动力成本增长的速度，那么，产业的利润就不足以弥补产业的整体成本①，中国也将失去承接国际产业转移的优势，从而阻碍了产业的升级和经济的发展。但是，如果不能保障人力资本投资者获取相应的收益，那么，他们就失去了进行人力资本投资的动力。② 在这种情况下，政府有必要采取一系列参与人力资本投资的政策（例如，提供农村青年培训、组建政府夜校、提供技术咨询和指导等），分担一部分投资成本。需要区别的是，这里的政府参与与前面解决微观主体投资资金约束的目的不同，为的是既能促进人力资本的投资，增加人力资本的供给，又能缓解整个社会劳动力成本的快速上升③。

总之，普通劳动力资源丰富和短期内无法实现迅速转变的事实要求政府积极地支持劳动密集型产业的发展，而提高国际竞争力构建持续性发展模式的长期目标则要求政府重视发展技术和智力密集型产业。因此，通过发展劳动密集型产业获得中短期的就业和发展收益，通过培育和尽快发展技术和智力密集型产业获得长期的就业和发展收益，实现动态的社会收益最大化和社会福利损失的最小化是中国政府的又一重大课题。

由于人力资本投资的长期性和复杂性，劳动力流动的"双峭壁"模式已经成为一个不可避免的客观事实，国家有责任也有义务采取一切可行的措施来缓解"双峭壁"所带来的消极影响，促进整个社会人力资本量的积累、结构的优化、利用率的提高和全面的更新，尽快使中国的劳动力资源优势转化为人力资本优势，使中国从一个劳动力资源大国转化为一个人力资本大国。

---

① 在"双峭壁"模式中，必须保证产业获得足够的利润，以促进工业部门和知识部门的扩张和升级。

② 这也与我们模式中"工资不是不变的"的假定相一致。

③ 当然，这只是短期内在某种范围内的做法，加快产业的升级，减少产业成本上升带来的利润空间的压缩才是长久之计。同时，这种方法也必须把握好方式和程度，应当合理使用，避免增强企业升级的惰性。

参 考 文 献

[1] Banerjee, A. V. , Newman, A. F. "Information, the Dual E-conomy, and Development". Review of Economic Studies 65, 1998, pp. 631 – 653.

[2] Banerjee, A. V. and Newman, A. F. "Occupational Choice and the Process of Development", Journal of Political Economy 58, 1993, pp. 211 – 235.

[3] Beatriz Carrillo Garcia. "Rural-Urban Migration in China: Temporary Migrants in Search of Permanent Settlement", Portal Vol. 1, No. 2. July 2004.

[4] Benjamin N. Dennis, Talan B. İscan. "Migration Costs, Partial Labor Mobility and Wage Gaps: A General-Equilibrium Appraisal with an Application to Farm Out-migration in United Stats". 2005.

[5] Borjas, G. "The Economic Benefits from Immigration". Journal of Economic Perspectives 9 (2), 1995, pp. 3 – 22.

[6] Bowlus A. J, Sicular T. "Moving Toward Markets? Labor Allocation in Rural China". Journal of Development Economics, Vol. 71, No. 2, August 2003, pp. 561 – 583 (23). Publisher: Elsevier Science.

[7] Brian Howe. "Working for the Future: Technology and Employment in the Global Knowledge Economy". Australian Journal of Political Science, 34, 3, Nov. 1999. Academic Research Library, pp. 438.

[8] Carrington, W. J. , E. Detragiache and T. Vishwanath. "Mi-

gration with Endogenous Moving Costs". American Economic Review 86 (4), 1996, pp. 909 – 930.

[9] Ce'cile De'tang-Dessendre, Carine Drapier, Hubert Jayet. "The Impact of Migration on Wages: Empirical Evidence from French Youth". Journal of Regional Science, Vol. 44, No. 4, 2004, pp. 661 – 691.

[10] Chris Manning. "Labor Mobility, Business Migration and Economic Development in the APEC Region". 2000.

[11] Christophe Z. Guilmoto. "Institutions and Migrations. Short-Term Versus Long-Term Moves in Rural West Africa". Population Studies, Vol. 52, No. 1, Mar. 1998, pp. 85 – 103.

[12] Christophe Z. Guilmoto and Frederic Sandron. "The Internal Dynamics of Migration Networks in Developing Countries". Population: An English Selection, Vol. 13, No. 2, 2001, pp. 135 – 164.

[13] Chun-Chung Au, Vernon Henderson. "How Migration Restrictions Limit Agglomeration and Productivity in China". Working Paper 8707, http://www. nber. org/papers/w8707, January 2002.

[14] Coulson, N. Edward, Derek Laing, and Ping Wang. "Spatial Mismatch in Search Equilibrium". Journal of Labor Economics 19: 4, 2001.

[15] Daron Acemoglu, Fabrizio Zilibotti. "Productivity Differences", 2000.

[16] David A. Plane; Gordon F. Mulligan. "Measuring Spatial Focusing in a Migration System". Demography, Vol. 34, No. 2, 1997, pp. 251 – 262.

[17] Desai, M. and Mazumdar, D. . "A Test of the Hypothesis of Disguised Unemployment", Economics, Feb. 1970.

[18] Dixit, A. K. "Optimal Development in the Labor-surplus Economy". Review of Economic Studies 101, 1968, pp. 23 – 24.

［19］Docquier, F. and A. Marfouk. "Measuring the International Mobility of Skilled Workers (1990 – 2000)". (Release 1. 0). World Bank Policy Research Working Paper No. 3381, August 2004.

［20］DOL of New Zealand. "Wage Growth-March 2005 Quarter". May 2005.

［21］Doug Wesley. "Retaining Workers in the Knowledge Economy". Information Outlook, Oct. 2000; 4, 10; Academic Research Library, pp. 34.

［22］Eli Berman, John Bound, Stephen Machin. "Implications Of Skill-biased Technological Change: International Evidence". Forthcoming Quarterly, Journal of Economics, November 1998.

［23］Emek Basker. "Education, Job Search and Migration". University of Missouri Working Paper 02-16, April 2003.

［24］Fields, Gary S. "Rural-Urban Migration, Urban Unemployment and Underemployment and Job Search Activity in LDC's". Journal of Development Economics, Vol. 2, No. 2, 1975, pp. 165 – 188.

［25］Francis Tuan, Agapi Somwaru, Xinshen Diao. "Rural Labor Migration, Characteristics, and Employment Patterns: A Study Based on China's Agricultural Census". TMD Discussion Paper, No. 63, November 2000.

［26］Fred Gale. "Manufacturing Employers Report Widespread Problems with Labor Quality". Rural Conditions and Trends, Vol. 9, No. 3, pp. 22 – 27. http://www. ers. usda. gov/publications/rcat/rcat93/rcat93e. pdf.

［27］Friedman E. , S. Johnson, D. Kaufmann, and P. Zoido-Lobaton. "Dodging the Grabbing Hand: The Determinants of Unofficial Activity in 69 Countries". Journal of Public Economics, 76, pp. 459 – 93.

［28］Galor, Oded and Daniel Tsiddon. "Technological Progress, Mobility, and Economic Growth". American Economic Review 87

（June），1997a，pp. 368 - 382.

［29］Genda, Yuji. "Japan: Wage Differentials and Changes since the 1980s," in Toshiaki Tachibanali ed. "Wage Differentials: An International Comparison", Macmillan Press: London. 1997.

［30］George McCarthy. "The Role of Unemployment in Triggering Internal Labor Migration". Working Paper No. 75, 1992.

［31］Georgescu-Roegen, N. "Economic Theory and Agrarian Economies". Oxford Economic Papers, 1960 (2).

［32］Gera, S. and K. Mang. "The Knowledge-Based Economy: Shifts in Industrial Output". Industry Canada, Working Paper No. 15, 1997.

［33］Gera, S. and P. Massé. "Employment Performance in the Knowledge-based Economy", Applied Research Branch, Research paper R-97 - 9E/F, 1996.

［34］Ghose, Ajit Kumar. "Jobs and Incomes in a Globalizing World". International Labour Office, 2003.

［35］Glaesser, E. L., D. Laibson, J. A. Scheinkman and C. L. Soutter. "Measuring Trust". Quarterly Journal Economics. August 2000.

［36］Gordon F. De Jong. "Expectations, Gender, and Norms in Migration Decision-Making ". Population Studies. Vol. 54, No. 3, Nov. 2000, pp. 307 - 319.

［37］Gupta M. R., "Rural-Urban Migration, Informal Sector and Development Polices: A Theoretical Analysis". Journal of Development Economics 41, 1993, pp. 137 - 151.

［38］Gustav Ranis. "Is Dualism Worth Revisiting?". http://ssrn. com/abstract =464240, 2003.

［39］Harry T. Oshima. "The Ranis-Fei Model of Economic Development: Comment ". American Economic Review. Vol. 53, No. 3, Jun. 1963, pp. 448 - 452.

［40］Hatton，Timothy J．，and Jeffrey G. Williamson. "The Age of Mass Migration：Causes and Impact". New York：Oxford University Press，1998.

［41］Herzog，H. W. and A. M. Schlottmann. "Migrant Information，Job Search，and the Remigration Decision". Southern Economic Journal，50，1983，pp. 43 – 56.

［42］Jackie Wahba. "Urbanization and Migration in the Third World". Economic Review，14（2），November 1996.

［43］Jamison，D. T. and L. J. Lau. "Farmer Education and Farm Efficiency". Baltimore：Johns Hopkins University Press，1982.

［44］Jeffrey Sachs，Xiaokai Yang，Dingsheng Zhang. "Globalization，Dual Economy，and Economic Development". http://www. china-review. com/execute. asp? path ＝/content ＿ files/yxk-3 – globalization. htm20010830/yxk – 3 – globalization. htm&luntantitle ＝ Globalization,％ 20Dual％ 20Economy,％ 20and％ 20Economic％ 20Development. 2000.

［45］Jie Zhang. "Urbanization，Population Transition，and Growth". Oxford Economic Papers 54，2002，pp. 91 – 117.

［46］John Knight & Lina Song. "Chinese Peasant Choices：Migration，Rural Industry or Farming". Oxford Development Studies，Vol. 31，No. 2，2003.

［47］John R. Harris and Michael P. Todaro. "Migration，Unemployment and Development：A Two-sector Analysis". The American Economic Review，Vol. 60，No. 1，1970，pp. 126 – 142.

［48］Johnston，D. W. "The Development of a Dual Economy". The Economic Journal，Vol. 71，1961，pp. 309 – 334.

［49］Johnstone，D. Bruce. "Student Loans in International Perspective：Promises and Failures，Myths and Partial Truths". http://www. gse. buffalo. edu/org/IntHigherEdFinance/textForSite/Student-

LoanInternatFinal. pdf, 2000.

[50] Judy McGregor, David Tweed, Richard Pech. "Human Capital in the New Economy: Devil's Bargain?". Journal of Intellectual Capital, 2004, 5, 1, ABI/INFORM Global, pp. 153.

[51] Katz, Lawrence, and Ana L. Revenga. "Changes in the Structure of Wages: The United States vs. Japan". Journal of the Japanese and International Economies, Vol. 3, 1989, pp. 522 – 553.

[52] Katz, Lawrence, and Kevin Murphy. "Changes in Relative Wages: Supply and Demand Factors". Quarterly Journal of Economics, CVII, 1992, pp. 35 – 78.

[53] Keiko Ito, Kyoji Fukao. "Physical and Human Capital Deepening and New Trade Patterns in Japan". NBER Working Paper, No. 10209, January 2004.

[54] Knight, J. , Song, L. "Chinese Peasant Choices: Migration, Rural Industry or Farming". Mimeo, Institute of Economics and Statistics, University of Oxford. 1996.

[55] Kodde D. A. "Uncertainty and the Demand for Education". Review of Economics and Statistics, 68, 1986, pp. 460 – 467.

[56] Krichel, Thomas and Paul Levine. "The Welfare Economic of Rural-to-Urban Migration: Harris-Todaro Model Revisited". Journal of Regional Science, 39 (3), 1999.

[57] Kritz M. M. and Zlotnik. H. "Global Interactions: Migration Systems, Processes, and Policies". From International Migration Systems: A Global Approach, Edited by M. M. Kritz, L. L. Lim, and H. Zlotnik. 1992.

[58] Levhari, D. and Y. Weiss. "The Effect of Risk on the Investment in Human Capital". American Economics Review, 74 (8), 1974, pp. 950 – 963.

[59] Llkka Tuomi. "Economic Productivity in the Knowledge Soci-

ety: A Critical Review of Productivity Theory and the Impacts of ICT". http://www. firstmonday. org/issues/issues9_7/tuomi/#t1.

[60] Lloyd G. Reynolds. "Economic Development with Surplus Labor: Some Complications". Oxford Economic Papers (pre - 1986), Mar. 1969, 21, 1, pp. 89.

[61] Lora, Eduardo and Olivera, Mauricio. "Macro Policy and Employment Problems in Latin America". WP - 372, 1998.

[62] Mark N. and Joanne Loundes. "Unobserved Heterogeneity and Inter-industry Wage Premiums". Melbourne Institute Working Paper No. 4/99. 1999.

[63] Mary M. Kritz, Lin Lean Lim and Hania Zlotnik. "International Migration Systems—A Global Approach". 1992.

[64] Massey, Douglas S. "Social Structure, Household Strategies, and the Cumulative Causation of Migration". Population Index 56 (1), 1990, pp. 3 - 26.

[65] Massey, Douglas S. , Alberto Palloni. "Studying Network Migration with Multistate Hazards Models". Working Paper, 1992.

[66] Massey, Douglas S. "Theories of International Migration: A Review and An Appraisal", Population and Development Review, 19, 3, 1993, pp. 431 - 466.

[67] Massey, Douglas S. "Patterns and Processes of International Migration in the 21st Century". Paper Presented at the Conference on African Migration and Urbanization in Comparative Perspective, Johannesburg, June 4 - 7. 2003.

[68] Masson, Paul R. "Migration, Human Capital, and Poverty in a Dual-Economy of a Developing Country". IMF, Working Paper WP/01/28, 2001.

[69] Melor J. W. , Stevens R. D. "The Average and Marginal Product of Farm Labor in Underdeveloped Economies", Journal of Farm

Economics, Volume 38, August 1956, pp. 780 – 791.

[70] Michael Enwere Dike. "Revisiting the Classics of Development Economics: Lewis's Surplus Labor Theory and Current Debates on Development". African Development Review, Volume 15, Issue 2 – 3, December 2003, pp. 297.

[71] Michael Spittel. "Testing Network Theory through an Analysis of Migration from Mexico to the United States". CDE Working Paper No. 99 – 01, 1998.

[72] Murphy, Rachel. "Return Migrants and Economic Diversification in Two Countries in South Jiangxi, China". Journal of International Development, 11, 1999.

[73] Niels-Hugo Blunch, Dorte Verner. "Sector Growth and the Dual Economy Model: Evidence from Côte d'Ivoire, Ghana, Zimbabwe ". http://www. worldbank. org/html/dec/Publications/Workpapers/wps2000series/wps2175/wps2175. pdf. 1999.

[74] Nurkse, R. "Problems of Capital Formation in Underdeveloped Countries". Oxford University Press, 1953.

[75] Oded Stark and J. Edward Taylor. "Migration Incentives, Migration types: The Role of Relative Deprivation". The Economic Journal, 101, September 1991, pp. 1163 – 1178.

[76] OECD. "Trends in international migration". Paris: OECD Editions, 2002.

[77] Portes, Alejandro. Ed. "The Economic Sociology of Immigration Essays on Networks, Ethnicity, and Entrepreneurship". Russell Sage Foundation, New York, 1995.

[78] Ralph Rotte, Michael Vogler. "Determinants of International Migration: Empirical Evidence for Migration from Developing Countries to Germany". IZA DP, June 1998.

[79] Razin, Assad, "Lifetime Uncertainty, Human Capital and

Physical Capital". Economic Inquiry 14, Sept. 1976, pp. 439 – 448.

[80] Richard Bilsborrow, John Oucho, and John Molyneaux. "Economic and Ethnic Factors in Kenyan Migration Movements". Easter Africa Economic Review 2. No. 1, 1986, pp. 31 – 50.

[81] Richard U. Agesa. "Migration and the Urban to Rural Earnings Difference: A Sample Selection Approach". Economic Development and Cultural Change, Vol. 49, No. 4, Jul. 2001, pp. 847 – 865.

[82] Robert T. Averitt. "The Dual Economy Twenty Years Later". Journal of Economic Issues, 1987.

[83] Ron Johnston. "Technology, Skills and the Changing Nature of Work". http://www. wa. gov. au/tiac/forum/reports/tech/report-0. 4html#P198_13800, 1997.

[84] Sabin, Lora L. "The Development of Urban Labor Markets in Contemporary China". unpublished Ph. D. dissertation, Harvard University, Cambridge, June 1995.

[85] Sarah Cook. "Surplus Labor and Productivity in Chinese Agriculture: Evidence from Household Survey Data". The Journal of Development Studies, 35, 3, Feb. 1999, ABI/INFORM Global, pp. 16.

[86] Sarbajit Chaudhuri. "Rural-Urban Migration, Informal Sector, Urban Unemployment and Development Policies—A Theoretical Analysis". Review of Development Economics, Vol. 4, 2000 (3), pp. 353 – 364.

[87] Schiff, M. "Social Capital, Labor Mobility, and Welfare: The Impact of Uniting States". Rationality and Society 4, 1992, pp. 157 – 175.

[88] Schiff, M. "Labor Mobility, Trade and Social Capital". Review of International Economics, September 2004.

[89] Skeldon R. 1990. "Population Mobility in Developing Countries: A Reinterpretation". London and New York, Belhaven Press.

[90] Snow, A. and R. S. Warren. "Human Capital Investment and Labor Supply under Uncertainty". American Economic Review, 1990, pp. 195 - 205.

[91] Spilimbergo, Antonio, and Luis Ubeda. "A Model of Multiple Equilibria in Geographic Labor Mobility". IMF Working Paper WP/02/31, 2002a.

[92] Stiglitz, Joseph E. "Alternative Theories of Wage Determination and Unemployment in LDC's: The Labor Turnover Model". Quarterly Journal of Economics, 88 (2), 1974, pp. 194 - 227.

[93] Taylor J. E. , Martin P. L. "Human Capital: Migration and Rural Population Change". Handbook of Agricultural Economics, 2001.

[94] Tisdell C. "Rural-urban Migration, Population and Labor Allocation: Labor Surplus Models and Alternatives". Indian J Quant Econ, 1988; 4 (2), pp. 15 - 27.

[95] Todaro, M. "Urbanization, Unemployment and Migration in Africa: Theory and Policy". The Population Council, New York, 1997.

[96] Uta Schönberg. "Wage Growth due to Human Capital Accumulation and Job Search: A Comparison between the United States and Germany". October 8, 2004.

[97] Vadim Kotelnikov, Founder, Ten-Business e-Coach. "Innovation Unlimited". http://www. 1000ventures. com.

[98] Viner J. "Some Reflections on the Concept of Disguised Unemployment". Indian Journal of Economics, Volume 38, July 1957, pp. 17 - 23.

[99] Vlad Manole, Maurice Schiff. "Migration and Diversity: Human versus Social Capital". Discussion Paper No August 2004.

[100] Wenfei Winnie Wang. "Urban-Rural Return Labor Migration in China: A Case Study of Sichuan and Anhui Provinces". http://

www. iir. ucla. edu/research/grad_conf/2004/wang. pdf, 2004.

[101] Williamson, J. G. "Migration and Urbanization". Dans Chenery, H. et T. N. Srinivasan, (éds.). "Handbook of Development Economics". Volume 1 (Amsterdam: North Holland). 1988, pp. 425 - 468.

[102] Xideas. E. "Modeling Migration under Uncertainty". Aegean Working Papers. Issue 1, December 2003.

[103] Xin Meng and Junsen Zhang. "The Two-tier Labor Market in Urban China-Occupational Segregation and Wage Differentials between Urban Residents and Rural Migrants in Shanghai". Journal of Comparative Economics 29, 2001, pp. 485 - 504.

[104] Yaohui Zhao. "Labor Migration and Earnings Difference: The Case of Rural China". Economic Development and Cultural Change, Vol. 47, No. 4, Jul. 1999, pp. 767 - 782.

[105] Yaohui Zhao. "Causes and Consequences of Return Migration: Recent Evidence from China". Journal of Comparative Economics, Jun. 2002, 30 (2), pp. 376 - 394.

[106] Yasmeen Khwaja. "Should I Stay or Should I Go? Migration under Uncertainty: A New Approach". October 2000.

[107] Yusufchan Masatlioglu, Jamele Rigolini. "Labor Dynamics and the Informal Economy". Preliminary and Incomplete, May 13, 2005.

[108] Zak and S. Knack. "Trust and Growth". Economic Journal 111, 2001, pp. 295 - 321.

[109] Zhong Zhao. "Migration, Labor Market Flexibility, and Wage Determination in China—A Review". 2003.

[110] "Surplus Labor: Theory and Empirical Evidence". http://faculty. babson. edu/ahussain/Papers/topics2. pdf.

[111] Air: "知识经济的兴起及其启示", http://www. tagriver.

com/viewpost. php? group_id=31&postid=2621，2005－10－19。

[112] 白晶辉："论人力资本投资在原州区农村劳动力转移中的作用"，http://www. sannong. gov. cn/was40/detail? record=16920&channelid=20894&back=－3，2004－07－19。

[113] 包继礼："中国三元经济结构中剩余劳动力的转移"，《云南财贸学院学报》，1999年第3期。

[114] 蔡昉："人口迁移和流动的成因趋势与政策"，《中国人口科学》，1995年第6期。

[115] 蔡昉、都阳："中国地区经济增长的趋同与差异——对西部开发战略的启示"，《经济研究》，2000年第10期。

[116] 蔡昉、王德文："作为市场化的人口流动——第五次全国人口普查数据分析"，《中国人口科学》，2003年第5期。

[117] 蔡新会：《中国城市化过程中的乡城劳动力迁移研究——根据人力资本投资的视角》，复旦大学博士学位论文，2004年。

[118] 曹光章：《中国人才发展报告——全球化背景下的人才跨国流动》，中国网，2005－02－07。

[119] 陈吉元、胡必亮："中国的三元经济结构与农业剩余劳动力转移"，《经济研究》，1994年第4期。

[120] 陈娉舒："教育和旅游是中国市民文化消费的两大目标"，《中国青年报》，2005－02－07。

[121] 陈淑兰："知识经济时代的主导产业推动产业结构的优化"，《科技进步与对策》，2003年第14期。

[122] 但锋："高等教育大众化时代成人高等教育的发展思路"，《陕西师范大学继续教育学报》，2003年第3期。

[123] 丹尼尔·贝尔：《后工业社会的来临》，高铦等译，新华出版社，1997年。

[124] 德布拉吉·瑞：《发展经济学》，北京大学出版社，2002年。

[125] 丁兆庆："'双二元结构'下的农村剩余劳动力转移"，

《调研世界》，2004 年第 5 期。

[126] 丁忠兵：“对当前农村劳动力短缺问题的思考”，《青海社会科学》，2004 年第 3 期。

[127] 段娟、曾菊新：“城乡劳动力双向流动的障碍及其排出对策”，《农业经济》，2004 年第 3 期。

[128] 樊平：“要重视农村的六个‘流失’”，http://www. sociology. cass. net. cn/shxw/xcyj/P020040102448006093827. pdf。

[129] 方彤：“私立中小学营利的好处何在？”，http://www. edu. cn/20020916/3068322. shtml，2002 - 09 - 16。

[130] 方竹兰：“知识经济与人力资本产权——中关村企业产权制度创新的理性思考”，《经济学动态》，1998 年第 12 期。

[131] 费景汉和拉尼斯：《劳力剩余经济的发展》，华夏出版社，1989 年第 1 版。

[132] 高艳：“企业如何变人力资源为人力资本”，《经济管理》，2002 年第 13 期。

[133] 辜胜阻、简新华：《当代中国人口流动与城镇化》，武汉大学出版社，1994 年。

[134] 关志雄：“微笑曲线向谁微笑？——中国应慎防‘谷贱伤农’的陷阱”，http://www. rieti. go. jp/users/kan-si-yu/cn/c040116. html#picth1，2004 - 01 - 16。

[135] 郭磊、张宏伟：“美国当前经济形势解读及其前景预期”，《经济学动态》，2005 年第 7 期。

[136] 何传启：《第二次现代化——人类文明进程的启示》，高等教育出版社，1999 年。

[137] 何传启：《东方复兴——现代化的三条道路》，商务印书馆，2003 年。

[138] 洪银兴：《发展经济学与中国经济发展》，高等教育出版社，2001 年。

[139] 侯风云：“中国农村劳动力剩余规模估计及外流规模影

响因素的实证分析",《中国农村经济》, 2004 年第 3 期。

[140] 侯鸿翔等:"中国农村隐性失业问题研究",《中国农村观察》, 2000 年第 5 期。

[141] 胡鞍钢:"从人口大国到人力资本大国: 1980～2000年",《中国人口科学》, 2002 年第 5 期。

[142] 胡鞍钢:"中国战略构想",《联合早报》, http://www.wtolaw.gov.cn, 2003 - 01 - 02。

[143] 胡景北:《工资增长的发展经济学导论》, 上海财经大学出版社, 1997 年。

[144] 胡铁成:"发展经济学二元结构理论与我国城市化的困境",《江海学刊》, 2003 年第 2 期。

[145] 黄泰岩、李德标:"我国新型工业化的道路选择",《中国特色社会主义》, 2003 年第 1 期。

[146] 黄泰岩、张宏伟:"经济全球化下的中国经济增长",《教学与研究》, 2004 年第 7 期。

[147] 黄泰岩、张培丽:"知识经济的结构革命",《政治经济评论》, 2005 年第 2 期。

[148] 加里·S·贝克尔:《人力资本——特别是关于教育的理论和经验分析》, 北京大学出版社, 1987 年。

[149] 简新华、张建伟:"从'民工潮'到'民工荒'——农村剩余劳动力有效转移的制度分析",《人口研究》, 2005 年第 2 期。

[150] 蒋建国:"论共产党员的学习",《光明日报》, 2005 - 11 - 22。

[151] 杰拉尔德·迈耶、达德利·西尔斯:《发展经济学的先驱》, 经济科学出版社, 1988 年。

[152] 荆新、王化成:《财务管理学》, 中国人民大学出版社, 1993 年。

[153] 康宁:"试论知识经济时代高等教育投资的收益",《教育研究》, 2000 年第 12 期。

［154］李斌："中国离知识经济究竟有多远"，新华社讯，http://www. niec. org. cn/gjxxh/xsyjbw06. htm。

［155］李凤荷："广东怀集：15名'打工仔'当上政协委员"，《人民日报》，2004 – 05 – 14。

［156］利均："知识经济下的人力资本投资"，中国管理传播网，2005 – 04 – 11。

［157］李红："'十一五'期间经济社会发展领域战略重点"，《中国党政干部论坛》，2005 – 09 – 05。

［158］李继文：《工业化与信息化：中国的历史选择》，中共中央党校出版社，2003年。

［159］李克强："论我国的三元结构"，《中国社会科学》，1991年第3期。

［160］李强："城市化进程的一般规律与中国城市化的困境"，中国网，2003 – 06 – 20。

［161］李荣霞（音译）："充满潜力的教育市场"，《北京周报》（英文版），2001 – 03 – 08，第10期。

［162］李实："我国经济转轨中劳动力流动模型"，《经济研究》，1997第1期。

［163］李实、岳希明："调查显示中国城乡收入差距世界最高"，《财经》，转引自中国网，2004 – 02 – 23。

［164］李仙娥："人力资本投资在农村剩余劳动力转移中的作用分析"，《经济纵横》，2003第3期。

［165］李勇坚：《内生增长理论中的知识：定义与性质》，http://www. cass. net. cn/webnew/yanjiusuo/cms/show_News. asp? id = 4037，2004 – 08 – 01。

［166］林畅："农村剩余劳动力进城对城市就业与工资率影响的理论探讨"，《城市发展研究》，2002年5期。

［167］刘建进："一个农户劳动力模型及有关农业剩余劳动力的实证研究"，《中国农村经济》，1997年第6期。

[168] 刘世昕、何磊:"国家鼓励学生报考煤炭专业",《中国青年报》,2005 - 07 - 23。

[169] 刘树成、张平等:《"新经济"透视》,社会科学文献出版社,2001 年。

[170] 刘奕、张帆:"我国居民高等教育支付能力及学费政策的实证研究",《中国软科学》,2004 年第 2 期。

[171] 柳卸林:"对中国知识经济发展阶段的指标分析",http://www. niec. org. cn/gjxxh/xsyjbw01. htm。

[172] 鲁达尔·达特、K. P. M. 桑达拉姆:《印度经济》(上),四川大学出版社,1994 年。

[173] 马九杰、孟凡友:"城市农民工第二市场择业——关于深圳市的个案剖析",http://www. opentimes. cn/to/200304/2003 - 04 - 8501. htm。

[174] 马克思:《资本论》(第一卷),人民出版社,1975 年。

[175] 梅建明:"二元经济结构转换与农业劳动力转移",《农村经济》,2003 年第 5 期。

[176] 蒲红果:"高校费用让多少家庭'吃不消'",千龙新闻网,2002 - 08 - 18。

[177] 乔根平:《建立三元经济发展的模型框架》,中国财政经济出版社,2003 年。

[178] 秦海菁:《知识经济测评论》,社会科学文献出版社,2004 年。

[179] 丘东、蒋萍、赵秋成等:《劳动力投入与经济增长》,东北财经大学出版社,2004 年。

[180] 邱昭良:"为什么要成为学习型组织?",http://www. cko. com. cn/web/experts/23/20020417/23,44,0. html,2002 - 04 - 17。

[181] 萨缪尔森、诺德豪斯:《微观经济学》(第十六版),华夏出版社,1990 年。

[182] SEMI:"硅谷失业率大增 中国 IT 业将迎海归高潮",赛

迪网，2002 - 08 - 20。

[183] 石川滋：《发展经济学的基本问题》，经济科学出版社，1992 年。

[184] 史妍嵋："中国与印度经济发展之比较"，《新视野》，2004 年 6 月。

[185] 斯蒂格利茨：《经济学》（上册），中国人民大学出版社，1997 年。

[186] 宋则行、杨玉生、杨弋：《后发经济学》，上海财经大学出版社，2004 年。

[187] 苏布拉塔·贾塔克：《发展经济学》，商务印书馆出版，1989 年。

[188] 速水佑次郎、拉坦：《农业发展的国际分析》，中国社会科学出版社，2000 年。

[189] 孙东生、赵琨："知识产业界定及其体系构建研究"，《商业研究》，2004 年第 15 期。

[190] 孙贤迅："我国第一部终身教育法规在福建出台"，《中国新闻网》，2005 - 07 - 31。

[191] 谭崇台：《发展经济学》，山西经济出版社，2001 年。

[192] 陶为民："转型期农村剩余劳动力转移的障碍及对策"，《绍兴文理学院学报》，2004 年第 6 期。

[193] 托达罗：《第三世界的经济发展》，中国人民大学出版社，1988 年。

[194] 汪丁丁："知识劳动者的工资"，《IT 经理世界》，2002 - 05 - 14。

[195] 王奋宇、赵延东："流动民工的经济地位获得及决定因素"，中国网，http://www.china.com.cn/ 06/20/2003，2003 - 06 - 20。

[196] 王国进："五大要素决定知识型企业成败"，博客中国，2004 - 06 - 08。

[197] 王红玲："关于农业剩余劳动力数量的估计方法与实证

分析",《经济研究》,1998 年第 4 期。

[198] 王检贵:《劳动与资本双重过剩下的经济发展》,上海三联书店、上海人民出版社,2002 年。

[199] 王永钢:"南京高级技工缺口达 7.3 万 警惕再现技工荒",人民网,《江南时报》,2004 - 12 - 16。

[200] 王忠明:《人的暴力——新经济、知识经济与人力资本的另类思考》,经济科学出版社,2000 年。

[201] 威廉·阿瑟·刘易斯:《二元经济论》,北京经济学院出版社,1989 年。

[202] 文富德:《印度经济:发展、改革与前景》,巴蜀书社,2003 年。

[203] 西奥多·W·舒尔茨:《论人力资本投资》,北京经济学院出版社,1990 年。

[204] 西蒙·库兹涅茨:《现代经济增长》,北京经济学院出版社,1989 年。

[205] 晓虹:"用工短缺渐袭珠海",新华网,2005 - 01 - 24,原载于《珠海特区报》。

[206] 谢国忠:"中国劳动力严重过剩 地产投机幻觉将破",《时代人物周报》,2003 - 02 - 04。

[207] 熊云飚:"个人人力资本投资决策分析",《经济问题探索》,2002 年第 7 期。

[208] 许光洪、黄朝永、张兴有:"论知识经济与知识产业发展",《中国工业经济》,1998 年第 10 期。

[209] 徐宁:"'民工荒'背后的珠三角真相:离开南方",《电脑商情报》,2005 - 03 - 14。

[210] 徐平生:"教育与住房支出过大 我国居民消费倾向逐年走低",《上海证券报》(网络版),2004 - 09 - 24。

[211] 徐玮斌:"教育成本收益分析:实证方法探讨",《教育学》,1995 年 3 月。

[212] 许学军：《技术进步、收入分配与人力资本形成——以东亚与拉美为例的分析及对中国问题的启示》，经济科学出版社，2003年。

[213] 许永兵、文春玲："农村内部劳动力转移的经济影响分析"，《河北经贸大学学报》，2004年第4期。

[214] 薛亚芳："专业人才薪资谁最高？"，《人才市场报》，2004－07－15。

[215] 言天："浅析'学习型组织'"，大学生在线，2005－01－03。

[216] 闵维方主编：《高等教育运行机制研究》，人民教育出版社，2002年。

[217] 严燕飞："试析'民工荒'现象产生的原因及对策"，《湖北社会科学》，2005年第1期。

[218] 杨大楷、范龙飞："我国制造业产业结构转型与经济效益提升的实证研究"，《经济学动态》，2004年第5期。

[219] 杨冰："助学贷款的中外比较和启示"，《黑河学刊》，2005年第5期。

[220] 叶毓中："戴姆勒克莱斯勒集团对员工视如己出"，http://finance. eastday. com/auto/node4/node5/node9/node43/userobject1ai10394. html，2006－03－20。

[221] 俞玲：《我国农村劳动力流动与人力资本约束研究》，浙江大学硕士学位论文，2002年。

[222] 于海莲、杜振华："中国和印度截然不同的经济发展战略"，《世界经济与政治》，2004年第6期。

[223] 原春琳："中职更需要政府贴息的助学贷款"，《中国青年报》，2005－11－04。

[224] 袁满："北京行业工资差距拉大　最高与最低间差6.6倍"，《北京晨报》，2002－03－26。

[225] 张伯松："同济科技（600846）提高教育投资比例"，

《证券时报》，2005 – 02 – 28。

[226] 张朝尊、韩太祥："中国农民的伟大创造：三元经济结构的形成和意义"，《经济理论与经济管理》，1995 年第 1 期。

[227] 张亮："重视人力资源　发展创意产业——新加坡创新政策"，《科技日报》，2006 – 01 – 16。

[228] 张培刚：《新发展经济学》第 2 版，河南人民出版社，1999 年。

[229] 张培刚：《农业与工业化（上卷）——农业国工业化问题初探》，华中科技大学出版社，2002 年。

[230] 张耀辉："劳动力密集型产业与第二产业的人力资本投资"，http://www.51start.net/IEEE002/9.pdf。

[231] 张宏伟："两种人力资本风险投资、投资风险及其风险分散"，《人口与经济》，2003 年第 5 期。

[232] 赵沁平："抓住机遇！深化改革！开创高校科技创新工作新局面——在高等学校加强科技创新工作座谈会开幕式上的工作报告"，http://202.205.177.129/keji/kyzhidu/06_3.htm，2002 年 7 月 31 日。

[233] 赵秋成："人力资源研究中应注意的几个基本问题"，《河北经贸大学学报》，1998 年 4 月。

[234] 赵秀玲："三元结构——我国乡村城市化的现实选择"，《小城镇建设》，1995 年第 10 期。

[235] 赵玉林：《高技术产业经济学》，中国经济出版社，2004 年。

[236] 赵玉勤：《知识经济条件下的人力资本问题研究》，湖北科学技术出版社，2002 年。

[237] 滋维·博迪、亚历克斯·凯恩、艾伦·J·马库斯：《投资学》，机械工业出版社，2002 年。

[238] 钟宇平、陆根书："人力资本与个体及社会经济发展"，《高等教育研究》，1997 年 6 月。

[239] 周天勇:《新发展经济学》,经济科学出版社,2001 年。

[240] 朱四倍:"劳动力价格优势丧失了 社会也就进步了?",《燕赵都市报》,2006 - 01 - 05。

[241] 朱玉杰:"知识经济给国际经贸带来了什么",《经济日报》,1998 - 05 - 19。

[242] 国际经济信息编辑部:"我国经济面临高成长与高成本的矛盾",http://database. cpst. net. cn/popul/xsjlrdlt/artic/51205134632. html,2005 - 12 - 05。

[243] 国际劳工局:《世界就业报告 (1998 ~ 1999 年)》,中国劳动社会保障出版社,2000 年。

[244] 国际劳工局:《世界就业报告 (2001 年)》,中国劳动社会保障出版社,2002 年。

[245] 国家统计局农村社会经济调查总队社区处:"农村剩余劳动力定量研究",《调研世界》,2002 年第 3 期。

[246] 劳动保障部培训就业司、国家统计局农调队课题组:"中国农村劳动力就业及流动状况",http://www. lm. gov. cn/gb/faqs/2002 - 05/14/content_ 682. htm,2002 - 05 - 14。

[247] 劳动和社会保障部课题组:《关于技术工人短缺的调研报告》,中国劳动和社会保障网。

[248] 联合国开发计划署:《2001 年人类发展报告:让新技术为人类发展服务》,中国财政经济出版社,2001 年。

[249] 农业部等:"'阳光工程'将培训 3 500 万农村劳动力",新华网,2004 - 04 - 07。

[250] 深圳市劳动局深圳市外来劳动力管理课题组:"制度创新:建立外来劳动力管理新机制",2000 年。

[251] "2003 ~ 2004 年中国农村劳动力转移的新变化",北京农业信息网,2004 - 07 - 08。

[252] "长三角调查:也缺技工 一成民工从广东流入 工资标准高一倍",《南方都市报》,2005 - 03 - 04。

[253]"大学生感叹就业难 只有10%符合跨国公司要求",千龙网,2005-12-14。

[254]"高素质大学生严重短缺将有碍中国经济增长?",《金融时报》,2005-10-07。

[255]《关于民工短缺的调查报告》(2004)和《关于技术工人短缺的调研报告》(2004),http://www.gd.lss.gov.cn/gb/molss/bzyw/news/view.asp? id=787;http://www.gd.lss.gov.cn/gb/molss/bzyw/news/view.asp? id=788。

[256]"湖北补助万名贫困初中生上中职",《中国教育报》,2005-11-07。

[257]"[湖南]1~3月输出打工者32万 有技术的民工吃香",《东方新报》,2005-04-14。

[258]"灰领风暴",《中国远程教育》,http://www.chinaonlineedu.com/info/news_special.asp? id=3430,2004-01。

[259]"今后几年我国急需的专门人才",北京天利考试信息网,http://www.sina.com.cn,2005-03-17。

[260]"青年的就业",《2005年中国就业报告》,中国网,2005-10-21。

[261]"以教育为基础促进社会和谐快速发展",《大连日报》,http://www.edu.cn,2005-09-13。

[262]"英国近20年就业和职业结构的变化",http://www.lm.gov.cn/gb/faqs/2003-12/26/content_19784.htm,2003-12-26。

后　记

　　白驹过隙，转眼已过两个春秋。博士毕业之后，一直希望把自己的论文修改出版，以了自己的夙愿，今天终于如愿以偿，心中颇多感慨，几分欣慰。

　　两年多来，尽管工作紧张，难得空暇，但仍然尽力抽出时间对本书进行了修订和补充，不但改正了原论文中的不足之处，也对以前的内容进行了增删。虽说没有"批阅十载，增删五次"，但也字字计较，句句上心，对书中引用之文献，提供之数据，都进行了反复比对，虽然难免仍有疏漏和欠准确之处，但一丝不苟之心皆在字里行间。

　　有关劳动力流动和人力资本的研究文献可谓汗牛充栋，诸多仁人志士投身其中，做出了杰出的贡献，让人高山仰止。细细想来，以自己之才疏学浅，本不敢与他们同列，但见贤思齐，本着学习进步之心，在家人，师长和朋友的热心帮助下，终于完稿交印，回首向来经行处，充满了感激与感恩。

　　首先，我要衷心地感谢我的导师黄泰岩教授，能够师从黄老师是我终生的荣幸。黄老师勤奋严谨的治学精神、渊博的学术知识、敏锐的学术眼光、脚踏实地的为人之道和宽厚朴实的人品、诲人不倦的精神以及对学生无微不至的关怀时时刻刻感染着我，并使我终身受益。本书付梓之际，黄老师在百忙之中欣然答应为本书作序，在此一并表示感谢。我还要特别感谢山东大学经济学院的侯风云教授，侯老师是我的硕士生导师，早在我攻读硕士学位期间就给予了我做人和做学问的指导，现在还为本书提供了丰富的调查数据和建议。感谢中国人民大学经济学院的刘凤良教授和陈享光教授，两位老师对本书的写作提出了宝贵的意见和独到的见解，启发了我的写作思路。感谢中国人民大学的胡乃武教授和张宇教授，北京大学的黄桂田教授，清华大学的吴栋教授，中国社会科学院的傅军胜教授，他们热情的指导和鼓励，让我受益匪浅。

我的父母给予了我莫大的精神支持，"黄昏的树影拖得再长，也离不开树根"，感谢他们对我的养育之恩。

本书的出版，得到了经济科学出版社吕萍副总编辑及其同事们的热情支持和帮助，在此表示衷心的感谢。

张宏伟
2008 年 11 月于军都山下